CB127938

plurall

Parabéns!
Agora você faz parte do **Plurall**, a plataforma digital do seu livro didático!
No **Plurall**, você tem acesso gratuito aos recursos digitais deste livro por meio do seu computador, celular ou *tablet*.
Além disso, você pode contar com a nossa tutoria *on-line* sempre que surgir alguma dúvida sobre as atividades e os conteúdos deste livro.

Incrível, não é mesmo?
Venha para o **Plurall** e descubra uma nova forma de estudar!
Baixe o aplicativo do **Plurall** para Android e IOS ou acesse **www.plurall.net** e cadastre-se utilizando o seu código de acesso exclusivo:

AASG6WDMY

Este é o seu código de acesso Plurall.
Cadastre-se e ative-o para ter acesso aos conteúdos relacionados a esta obra.

PORTUGUÊS

Linguagens

7

William Cereja
Professor graduado em Português e Linguística e licenciado em Português pela Universidade de São Paulo (USP)
Mestre em Teoria Literária pela Universidade de São Paulo (USP)
Doutor em Linguística Aplicada e Estudos da Linguagem na PUC-SP
Professor da rede particular de ensino em São Paulo, capital

Carolina Dias Vianna
Professora graduada e licenciada em Português pela Universidade Estadual de Campinas (Unicamp)
Mestre em Linguística Aplicada pela Universidade Estadual de Campinas (Unicamp)
Doutora em Linguística Aplicada pela Universidade Estadual de Campinas (Unicamp)
Professora das redes pública e particular de ensino nos Estados de São Paulo e Minas Gerais

Autores também de:
Português contemporâneo (ensino médio)

William Cereja é autor também de:

OBRAS PARA O ENSINO FUNDAMENTAL:
Português: linguagens (1º ao 5º ano)
Interpretação de textos (1º ao 5º ano)
Gramática – Texto, reflexão e uso (6º ao 9º ano)
Gramática reflexiva (6º ao 9º ano)
Todos os textos (6º ao 9º ano)
Interpretação de textos (6º ao 9º ano)

OBRAS PARA O ENSINO MÉDIO:
Português: linguagens
Literatura brasileira
Literatura portuguesa
Gramática reflexiva
Texto e interação
Interpretação de textos

Atual Editora

Editora Saraiva

Direção geral: Guilherme Luz
Direção editorial: Luiz Tonolli e Renata Mascarenhas
Gestão de projeto editorial: Mirian Senra
Gestão e coordenação de área: Noé G. Ribeiro
Edição: Daniella Szeko Zerbinatti, Fernanda Carvalho, Mônica Rodrigues de Lima e Paula Junqueira
Preparação de texto: Célia Tavares
Gerência de produção editorial: Ricardo de Gan Braga
Planejamento e controle de produção: Paula Godo, Roseli Said e Marcos Toledo
Revisão: Hélia de Jesus Gonsaga (ger.), Kátia Scaff Marques (coord.), Rosângela Muricy (coord.), Arali Gomes, Celina I. Fugyama, Diego Carbone, Larissa Vazquez, Lilian M. Kumai, Luciana B. Azevedo, Maura Loria, Patricia Cordeiro, Sueli Bossi, Vanessa P. Santos; Amanda Teixeira Silva e Bárbara de M. Genereze (estagiárias)
Arte: Daniela Amaral (ger.), Leandro Hiroshi Kanno (coord.) e Carlos Magno (edição de arte)
Diagramação: Arte4 Produção Editorial
Iconografia: Sílvio Kligin (ger.), Claudia Bertolazzi (coord.) e Cristina Akisino (pesquisa iconográfica)
Licenciamento de conteúdos de terceiros: Thiago Fontana (coord.) e Ricardo Gimenes Corridoni (licenciamento de textos), Erika Ramires, Luciana Pedrosa Bierbauer, Luciana Cardoso Sousa e Claudia Rodrigues (analistas adm.)
Tratamento de imagem: Cesar Wolf e Fernanda Crevin
Ilustrações: Casa Locomotiva (NORTE), Filipe Rocha, Guilherme Asthma, Gustavo Ramos, Jean Galvão, Julia Flohr, Ricardo Dantas, Tati Spinelli, Thais Circelli, Thiago Neumann (NORTE) e Wandson Rocha
Design: Gláucia Correa Koller (ger.) e Adilson Casarotti (proj. gráfico e capa)
Fotos de capa: Daxiao Productions/Shutterstock, Egg design/Shutterstock, John_ Woodcock/Getty Images, Veja/Shutterstock

Avenida das Nações Unidas, 7221, 1º andar, Setor A – Espaço 2 – Pinheiros – SP – CEP 05425-902
SAC 0800 011 7875
www.editorasaraiva.com.br

Dados Internacionais de Catalogação na Publicação (CIP)
(Câmara Brasileira do Livro, SP, Brasil)

```
Cereja, William
   Português linguagens : 7º ano / William Cereja,
Carolina Dias Vianna. -- 9. ed. -- São Paulo :
Atual, 2018.

   Suplementado pelo manual do professor.
   Bibliografia.
   ISBN 978-85-5769-193-3 (aluno)
   ISBN 978-85-5769-194-0 (professor)

   1. Português (Ensino fundamental) I. Vianna,
Carolina Dias. II. Título.

18-17219                                  CDD-372.6
```

Índices para catálogo sistemático:
1. Português : Ensino fundamental 372.6
Maria Alice Ferreira – Bibliotecária – CRB-8/7964

2020
ISBN 978-85-5769-193-3 (AL)
ISBN 978-85-5769-194-0 (PR)
Código da obra CL 800783
CAE 627665 (AL) / 627666 (PR)
9ª edição
4ª impressão

Impressão e acabamento: Bercrom Gráfica e Editora

Uma publicação SOMOS EDUCAÇÃO

Apresentação

Caro estudante:

Este livro foi escrito para você.

Para você que é curioso, gosta de aprender, de realizar coisas, de trocar ideias com a turma sobre os mais variados assuntos, que não se intimida ao dar uma opinião... porque tem opinião.

Para você que gosta de trabalhar às vezes individualmente, às vezes em grupo; para você que leva a sério os estudos, mas gosta de se descontrair, porque, afinal, ninguém é de ferro.

E também para você que, "plugado" no mundo, viaja pela palavra, lendo livros, jornais ou revistas; viaja pelo som, ouvindo música ou tocando um instrumento; viaja pela imagem, apreciando uma pintura, lendo quadrinhos, assistindo à tevê ou a um vídeo, ou navega pela Internet, procurando outros saberes e jovens de outras terras para conversar.

Para você que às vezes é pura emoção, às vezes sentimental, às vezes bem-humorado, às vezes irrequieto, e muitas vezes tudo isso junto.

E também para você que, dinâmico e criativo, não dispensa um trabalho diferente com a turma: visitar um museu, entrevistar uma pessoa interessante, encenar uma peça de teatro para outras classes, discutir um filme, montar um livro com poemas seus e de seus amigos, desenhar uma história em quadrinhos, tornar o mural da escola um espaço de divulgação de assuntos de interesse geral, participar de um seminário, de um debate público, etc., etc.

Para você que transita livremente entre linguagens e que usa, como um dos seus donos, a língua portuguesa para emitir opiniões, para expressar dúvidas, desejos, emoções, ideias e para receber mensagens.

Para você que gosta de ler, de criar, de falar, de rir, de criticar, de participar, de argumentar, de debater, de escrever.

Enfim, este livro foi escrito para você que deseja aprimorar sua capacidade de interagir com as pessoas e com o mundo em que vive.

Um abraço,
Os Autores.

Sumário

Unidade 2

Wandson Rocha/Arquivo da editora

Gustavo Ramos/Arquivo da editora

Guilherme Asthma/Arquivo da editora

Unidade 3

Thiago Neumann (NORTE)/Arquivo da editora

Thais Circelli/Arquivo da editora

Syda Productions/Shutterstock

Unidade 4

Unidade 1

Aventura, mistério, terror

Os degraus

Não desças os degraus do sonho
Para não despertar os monstros.
Não subas aos sótãos — onde
Os deuses, por trás das suas máscaras,
Ocultam o próprio enigma.
Não desças, não subas, fica.
O mistério está é na tua vida!
E é um sonho louco este nosso mundo...

(Mário Quintana. *Poesia completa*. Rio de Janeiro: Aguilar, 2006. p. 601-602.)

Melkor3D/Shutterstock

Fique ligado! Pesquise!

Editora Ática/Arquivo da Editora

Drácula, de Bram Stoker (LPM&Pocket); ***Frankenstein***, de Mary Shelley (Ibep Nacional); ***O médico e o monstro***, de Robert Louis Stevenson (Penguin-Companhia); ***Contos de imaginação e mistério***, de Edgar Allan Poe (Tordesilhas); ***Contos de terror, de mistério e de morte***, de Edgar Allan Poe (Nova Fronteira); ***O fantasma da ópera***, de Gaston Leroux (Ática); ***A cidade das feras***, ***O reino do dragão de ouro*** e ***A floresta dos pigmeus***, de Isabel Allende (Bertrand Brasil); ***As viagens de Gulliver***, de Jonathan Swift; ***Moby Dick***, de Herman Melville; ***O velho e o mar***, de Ernest Hemingway; ***Vinte mil léguas submarinas*** e ***A volta ao mundo em 80 dias***, de Júlio Verne (Ática); ***Relato de um náufrago***, de Gabriel García Márquez (Record); ***Três terrores*** e ***Três aventuras***, da coleção Clássicos Juvenis Três por Três (Atual).

Alamy/Fotoarena

Cena do filme *Jumanji – Bem-vindo à selva.*

Jumanji – Bem-vindo à selva, de Jake Kasdan; ***O assassinato no Expresso Oriente***, de Kenneth Branagh; ***Star Wars – O despertar da força***, de J. J. Abrams; ***Tempestade – Planeta em fúria***, de Dean Devlin; ***Thor – Ragnarok***, de Taika Waititi; ***Kong – A Ilha da Caveira***, de Jordan Vogt-Robert; ***Avatar***, de James Cameron; ***Frankenstein***, de Stuart Beattie; ***2001 – Uma odisseia no espaço***, de Stanley Kubrick; ***E.T. – O extraterrestre***, de Steven Spielberg.

- www.trilhadomedo.com
- www.universohq.com/materias/a-trajetoria-das-hqs-de-terror-no-brasil/
- www.dinamo.art.br/coluna/sarjeta-do-terror-38-os-quadrinhos-de-terror-no-brasil-parte-1/
- https://mundoestranho.abril.com.br/blog/turma-do-fundao/6-hqs-nacionais-de-terror-que-voce-precisa-ler/

Intervalo

Projeto:
Noites de terror, aventura e mistério

Produção de um livro de contos, leitura dramática e exibição de *vids*.

Alamy/Fotoarena

De olho na imagem

Observe estas fotos:

1

Travel Pix/Getty Images

2

Patrick Eoche/Getty Images

3

Wouter Kingma/Getty Images

4

Reinhard Dirscherl/WaterFrame/Getty Images

1 As quatro fotos mostram o ser humano em algum tipo de atividade.

a) Identifique a atividade que cada uma mostra.

b) O que essas atividades têm em comum?

2 Todas as atividades envolvem certo grau de risco. Qual é a atividade mais arriscada? Por quê?

3 Duas das fotos mostram situações em que a pessoa que está realizando a atividade precisa de ajuda para atingir o seu objetivo. Quais são elas?

4 Levante hipóteses e discuta com a classe: Afinal, o que as pessoas, ou o ser humano em geral, procuram ao realizar atividades como essas?

5 Para viver o tipo de sonho registrado nas fotos há idade mínima? Justifique com elementos das fotos.

Capítulo 1

Um ladrão na noite

Muitos mistérios sempre fizeram parte das dúvidas e reflexões do ser humano: Por que existimos? De onde viemos? Para onde vamos?

O conto de terror a seguir, de autoria de um dos mais importantes contistas da literatura universal, aborda um dos principais mistérios que afligem o ser humano.

A máscara da Morte Escarlate

A "Morte Escarlate" havia muito devastava o país. Jamais se viu peste tão fatal ou tão hedionda. O sangue era sua revelação e sua marca — a cor vermelha e o horror do sangue. Surgia com dores agudas e súbita tontura, seguidas de profuso sangramento pelos poros, e então a morte. As manchas rubras no corpo e principalmente no rosto da vítima eram o estigma da peste que a privava da ajuda e compaixão dos semelhantes. E entre o aparecimento, a evolução e o fim da doença não se passava mais de meia hora.

Mas o príncipe Próspero era feliz, destemido e astuto. Quando a população de seus domínios se reduziu à metade, mandou vir à sua presença um milhar de amigos sadios e divertidos dentre os cavalheiros e damas da corte e com eles retirou-se, em total reclusão, para um dos seus mosteiros encastelados. Era uma construção imensa e magnífica, criação do gosto excêntrico, mas grandioso, do próprio príncipe. Circundava-a muralha forte e muito alta, com portas de ferro. Depois de entrarem, os cortesãos trouxeram fornalhas e grandes martelos para soldar os ferrolhos. Resolveram não permitir qualquer meio de entrada ou saída aos súbitos impulsos de desespero dos que estavam fora ou aos furores dos que estavam dentro. O mosteiro dispunha de amplas provisões. Com essas precauções, os cortesãos podiam desafiar o contágio. O mundo externo que cuidasse de si mesmo. Nesse meio-tempo era tolice atormentar-se ou pensar nisso. O príncipe tinha providenciado toda a espécie de divertimentos. Havia bufões, improvisadores, dançarinos, músicos, Beleza, vinho. Lá dentro, tudo isso mais segurança. Lá fora, a "Morte Escarlate".

Lá pelo final do quinto ou sexto mês de reclusão, enquanto a peste grassava mais furiosamente lá fora, o príncipe Próspero brindou os mil amigos com um magnífico baile de máscaras.

Era um espetáculo voluptuoso, aquela mascarada. Mas antes vou descrever os salões onde ela aconteceu. Eram sete — uma suíte imperial. [...] À direita e à esquerda, no meio de cada parede, uma alta e estreita janela gótica dava para um corredor fechado que acompanhava as curvas da suíte. A cor dos vitrais dessas janelas variava de acordo com a tonalidade dominante na decoração do salão para o qual se abriam. O da extremidade leste, por exemplo, era azul — e de um azul intenso eram suas janelas. No segundo salão os ornamentos e tapeçarias, assim como as vidraças, eram cor de púrpura. O terceiro era inteiramente verde, e verdes também os caixilhos das janelas. O quarto estava mobiliado e iluminado com cor alaranjada — o quinto era branco, e o sexto, roxo. O sétimo salão estava todo recoberto com tapeçarias de veludo negro, que pendiam do teto e pelas paredes, caindo em pesadas dobras sobre um tapete do mesmo material e tonalidade. Apenas nesse salão, porém, a cor das janelas deixava de corresponder à das decorações. As vidraças, ali, eram escarlates — de uma violenta cor de sangue.

Ora, em nenhum dos sete salões havia qualquer lâmpada ou candelabro, em meio à profusão de ornamentos de ouro espalhados por todos os cantos ou dependurados do teto. Nenhuma lâmpada ou vela iluminava o interior da sequência de salões. Mas nos corredores que circundavam a suíte havia, diante de cada janela, um pesado tripé com um braseiro, que projetava seus raios pelos vitrais coloridos e, assim, iluminava brilhantemente a sala, produzindo grande número de efeitos vistosos e fantásticos.

Gustavo Ramos/Arquivo da editora

Mas no salão oeste, ou negro, o efeito do clarão de luz que jorrava sobre as cortinas escuras através das vidraças da cor do sangue era desagradável ao extremo e produzia uma expressão tão desvairada no semblante dos que entravam que poucos no grupo sentiam ousadia bastante para ali penetrar.

Era também nesse apartamento que se achava, encostado à parede oeste, um gigantesco relógio de ébano. Seu pêndulo oscilava de um lado para outro com um bater surdo, pesado, monótono; quando o ponteiro dos minutos completava o circuito do mostrador e o relógio ia dar as horas, de seus pulmões de bronze brotava um som claro e alto e grave e extremamente musical, mas em tom tão enfático e peculiar que, ao final de cada hora, os músicos da orquestra se viam obrigados a interromper momentaneamente a apresentação para escutar-lhe o som; com isso os dançarinos forçosamente tinham de parar as evoluções da valsa e, por um breve instante, todo o alegre grupo mostrava-se perturbado; enquanto ainda soavam os carrilhões do relógio, observava-se que os mais frívolos empalideciam e os mais velhos e serenos passavam a mão pela testa, como se estivessem num confuso devaneio ou meditação. [...]

Apesar disso tudo, que festa alegre e magnífica! Os gostos do duque eram estranhos. Sabia combinar cores e efeitos. Menosprezando a mera decoração da moda, seus arranjos mostravam-se ousados e veementes, e suas ideias brilhavam com um esplendor bárbaro. Alguns podiam considerá-lo louco, sendo desmentidos por seus seguidores. Mas era preciso ouvi-lo, vê-lo e tocá-lo para convencer-se disso.

Para essa grande festa, ele próprio dirigiu, em grande parte, a ornamentação cambiante dos sete salões, e foi seu próprio gosto que inspirou as fantasias dos foliões. Claro que eram grotescas. Havia muito brilho, resplendor, malícia e fantasia — muito daquilo que foi visto depois no *Hernani*. Havia figuras fantásticas com membros e adornos que não combinavam. Havia caprichos delirantes como se tivessem sido modelados por um louco. [...] De um ao outro, pelos sete salões, desfilava majestosamente, na verdade, uma multidão de sonhos. E eles — os sonhos — giravam sem parar, assumindo a cor de cada salão e fazendo com que a impetuosa música da orquestra parecesse o eco de seus passos. Daí a pouco soa o relógio de ébano colocado no salão de veludo. Então, por um momento, tudo se imobiliza e é tudo silêncio, menos a voz do relógio. Os sonhos se congelam como estão. Mas os ecos das batidas extinguem-se — duraram apenas um instante — e risos levianos, mal reprimidos, flutuam atrás dos ecos, à medida que vão morrendo. E logo a música cresce de novo, e os sonhos revivem e rodopiam mais alegremente que nunca, assumindo as cores das muitas janelas multicoloridas, através das quais fluem os raios luminosos dos tripés. Ao salão que fica mais a oeste de todos os sete, porém, nenhum dos mascarados se aventura agora; pois a noite está se aproximando do fim: ali flui uma luz mais vermelha pelos vitrais cor de sangue e o negror das cortinas escuras apavora; para aquele que pousa o pé

Gustavo Ramos/Arquivo da editora

no tapete negro, do relógio de ébano ali perto chega um clangor ensurdecido mais solene e enfático que aquele que atinge os ouvidos dos que se entregam às alegrias nos salões mais afastados.

Mas nesses outros salões cheios de gente batia febril o coração da vida. E o festim continuou em remoinhos até que, afinal, começou a soar meia-noite no relógio. Então a música cessou, como contei, as evoluções dos dançarinos se aquietaram, e, como antes, tudo ficou intranquilamente imobilizado. Mas agora iriam ser doze as badaladas do relógio; e desse modo mais pensamentos talvez tenham se infiltrado, por mais tempo, nas meditações dos mais pensativos, entre aqueles que se divertiam. E assim também aconteceu, talvez, que, antes de os últimos ecos da última badalada terem mergulhado inteiramente no silêncio, muitos indivíduos na multidão puderam perceber a presença de uma figura mascarada que antes não chamara a atenção de ninguém. E, ao se espalhar em sussurros o rumor dessa nova presença, elevou-se aos poucos de todo o grupo um zumbido ou murmúrio que expressava reprovação e surpresa — e, finalmente, terror, horror e repulsa.

Numa reunião de fantasmas como esta que pintei, pode-se muito bem supor que nenhuma aparência comum poderia causar tal sensação. [...] A figura era alta e esquálida, envolta dos pés à cabeça em vestes mortuárias. A máscara que escondia o rosto procurava assemelhar-se de tal forma com a expressão enrijecida de um cadáver que até mesmo o exame mais atento teria dificuldade em descobrir o engano. Tudo isso poderia ter sido tolerado, e até aprovado, pelos loucos participantes da festa, se o mascarado não tivesse ousado encarnar o tipo da Morte Escarlate. Seu vestuário estava borrifado de **sangue** — e sua alta testa, assim como o restante do rosto, salpicada com o horror escarlate.

Quando os olhos do príncipe Próspero pousaram nessa imagem espectral (que andava entre os convivas com movimentos lentos e solenes, como se quisesse manter-se à altura do papel), todos perceberam que ele foi assaltado por um forte estremecimento de terror ou de repulsa, num primeiro momento, mas logo seu semblante tornou-se vermelho de raiva.

— Quem ousa... — perguntou com voz rouca aos convivas que estavam perto — quem ousa nos insultar com essa caçoada blasfema? Peguem esse homem e tirem sua máscara, para sabermos quem será enforcado no alto dos muros, ao amanhecer!

O príncipe Próspero estava na sala leste, ou azul, ao dizer essas palavras. Elas ressoaram pelos sete salões, altas e claras, pois o príncipe era um homem ousado e robusto e a música se calara a um sinal de sua mão.

O príncipe achava-se no salão azul com um grupo de pálidos convivas a seu lado. Assim que falou, houve um ligeiro movimento dessas pessoas na direção do intruso, que, naquele momento, estava bem ao alcance das mãos, e agora, com passos decididos e firmes, se aproximava do homem que tinha falado. Mas por causa de um certo temor sem nome, que a louca arrogância do mascarado havia inspirado em toda a multidão, não houve ninguém que estendesse a mão para detê-lo; de forma que, desimpedido, passou a um metro do príncipe e, enquanto a vasta multidão, como por um único impulso, se retraía do centro das salas para as paredes, ele continuou seu caminho sem deter-se, no mesmo passo solene e medido que o distinguira desde o início, passando do salão azul para o púrpura — do púrpura para o verde — do verde para o alaranjado — e desse ainda para o branco — e daí para o roxo, antes que se fizesse qualquer movimento decisivo para detê-lo. Foi então que o príncipe Próspero, louco de raiva e vergonha por sua momentânea covardia, correu apressadamente pelos seis salões, sem que ninguém o seguisse por causa do terror mortal que tomara conta de todos. Segurando bem alto um punhal desembainhado, aproximou-se, impetuosamente, até cerca de um metro do vulto que se afastava, quando este, ao atingir a extremidade do salão de veludo, virou-se subitamente e enfrentou seu perseguidor. Ouviu-se um grito agudo — e o punhal caiu cintilando no tapete negro, sobre o qual, no instante seguinte, tombou prostrado de morte o príncipe Próspero. Então, reunindo a coragem selvagem do desespero, um bando de convivas lançou-se imediatamente no apartamento negro e, agarrando o mascarado, cuja alta figura permanecia ereta e imóvel à sombra do relógio de ébano, soltou um grito de pavor indescritível, ao descobrir que, sob a mortalha e a máscara cadavérica, que agarravam com tamanha violência e grosseria, não havia qualquer forma palpável.

E então reconheceu-se a presença da Morte Escarlate. Viera como um ladrão na noite. E um a um foram caindo os foliões pelas salas orvalhadas de sangue, e cada um morreu na mesma posição de desespero em que tombou ao chão. E a vida do relógio de ébano dissolveu-se junto com a vida do último dos dissolutos. E as chamas dos braseiros extinguiram-se. E o domínio ilimitado das Trevas, da Podridão e da Morte Escarlate estendeu-se sobre tudo.

(Edgar Allan Poe. *O escaravelho de ouro e outras histórias*. São Paulo: Ática, 1993. p. 103-108.)

Quem é Edgar Allan Poe?

Edgar Allan Poe (1809-1849) nasceu em Boston, nos Estados Unidos. É apontado como um dos criadores do conto, do conto de mistério, do conto policial e da ficção científica. Influenciou muitas gerações de escritores em todo o mundo e é considerado um dos maiores escritores da literatura universal.

Cultivou a poesia e a prosa, e entre seus trabalhos mais conhecidos estão o poema "The raven" (O corvo) e os contos "O gato preto", "O assassinato da rua Morgue", "O retrato oval" e "O escaravelho de ouro".

O conto "A máscara da Morte Escarlate" foi escrito em 1842.

Everett Historical/Shutterstock

bufão: bobo, comediante.
cambiante: que muda; variável.
clangor: som forte, estridente
dissoluto: desfeito; que foi dissolvido; depravado.
ébano: madeira dura e negra.
ereto: que se mantém erguido, levantado, aprumado.
escarlate: de cor vermelha viva.
espectral: relativo a espectro (defunto, fantasma).
esquálido: pálido, magro, desarrumado.
estigma: marca, sinal.
frívolo: inconstante, fútil, de pouco valor.
hediondo: que causa horror; repulsivo, pavoroso.
Hernani: peça do poeta francês Victor Hugo (1802-1885).
profuso: abundante.
rubro: vermelho como o sangue.

Estudo do texto

Compreensão e interpretação

1 Observe, ao lado, a capa do livro do qual foi extraído o conto "A máscara da Morte Escarlate".

a) O que representa a imagem que se destaca na ilustração da capa?

b) Pela capa, de que tipo você supõe que sejam as histórias do livro?

c) O título do conto lido, "A máscara da Morte Escarlate", confirma sua suposição quanto ao tipo das histórias do livro? Por quê?

Editora Ática/Arquivo da Editora

Se você gostou do conto lido, faça empréstimo desse livro, ou outro do autor, na biblioteca da escola ou outra, e leia-o todo.

2 Segundo o texto, a Morte Escarlate "havia muito devastava o país".

a) O que era a Morte Escarlate?

b) Levante hipóteses: Por que as letras iniciais das palavras que compõem essa expressão são maiúsculas?

c) Do ponto de vista físico ou material, de que modo a Morte Escarlate se manifestava?

3 O príncipe Próspero é uma das figuras centrais do conto.

a) Como ele é caracterizado? Que relação há entre o nome e as características dele?

b) Que providências ele toma para evitar a Morte Escarlate?

4 Depois de cinco ou seis meses de reclusão no mosteiro-castelo, o príncipe resolve oferecer a seus convidados um baile de máscaras, que ocorre nos salões do mosteiro.

a) Quantos eram os salões? O que os caracterizava?

b) Por que o sétimo salão era especialmente diferente dos outros?

Gustavo Ramos/Arquivo da editora

5 Releia esta descrição do baile:

> "De um ao outro, pelos sete salões, desfilava majestosamente, na verdade, uma multidão de sonhos. E eles — os sonhos — giravam sem parar, assumindo a cor de cada salão e fazendo com que a impetuosa música da orquestra parecesse o eco de seus passos. Daí a pouco soa o relógio de ébano colocado no salão de veludo. Então, por um momento, tudo se imobiliza e é tudo silêncio, menos a voz do relógio."

a) Interprete: O que eram os sonhos que desfilavam pelos salões?

b) Que elemento conseguia interromper a atmosfera onírica, isto é, de sonhos, do baile, trazendo os convidados de volta à realidade?

6 À meia-noite, um fato novo cria pânico no salão.

a) Qual é esse fato?

b) Como é descrita a figura enigmática que surge no salão?

c) Por que essa descrição causa repulsa nos convidados?

7 Aos poucos, a narração vai acentuando cada vez mais a atmosfera misteriosa e enigmática que envolve as ações. Faça um levantamento: Até o aparecimento da figura misteriosa, que elementos ou "pistas textuais" contribuem para a construção dessa atmosfera?

8 Leia o boxe "Quem é Edgar Allan Poe?". O escritor, conforme é afirmado no boxe, é considerado um dos criadores do conto como gênero literário. "A máscara da Morte Escarlate" é um conto clássico, convencional, em que a estrutura é geralmente constituída pelas seguintes partes:

- **Introdução**: apresentação das personagens, situadas no tempo e no espaço.
- **Complicação**: desenvolvimento da ação; nela é apresentado o **conflito** (o problema a ser resolvido pelas personagens) e as ações se desenvolvem até chegar ao **clímax** (a solução do problema).
- **Desfecho**: desenlace ou conclusão; é a parte final da história.

Considerando essa estrutura, responda, com relação ao conto "A máscara da Morte Escarlate":

a) Que parágrafo(s) do texto constitui (constituem) a introdução?

b) Qual é o conflito ou problema que motiva as ações?

c) Que parte constitui o clímax?

d) Que parágrafo(s) constitui (constituem) o desfecho?

9 Dos participantes da festa, o príncipe é o único que tem coragem de afrontar o invasor que surge à meia-noite entre eles.

Gustavo Ramos/Arquivo da editora

a) O que o príncipe sente diante dessa figura? Por que, munido de um punhal, ele tem o desejo de matar o estranho?

b) O que acontece com o príncipe, quando vai apunhalar o invasor?

c) Que revelação sobre a estranha figura ocorre nesse momento?

d) Nas cenas finais, o invasor está "à sombra do relógio de ébano". Levando em conta a presença constante do relógio na história, incluindo a cena final, interprete: O que ele representa?

e) Levante hipóteses: Que explicação pode ser dada ao fato de a cena acontecer no salão negro de janelas vermelho-sangue?

10 Releia este trecho do final do conto:

> "E a vida do relógio de ébano dissolveu-se junto com a vida do último dos dissolutos. E as chamas dos braseiros extinguiram-se. E o domínio ilimitado das Trevas, da Podridão e da Morte Escarlate estendeu-se sobre tudo."

Levante hipóteses:

a) Por que a vida do relógio e as chamas dos braseiros também se dissolveram?

b) Para a Morte Escarlate, o que significava aquele mosteiro inacessível no qual pessoas felizes e saudáveis tinham se refugiado? Que palavra ou expressão do texto comprova sua resposta?

11 "A máscara da Morte Escarlate" pode ser classificado como um conto de terror, uma vez que ele explora o mistério, o suspense e o medo.

a) De forma figurada, qual das principais inquietações de todo ser humano esse conto tem como tema?

b) Que visão o conto expressa sobre essa inquietação humana?

A linguagem do texto

1 O conto apresenta um rico vocabulário, que contribui para a caracterização das personagens, dos ambientes e das ações. Procure inferir, pelo contexto, o sentido das palavras destacadas nestes trechos:

a) "enquanto a peste **grassava** mais furiosamente lá fora, o príncipe Próspero **brindou** os mil amigos com um magnífico baile de máscaras"

b) "todos perceberam que ele [o príncipe] foi **assaltado** por um forte estremecimento"

Alamy/Fotoarena

Ilustração do poema "O corvo", de Edgar A. Poe, um dos mais famosos poemas da literatura universal.

2 Releia este trecho:

> "quando [...] o relógio ia dar as horas, de seus pulmões de bronze brotava um som claro **e** alto **e** grave **e** extremamente musical"

No trecho, a conjunção **e** é empregada três vezes. Esse recurso é chamado de **polissíndeto**. O texto também poderia ter sido escrito desta forma:

> quando [...] o relógio ia dar as horas, de seus pulmões de bronze brotava um som claro, alto, grave **e** extremamente musical

Considerando a ambientação do conto e a caracterização do relógio, conclua: Que efeito de sentido o polissíndeto acrescenta ao texto?

3 Releia o início do último parágrafo do texto:

> "E então reconheceu-se a presença da Morte Escarlate. Viera como um ladrão na noite."

a) Nesse trecho, há uma comparação. Identifique-a.

b) Explique o sentido dessa comparação no contexto.

Trocando ideias

1. Considerando o papel que reis e príncipes tiveram no passado para o seu povo, pode-se dizer que a atitude do príncipe Próspero foi digna e ética? Por quê?

2. Edgar Allan Poe, além de ter sido poeta e contista, foi também um estudioso de literatura. Sobre o conto, ele afirmava que a narrativa deve ser desenvolvida para criar certo efeito, envolvendo o leitor ao máximo. Na sua opinião, o autor conseguiu esse efeito no conto lido? Por quê?

3. Do seu ponto de vista, quem é o protagonista da história? Por quê?

A língua em foco

Verbos regulares e verbos irregulares

Construindo o conceito

No 6º ano, ao estudar os verbos e verificar o papel central que eles têm nas orações, você viu que os tempos e os modos verbais também contribuem para a construção de sentidos do texto. Releia, agora, o seguinte trecho do conto "A máscara da Morte Escarlate", de Edgar Allan Poe, que você leu no começo deste capítulo.

"**Era** uma construção imensa e magnífica, criação do gosto excêntrico, mas grandioso, do próprio príncipe. **Circundava**-a muralha forte e muito alta, com portas de ferro. Depois de entrarem, os cortesãos **trouxeram** fornalhas e grandes martelos para soldar os ferrolhos. **Resolveram** não permitir qualquer meio de entrada ou saída aos súbitos impulsos de desespero dos que estavam fora ou aos furores dos que estavam dentro. O mosteiro **dispunha** de amplas provisões. Com essas precauções, os cortesãos podiam desafiar o contágio. O mundo externo que cuidasse de si mesmo. Nesse meio-tempo era tolice atormentar-se ou pensar nisso. O príncipe tinha providenciado toda a espécie de divertimentos. **Havia** bufões, improvisadores, dançarinos, músicos, Beleza, vinho. Lá dentro, tudo isso mais segurança. Lá fora, a 'Morte Escarlate'."

Gustavo Ramos/Arquivo da editora

1. Observe as formas verbais destacadas no trecho.
   a) Quais delas fazem parte de orações que descrevem a ambientação do conto? Identifique em qual tempo e modo elas estão e justifique tal emprego.
   b) Quais formas verbais estão em orações que se referem a ações das personagens? Identifique em qual tempo e modo elas estão e justifique tal emprego.

2 Releia esta oração:

> "O príncipe tinha providenciado toda a espécie de divertimentos."

a) Há nela uma forma verbal composta. Identifique-a, bem como o tempo e o modo nos quais ela está.

b) Por qual forma simples ela poderia ser substituída?

c) Qual forma equivalente a ela é menos utilizada no português brasileiro?

3 Releia as três últimas frases do trecho:

> "Havia bufões, improvisadores, dançarinos, músicos, Beleza, vinho. Lá dentro, tudo isso mais segurança. Lá fora, a 'Morte Escarlate'."

a) Quais termos a expressão **tudo isso** retoma?

b) Discuta com os colegas e o professor: As duas últimas frases são construídas em torno de algum verbo? Justifique sua resposta.

4 Observe as seguintes formas verbais:

era circundava dispunha havia

a) A qual verbo cada uma delas pertence?

b) Conjugue no mesmo tempo e modo em que estão as formas verbais estes verbos:

soldar	perguntar	criar	trazer	ter	comer	dormir
morrer	sobrepor	repor	partir	vir	permitir	

c) Observe as palavras dadas como resposta no item anterior. Depois, discuta com os colegas e o professor e conclua: Qual é a relação existente entre a conjugação (1ª, 2ª ou 3ª) de cada verbo e a formação desse tempo verbal?

5 Releia esta oração:

> "**Depois de entrarem**, os cortesãos trouxeram fornalhas e grandes martelos"

Gustavo Ramos/Arquivo da editora

a) Fazendo as alterações necessárias, reescreva a oração, substituindo o termo em destaque por:

- Se entrassem
- Quando entrarem
- Quando entram

b) Observe as formas verbais do texto original e as que você utilizou ao reescrever as orações e identifique o que há em comum entre:

- as formas do verbo entrar
- as formas do verbo trazer

A ESTRUTURA DO VERBO

Leia e compare estas formas verbais:

am o	am ei	am a rei
pergunt o	pergunt ei	pergunt a rei

Os verbos, como outras palavras da língua, apresentam em sua estrutura pequenas unidades ou partes. Veja, por exemplo, como se forma a palavra **perguntarei**:

tema			
pergunt	+ a	+	rei
radical	vogal temática		desinência

As partes dos verbos são **radical**, **vogal temática** e **desinências**. Cada uma delas contém uma informação.

Radical

É a parte que contém a significação básica da palavra. Normalmente ele se repete em todos os modos e tempos, sem sofrer modificações. No verbo **perguntar**, o radical é **pergunt-**. Veja:

pergunt ei
pergunt o
pergunt aremos

Vogal temática

É a parte constituída pela vogal que aparece depois do radical e indica a conjugação a que os verbos pertencem:

- **-a** indica a 1ª conjugação: pergunt **a** r
- **-e** indica a 2ª conjugação: quer **e** r
- **-i** indica a 3ª conjugação: sent **i** r

A parte formada pela soma do radical e da vogal temática é chamada de **tema**.

Desinências

São as partes que indicam a pessoa do discurso (1ª, 2ª ou 3ª), o número (singular ou plural), o tempo e o modo do verbo:

pergunta	+	**re**	+	**mos**
		desinência de modo e tempo (futuro do indicativo)		desinência de número e pessoa (1ª pessoa do plural)

Exercícios

Leia, a seguir, frases ditas por crianças brasileiras em processo de aprendizagem da língua falada e observe as formas verbais em destaque.

- Eu já **di** um beijo na mamãe.
- Eu **acendei** a luz do quarto.
- Eu **tavo** escondido atrás da cortina.
- Eu **sabio** que ele tava escondido!

Flashon Studio/Shutterstock

1 As formas verbais em destaque não correspondem às formas verbais próprias da norma-padrão.

a) Deduza, pelo contexto das frases: Quais verbos deram origem a cada uma dessas formas verbais?

b) A qual conjugação cada verbo pertence?

2 Embora as formas verbais em destaque não estejam de acordo com a norma-padrão, é possível apreender uma lógica que orienta sua formação.

a) Em qual tempo e modo está cada uma dessas formas verbais?

b) De acordo com o modelo de conjugação de verbos no português do Brasil, quais deveriam ser as formas verbais utilizadas nas frases?

c) Discuta com os colegas e o professor e conclua: Por que é comum que crianças em processo de aquisição da fala usem tais construções?

3 Releia a última frase:

Eu sabio que ele **tava** escondido!

a) A qual verbo pertence a forma verbal em destaque?

b) Essa forma verbal segue a conjugação em 3ª pessoa do singular da gramática normativa, mas é diferente da forma reconhecida pela norma-padrão. Discuta com os colegas e o professor e levante hipóteses: O que justifica essa forma?

c) Entre as frases ditas por crianças que você leu, em qual outra ocorre o mesmo fenômeno?

Conceituando

No 6º ano, ao aprender a conjugar nos tempos do modo indicativo, como modelos, os verbos **amar** (1ª conjugação), **beber** (2ª conjugação) e **partir** (3ª conjugação), você deve ter observado que eles não apresentam alterações no radical. Todos os verbos cujo radical não muda e que conservam as mesmas desinências do modelo de conjugação são chamados de **regulares**. Compare, por exemplo, os verbos **beber** e **entender**, da 2ª conjugação:

eu beb **o**	eu beb **ia**	eu beb **i**
eu entend **o**	eu entend **ia**	eu entend **i**

Concluindo:

> **Verbos regulares** são aqueles que seguem um modelo de conjugação, não apresentando alterações nem no radical nem nas desinências.

Consideremos agora o verbo **querer**, que também pertence à 2ª conjugação. A forma verbal **quis**, do verbo **querer**, sofre modificação no radical e não conserva a desinência observada no modelo. Veja:

eu beb **o**	eu beb **ia**	eu beb **i**
eu quer **o**	eu quer **ia**	eu qu **is**

Portanto, o verbo **querer**, assim como muitos outros, como **dar**, **ver**, **dizer**, afastam-se do modelo de conjugação. Por essa razão, são chamados de **irregulares**.

> **Verbos irregulares** são aqueles que se afastam do modelo de conjugação, apresentando alterações no radical ou nas desinências.

Para saber se um verbo é regular ou irregular, basta conjugá-lo no presente ou no pretérito perfeito do indicativo. Se nesses dois tempos ele seguir o modelo dos verbos regulares, nos outros tempos também seguirá. Nesse caso, o verbo é regular. Caso contrário, é irregular.

Verbos irregulares com alterações muito profundas no radical são chamados de **anômalos** pela gramática normativa. Entre eles, estão **ser**, **ir**, **haver**, **estar**, **dar** e **ter**.

PRINCIPAIS VERBOS IRREGULARES

Apresentamos, a seguir, os principais verbos irregulares, conjugados em alguns tempos do modo indicativo.

CABER
• presente: caibo, cabes, cabe, cabemos, cabeis, cabem • pretérito perfeito: coube, coubeste, coube, coubemos, coubestes, couberam • futuro do presente: caberei, caberás, caberá, caberemos, cabereis, caberão
IR
• presente: vou, vais, vai, vamos, ides, vão • pretérito perfeito: fui, foste, foi, fomos, fostes, foram • futuro do presente: irei, irás, irá, iremos, ireis, irão
TRAZER
• presente: trago, trazes, traz, trazemos, trazeis, trazem • pretérito perfeito: trouxe, trouxeste, trouxe, trouxemos, trouxestes, trouxeram • futuro do presente: trarei, trarás, trará, traremos, trareis, trarão

VER
• presente: vejo, vês, vê, vemos, vedes, veem • pretérito perfeito: vi, viste, viu, vimos, vistes, viram • futuro do presente: verei, verás, verá, veremos, vereis, verão
VIR
• presente: venho, vens, vem, vimos, vindes, vêm • pretérito perfeito: vim, vieste, veio, viemos, viestes, vieram • futuro do presente: virei, virás, virá, viremos, vireis, virão

VERBOS DEFECTIVOS E ABUNDANTES

São considerados **defectivos** os verbos que, segundo a gramática normativa, não apresentam todas as formas verbais em sua conjugação. Os verbos **abundantes**, por sua vez, são aqueles que, segundo a gramática normativa, apresentam duas ou mais formas equivalentes para uma mesma conjugação (em geral, nas formas do particípio).

É importante levar em conta, no entanto, que essas classificações variam historicamente. Alguns verbos se tornam defectivos por falta de uso de algumas formas, enquanto outros, considerados defectivos pela norma-padrão, dão origem a novas formas, em razão do uso muito frequente, como "eu me **adéquo**" ou "eu **explodo**", que não são reconhecidas pela gramática normativa, mas constam em importantes dicionários.

Na tabela a seguir, que você pode usar para consultar, estão alguns dos principais verbos defectivos e formas do particípio de alguns verbos abundantes.

Verbos defectivos	banir, colorir, ruir, exaurir, feder, esculpir, extorquir, falir, florir, ressarcir, precaver(-se), reaver	
Particípios (regulares/irregulares) de verbos abundantes	aceitado/aceito acendido/aceso entregado/entregue enxugado/enxuto exprimido/expresso expulsado/expulso	extinguido/extinto ganhado/ganho imprimido/impresso salvado/salvo suspendido/suspenso

As formas regulares do particípio são geralmente empregadas com os auxiliares **ter** e **haver**, na voz ativa, enquanto as formas irregulares são empregadas com os auxiliares **ser**, **estar** e **ficar**, na voz passiva. Exemplos:

O menino tinha acendido o abajur.

O abajur foi aceso pelo menino.

O segurança havia expulsado o intruso da cerimônia.

Finalmente, o intruso foi expulso da cerimônia.

Exercícios

1 Na seção de exercícios anterior, vimos frases ditas por crianças brasileiras em processo de aprendizagem da língua falada. Leia outras frases ditas por crianças nessa mesma situação:

Alamy/Fotoarena

- Eu **cabo** nessa caixa.
- Mas ele **iu** com a gente ontem.
- Eu **fazi** tudo já.
- Você **trazeu** o que eu pedi?

a) A qual verbo pertence cada forma verbal em destaque? Em qual tempo e modo cada uma está?

b) Esses verbos são regulares ou irregulares?

c) Como ficariam as formas verbais conjugadas de acordo com a gramática normativa?

d) Discuta com os colegas e o professor e conclua: Por que crianças utilizam tais construções?

2 No português brasileiro, há verbos formados com base em palavras do inglês. Trata-se principalmente de verbos utilizados para indicar ações relacionadas à informática ou à Internet, como **deletar** ("apagar", derivado de ***delete***), **printar** ("gravar/fotografar a tela", derivado de ***print***); **escanear** ("digitalizar", derivado de ***scanner***). Observe as palavras a seguir, muito utilizadas nesse contexto, que foram emprestadas do inglês e já são usuais no português do Brasil.

- ***tweet*** ou **tuíte**: publicação do Twitter
- ***post***: publicação em páginas virtuais ou redes sociais
- ***start*** ou **estarte**: início
- ***up***: avanço, elevação
- ***bug***: defeito

a) Discuta com os colegas e o professor e deduza: Quais verbos derivam dessas palavras? Qual é o sentido deles?

b) A qual conjugação pertencem os verbos dados como resposta no item anterior? Justifique.

c) Conjugue mentalmente esses verbos e conclua: Verbos novos criados a partir de palavras do inglês seguem qual padrão de conjugação?

d) Deduza: Entre os verbos a seguir, quais também foram formados a partir de palavras do inglês e têm relação com o contexto da informática?

amar	ranquear	checar
atachar	cortar	zipar

O texto a seguir, publicado na revista *Galileu*, comenta a tradição humana de contar histórias assustadoras. Leia-o e responda às questões 3 e 4.

[...]

Sabe aquela roda de acampamento em volta da fogueira? Então...

Bem antes dos livros, **veio** a tradição oral. A partir do momento em que **articulou** um discurso minimamente compreensível, o homem assustou a si mesmo.

Largado à própria sorte em um mundo hostil, o nosso ascendente primata já era curioso. **Queria** explicar todos os **fenômenos** que não **compreendia**. As tempestades, o fogo, os ataques de animais: um território imenso, então intocado pela ciência, **inspirou** as criações mais delirantes.

Sim, as lendas e os mitos primordiais que, ao redor da fogueira, **eram** sussurrados pelo ancião da tribo nos ouvidos dos mais jovens.

[...]

(Disponível em: https://revistagalileu.globo.com/Cultura/noticia/2016/11/breve-linha-do-tempo-da-literatura-de-horror.html. Acesso em: 5/1/2018.)

3 Segundo o texto:

a) Como eram contadas as histórias de terror muito antes da existência dos livros?

b) Que necessidade humana levou à criação de tais histórias?

4 No texto, estão destacadas sete formas verbais.

a) De quais verbos elas derivam? Classifique os verbos quanto à conjugação.

b) Dos verbos destacados, indique os que são regulares e os que são irregulares. O que é preciso fazer para classificá-los assim?

5 Leia, a seguir, uma fala da personagem principal do romance *A mortalha de Alzira*, do final do século XIX, de autoria do escritor brasileiro Aluísio Azevedo. Essa personagem se chama Ângelo e, na história, é um padre que luta para conter seu amor por Alzira, uma cortesã.

— Oh! Bem te compreendo, natureza pérfida e sedutora! bem compreendo os teus embustes! És pior ainda que a tua rival, a sociedade! Mas em vão te enfeitas com as tuas galas e com os teus sorrisos de amor! Não me seduzirás, pântano de lama coberto de flores! Não me corromperás, porque tenho na alma bastante energia para governar os meus sentidos, e tenho o meu coração cercado por uma muralha de fé! Atira-me aos pés o ouro do teu sol, atira-me o perfume das tuas flores, o mel dos teus frutos, o mistério dos teus crepúsculos, a música das tuas florestas, os deslumbramentos das tuas auroras! tudo será baldado! Hei de resistir a todas as tuas provocações! hei de lutar contra todos os inimigos da minha pureza, e, ou cairei morto, ou hei de suportá-los a todos, um por um!

(Disponível em: http://objdigital.bn.br/Acervo_Digital/Livros_eletronicos/amortalha.pdf. Acesso em: 6/1/2018.)

a) Há, na fala de Ângelo, indícios que comprovam tratar-se de uma variedade linguística própria de uma época mais antiga, diferente da nossa. Identifique esses indícios quanto a:
   - vocabulário;
   - construções.

b) Há, na fala, uma forma do verbo **haver** que é utilizada várias vezes. Identifique qual é ela e a pessoa, o tempo e o modo em que ela está.

c) Dê as formas do verbo **haver**, no mesmo tempo e modo, caso o sujeito das orações fosse:
   - você
   - nós
   - eles

Tati Spinelli/Arquivo da editora

FORMAS NOMINAIS DO VERBO

No texto da revista *Galileu* que você leu anteriormente, há o emprego das formas verbais **explicar** e **sussurrados**. Essas formas verbais são duas das três formas nominais dos verbos: o gerúndio, o infinitivo e o particípio. **Explicar** é infinitivo, e **sussurrados** é particípio.

O **gerúndio**, o **infinitivo** e o **particípio** são chamados de **formas nominais** porque podem desempenhar funções que são próprias dos nomes. Veja:

Viver é o mais importante.
(= **vida**, substantivo)

Era um homem muito **vivido**.
(= **experiente**, adjetivo)

Há um jacaré **vivendo** no lago.
(= **vivente**, adjetivo)

Formas nominais dos verbos são aquelas que podem desempenhar também a função de um nome.

As formas nominais de um verbo derivam do tema (radical + vogal temática) acrescido das seguintes desinências:

- **-r** para o **infinitivo**: explica**r**, sussurra**r**, vive**r**, sai**r**
- **-ndo** para o **gerúndio**: explica**ndo**, sussurra**ndo**, vive**ndo**, sai**ndo**
- **-do** para o **particípio**: explica**do**, sussurra**do**, vivi**do**, saí**do**

Exercícios

No português brasileiro, há um uso da forma nominal gerúndio que tem sido questionado por alguns gramáticos. Tal uso, denominado **gerundismo**, consiste em construções com os verbos **ir** + **estar** + verbo no gerúndio. Segundo esses gramáticos, esse uso constitui um emprego inadequado dessa forma nominal.

Leia este cartum:

(Disponível em: http://adao.blog.uol.com.br/arch2014-04-01_2014-04-30.html. Acesso em: 6/1/2018.)

1 O cartum simula um anúncio.

a) O que permite chegar a essa conclusão?

b) O que supostamente está sendo anunciado?

2 Segundo o *Dicionário Houaiss*, a presença do sufixo **-ista** tem a função de indicar "o praticante de uma atividade ou o adepto de um movimento ideológico".

a) Considerando essa explicação, deduza: Qual é o sentido da palavra **gerundistas** no contexto do cartum?

b) Identifique na fala dos zumbis a expressão que os caracteriza como "gerundistas". Justifique sua resposta.

3 Relacione as partes verbal e não verbal do cartum e conclua: O uso do gerúndio é associado a qual comportamento típico de zumbis?

Conforme você aprendeu no 6º ano, as formas do gerúndio são utilizadas no português do Brasil para indicar uma ação que ainda está acontecendo ou que é prolongada no tempo, dando uma ideia de duração e continuidade. Leia a frase a seguir, supondo que ela foi dita por um pai a sua mulher e filhos um dia antes da viagem de férias que fariam. Depois responda às questões 4 a 6.

> Amanhã, a esta hora, vamos estar comendo um delicioso peixe em um restaurante à beira-mar.

4 Identifique na fala do pai:

a) a expressão verbal que ela contém e as formas verbais que compõem essa expressão;

b) o que há em comum, quanto à estrutura, entre essa expressão e a expressão que, no cartum, caracteriza os zumbis como "gerundistas".

5 É possível considerar que, entre a fala do pai e a fala dos zumbis no cartum, há diferença quanto à duração da ação verbal. Levante hipóteses: Em qual fala a ação verbal:

a) tem duração mais pontual no tempo? Justifique sua resposta.

b) tem duração mais prolongada no tempo? Justifique sua resposta.

6 Na fala do pai, a expressão verbal pode não ser considerada gerundismo, ao contrário da expressão verbal da fala dos zumbis, no cartum. Discuta com os colegas e o professor e, com base nas respostas às questões anteriores, conclua: Por que há essa diferença de avaliação quanto às expressões?

Adão Iturrusgarai/Acervo do cartunista

LOCUÇÕES VERBAIS

Nas expressões **queria explicar** e **eram sussurados**, empregadas no texto da revista *Galileu* que você leu na página 27, há uma combinação entre uma forma verbal flexionada (**queria**, na primeira, e **eram**, na segunda) e uma forma verbal nominal (infinitivo, na primeira, e particípio, na segunda). Nesse tipo de expressão, chamada **locução verbal**, o primeiro verbo é considerado auxiliar, e o segundo, principal.

Essas combinações podem dar origem a um tempo verbal composto, como **tenho praticado**, ou podem equivaler a um tempo verbal simples, como **vou estar** (= estarei). Além disso, podem acrescentar certos aspectos à ação indicada pelo verbo principal, como, entre outros, início (começou a chover), continuidade (continuo escrevendo), necessidade (preciso descansar), esforço ou tentativa (pretendemos terminar), consecução (conseguiu chegar).

Nas locuções verbais, o verbo auxiliar aparece sempre conjugado, em concordância com o sujeito da oração, e o verbo principal, em uma das formas nominais (infinitivo, gerúndio ou particípio).

Locução verbal é a expressão formada pela combinação entre um **verbo auxiliar**, flexionado, e uma **forma nominal** (infinitivo, gerúndio ou particípio) do verbo principal.

Exercícios

Leia, a seguir, a letra de uma canção, de Arnaldo Antunes e Alice Ruiz.

Socorro

Socorro, não estou sentindo nada.
Nem medo, nem calor, nem fogo,
Não vai dar mais pra chorar
Nem pra rir.

Socorro, alguma alma, mesmo que penada,
Me empreste suas penas.
Já não sinto amor nem dor,
Já não sinto nada.

Socorro, alguém me dê um coração,
Que esse já não bate nem apanha.
Por favor, uma emoção pequena,
Qualquer coisa.

Qualquer coisa que se sinta,
Tem tantos sentimentos, deve ter algum que sirva.

Socorro, alguma rua que me dê sentido,
em qualquer cruzamento,
acostamento,
encruzilhada,
Socorro, eu já não sinto nada.

Socorro, não estou sentindo nada.

(Disponível em: www.arnaldoantunes.com.br/new/sec_discografia_sel.php?id=6. Acesso em: 7/1/2018.)

Filipe Rocha/Arquivo da editora

1 No primeiro verso da canção, há uma locução verbal que é fundamental para expressar o problema do eu lírico.

a) Qual é essa locução? De quais formas verbais ela é composta?

b) Por que é possível afirmar que a locução é fundamental para identificar o problema do eu lírico?

c) Em quais outros versos da canção, a locução verbal é substituída por uma forma verbal simples?

d) Tendo em vista os usos da forma nominal utilizada na locução, discuta com os colegas e o professor e conclua: Qual é a diferença de sentido entre o verso em que há a locução verbal e os versos em que há a forma verbal simples?

2 Releia este verso:

"Não vai dar mais pra chorar"

Identifique no verso:

a) duas formas verbais que, juntas, equivalem a um tempo verbal simples, e esse tempo verbal;

b) o trecho no qual um verbo acrescenta sentido à ação expressa pelo verbo principal e dê o sentido acrescentado.

3 Releia estes versos:

> "Qualquer coisa que se sinta,
> Tem tantos sentimentos, deve ter algum que sirva."

a) Qual é o sentido do verbo **ter** nesse contexto?

b) Identifique a locução verbal presente em um dos versos, o tempo das formas verbais que compõem essa locução e o sentido que o verbo auxiliar da locução acrescenta ao verbo principal.

4 Considere o trecho:

> "alguma rua que me dê sentido"

a) Nele, a expressão **dê sentido** é uma locução verbal, formada por dê (verbo auxiliar) e **sentido** (verbo principal)? Justifique sua resposta.

b) Em qual das frases abaixo a expressão em destaque é uma locução verbal?

- **Dê sentido** à sua vida.
- Ele **tem sentido** muitas dores.
- Até que seu argumento **tem sentido**.

Semântica e discurso

A história em quadrinhos a seguir integra a série "Deep dark fears" (Medos profundos e obscuros), criada pelo cartunista Fran Krause. Leia-a.

Fran Krause/Arquivo do cartunista

(Disponível em: www.tudointeressante.com.br/2017/02/19-tirinhas-que-ilustram-os-medos-mais-profundos-de-muita-gente.html. Acesso em: 7/1/2018.)

1 O narrador da história, cuja voz é expressa nas legendas, é também a personagem que se vê nos quadrinhos. Levante hipóteses:

a) Onde o narrador-personagem está, na história? Ele tem familiaridade com o lugar? Justifique sua resposta.

b) Por que ele não consegue dormir?

2 No último quadrinho, é dada uma informação nova e reveladora.

a) Qual é essa informação?

b) Levante hipóteses: O que pode explicar o fato de a personagem ter visto a pintura de um rosto na parede durante a noite?

3 Nas legendas da história em quadrinhos, foram empregadas cinco formas verbais.

a) Quais são elas e de quais verbos elas derivam?

b) A qual conjugação pertence cada verbo?

c) Trata-se de verbos regulares ou irregulares? Como é possível chegar a essa conclusão?

4 A história é composta de quatro quadrinhos. Nas legendas de três deles, as formas verbais estão no mesmo tempo e no mesmo modo.

a) Quais são essas legendas e em qual tempo e modo as formas verbais estão? Justifique esse emprego com base no uso desse tempo verbal e no que ele indica.

b) Em qual tempo e modo estão as formas verbais da legenda do outro quadrinho? Justifique esse emprego com base no uso desse tempo verbal e no que ele indica.

Fran Krause/Arquivo do cartunista

5 Releia esta afirmação, da legenda do 3º quadrinho:

> "Eu mal consegui dormir."

a) Identifique a forma verbal empregada na afirmação, classifique, quanto à função, cada verbo e indique a pessoa, o tempo e o modo ou a forma nominal em que está.

b) Discuta com os colegas e o professor: Há, na afirmação, uma locução verbal? Justifique sua resposta com base na estrutura e no sentido da forma verbal.

6 Considere as seguintes falas, ditas por uma mãe sobre seu filho adolescente:

> I. Não sei mais o que fazer para impedir meu filho de se machucar! Sonâmbulo desde criança, ele **anda dormindo** todos os dias, toda madrugada.
> II. Não sei mais o que fazer para manter meu filho acordado! Ele **anda dormindo**, todos os dias, a tarde toda.

a) Em qual fala o verbo **andar** funciona como auxiliar e acrescenta ao verbo principal o sentido de viver de determinada forma?

b) Na outra fala, qual é o sentido do verbo **andar**?

c) Discuta com os colegas e o professor e conclua: Qual é a diferença entre as expressões em destaque nas duas falas? Elas podem ser consideradas locuções verbais nas duas situações? Justifique sua resposta.

De olho na escrita

Os usos de g e j

Leia o texto a seguir, procurando identificar qual é a letra que foi suprimida nas palavras em destaque.

Com o pé na estrada, sem medo de se aventurar

Toa55/Shutterstock

Aos 70 anos, Núbia encara a estrada e dirige de Porto Alegre ao Uruguai.

Nunca é tarde para perder o medo da estrada e encarar uma aventura. Mesmo que **se☐a** necessário superar algumas dificuldades antes. A **☐ornalista** Núbia Silveira que o diga. Aos 70 anos, ela tomou **cora☐em**, comprou um carro que se adequasse às suas expectativas, aprendeu a guiá-lo em estradas e saiu de Porto Alegre com duas companheiras, as irmãs **☐anete**, de 65, e Bárbara, de 63, em uma **via☐em** sem data de retorno. O destino era o Uruguai, com direito a uma passadinha pela **Ar☐entina**. Apesar de habilitada para **diri☐ir** desde 1976, ela nunca havia ultrapassado os limites da capital do Rio Grande do Sul, de Brasília e de Florianópolis, cidades onde morou ao longo de sua **tra☐etória** pessoal e profissional. Núbia havia percorrido, no máximo, 200 quilômetros ao volante. [...]

A rota perfeita para o passeio foi definida com a **a☐uda** de um amigo. As estradas eram a BR-290 e a BR-116. E o desempenho de Núbia no treino foi ótimo, segundo o instrutor [...]. Com o incentivo, ela foi perdendo o medo e ganhando segurança para realizar seu **pro☐eto**. [...]

Após a saída do Rio Grande do Sul, o roteiro englobava ainda as cidades uruguaias de Montevidéu, Colônia del Sacramento, Punta del Este e Chuy. Na volta para casa pela rodovia BR-116, ainda fizeram uma parada na cidade gaúcha de Pelotas. Aproveitando a proximidade, as três pegaram o catamarã e foram até Buenos Aires antes de saírem de Colônia. A decisão de deixar o carro em uma **gara☐em** e seguir para a capital **ar☐entina** pelo Rio da Prata não foi uma recaída do medo, mas um ato de prudência, além de uma grande economia. [...]

Para Núbia, o balanço final da **via☐em** foi fantástico! E o que mais chamou sua atenção foi a tranquilidade como tudo ocorreu. Com as irmãs **a☐udando**, buscavam na internet o tempo que levariam para percorrer cada **tra☐eto** e na verdade **plane☐avam** usar o dobro do tempo, para poderem parar quando quisessem, esticar as pernas, tomar um café, ir ao banheiro ou parar para ver alguma curiosidade no caminho. [...]

(Disponível em: https://extra.globo.com/projetos-especiais/de-carona-com-elas/com-pe-na-estrada-sem-medo-de-se-aventurar-21774438.html. Acesso em: 8/1/2018.)

Ao ler o texto, você certamente percebeu que, nas palavras destacadas, foram suprimidas as letras **g** ou **j**, que representam na língua portuguesa o som [ʒ] ("jê/gê").

1 Reescreva as palavras em destaque no texto, grafando-as com **g** ou **j**, de acordo com a ortografia padrão do português brasileiro. Caso tenha dúvida em relação a alguma palavra, consulte um dicionário.

2 Releia estas palavras do texto:

algumas	diga	guiá-lo	Uruguai
amigo	segundo	ganhando	segurança
grande	englobava	gaúcha	pegaram

a) Nessas palavras, qual é o som da letra **g**?

b) Observando as palavras, responda: Quais são as situações em que a letra **g** tem esse som?

3 Observe as palavras que você reescreveu na questão 1 e as palavras apresentadas na questão 2. Discuta com os colegas e o professor e, com base nessa observação, conclua: Quando se usa o **g** e quando se usa o **j** para representar o som [ʒ]?

Ao responder às questões anteriores, você observou que, na língua portuguesa, nem sempre um fonema corresponde a uma única letra e que, no caso das letras **g** e **j**, elas podem ter o mesmo som antes de determinadas vogais e sons diferentes antes de outras. É por isso que comumente temos dúvidas quanto à grafia de palavras que apresentam o som [ʒ].

Quando queremos ou precisamos produzir textos de acordo com as normas da língua escrita e temos dúvida em relação à grafia das palavras, podemos recorrer ao dicionário. Algumas orientações ortográficas, porém, podem nos ajudar a empregar adequadamente essas letras.

Emprega-se a letra **j**:

- nas palavras de origem árabe, indígena e africana:

alforje (árabe) jiboia (indígena) acarajé (africana)

- nos verbos terminados em **-jar** e em toda sua conjugação:

sujar → sujamos, sujou, sujassem

- nas palavras derivadas de outras que já possuem **j**:

laranja → laranjeira gorja → gorjeta

- na terminação **-aje**:

laje traje

Emprega-se a letra **g**:

- nas palavras derivadas de outras que já apresentam **g**:

gesso → engessar, engessado

Viajem ou viagem?

Não confunda: **viajem** é uma forma do verbo **viajar** e **viagem** é substantivo.

Observe:

Espero que meus amigos **viajem** no feriado. Há meses eles estão planejando essa **viagem**.

Revista Viagem/Editora Abril

- geralmente nas terminações **-agem**, **-igem**, **-ugem**:

abord**agem** fu**ligem** ferr**ugem**

Exceções: pa**j**em, lambu**j**em.

- nas terminações **-ágio**, **-égio**, **-ígio**, **-ógio**, **-úgio**:

cont**ágio** privil**égio** vest**ígio** rel**ógio** ref**úgio**

Exercícios

Leia os textos a seguir, considerando que nas palavras destacadas o símbolo **ʒ** está no lugar das letras **g** ou **j**:

Entre o medo e a coraʒem, Sherry aprendeu a viaʒar sozinha e o mundo virou casa

O medo e a **coraʒem** andavam **ʒunto** com Sherry o tempo todo e foi entre estes dois sentimentos que ela fez as malas para a primeira **viaʒem** sozinha. Embarcou para os Emirados Árabes e a China em outubro de 2015. [...]

Assistente social de formação e artesã, vontade de **viaʒar** sozinha ela sempre teve, mas o pontapé veio de um convite para expor as bonecas de pano que ela cria na maior feira comercial da China. Desde pequena Sherry **ʒá** se mostrava diferente, era apaixonada por **viaʒens** e pela liberdade de ter tudo o que precisa dentro de uma mochila.

“Quando eu era pequena, meu pai perguntava para mim e para a minha irmã o que a **ʒente** queria ser quando crescesse. Ela falava professora universitária e ela é. E para mim? Eu dizia hippie, porque queria **viaʒar** o mundo e ter um **ʒipe** amarelo”, conta aos risos.

[...]

As economias dariam bem para quitar o carro ou ainda dar entrada num apartamento, mas a vontade de usar o dinheiro consigo mesma era tão forte que quando **coʒitou** desistir, Sherry sentiu como se estivesse se traindo.

[...] O medo de **viaʒar** foi superado com muito **planeʒamento**. “Nos momentos de horas vagas eu pesquisava. [...] Você não precisa de muito dinheiro, compra a sua **passaʒem** na promoção, pega o número do consulado, anota uns contatos e vai”, incentiva. [...]

“**Viaʒar** sozinha é a maior imprevisibilidade da vida. Eu me vi de um **ʒeito** que ninguém nunca me enxergou. Eu não achava que eu era capaz. Eu simplesmente fui.”

[...]

(Disponível em: www.campograndenews.com.br/lado-b/comportamento-23-08-2011-08/entre-o-medo-e-a-coragem-sherry-aprendeu-a-viajar-sozinha-e-o-mundo-virou-casa. Acesso em: 8/1/2018.)

Tempestade de granizo deixa trecho da BR-060 coberto de ʒelo e destrói posto em Abadiânia

Uma tempestade de granizo cobriu de **ʒelo** um trecho da BR-060 e destruiu um posto de combustíveis, neste sábado (30), em Abadiânia, no Entorno do Distrito Federal. [...]

O telespectador da TV Anhanguera Iury Câmara de Rezende **viaʒava** pela rodovia durante o temporal. Ele disse que se assustou muito e ficou com medo de se envolver em um acidente. "Fiz o **traʒeto** de Brasília para Goiânia e, no meio da estrada, houve algo inacreditável, uma tempestade que parecia uma **ʒeada**. O **ʒelo** ficou acumulado na pista, árvores caindo, todos os carros tiveram que parar", disse.

[...]

Um posto de gasolina ficou completamente destruído ao ser **atinʒido** pelas pedras de **ʒelo**. Segundo a PRF, apesar da proporção da tempestade, não foi **reʒistrada** nenhuma ocorrência no trecho da rodovia em virtude da forte chuva.

[...]

[...] Por conta do mau tempo, pousos e **decolaʒens** foram cancelados durante a noite no Aeroporto Santa **ʒenoveva**.

[...]

Moradores do Setor **ʒentil** Meirelles, na região norte da capital, afirmam que ficaram sem **enerʒia** por mais de 15 horas após o vendaval. [...]

(Disponível em: https://g1.globo.com/goias/transito/noticia/tempestade-de-granizo-deixa-trecho-da-br-060-coberto-de-gelo-e-destroi-posto-em-abadiania-video.ghtml. Acesso em: 8/2018.)

1 Imagine que cabe a você, como revisor do portal em que os textos serão publicados, fazer a substituição do símbolo **ʒ** das palavras pela letra certa, de acordo com a grafia padrão.

a) Reescreva as palavras de acordo com a grafia prevista pela norma-padrão. Nas palavras em que tiver dúvida, consulte um dicionário.

b) Em quais palavras o uso de **g** e de **j** resultou no som [ʒ]?

c) Nas palavras dadas como resposta no item anterior, o que justifica o emprego de **g** ou de **j**? Em dupla com um colega, consulte um dicionário etimológico (que registra a etimologia das palavras) e relacione as palavras a estas justificativas:

- raiz da palavra
- terminações **-agem** / **-igem** / **-ugem** / **-ágio** / **-égio** / **-ígio** / **-ógio** / **-úgio**
- palavra derivada de outra que já apresenta **g** ou **j**
- convenção ortográfica

2 Observe os pares de palavras apresentados em cada item abaixo e, tomando-os como exemplos, dê as palavras que formam pares em relação às outras palavras.

a) viagem – viajar
coragem – ☐
ferrugem – ☐
rigidez – ☐

b) prestígio – prestigiar
privilégio – ☐
contágio – ☐
refúgio – ☐

c) arranjo – arranjar
despejo – ☐
traje – ☐

Produção de texto

O conto de terror

Como você pôde perceber no estudo do conto "A máscara da Morte Escarlate" no início deste capítulo, esse gênero textual é constituído por textos narrativos de ficção relativamente curtos, que buscam envolver o leitor ao máximo durante o desenvolvimento do enredo. No conto de terror, também o suspense e a impressão contínua de que algo surpreendente vai acontecer contribuem para a criação de expectativa e para prender a atenção do leitor. Em relação ao conto "A máscara da Morte Escarlate", responda às questões a seguir.

Gustavo Ramos/Arquivo da editora

1 Que elementos, no conto, são responsáveis pela criação de expectativa? Entre os itens a seguir, indique os que correspondem a elementos que cumprem esse papel.

- as interrupções na música durante as badaladas do relógio;
- a descrição do mosteiro;
- a descrição do salão negro de janelas vermelhas;
- a introdução, com a apresentação da peste e os sintomas do contágio;
- a caracterização dos participantes da festa e de suas vestimentas;
- a caracterização do príncipe Próspero;
- a aparição da figura com vestimenta mortuária.

2 Os contos de terror são narrativas envolventes, que exploram o mistério, o suspense e o medo. Abordam temas aterrorizantes, como morte, doenças, espíritos e entidades sobrenaturais. Quais desses temas podem ser identificados no conto lido?

3 Releia este trecho do conto, observando como o ambiente é descrito:

> "Era um espetáculo voluptuoso, aquela mascarada. Mas antes vou descrever os salões onde ela aconteceu. Eram sete — uma suíte imperial. [...] À direita e à esquerda, no meio de cada parede, uma alta e estreita janela gótica dava para um corredor fechado que acompanhava as curvas da suíte. A cor dos vitrais dessas janelas variava de acordo com a tonalidade dominante na decoração do salão para o qual se abriam. O da extremidade leste, por exemplo, era azul — e de um azul intenso eram suas janelas."

a) Nas descrições dos textos narrativos ficcionais, o adjetivo cumpre um papel fundamental. Identifique os adjetivos e as locuções adjetivas empregados no trecho.

b) Que órgão dos sentidos é predominantemente acionado na caracterização do ambiente?

c) Considerando a ambientação misteriosa e inquietante do conto lido, infira: Qual é o papel da descrição na construção dessa ambientação?

4 O fato de o conto ser uma história condensada, que prende o leitor, também se reflete nos elementos internos da narrativa.

a) Quem são as personagens do conto "A máscara da Morte Escarlate"?

b) Conclua: No conto, o número de personagens é grande ou pequeno?

5 Sobre o tempo e o espaço em que os fatos do conto lido se desenrolam, responda:

a) Qual é o espaço em que as ações ocorrem? Em que ambiente se passa a maioria das ações?

b) Da mudança do príncipe Próspero com seus mil amigos para o mosteiro encastelado até o baile, transcorrem 5 ou 6 meses. No entanto, a maior parte da história se passa em uma única situação. Qual é ela? Quanto tempo ela dura?

c) Portanto, nos contos, o tempo e o espaço são mais amplos ou mais condensados?

d) Nos contos, os verbos costumam ser empregados no pretérito imperfeito do indicativo e, mais raramente, no presente do indicativo. Em que tempo verbal é empregada a maioria dos verbos utilizados no conto lido?

6 As narrativas podem se organizar de maneira cronológica, linear, apresentando os fatos na ordem em que ocorrem, e também de maneira não cronológica, não linear, realizando *flashbacks* (inserção de fatos do passado), ou começando a história pelo fim. No conto lido, em que ordem os fatos são narrados? Qual é a relação entre essa organização e a criação de suspense no conto?

7 As narrativas de ficção podem apresentar narrador em 1ª pessoa, quando ele também é personagem, e narrador em 3ª pessoa, quando ele se limita a contar os fatos. Como é o narrador no conto lido?

Narrativas de mistério, de terror e de enigma

Se você gostou do conto "A máscara da Morte Escarlate", é provável que também goste de contos de mistério e de enigma (policiais).

Então, procure na biblioteca da escola ou em outras bibliotecas e leia os seguintes contos e livros:

Reprodução/Editora FTD

Reprodução/Editora Ática

Contos

- "O homem de areia", de E. T. A. Hoffmann.
- "A queda da casa de Usher", de Edgar Allan Poe.
- "Solfieri", de Álvares de Azevedo.

Livros

- *Um estudo em vermelho*, de Conan Doyle.
- *A tumba*, de H. P. Lovecraft.
- *O castelo de Otranto*, de Horace Walpole.
- *O gênio do crime*, de João Carlos Marinho.
- *O mistério do cinco estrelas*, de Marcos Rey.

8 Como já vimos, o conto normalmente apresenta introdução, complicação, clímax e desfecho. Releia este trecho do clímax do conto:

"O príncipe achava-se no salão azul com um grupo de pálidos convivas a seu lado. Assim que falou, houve um ligeiro movimento dessas pessoas na direção do intruso, que, naquele momento, estava bem ao alcance das mãos, e agora, com passos decididos e firmes, se aproximava do homem que tinha falado. Mas por causa de um certo temor sem nome, que a louca arrogância do mascarado havia inspirado em toda a multidão, não houve ninguém que estendesse a mão para detê-lo; de forma que, desimpedido, passou a um metro do príncipe e, enquanto a vasta multidão, como por um único impulso, se retraía do centro das salas para as paredes, ele continuou seu caminho sem deter-se, no mesmo passo solene e medido que o distinguira desde o início, passando do salão azul para o púrpura — do púrpura para o verde — do verde para o alaranjado — e desse ainda para o branco — e daí para o roxo, antes que se fizesse qualquer movimento decisivo para detê-lo. Foi então que o príncipe Próspero, louco de raiva e vergonha por sua momentânea covardia, correu apressadamente pelos seis salões, sem que ninguém o seguisse por causa do terror mortal que tomara conta de todos. Segurando bem alto um punhal desembainhado, aproximou-se, impetuosamente, até cerca de um metro do vulto que se afastava, quando este, ao atingir a extremidade do salão de veludo, virou-se subitamente e enfrentou seu perseguidor. Ouviu-se um grito agudo — e o punhal caiu cintilando no tapete negro, sobre o qual, no instante seguinte, tombou prostrado de morte o príncipe Próspero."

a) O que a movimentação dos convidados mostra sobre o sentimento de todos em relação à estranha figura?

b) Quais atitudes do príncipe Próspero criam tensão no trecho?

c) O narrador primeiro anuncia que todos ouviram um grito agudo e só depois revela que a vítima era o príncipe. Por que ele utiliza essa estratégia narrativa?

9 A linguagem dos contos pode variar bastante, dependendo do tipo de narrador (1ª pessoa ou 3ª pessoa) e do perfil socioeconômico e cultural das personagens. No conto de Edgar Allan Poe lido, como é a linguagem?

10 Reúna-se com seus colegas de grupo e, juntos, concluam: Quais são as principais características do conto de terror?

Agora é a sua vez

No final desta unidade, você e os colegas da classe vão produzir um livro de contos e participar de uma mostra com leitura dramática e apresentação de vídeos. Há, a seguir, duas propostas para a produção de contos de mistério e terror, que, depois, vão compor o livro de contos da classe. Se possível, desenvolva as duas.

1 Leia o início do conto "O gato negro", de Edgar Allan Poe:

O gato negro

Não espero nem peço que acreditem na narrativa tão estranha e ainda assim tão doméstica que estou começando a escrever. Louco, de fato, eu seria se esperasse por isso, num caso em que até meus sentidos rejeitam seu próprio testemunho. No entanto, louco eu não sou — e com toda a certeza não estou sonhando. Mas se morro amanhã, hoje alivio minha alma. Meu objetivo imediato é apresentar ao mundo, sucintamente e sem comentários, uma série de eventos meramente domésticos. Em suas consequências, tais fatos aterrorizaram — torturaram — destruíram minha pessoa. No entanto, não vou tentar explicá-los. Para mim, representaram apenas horror — para muitos vão parecer menos terríveis do que barrocos.

[...]

Desde a infância me destaquei pela docilidade e humanidade de meu temperamento. Minha ternura de coração chegava a ser tão aparente a ponto de fazer de mim o objeto de caçoada de meus companheiros. Gostava especialmente de animais, e meus pais me permitiam ter grande variedade de bichos. Com eles passava a maior parte do tempo. Nada me deixava mais contente do que lhes dar comida e carinho. Essa peculiaridade de caráter aumentou com meu crescimento e, já adulto, constituía uma de minhas principais fontes de prazer.

Casei cedo e fiquei feliz ao descobrir em minha mulher uma tendência nada incompatível com a minha. Notando minha predileção por animais domésticos, ela não perdia a oportunidade de me trazer os de tipo mais agradável. Tínhamos passarinhos, peixes dourados, um belo cachorro, coelhos, um macaquinho e um **gato**.

Filipe Rocha/Arquivo da editora

Este último era um animal excepcionalmente grande e bonito, todo negro, e inteligente a um grau surpreendente. Ao falar de sua inteligência, minha mulher, que no fundo não era nada tocada pela superstição, mencionava frequentemente a crença popular que considera todos os gatos negros como bruxas disfarçadas. Não que ela jamais falasse **a sério** sobre isso — e se chego a mencionar o assunto é só porque me aconteceu, agora mesmo, lembrar disso.

Pluto — esse era o nome do gato — era meu bicho e companheiro de brincadeiras favorito. Só eu lhe dava comida, e estava a meu lado aonde quer que eu fosse pela casa. Tinha até dificuldade em evitar que me seguisse pelas ruas.

Nossa amizade durou, dessa maneira, por vários anos, durante os quais meu temperamento e caráter gerais — por obra do demônio da Intemperança — passou (me envergonho de contar) por uma radical alteração para o pior. Dia a dia, eu ficava mais mal-humorado, mais irritável, mais desconsiderado com os sentimentos dos outros. Chegava a usar linguagem imoderada com minha mulher. Com o tempo, cheguei a usar de violência pessoal com ela. Meus bichos, é claro, sentiram a mudança em meu temperamento. Eu não só negligenciava, eu os maltratava. Com Pluto, porém, ainda guardava suficiente consideração para evitar quaisquer maus-tratos, apesar de não ter o menor escrúpulo de espancar os coelhos, o macaco ou até mesmo o cachorro quando, por acaso ou por afeto, cruzavam meu caminho. Mas a doença foi crescendo dentro de mim — pois que doença se iguala ao álcool? — e com o tempo até Pluto, que estava agora ficando velho e consequentemente um tanto irritadiço — até mesmo Pluto começou a sentir os efeitos de meu mau humor.

Filipe Rocha/Arquivo da editora

Uma noite, ao voltar para casa, muito embriagado, de uma de minhas rondas pela cidade, achei que o gato estava evitando minha presença. Agarrei-o e então ele, assustado com essa violência, fez um pequeno ferimento com os dentes em minha mão. A fúria de um demônio imediatamente me possuiu. Não sabia mais quem era. Minha alma original parecia, de repente, ter fugido do meu corpo; e uma maldade mais que demoníaca, alimentada pelo gim, percorreu cada fibra de meu ser. Tirei do bolso do colete um canivete, abri, agarrei o pobre animal pelo pescoço e, decidido, arranquei um de seus olhos da órbita! Fico vermelho, queimo, estremeço ao descrever essa atrocidade danada.

Quando a razão retornou com a manhã — tendo já eliminado no sono os vapores do deboche da noite — experimentei um sentimento meio de horror, meio de remorso, pelo crime do qual era culpado; mas era, quando muito, um sentimento fraco e equívoco, e a alma permaneceu intocada. Mergulhei de novo no excesso e logo afoguei em vinho toda a lembrança do acontecido.

Enquanto isso o gato se recuperava devagar. A órbita do olho perdido apresentava, é verdade, aparência assustadora, mas ele não parecia sentir qualquer dor. [...] E surgiu então, como se para minha final e inelutável derrocada, o espírito da PERVERSIDADE.

(In: *O escaravelho de ouro e outras histórias*. São Paulo: Ática, 1993. p. 91-93.)

O que você imagina que acontecerá na história com a chegada da PERVERSIDADE, que toma por completo o espírito do protagonista? Que papel o gato negro vai desempenhar na resolução do conflito? Quais serão o clímax e o desfecho da narrativa?

Dê continuidade à história, acrescentando personagens, fatos e ambientes que julgar necessários.

2 O texto a seguir é parte de uma notícia de jornal. Leia-o.

Primeira infectada por Ebola fora da África recorda calvário para superar a doença

"Sentia que a morte me espreitava, um ente apoiado em meu ombro", conta a auxiliar de enfermagem espanhola Teresa Romero

MANUEL ANSEDE

3 JAN 2017

A última epidemia do ebola matou 11.323 pessoas, 40% do conjunto de pessoas afetadas. A grande maioria contraiu o vírus na África ocidental. Nelas, ele cumpriu a rotina de sempre, causando febre, dores de cabeça insuportáveis, vômitos, diarreia incontrolável, hemorragias na boca e no reto e até mesmo sangramento pelos olhos.

gst/Shutterstock

Epidemia de ebola na África, em 2014.

A espanhola Teresa Romero é uma das 17.323 pessoas que sobreviveram à doença. "Sentia a aproximação da morte, como um ente apoiado no meu ombro, calmamente à minha espera. Uma coisa que não dá para explicar com palavras. Até hoje não sei como consegui escapar", rememora.

[...]

Romero inicia o seu relato em 7 de outubro de 2014, quando foi transportada dentro de uma cápsula hermética para o hospital madrilenho, onde passaria 25 dias em total isolamento, no quarto 6008. Dois meses antes, como auxiliar de enfermagem, ela havia atendido o religioso Miguel Pajares, de 75 anos, primeiro espanhol infectado pelo vírus do ebola, repatriado da Libéria.

[...]

(Disponível em: https://brasil.elpais.com/brasil/2017/01/02/internacional/1483383522_542516.html. Acesso em: 9/1/2018.)

Com base nos elementos essenciais dessa notícia real – a epidemia de ebola que se espalhou pela África ocidental, em 2014, e o relato de Teresa Romero –, crie um conto ficcional de mistério ou de terror. Acrescente personagens, ambientes e fatos que julgar necessários.

Planejamento do texto

- Lembre-se de que você vai produzir um conto para ser lido por estudantes do ensino fundamental e outras pessoas que gostam de contos de mistério e terror.
- De que ponto de vista você vai contar a história: como narrador-personagem, em 1ª pessoa, ou como narrador-observador, em 3ª pessoa?
- Pense e planeje o enredo e defina as personagens, o tempo e o espaço das ações.
- Leve em conta a estrutura convencional do conto e suas partes: apresentação, complicação (com a apresentação do conflito), clímax e desfecho. Na proposta 1, você deverá criar o clímax e o desfecho.
- Procure envolver o leitor, criando uma atmosfera misteriosa e macabra. Conte os fatos aos poucos e guarde algumas surpresas e revelações para apresentar principalmente no clímax da narrativa.
- Procure dar um tratamento psicológico às personagens, mostrando seus medos e conflitos interiores.
- Empregue verbos no passado e faça uso de adjetivos e locuções adjetivas para caracterizar as personagens e o ambiente.
- A linguagem deve estar de acordo com a norma-padrão, embora sem rigidez.

arrowsmith2/Shutterstock

Revisão e reescrita

Antes de finalizar seu conto, releia-o, observando:

- se é uma narrativa curta, com poucas personagens e tempo e espaço reduzidos;
- se apresenta os ingredientes fundamentais do gênero – medo, presença da morte, doenças, espíritos, etc.;
- se consegue envolver o leitor, criar expectativa e suspense, provocar medo;
- se apresenta as partes convencionais do gênero e se elas conseguem desenvolver a história de forma particular, curiosa e instigante, prendendo a atenção dos leitores;
- se o protagonista apresenta uma dimensão psicológica;
- se a linguagem está em uma variedade linguística de acordo com a norma-padrão ou, então, se está de acordo com o perfil do narrador e se o grau de formalidade ou de informalidade é adequado ao perfil do narrador e/ou das personagens.

De olho na oralidade

Leitura oral de conto de mistério e terror

A melhor forma de avaliar se um conto de mistério e terror atingiu plenamente o seu objetivo é verificar se ele envolve o leitor, se prende sua atenção e o atemoriza, considerando que, quando contamos a história oralmente para alguém, a tendência é ela ficar ainda mais envolvente.

Por isso, troque ideias com o professor e com os colegas sobre modos de apresentar para a classe a leitura de alguns contos de mistério e terror produzidos por vocês. É possível lê-los direta e oralmente na sala de aula; fazer a gravação de áudio e, posteriormente, apresentá-la à classe; e, ainda, fazer a leitura em vídeo, caso em que deve haver uma locução da história, imagens e efeitos sonoros.

Gustavo Ramos/Arquivo da editora

Sugerimos que a classe seja organizada em grupos de 3 ou 4 alunos. Cada grupo deve escolher um dos contos que foram produzidos por seus integrantes e discutir a melhor forma de fazer a leitura dele para a classe. Por exemplo, um aluno faz a voz do narrador; se houver diálogos, outros alunos podem participar fazendo as vozes das personagens; outros podem participar produzindo efeitos sonoros ou fazendo o papel de diretor do trabalho ou, ainda, trabalhando na ambientação da sala.

O locutor da narração deve fazer uma leitura pausada, em tom misterioso, procurando envolver os ouvintes. Deve valorizar os sinais de pontuação e modular a voz de maneira a criar suspense: ora lendo mais alto, ora mais baixo; ora mais rápido, ora mais lento; ora fazendo pausas prolongadas; e assim por diante.

Sugerimos combinar com o professor a data da apresentação e ensaiar algumas vezes antes de fazer a apresentação ou gravação final.

Se a apresentação for feita ao vivo, ela poderá ser filmada.

Ao final da apresentação dos trabalhos, a classe deve avaliar os trabalhos, levando em conta alguns critérios, como:

- Todos os trabalhos apresentados são contos de mistério e terror?
- O enredo da história ficou claro para todos?
- A história consegue envolver, criar suspense ou atemorizar os ouvintes?
- A leitura do conto foi adequada quanto à narração do locutor: altura de voz, entonação, ritmo da narração, pausas?
- Caso tenham sido utilizados recursos sonoros, eles foram adequados?
- Com qual das leituras a classe ficou mais envolvida? Por quê?

Para escrever com técnica

O narrador

Releia, a seguir, dois trechos dos contos de Edgar Allan Poe lidos no capítulo; o primeiro é de "A máscara da Morte Escarlate" e o segundo é de "O gato negro".

Texto 1

"Mas o príncipe Próspero era feliz, destemido e astuto. Quando a população de seus domínios se reduziu à metade, mandou vir à sua presença um milhar de amigos sadios e divertidos dentre os cavalheiros e damas da corte e com eles retirou-se, em total reclusão, para um dos seus mosteiros encastelados. Era uma construção imensa e magnífica, criação do gosto excêntrico, mas grandioso, do próprio príncipe. Circundava-a muralha forte e muito alta, com portas de ferro. Depois de entrarem, os cortesãos trouxeram fornalhas e grandes martelos para soldar os ferrolhos. Resolveram não permitir qualquer meio de entrada ou saída aos súbitos impulsos de desespero dos que estavam fora ou aos furores dos que estavam dentro. O mosteiro dispunha de amplas provisões. Com essas precauções, os cortesãos podiam desafiar o contágio. O mundo externo que cuidasse de si mesmo. [...]"

Gustavo Ramos/Arquivo da editora

Texto 2

"[...] Chegava a usar linguagem imoderada com minha mulher. Com o tempo, cheguei a usar de violência pessoal com ela. Meus bichos, é claro, sentiram a mudança em meu temperamento. Eu não só negligenciava, eu os maltratava. Com Pluto, porém, ainda guardava suficiente consideração para evitar quaisquer maus-tratos, apesar de não ter o menor escrúpulo de espancar os coelhos, o macaco ou até mesmo o cachorro quando, por acaso ou por afeto, cruzavam meu caminho. Mas a doença foi crescendo dentro de mim — pois que doença se iguala ao álcool? — e com o tempo até Pluto, que estava agora ficando velho e consequentemente irritadiço — até mesmo Pluto começou a sentir os efeitos de meu mau humor."

Os trechos dos contos de mistério e terror de Poe são histórias interessantes, com suspense, que prendem a atenção do leitor. Quem conta a história é o **narrador**, que pode se apresentar de mais de uma maneira.

1. Observe os verbos e os pronomes destacados empregados pelo narrador nestes trechos do texto 1:

> - "Mas o Príncipe Próspero **era** feliz, destemido e astuto."
> - "Quando a população de **seus** domínios se reduziu à metade, **mandou** vir à **sua** presença um milhar de amigos sadios e divertidos"
> - "para um de **seus** mosteiros encastelados"

a) Em que pessoa estão os verbos e os pronomes destacados?

b) O narrador participa dos fatos, ou seja, ele também é personagem da história?

2. O narrador, no texto 1, parece se envolver com os sentimentos, pensamentos e atitudes de alguma personagem, ou é um observador distante?

3. Observe os verbos e os pronomes destacados empregados pelo narrador nestes trechos do texto 2:

> - "**Chegava** a usar linguagem imoderada com **minha** mulher."
> - "**cheguei** a usar de violência pessoal com ela"
> - "**Meus** bichos, é claro, sentiram a mudança em **meu** temperamento."
> - "**Eu** não só negligenciava, **eu** os maltratava."

a) Em que pessoa estão os verbos e os pronomes destacados?

b) O narrador participa da história como personagem?

4. Leia novamente o seguinte trecho do texto 2:

> "Mas a doença foi crescendo dentro de mim — pois que doença se iguala ao álcool? — e com o tempo até Pluto, que estava agora ficando velho e consequentemente um tanto irritadiço — até mesmo Pluto começou a sentir os efeitos de meu mau humor."

a) No trecho, as impressões e os sentimentos do narrador são expressos?

b) O narrador faz uma pergunta no trecho. A quem ela se dirige? Que função ela tem no trecho?

c) O narrador afirma que Pluto estava um tanto irritadiço. Essa informação é uma interpretação do narrador ou é comprovada com atitudes do gato?

5. No início do texto 2, o narrador, em 1ª pessoa, conta que agrediu verbal e fisicamente a mulher.

a) A passagem em que ele fala das agressões contra a mulher é carregada de emoção ou não? Em sua opinião, por que a passagem é escrita dessa maneira?

b) Caso a perspectiva da mulher do narrador fosse inserida na história, seria diferente? O que poderia mudar?

No texto 2, quem conta a história é um **narrador-personagem**, isto é, um narrador que também é uma das personagens, enquanto no texto 1 quem conta a história é um **narrador-observador**. O narrador-personagem participa dos acontecimentos da história, fala de si, empregando verbos e pronomes na **1ª pessoa**. Já o narrador-observador não participa da história; conta os fatos sem fazer nenhuma referência a si mesmo, empregando verbos e pronomes na **3ª pessoa**.

Exercícios

1 Dos textos a seguir, indique aquele que apresenta narrador-observador.

a) Residia, então, em Charleston, a uma distância de 9 milhas, e as facilidades para ir e voltar eram menores do que agora. Chegando à cabana, bati, conforme meu hábito, e, não obtendo resposta, procurei a chave no lugar onde sabia estar escondida. Abri a porta e entrei. Foi uma surpresa e com certeza das mais agradáveis. Um belo fogo crepitava na lareira. Despi o paletó, empurrei a cadeira para junto do fogo, e esperei pacientemente pelos donos da casa.

(*Contos de Edgar Allan Poe*. Tradução de José Paulo Paes. 3. ed. São Paulo: Cultrix, 1986. p. 78.)

Filipe Rocha/Arquivo da editora

b) A figura não fez movimento ou pronunciou palavra. Mas quando lhe olharam a face viram que, em lugar de seu ar digno de piedade e de seus gestos de quem pede pela vida, transformara-se no mais horrível monstro que jamais se viu [...]. E que, no lugar das mãos erguidas para pedir misericórdia, havia agora duas adagas de fogo, que não flamejavam, mas eram incandescentes e terminavam numa ponta que era uma chama azulada.

(Daniel Defoe. *Contos de fantasmas*. Tradução de Henrique de Araújo Mesquita. Porto Alegre: L&PM, 2012. p. 33.)

Filipe Rocha/Arquivo da editora

2 Reescreva o texto a seguir, transformando o narrador-personagem em narrador-observador.

> Optei pela minha vocação de marinheiro faz já vários anos, numa ocasião em que eu me encontrava com os bolsos vazios, e nada do que havia em terra me interessava.
>
> Então pensei em atirar-me ao mar e ver suas maravilhas. Meu nome é Ismael e, de vez em quando, tenho acessos de melancolia; quando isso acontece, acho que o melhor é tomar rapidamente uma resolução heroica. E foi isso o que fiz.
>
> Resolvi ir para o mar, mas não entrei num navio como qualquer passageiro. Nem como cozinheiro ou camareiro. Detesto essas profissões. Nem mesmo como capitão de navio.
>
> Embarquei como marinheiro; desses que ficam à proa, prontos para tudo o que der e vier. Se este ofício é pesado? Naturalmente; e muito. Mas me agrada. [...]
>
> (Herman Melville. *Moby Dick*. Tradução de Yone Quartim. São Paulo: Tempo Cultural, 1989. p. 7-8.)

3 Escreva um pequeno relato, narrando um fato que ocorreu em sua cidade ou no país e no qual uma pessoa tenha se destacado. Faça duas versões do relato e, em ambas, refira-se ao protagonista como herói ou heroína. Na primeira versão, narre em 1ª pessoa; na segunda, em 3ª pessoa.

Divirta-se

Capítulo

2 Tem uma barata no meu quarto!

Por vezes, nos sentimos mal-humorados, indispostos e de mal com o mundo. Parece que nada dá certo e que ninguém nos entende...

Dá vontade de ficar trancado no quarto, sem sair, sem comer, sem tomar banho, sem falar com ninguém, até virar um bicho...

Você vai ler, a seguir, o início do primeiro capítulo de *A metamorfose*, de Franz Kafka, uma das obras mais instigantes da literatura universal.

Certa manhã, quando Gregor Samsa abriu os olhos, após um sono inquieto, viu-se transformado num monstruoso inseto.

De costas ficou e ele as sentia duras como couraça. Ergueu levemente a cabeça e viu que o seu ventre estava grande, curvo, castanho e dividido por profundos sulcos. A colcha não se sustinha sobre o convexo abdômen e escorregava para o chão. As pernas não eram duas, mas inúmeras, lamentavelmente finas e agitavam-se sem que pudesse contê-las.

Que diabo terá me acontecido? — perguntou-se. Pesadelo não seria. O quarto, pequeno, arrumado ao jeito masculino, de tão familiares paredes, era o seu quarto. Na parede rente à mesa onde se encontravam espalhadas as amostras de tecidos — porquanto Samsa era caixeiro-viajante — estava a gravura que há bem pouco tempo recortara de uma revista ilustrada e que colocara numa bonita moldura dourada. Essa gravura representava uma senhora muito espigada, com gorro de pele e uma boá também de pele enroscada no pescoço, exibindo pesado casaco, dentro de cuja larga manga todo o antebraço se escondia.

Gregor volveu o olhar para a janela — gotas de chuva batiam contra os vidros e o tempo enevoado encheu-se de extrema melancolia.

Que tal — pensou — se eu dormisse mais um pouquinho e me esquecesse de todos esses absurdos? Mas isso era absolutamente impossível, porque tinha o costume de dormir sobre o lado direito e a situação em que se encontrava o impedia de acomodar-se na sua posição predileta. Esforçou-se para virar, mas sem resultado, tornava a cair de costas. Inumeráveis vezes insistiu inu-

Wandson Rocha/Arquivo da editora

tilmente, cerrando os olhos para não ver o angustiante tremor das suas pernas e afinal desistiu de tentá-lo mais, quando sentiu na ilharga aguilhoá-lo uma dor simultaneamente leve e profunda, como nunca sentira antes.

Santo Deus! — pensou aí. — Como é trabalhosa a profissão que escolhi! Viajar todos os dias! A preocupação dos negócios é bem maior quando se trabalha fora da loja! Além do próprio negócio há o inferno das viagens: a atenção ao horário e conexão dos trens; a comida má, e sem hora certa; os contatos cada dia diferentes, que não têm duração, que jamais chegam a ser amistosos e nos quais o coração nunca pode entrar. Para as profundas do inferno com tudo aquilo!

Wandson Rocha/Arquivo da editora

Sentiu na barriga uma ligeira comichão. Deslocando-se sobre as espáduas, vagarosamente em direção à cabeceira da cama, procurava encontrar modo de poder levantar melhor a cabeça. Conseguiu-o e viu, exatamente no lugar em que sentira a comichão, alguns pontinhos brancos que não soube explicar o que seriam. Tentou aliviar-se tocando o local da coceira com um pé, mas imediatamente retirou-o pois o contato lhe causava arrepios.

Deslizou no colchão até readquirir a primitiva posição.

Não há nada mais humilhante — disse com seus botões — do que se ter a obrigação de levantar tão cedo. O homem precisa dormir o tempo necessário. Há caixeiros-viajantes que conseguem levar uma vida de odaliscas. Quando retorno ao hotel, depois de bater a manhã atrás dos meus fregueses, encontro esses felizes senhores ainda à mesa do café. Se, com o chefe que tenho, quisesse imitá-los, já estaria no olho da rua. Mas quem sabe, no final das contas, se ser despedido não seria o meu melhor negócio? Se não fosse por causa dos meus pais, há muito tempo que eu teria pedido demissão. Perfilava-me diante do chefe e, com a alegria na alma, expunha-lhe o meu modo de pensar. Cairia da cadeira duro no chão! Ideia gaiata aquela de colocar a mesa sobre um estrado de maneira a poder falar de cima com os empregados, esquecendo-se de que é surdo e obrigando assim os subalternos a se aproximarem muito dele. A esperança, porém, não está perdida de todo. Quando eu tiver ajuntado uma quantia suficiente para pagar-lhe a dívida de meus pais — vamos pôr nisso uns cinco ou seis anos — não há a menor dúvida que irei enfrentá-lo. Aí, então, eu dou o fora! Mas, por enquanto, o que eu tenho a fazer é me levantar porque o trem sai às cinco horas.

Deu uma olhada no despertador, que, sobre a mesa, fazia seu tique-taque. Deus meu! — exclamou consigo mesmo. Eram seis e meia e os ponteiros marchavam tranquilamente, isto é, mais um pouco e seria um quarto para as sete. Quer ver que o despertador não funcionara? Da cama podia constatar que o ponteirinho estava exatamente sobre as quatro horas — logo o despertador havia soado. Será que continuara dormindo serenamente, indiferente àquele tilintar que fazia vibrar até os móveis? Serenamente, nada — seu sono não fora sereno. Talvez, por isso mesmo, mais profundo. Que iria fazer agora? O próximo trem saía às sete; para pegá-lo teria de correr como um alucinado, quando o mostruário ainda não estava arrumado e ele ainda por cima não se sentia com vontade nenhuma de se aprontar. Além do mais, embora pegasse o trem, nem assim escaparia da cólera do patrão, pois o rapaz do armazém, que teria esperado por ele no trem das cinco, seguramente já dera parte da falta na firma. Era um cretino aquele rapaz, cópia escrita e escarrada do patrão, a quem vivia sabujando. E se desse a desculpa duma doença? Isto porém, além de ser muito chato, levantaria suspeitas, pois Gregor nos cinco anos de emprego não ficara doente uma vez sequer. O gerente, acompanhado do médico da companhia de seguros, viria fatalmente, censuraria os seus pais pela preguiça do filho, desfazendo qualquer objeção e manifestando ao médico a opinião de que não há doentes, mas indolentes. E, na verdade, naquele caso não estaria inteiramente errado. Salvo uma certa indolência, aliás injustificável para quem dormira tão prolongadamente, Gregor sentia-se perfeitamente bem e até com um apetite que não lhe era comum.

O cérebro fervia com tais pensamentos, sem que se animasse a se levantar. E, precisamente quando no mostrador os ponteiros marcaram um quarto para as sete, bateram de leve à porta, que ficava junto à cabeceira da cama.

— Gregor — era a voz da mãe — são quinze para as sete. Você não tem que trabalhar?

Que voz suave! Gregor ficou horrorizado ao ouvir a própria resposta. Que era a sua voz, era. Saía, porém, misturada com um doloroso e incontido assobio, muito fino, fazendo com que as palavras, a princípio claras, perdessem a clareza, tornassem-se confusas a ponto de duvidar que pudessem ter sido entendidas. Gregor desejara ter respondido correta e profusamente, explicando tudo; mas, em tais circunstâncias, limitou-se a dizer:

— Sim. Sim. Obrigado, mamãe. Já estou me levantando.

A espessura da porta não permitira que a mudança da voz de Gregor fosse percebida, e assim a mãe ficou tranquila com a resposta e se foi embora. Porém, o breve diálogo fez com que os demais membros da família ficassem a par de que Gregor, contrariando os seus hábitos, se encontrasse ainda em casa. E o pai, vindo por sua vez, bateu também na outra porta e gritou:

— Gregor, Gregor! O que é que há contigo?

Por um instante aguardou para insistir em tom mais forte:

— Gregor, Gregor!

Enquanto assim sucedia, na porta oposta a irmã perguntava em voz baixa:

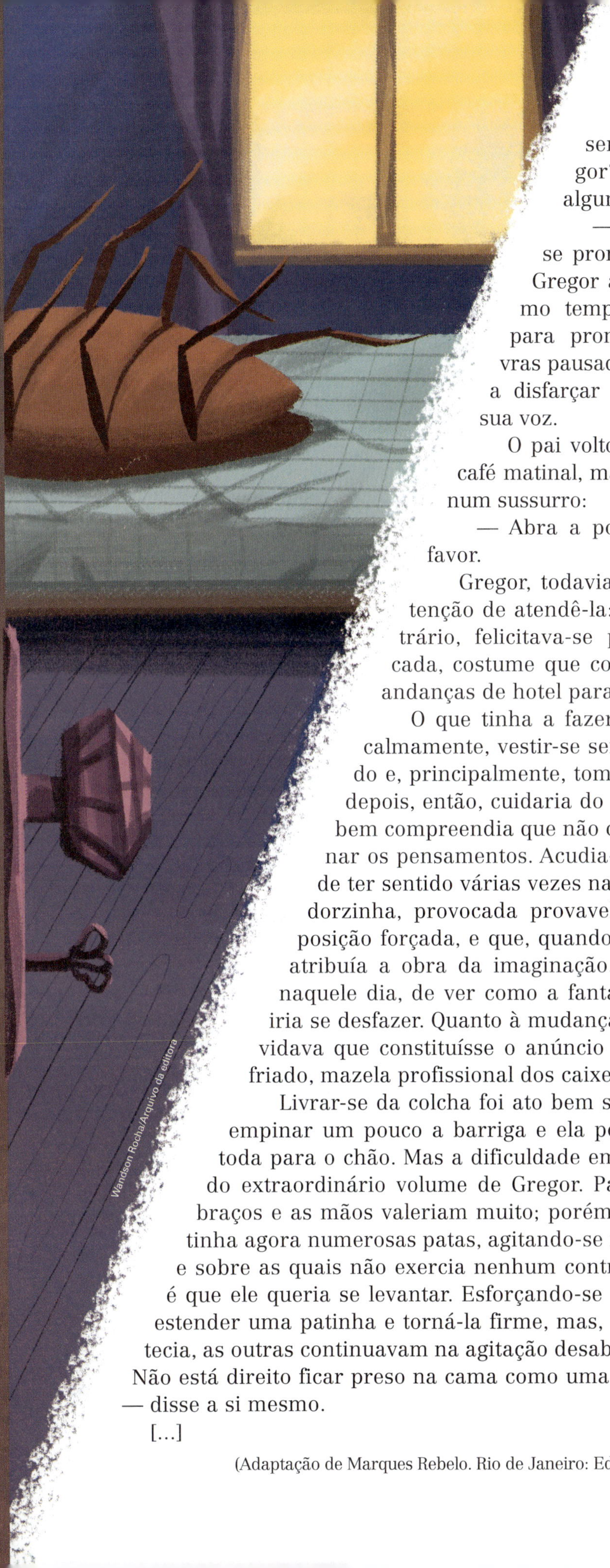

Wandson Rocha/Arquivo da editora

— Não está se sentindo bem, Gregor? Você precisa de alguma coisa?

— Já estou quase pronto — respondeu Gregor a ambos ao mesmo tempo, esforçando-se para pronunciar as palavras pausadamente de modo a disfarçar a estranheza da sua voz.

O pai voltou para acabar o café matinal, mas a irmã insistiu num sussurro:

— Abra a porta, Gregor. Por favor.

Gregor, todavia não tinha a intenção de atendê-la: muito pelo contrário, felicitava-se pela porta trancada, costume que contraíra nas suas andanças de hotel para hotel.

O que tinha a fazer era se levantar calmamente, vestir-se sem ser incomodado e, principalmente, tomar o seu café. Só depois, então, cuidaria do resto, pois muito bem compreendia que não conseguiria ordenar os pensamentos. Acudia-lhe a lembrança de ter sentido várias vezes na cama uma certa dorzinha, provocada provavelmente por uma posição forçada, e que, quando saltava do leito, atribuía a obra da imaginação. Estava curioso, naquele dia, de ver como a fantasiosa impressão iria se desfazer. Quanto à mudança da voz, não duvidava que constituísse o anúncio de um bom resfriado, mazela profissional dos caixeiros-viajantes.

Livrar-se da colcha foi ato bem simples — bastou empinar um pouco a barriga e ela por si só escorreu toda para o chão. Mas a dificuldade em se mover vinha do extraordinário volume de Gregor. Para se erguer, os braços e as mãos valeriam muito; porém, em lugar deles, tinha agora numerosas patas, agitando-se incessantemente, e sobre as quais não exercia nenhum controle. E a verdade é que ele queria se levantar. Esforçando-se muito, conseguia estender uma patinha e torná-la firme, mas, quando tal acontecia, as outras continuavam na agitação desabalada e dolorosa. Não está direito ficar preso na cama como uma abelha sem asas — disse a si mesmo.

[...]

(Adaptação de Marques Rebelo. Rio de Janeiro: Ediouro, 1971. p. 13-20.)

aguilhoar: atingir, provocando dor.

boá: enfeite de plumas, lã ou pele de certos animais usado sobre os ombros, a partir do pescoço; fazia parte do vestuário feminino décadas atrás como adorno ou agasalho.

caixeiro-viajante: espécie de vendedor que atua em locais distantes de centros comerciais.

cólera: ira, furor, ódio.

convexo: arredondado, bojudo, curvo.

gaiato: travesso, vadio, malicioso, brincalhão.

ilharga: cada lado do corpo humano, à direita e à esquerda, situado na altura dos quadris.

mazela: doença, moléstia.

perfilar: endireitar, aprumar, alinhar.

sulco: marca estreita e profunda feita em uma superfície lisa; depressão deixada na terra pelo arado.

Estudo do texto

Compreensão e interpretação

1 O primeiro parágrafo do texto coloca o leitor diante de um fato inusitado, surpreendente, que será o ponto central da narrativa.

a) Qual é esse fato?

b) Que elementos do mundo exterior provam a Gregor que tudo era real, e não um sonho?

2 A narrativa se desenvolve a partir de dois planos, à medida que o narrador expõe a reflexão de Gregor Samsa sobre a situação. Um dos planos é o ambiente em que a personagem se encontra fisicamente, as transformações de seu corpo e o modo como ele se sente.

a) Qual é o outro plano? Na narrativa, ele acontece concretamente, no mundo material, ou acontece no mundo interior, psicológico, da personagem?

b) De que modo os dois planos se articulam na narrativa?

3 O texto dá várias informações sobre o trabalho de Gregor Samsa e as relações profissionais da personagem.

a) Qual era a profissão de Gregor? O que ele achava da profissão que tinha? Justifique sua resposta com trechos do texto.

b) A que horas ele levantava para ir trabalhar?

c) O que ele pensava a respeito das relações que tinha com seus clientes? Justifique sua resposta comentando este trecho: "[contatos] nos quais o coração nunca pode entrar".

Quem é Franz Kafka?

Franz Kafka nasceu em 1883, em Praga, na atual República Tcheca, que então integrava o Império Austro-Húngaro. De família judaica, cresceu sob a influência das culturas judaica, tcheca e alemã. Teve com o pai uma relação conturbada, que pode ter influenciado alguns de seus escritos. Já na adolescência se dizia socialista e ateu. Formou-se em Direito, em Praga, em 1906, e em 1908 começou a publicar contos em revistas literárias. Escreveu o conto *A metamorfose* em vinte dias, em 1912, mas o publicou apenas em 1915. Produziu contos e romances e, entre seus romances mais importantes, estão *O processo* e *O castelo*. Morreu de tuberculose, em 1924.

Alamy/Fotoarena

4 A propósito da relação de Gregor com a empresa em que ele trabalhava, responda:

a) Como ele se relacionava com seu chefe?

b) Considerando as relações de trabalho na empresa, o que representa a iniciativa do chefe de postar sua mesa de trabalho em cima de um estrado de madeira?

c) Há quantos anos Gregor trabalhava na empresa?

d) O que prendia Gregor à empresa? Qual era o seu plano de longo prazo?

5 Observe alguns trechos do texto:

- "viu-se transformado num monstruoso inseto"
- "De costas ficou e ele as sentia duras como couraça. [...] viu que o seu ventre estava grande, curvo, castanho e dividido por profundos sulcos."
- "As pernas não eram duas, mas inúmeras, lamentavelmente finas"
- "Tentou aliviar-se tocando o local da coceira com um pé, mas imediatamente retirou-o pois o contato lhe causava arrepios."

Wandson Rocha/Arquivo da editora

- "Que era a sua voz, era. Saía, porém, misturada com um doloroso e incontido assobio"
- "Esforçando-se muito, conseguia estender uma patinha e torná-la firme"

a) Levante hipóteses: Em que inseto Gregor tinha se transformado? Como as pessoas normalmente reagem a esse inseto?

b) Releia este trecho:

> "[...] Só depois, então, cuidaria do resto, pois muito bem compreendia que não conseguiria ordenar os pensamentos. [...] Quanto à mudança da voz, não duvidava que constituísse o anúncio de um bom resfriado"

Responda: Que grau de consciência Gregor tinha sobre as mudanças que ocorriam com ele?

6 Quando eram quase sete horas da manhã, os familiares de Gregor notaram que ele ainda estava no quarto, e todos — o pai, a mãe e a irmã — bateram na porta do quarto dele.

a) Qual é a pergunta que a mãe faz a Gregor?

b) Dos três familiares qual foi o único que perguntou se ele se sentia bem e se precisava de alguma coisa?

c) Com base no que Gregor pensa sobre sua ocupação e no modo como os familiares lidam com ele, deduza: O que representava para a família o trabalho de Gregor?

7 Para alguns especialistas, *A metamorfose* é um conto ampliado; para outros, é uma novela, sobretudo por causa do tamanho (dependendo da edição, entre 50 e 100 páginas).

a) Onde a história se passa?

b) Quanto tempo transcorre no trecho lido?

c) Nas narrativas ficcionais, geralmente há dois tipos de personagem: a **personagem plana**, que conhecemos com base nas ações que ela realiza, e a **personagem esférica**, que conhecemos interiormente. Que tipo de personagem é Gregor Samsa? Justifique sua resposta.

8 Kafka é considerado um dos escritores que mais influenciaram a literatura moderna do século XX. A partir de sua obra, nasceu o adjetivo **kafkiano**, que é usado em referência a uma situação absurda, uma espécie de beco sem saída. Escrita em 1912, pouco antes da Primeira Guerra Mundial (1914-1918), a obra retrata, de forma simbólica, as relações entre o homem e o mundo naquele momento histórico.

a) Pelo trecho que você leu, como era a relação de Gregor Samsa com o mundo? Justifique sua resposta.

b) No plano simbólico, o que pode representar a metamorfose pela qual passa o protagonista?

Vamos continuar lendo Kafka?

Se você gostou das páginas iniciais de *A metamorfose*, que tal ler a obra completa?

Procure na biblioteca de sua escola essa e outras obras do escritor tcheco.

No mercado, existem várias versões disponíveis a preços bem acessíveis de *A metamorfose*. Além disso, é possível baixar a obra completa gratuitamente no *site*: www.dominiopublico.gov.br/pesquisa/DetalheObraForm.do?select_action=&co_obra=16641.

Kafka e o cinema

Vários cineastas, como David Linch, Woody Allen e Stanley Kubrick, entre outros, foram influenciados pelo escritor tcheco e levaram às telas a atmosfera kafkiana que marca as obras do escritor. A mais importante adaptação direta das obras de Kafka, porém, é o filme *O processo* (1962), de Orson Welles. Baseado no romance homônimo do escritor, o filme retrata a trajetória de Josef K., que luta para se defender de um crime que ele não sabe se cometeu ou não.

Alamy/Fotoarena

A linguagem do texto

1 Ao lermos alguns textos, é comum nos depararmos com palavras e expressões desconhecidas, cujo sentido é possível captar pelo contexto.
Dê o sentido das expressões destacadas nestes trechos:

a) "Há caixeiros-viajantes que conseguem **levar uma vida de odaliscas**."

b) "Era um cretino aquele rapaz, **cópia escrita e escarrada do patrão**"

2 Gregor Samsa imagina que, por causa do atraso, o gerente iria à casa dele e, ao constatar que ele estava doente, diria: "não há doentes, mas indolentes". As palavras **doente** e **indolente** se originam do mesmo radical latino, *dolens*, que significa "que se aflige, que causa dor". No entanto, a palavra **indolente** historicamente passou a apresentar outros sentidos.

a) Que outras palavras se originaram do mesmo radical latino *dolens*?

b) Que sentido tem a palavra **indolente**, no contexto?

3 Observe o ponto de vista narrativo do texto.

a) O narrador é de 1ª pessoa, ou seja, é um narrador-personagem, que participa da história, ou é um narrador de 3ª pessoa, ou seja, que apenas presencia os fatos?

b) De que modo é introduzido o pensamento de Gregor Samsa na narração? Que formas verbais e expressões são usadas para isso?

c) Que sinal de pontuação é utilizado para isolar a fala do narrador, separando-a dos pensamentos de Gregor?

De olho na oralidade

Roda de discussão – Literatura de mistério, de terror ou fantástica?

Reúna-se com os colegas e com o professor, em círculo, e discuta as seguintes questões.

1 Em uma carta de 1904, dirigida ao amigo Max Brod, Kafka afirma que gostaria de levar o leitor de suas obras a perceber o que estava se passando no mundo, a "acordar com uma pancada na cabeça". Para você, o trecho lido de *A metamorfose* é "uma pancada na cabeça"? Por quê?

2 A obra *A metamorfose* foi escrita há mais de um século e, no entanto, continua atraindo leitores do mundo inteiro. Você acha que o texto ainda é atual? Por quê?

3 É difícil classificar o texto *A metamorfose*. Alguns acham que é literatura de mistério ou de terror; outros, que é literatura fantástica. Leia o boxe "O fantástico na literatura" e, depois, discuta com os colegas:

a) *A metamorfose* pode ser considerada literatura fantástica? Por quê?

b) Compare *A metamorfose* ao conto "A máscara da Morte Escarlate", de Edgar Allan Poe, lido no capítulo anterior. Em que se assemelham e em que se diferenciam?

O fantástico na literatura

Segundo o teórico da literatura Tzvetan Todorov, "o fantástico é a hesitação experimentada por um ser que só conhece as leis naturais, em face de um acontecimento aparentemente sobrenatural".

Em outras palavras, a literatura fantástica é marcada por um acontecimento surpreendente, que não pode ser explicado pelas leis do mundo natural. Nela, não há seres de outro mundo, mas a personagem fica na dúvida se o fato inusitado realmente teria acontecido ou se tudo não teria passado de imaginação.

Cruzando linguagens

Leia estes quadrinhos, de Arruda:

1 Os quadrinhos de Arruda estabelecem uma relação intertextual com *A metamorfose*, de Kafka. Que elementos do texto confirmam essa relação?

2 Acima do título, lemos: "Adaptações baratas da literatura universal". Explique o trocadilho (jogo de palavras) existente no título.

3 Como é comum nas histórias em quadrinhos, o último quadrinho apresenta uma surpresa, que provoca humor.

a) Qual é o fato surpreendente do último quadrinho?

b) Levando em conta a resposta da questão **8b** da parte **Compreensão e interpretação** do estudo do texto, responda: Que leitura pode ser feita dos quadrinhos, em especial do último?

De olho no infográfico

Leia o infográfico:

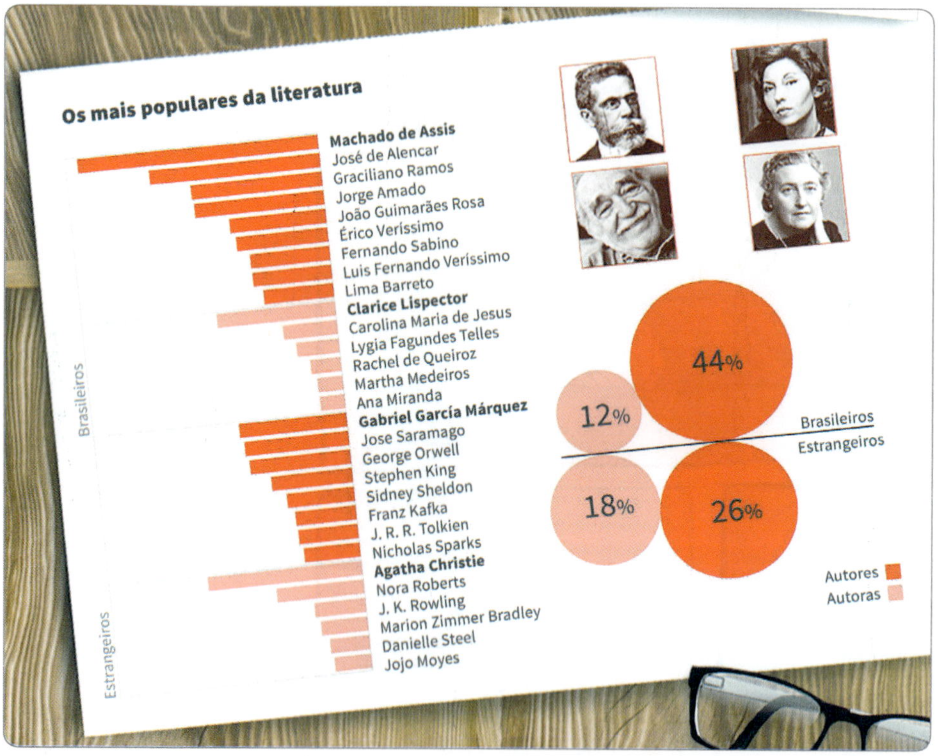

Estante Virtual. Disponível em: <http://blog.estantevirtual.com.br/2017/08/30/infografico-descubra-os-habitos-de-leitura-de-cada-regiao-em-2017/>.

(Disponível em: http://blog.estantevirtual.com.br/2017/08/30/infografico-descubra-os-habitos-de-leitura-de-cada-regiao-em-2017/. Acesso em: 29/1/2018.)

1 O infográfico foi divulgado em um *site* especializado em venda de livros novos e usados.

a) Olhando o lado esquerdo do infográfico, notamos que ele está organizado em duas grandes categorias. Quais são elas?

b) A legenda que se vê à direita, na parte inferior do infográfico, mostra que há outra divisão entre as duas categorias principais. Qual é ela?

2 Entre os escritores nacionais mais populares:

a) Qual é o escritor mais vendido? Como é possível chegar a essa conclusão?

b) Qual é a escritora mais vendida?

3 Entre os escritores estrangeiros mais populares:

a) Qual é o escritor mais vendido?

b) Qual é a escritora mais vendida?

4 Compare o escritor e a escritora nacionais mais vendidos e o escritor e a escritora estrangeiros mais vendidos.

a) Qual dos dois autores nacionais vende mais?

b) Qual dos dois autores estrangeiros vende mais?

c) Entre os autores e autoras mais vendidos, qual é o campeão de vendas?

Agatha Christie no cinema

A escritora britânica Agatha Christie (1890-1976) publicou mais de 80 títulos e vendeu milhões de livros em todo o mundo.

Além de ser um sucesso nas livrarias, a obra de Agatha Christie inspirou filmes que costumam lotar as salas de cinema. Seu romance *Assassinato no Expresso Oriente*, por exemplo, publicado em 1934, foi adaptado para o cinema duas vezes, a primeira em 1974, com direção de Sidney Lumet, e a segunda em 2017, com direção de Kenneth Branagh.

Reprodução/Acervo particular

5 Franz Kafka está na lista dos mais vendidos nesse *site*. Entre os autores estrangeiros, qual é a posição que ele ocupa?

6 No centro do infográfico, há quatro círculos.

a) O que eles indicam?

b) Nesse *site*, em geral, quem vende mais: os autores nacionais ou os autores estrangeiros? Justifique sua resposta.

c) E quem vende mais: os autores do sexo masculino ou os autores do sexo feminino? Justifique sua resposta.

Ler é reflexão

A dimensão social que o autor [Franz Kafka] dá para o livro [*A metamorfose*] se resume ao quarto do protagonista, onde se desencadeia praticamente toda a história. Mas nem por isso a narrativa deixa de associar a literatura como um fenômeno intrinsecamente ligado à vida social. A influência social na obra vai além dos lugares mencionados no livro. O apelo está muito mais para o contexto psicológico do personagem.

Wandson Rocha/Arquivo da editora

A obra foi escrita em 1912, dois anos antes do início da Primeira Guerra Mundial. O clima de agonia e pessimismo mantido por Kafka é apontado por alguns autores como relação direta com o cenário mundial da época em que a obra foi escrita. Apesar de ter sido escrita no início do século XX, a obra permanece atual porque explora temas característicos da sociedade contemporânea, como a crise existencial, a desesperança do ser, pessimismo, a ausência de resposta, a solidão, impotência e a fuga — temas recorrentes da literatura de Franz Kafka.

(Magali Moser. "*A Metamorfose de* Kafka sob a ótica da crítica sociológica." Disponível em: http://bu.furb.br/sarauEletronico/index.php?option=com_content&task=view&id=137&Itemid=1. Acesso em: 29/1/2018.)

A língua em foco

Verbo – o subjuntivo

Na seção anterior, você leu um trecho de *A metamorfose*, de Franz Kafka. O texto a seguir é um fragmento da obra *Carta ao pai*, do mesmo autor. Leia-o.

> Querido Pai:
>
> Você me perguntou recentemente por que eu afirmo ter medo de você. Como de costume, não soube responder, em parte justamente por causa do medo que tenho de você [...]. E se aqui tento responder por escrito, será sem dúvida de um modo muito incompleto [...]
>
> [...] Se você fizesse um resumo do que pensa de mim, o resultado seria que na verdade não me censura de nada abertamente indecoroso ou mau (exceto talvez meu último projeto de casamento), mas sim de frieza, estranheza, ingratidão. E de fato você me recrimina por isso como se fosse culpa minha, como se por acaso eu tivesse podido, com uma virada do volante, conduzir tudo para outra direção, ao passo que você não tem a mínima culpa, a não ser talvez o fato de ter sido bom demais para mim.
>
> [...]
>
> Naturalmente não digo que me tornei o que sou só por influência sua. Seria muito exagerado (e até me inclino a esse exagero). É bem possível que, mesmo que tivesse crescido totalmente livre da sua influência, eu não pudesse me tornar um ser humano na medida do seu coração. [...]
>
> [...]

Filipe Rocha/Arquivo da editora

(Disponível em: https://books.google.com.br/books/about/Carta_ao_pai.html?id=FrL6w4hzUg0C&printsec=frontcover&source=kp_read_button&redir_esc=y#v=onepage&q&f=false. Acesso em: 29/1/2018.)

1 De acordo com o texto:

a) A relação de Franz Kafka com o pai era tranquila ou conflituosa? Justifique sua resposta com base no texto.

b) Na visão de Kafka, a quem o pai atribuía a responsabilidade pelo fato de a relação entre os dois ser como era?

Leia o boxe "Os três modos verbais". Depois, observe os seguintes trechos do texto e responda às questões 2 a 4.

I. "se aqui **tento** responder por escrito, **será** sem dúvida de um modo muito incompleto"

II. "Se você **fizesse** um resumo do que pensa de mim, o resultado **seria** que [...] não me censura de nada abertamente indecoroso ou mau"

III. "você não **tem** a mínima culpa, a não ser talvez o fato de **ter sido** bom demais para mim"

IV. "**É** bem possível que, mesmo que **tivesse crescido** totalmente livre de sua influência, eu não **pudesse me tornar** um ser humano na medida do seu coração."

Os três modos verbais

Você já aprendeu que, no português, os verbos podem ser utilizados em três modos, dependendo da intenção de quem fala.

O **indicativo** é o modo da certeza; é empregado em frases nas quais é expresso algo que seguramente acontece, aconteceu ou acontecerá: "Eu **participarei** das competições esportivas".

O **subjuntivo** é o modo da dúvida; é utilizado em frases que indicam a possibilidade de algo vir a acontecer: "Talvez eu **participe** dos jogos neste ano".

O **imperativo** é o modo pelo qual se expressa uma ordem, um pedido ou um conselho: "**Participem** todos da campanha do agasalho".

2 A propósito dos trechos, responda:

a) Há, nos quatro trechos, palavras ou expressões que geralmente indicam uma condição ou expressam uma dúvida ou possibilidade. Quais são elas?

b) Entre as formas verbais em destaque, quais expressam certeza? Quais expressam dúvida?

3 Releia os trechos III e IV.

a) Qual deles expressa o pensamento de Franz Kafka?

b) Qual deles expressa o pensamento do pai de Franz Kafka?

c) A qual modo pertencem as formas verbais empregadas neles?

d) Levante hipóteses: Por que esses diferentes modos foram empregados nos trechos?

4 Compare as seguintes frases:

- "Se você **fizesse** um resumo do que pensa de mim, o resultado **seria** que na verdade não me censura de nada abertamente indecoroso ou mau"
- Se você **fizesse** um resumo do que pensa de mim, o resultado talvez **fosse** que na verdade não me censura de nada abertamente indecoroso ou mau.

a) Em qual delas o autor expressa mais certeza quanto ao "resultado" a que se refere?

b) Considerando a oposição certeza/dúvida expressa nas frases pelo autor, discuta com os colegas e o professor e explique: Como o uso dos tempos e modos verbais interfere na construção de sentidos das duas frases?

Ao responder às questões anteriores, você viu que o autor do texto lido emprega verbos no modo indicativo (**tento**, **será**, **tem**) quando faz afirmações mais categóricas e emprega os verbos no modo subjuntivo (**fizesse**, **fosse**, **tivesse**) quando formula hipóteses ou condições.

Assim:

Emprega-se o **modo subjuntivo** quando o fato mencionado é considerado incerto, duvidoso, hipotético, irreal.

Observe as frases:

- Você me recrimina porque imagina que **seja** culpa minha.
- Você me recrimina, como se **fosse** culpa minha.
- Você me recriminará quando/se **for** culpa minha.

Antes das formas verbais do subjuntivo, são utilizadas as palavras **que** (presente), **se** (pretérito imperfeito) e **quando** ou **se** (futuro).

Exercícios

1 Reúna-se em dupla e responda oralmente às perguntas a seguir, que o colega vai ler. Empregue na resposta o futuro do pretérito do indicativo ou o imperfeito do subjuntivo.

a) A quem você escreveria uma carta e o que diria nela?

b) O que você faria se acordasse um dia e percebesse que tem a forma de um inseto gigante?

c) O que você faria se fosse convidado a viver trancado em um prédio para fugir de uma epidemia mortal?

Leia a tira a seguir e responda às questões 2 a 5.

(Disponível em: www.comvest.unicamp.br/vest_anteriores/2009/download/comentadas/portugues.pdf. Acesso em: 30/1/2018.)

2 No 1º quadrinho, Calvin faz uma afirmação categórica sobre a comida que tem diante de si.

a) Identifique a forma verbal empregada na fala de Calvin e indique como ela foi construída. Depois indique que outra forma verbal simples poderia substituí-la e conclua: Quanto ao tempo verbal, qual é o sentido dessa locução no contexto?

b) Levante hipóteses: O que há no prato de Calvin? Justifique sua resposta com base na fala do garoto.

3 O pai utiliza uma estratégia para tentar convencer Calvin a comer.

a) Qual é essa estratégia?

b) No 2º quadrinho, a fala do pai expressa uma condição. Qual é essa condição e qual forma verbal é utilizada na construção dessa ideia? Em que tempo e modo está essa forma verbal?

c) A estratégia utilizada pelo pai foi bem-sucedida? Justifique sua resposta.

d) O que a mãe de Calvin achou do recurso utilizado pelo pai? Justifique sua resposta.

4 Releia a fala da mãe, no último quadrinho:

> "Tem que haver um jeito melhor de fazer ele comer!"

a) Identifique nessa fala um uso de verbo e uma construção típicos da variedade falada do português brasileiro.

b) Indique as formas do verbo **haver** que completariam a fala da mãe, caso ela tivesse se expressado das seguintes formas:

- Tomara que ☐ um jeito melhor de fazer ele comer!
- Gostaria que ☐ um jeito melhor de fazer ele comer!
- Quando ☐ um jeito melhor de fazer ele comer, vou ser a primeira a descobrir!

5 Imagine que o pai de Calvin tivesse dado continuidade à fala da mãe, empregando uma das frases a seguir. Utilizando os verbos entre parênteses, escreva em seu caderno, no tempo e modo verbal adequados ao contexto, as formas verbais que você utilizaria para completá-las.

a) Eu também espero que um dia ele ☐ (comer) mais facilmente.

b) Você quer que eu ☐ (mudar) uma ideia que está dando certo?

c) Tomara que ele não ☐ (ouvir) isso que você disse!

d) Que esse dia ☐ (chegar) o quanto antes!

TEMPOS DO SUBJUNTIVO

O modo subjuntivo apresenta os seguintes tempos verbais: presente, pretérito imperfeito e futuro.

Presente

Indica um fato incerto no presente e pode também expressar desejo. É empregado normalmente depois de expressões como **convém que**, **é necessário que**, **é possível que**, **tomara que**, **talvez**, **quero que**:

> Tomara que **faça** sol no domingo para irmos à praia.

Pretérito imperfeito

Indica um fato hipotético no passado, algo que acabou não se concretizando. Observe, no exemplo, que esse tempo se relaciona com o futuro do pretérito do indicativo:

> Se não **chovesse**, teríamos aproveitado melhor o domingo na praia.

ArdeaA/Shutterstock

Futuro

Expressa um acontecimento possível no futuro e aparece geralmente acompanhado das palavras **quando** e **se**:

> Quando **fizer** sol, irei à praia.
> Se **fizer** sol, irei à praia.

VERBOS REGULARES NO SUBJUNTIVO

A seguir apresentamos, para consulta, um quadro com a conjugação dos verbos regulares nos tempos do modo subjuntivo. Como modelos, tomamos **amar** (1ª conjugação), **beber** (2ª conjugação) e **partir** (3ª conjugação).

PRESENTE			PRETÉRITO IMPERFEITO			FUTURO		
ame	beba	parta	amasse	bebesse	partisse	amar	beber	partir
ames	bebas	partas	amasses	bebesses	partisses	amares	beberes	partires
ame	beba	parta	amasse	bebesse	partisse	amar	beber	partir
amemos	bebamos	partamos	amássemos	bebêssemos	partíssemos	amarmos	bebermos	partirmos
ameis	bebais	partais	amásseis	bebêsseis	partísseis	amardes	beberdes	partirdes
amem	bebam	partam	amassem	bebessem	partissem	amarem	beberem	partirem

Exercícios

O texto a seguir dá dicas a quem pretende praticar turismo de aventura. Leia-o e responda às questões 1 a 3.

Turismo de aventura: 5 dicas valiosas para a sua segurança

Por Treme Terra 6 de junho de 2017

[...] quando estamos falando em turismo de aventura, precisamos tomar um cuidado extra para que a viagem não seja marcada por acidentes e imprevistos, principalmente quando envolve trilhas, cachoeiras, cavernas, mergulho e rapel.

Pensando nisso, listamos 5 dicas valiosas que você deve seguir quando for fazer um turismo de aventura e segurança. Confira!

Dudarev Mikhail/Shutterstock

1. Quando for fazer trilhas

[...] Nas trilhas, muitas vezes, existem lugares perigosos que, caso você não conheça, podem prejudicar o seu turismo de aventura e segurança.

Então, para que isso não atrapalhe a sua viagem, busque informações sobre a trilha antes de iniciá-la, procure por pessoas que já a finalizaram e veja o melhor horário para fazer o passeio. [...]

2. Quando for visitar cachoeiras

Qualquer lugar que você for visitar pela primeira vez, sem a companhia de pessoas que já têm conhecimento do local, requer um cuidado extra [...]

Então, quando for aproveitar uma cachoeira com os amigos, verifique se não há pedras em volta e certifique-se da profundidade do local, fatores que podem ser importantes para que essa aventura não tenha imprevistos.

E lembre-se, em caso de chuvas fortes, é melhor adiar o passeio e, se você já estiver no local quando a chuva começar, tome cuidado com enchentes.

3. Quando for explorar cavernas

Quando falamos de cavernas, é necessário entender que podem ocorrer coisas inesperadas. Então, mesmo que você tenha um guia responsável pelo passeio, tome bastante cuidado.

Ainda, é importante ter equipamentos de qualidade, como lanternas e pilhas reservas, além de comida e água caso a caminhada até o local seja longa.

4. Quando for mergulhar

Qualquer pessoa pode mergulhar com ajuda de profissionais e equipamentos, até mesmo as que nunca nadaram em suas vidas. [...]

Vale ressaltar que não é recomendado que você mergulhe caso sofra de claustrofobia, diabetes, epilepsia e doenças relacionadas à depressão.

Mesmo que já tenha praticado mergulho, opte por fazer o treinamento específico com técnicas desenvolvidas pela Professional Association of Diving Instructor (PADI).

5. Quando for praticar rapel

A primeira coisa é praticar o esporte acompanhado de um especialista e, caso você não seja iniciante no assunto, cuidar bem de todo o equipamento, certificando-se de que tudo está em ordem. [...]

(Disponível em: http://blog.tremeterra.com.br/2017/06/06/turismo-de-aventura-5-dicas-valiosas/. Acesso em: 29/1/2018.)

1 Na formulação das dicas, o texto emprega majoritariamente formas verbais nos modos subjuntivo e imperativo. Releia as frases a seguir, extraídas do texto.

I. "para que isso não atrapalhe a sua viagem, busque informações sobre a trilha antes de iniciá-la"
II. "se você já estiver no local quando a chuva começar, tome cuidado com enchentes"
III. "não é recomendado que você mergulhe caso sofra de claustrofobia"
IV. "Mesmo que já tenha praticado mergulho, opte por fazer o treinamento específico"

a) Qual é a única frase em que não há a combinação de subjuntivo acompanhado de imperativo? Nela, que tempo(s) e modo(s) verbal(is) são empregados?

b) Identifique nas outras frases as formas verbais pertencentes a cada um desses modos.

c) Em que tempo está cada forma verbal dada como resposta no item anterior?

2 Observe o título de cada dica.

a) Identifique a forma verbal que é empregada em todos eles.

b) Qual é o tempo e o modo em que essa forma está?

c) Conclua: De que maneira esse tempo e esse modo contribuem para a construção de sentidos no texto?

3 Releia estes trechos do texto:

I. "precisamos tomar um cuidado extra para que a viagem não seja marcada por acidentes e imprevistos"
II. "quando for aproveitar uma cachoeira com os amigos"
III. "podem ser importantes para que essa aventura não tenha imprevistos"
IV. "caso você não seja iniciante no assunto"

a) Identifique as formas verbais do subjuntivo empregadas em cada trecho e classifique-as quanto ao tempo.

b) Em qual trecho é feita referência a uma condição estabelecida no presente?

c) Em dois trechos há referência a situações futuras, embora os verbos que indicam tais situações estejam no presente. Identifique esses trechos e justifique essa afirmação.

VERBOS IRREGULARES NO SUBJUNTIVO

Leia este poema, de Elias José:

Beijos e beijos

Se aquele beijo assustado,
que ganhei hoje no rosto,
fosse um caprichado beijo na boca...
Acho que o mundo giraria
e o céu desabaria todinho
na minha cabeça.

Há beijos e beijos...
Sei que ele queria mostrar amor,
mas a timidez revelou amizade.

Ou será que ele não sabe que
jabuticaba, sorvete de chocolate,
doce de coco, brigadeiro,
quindim, olho de sogra ou bombom,
nada é tão gostoso
como um demorado
beijo na boca?

Filipe Rocha/Arquivo da editora

(*Cantigas de adolescer*. 18. ed. São Paulo: Atual, 2003. p. 39.)

Observe, nos três primeiros versos do poema, o emprego da forma verbal **fosse**. Trata-se de uma forma do verbo **ser**, conjugado na 3ª pessoa do singular do pretérito imperfeito do modo subjuntivo. Imagine que o autor do poema tivesse se expressado em uma destas maneiras:

Espero que aquele beijo assustado **seja** um beijo caprichado na boca...
Quando aquele beijo assustado **for** um beijo caprichado na boca...

Como **fosse**, as formas verbais **seja** e **for**, destacadas nas frases anteriores, também pertencem ao verbo **ser**. Isso demonstra que esse verbo sofre alterações no radical quando é conjugado em diferentes tempos verbais, o que o leva a ser considerado **irregular** ou **anômalo**. O mesmo acontece com outros verbos, como **dar**, **caber**, **ter**, **haver**, **ir**, **vir**.

Releia os seguintes versos do poema e observe a correspondência existente entre tempos verbais:

> "Se aquele beijo assustado,
> [...]
> **fosse** um caprichado beijo na boca...
> Acho que o mundo **giraria**
> e o céu **desabaria** todinho
> na minha cabeça."

Nos versos, a correspondência entre tempos verbais se dá entre o imperfeito do subjuntivo, **fosse**, e o futuro do pretérito do indicativo, **giraria** e **desabaria**.

Exercícios

Leia a tira a seguir e responda às questões 1 a 3.

(*Folha de S. Paulo*, 1/9/2013.)

1 No primeiro balão da tira, foram suprimidas duas formas verbais.

a) Qual é a primeira, considerando que se trata do verbo **gostar** no futuro do pretérito do indicativo?

b) Qual é a segunda, considerando que se trata do verbo **parar** no pretérito imperfeito do subjuntivo?

c) Reescreva a fala de Helga, iniciando-a com "Espero que" e empregando o mesmo verbo suprimido na segunda situação. Em seguida, identifique o tempo e o modo da forma verbal empregada por você.

2 Por que Helga emprega o verbo **parar** no modo subjuntivo?

3 Reescreva a frase dita por Hagar no 2º quadrinho da tira, substituindo o futuro do subjuntivo do verbo **vir** pelo imperfeito do subjuntivo e adaptando o tempo do verbo **dar**.

Como é formado o subjuntivo?

Aqui vão algumas dicas para ajudar na conjugação dos tempos do modo subjuntivo, tanto dos verbos regulares como dos irregulares.

- O **presente do subjuntivo** é formado a partir da 1ª pessoa do singular do **presente do indicativo**:

eu pens**o** → que eu pens**e**
eu caib**o** → que eu caib**a**
eu fuj**o** → que eu fuj**a**

- O **pretérito imperfeito** e o **futuro do subjuntivo** são formados a partir do tema do **pretérito perfeito do indicativo**:

tu **fala**ste → se eu **fala**sse / quando eu **falar**
nós **quis**emos → se eu **quis**esse / se eu **quis**er
eles **senti**ram → se eu **senti**sse / quando eu **sentir**

O subjuntivo na construção do texto

Leia este poema, de Elias José:

Menina, menina

Como ficará o rio,
menina,
quando seu barco partir?
Tudo ficará tão frio,
menina,
quando seu barco partir.

Você partindo,
menina,
como num voo de pássaro,
vai acabar ficando,
menina,
na vida deste espaço.

Se eu tivesse dinheiro,
menina,
se eu tivesse idade,
segurava você aqui,
menina,
ou deixava esta cidade.

Como vou ficar,
menina,
quando seu barco partir?
Vou chorar ou sorrir,
menina,
quando seu barco partir?

Tati Spinelli/Arquivo da editora

(*Namorinho de portão*. São Paulo: Moderna, 1986. p. 35.)

1 Qual é o tema do poema?

2 O tema do poema diz respeito a um fato que ainda não aconteceu.

a) Que verso, utilizado na 1ª estrofe e repetido na última estrofe, se refere a esse fato?

b) Que palavra desse verso introduz o eu lírico em um momento imaginário, hipotético?

c) Indique o tempo e o modo em que o verbo está empregado nesse verso.

3 Antes que o fato imaginado aconteça, o eu lírico supõe que vai ter certos sentimentos. Quais são esses sentimentos?

4 Na segunda estrofe, o eu lírico exprime poeticamente a ideia de saudade.

a) Qual é a contradição presente nesses versos?

b) Por que essa contradição é aparente?

5 Na terceira estrofe, o eu lírico expressa dois desejos: impedir a menina de partir e partir também.

a) Quais são as condições necessárias para a realização desses desejos?

b) Que palavra desses versos é responsável pela introdução do eu lírico no mundo imaginário?

c) Destaque a forma verbal empregada nesses versos e indique o tempo e o modo em que ela está.

6 Na última estrofe, o eu lírico expressa sentimentos contraditórios em relação à futura partida da amada.

a) Que locuções verbais indicam essa contradição?

b) Quais formas verbais simples poderiam substituir adequadamente essas locuções?

c) Levante hipóteses: O que pode explicar esses sentimentos contraditórios do eu lírico?

7 Como conclusão desse estudo, responda: Qual é a importância do modo subjuntivo na construção do poema "Menina, menina"?

Tati Spinelli/Arquivo da editora

Semântica e discurso

Leia a parte da frente de um folheto distribuído pela Fundação Dorina Nowill, que atua no atendimento a deficientes visuais.

Reprodução/Fundação Dorina Nowill

1 Levante hipóteses: Qual é a finalidade do folheto?

2 Observe as formas verbais empregadas no enunciado principal do folheto.

a) Em que tempo e modo está o verbo auxiliar da locução verbal **pode fazer**?

b) Em que tempo está a forma verbal **encontrar**?

c) Que palavras desse enunciado explicitam a ideia de uma possibilidade futura?

3 Na parte de baixo do folheto, lemos: "Em companhia de pessoas com deficiência visual, aja com naturalidade".

a) A que verbo corresponde a forma verbal **aja**?

b) Em que modo está essa forma verbal?

c) Que relação existe entre esse modo verbal e a finalidade do folheto?

d) Complete as frases a seguir com o verbo ao qual pertence a forma verbal **aja**. Depois, indique o tempo, o modo e a pessoa nos quais o verbo foi empregado em cada frase.

- Com esta campanha, esperamos que você ☐ com naturalidade na presença de pessoas com deficiência visual.
- Esta campanha está sendo feita para que todos ☐ com naturalidade na presença de pessoas com deficiência visual.
- Seja natural quando ☐ na presença de pessoas com deficiência visual.
- Gostaríamos que todos ☐ naturalmente na presença de pessoas com deficiência visual.

4 Em "eles PODEM CONVIVER SOCIALMENTE, estudando, trabalhando, tornando-se pessoas autossuficientes":

a) Por que, no trecho "PODEM CONVIVER SOCIALMENTE", as palavras estão em letra maiúscula?

b) Por que foram empregados três verbos no gerúndio logo depois da expressão em letra maiúscula?

De olho na escrita

Prefixos e sufixos na formação de palavras

Leia, a seguir, a letra de uma canção.

O pulso

O pulso ainda pulsa
O pulso ainda pulsa
Peste bubônica câncer pneumonia
Raiva rubéola tuberculose anemia
Rancor cisticercose caxumba difteria
Encefalite faringite gripe leucemia
O pulso ainda pulsa
O pulso ainda pulsa
Hepatite escarlatina estupidez paralisia
Toxoplasmose sarampo esquizofrenia
Úlcera trombose coqueluche hipocondria
Sífilis ciúmes asma cleptomania
O corpo ainda é pouco
O corpo ainda é pouco
Reumatismo raquitismo cistite disritmia
Hérnia pediculose tétano hipocrisia
Brucelose febre tifoide arteriosclerose miopia
Catapora culpa cárie câimbra lepra afasia
O pulso ainda pulsa
O corpo ainda é pouco

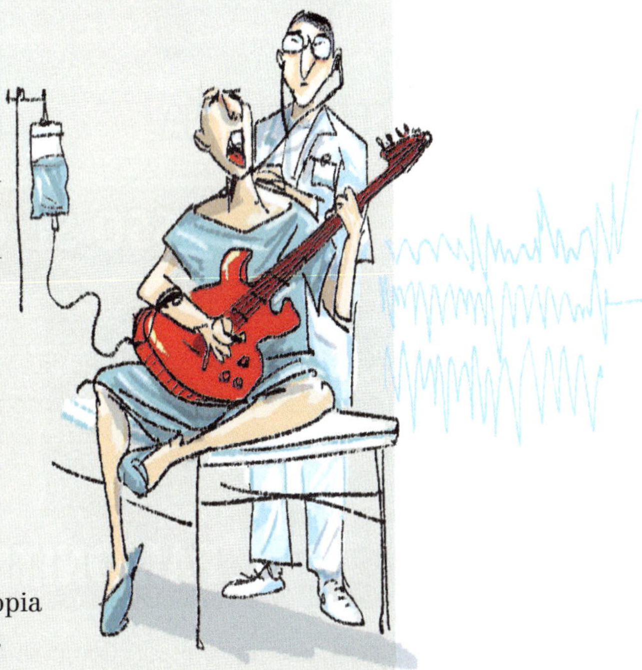
Filipe Rocha/Arquivo da editora

(Arnaldo Antunes, Tony Bellotto, Marcelo Fromer. Disponível em: www.arnaldoantunes.com.br/new/sec_discografia_sel.php?id=201. Acesso em: 30/1/2018.)

1 A propósito do texto, responda:

a) A que se refere a maioria dos nomes mencionados na canção?

b) Entre os nomes mencionados na canção, alguns destoam da maioria. Identifique alguns deles e levante hipóteses: Por que os dois tipos de nome estão misturados?

2 Na enumeração feita no texto, há nomes que têm a mesma terminação.

a) Identifique quatro das terminações que se repetem em nomes da letra da canção.

b) Consulte um dicionário e deduza: Qual terminação corresponde a cada um dos significados a seguir?

- inflamação aguda
- excesso, infestação, doença crônica
- doenças em geral e também distúrbio, descontrole, perda, debilidade, falta

3 As terminações que se repetem em nomes da letra da canção servem não apenas para formar palavras que designam doenças. Observe os memes a seguir, que circulam na Internet.

Master1305/Shutterstock

Darya Sarakouskaya/Shutterstock

Alamy/Fotoarena

a) Discuta com os colegas e o professor: Como se deu a formação das palavras **frescurite**, **preguicite** e **paixonite**, empregadas nos memes? Qual é o sentido de cada palavra?

b) Considerando o sentido dos memes, responda: Nas palavras **frescurite**, **preguicite** e **paixonite**, a sufixação agrega às palavras originais um valor positivo ou negativo?

Ao responder às questões anteriores, você viu que certas palavras se formam pelo acréscimo de partes a outras palavras. Essas partes são denominadas **afixos** e podem ser acrescentadas no final (**sufixos**) ou no início (**prefixo**) de palavras já existentes.

A seguir apresentamos, para consulta, alguns sufixos e prefixos muito utilizados na formação de palavras no português do Brasil.

Sufixos	-ismo / -ista / -ando / -ento / -ável / -udo /-aço / -ite / -ose / -esco / -eria / -aria	anarquismo, anarquista, vestibulando, marrento, presidenciável, panelaço, frescurite, esclerose, vampiresco, leiteria, alfaiataria
Prefixos	anti- / des- / in- / macro- / mega- /micro- / mini- / multi- / tele-	antiaderente, desemprego, inacabado, macroeconomia, megafone, microcefalia, miniconto, multinacional, televendas

Exercícios

1 Ao estudar, no capítulo anterior, as formas nominais dos verbos, você viu que as terminações **-ista** e **-ismo**, a primeira presente em **gerundista** e a segunda em **gerundismo**, podem ser utilizadas para designar, respectivamente, "praticante ou adepto" e "atividade ou movimento ideológico". Faça uma pesquisa com colegas, professores e familiares e pergunte a eles quais palavras com essas terminações eles conhecem. Se necessário, utilize um dicionário para buscar outras palavras ou para esclarecer significados.

Há, na Internet, uma rede social denominada Tumblr (pronuncia-se "tambler"). Essa rede pode funcionar como um *blog* temático, no qual o(s) administrador(es) interage(m), faz(em) e compartilha(m) publicações, geralmente curtas, sobre assuntos variados. O texto a seguir apresenta o perfil de um desses Tumblr, chamado Tumbleria. Leia-o e responda às questões 2 a 4.

> "Parece que um monte de gente acordou super criativa de uns tempos pra cá e decidiu que era hora de inovar! A matemática para o sucesso é simples: Nome do produto + sufixo "ERIA" = muito apelo comercial entre os hipsters.
>
> Este é um 'tumblr-ode' ao movimento menos criativo de todos os tempos."
>
> (Disponível em: http://tumbleria.tumblr.com/. Acesso em: 30/1/2018.)

2 Segundo o texto:

a) Qual é o movimento ao qual o Tumbleria faz referência?

b) Qual é o ponto de vista do Tumbleria sobre esse fenômeno?

c) O texto do perfil afirma que se trata de um "tumblr-ode" a esse movimento. Consulte o significado de **ode** em um dicionário e deduza: O que quer dizer "tumblr-ode", no contexto?

3 Explique o processo de formação da palavra **Tumbleria**, relacionando-o ao objetivo da rede social que tem esse nome.

4 Observe algumas fotos publicadas no Tumbleria:

Sentavio/Shutterstock

Carla Nichiata/Shutterstock

NYgraphic/Shutterstock

Fosin/Shutterstock

Paulo Vilela/Shutterstock

a) Nos nomes em destaque nas fotos, há outro sufixo, além do mencionado no texto de apresentação do perfil do Tumbleria. Qual é ele?

b) O uso desses sufixos na formação de nomes relacionados a estabelecimentos comerciais não é novidade. Dê os significados das palavras a seguir, nas quais eles estão presentes.

- cafeteria
- leiteria
- alfaiataria
- doceria
- padaria

c) Discuta com os colegas e o professor e levante hipóteses: Qual é a diferença entre os nomes em destaque nas fotos publicadas pelo Tumbleria e as palavras listadas no item anterior?

d) Você conhece outros nomes de estabelecimentos comerciais formados pelo mesmo processo? Caso conheça, cite-os. Caso não conheça, faça uma pesquisa à procura de outros exemplos.

5 O procedimento adotado na denominação de estabelecimentos referido no perfil do Tumbleria é responsável por um grande "apelo comercial", segundo o texto. Discuta com os colegas e o professor e levante hipóteses: Por que isso acontece?

Produção de texto

O conto de mistério

No capítulo anterior, na seção **Para escrever com técnica**, tratamos do narrador-personagem (em 1ª pessoa) e do narrador-observador (em 3ª pessoa). Nesta produção de texto, vamos conhecer e utilizar um tipo de narrador um pouco diferente, o narrador onisciente.

1 Releia o seguinte trecho do texto *A metamorfose*, de Kafka.

"Deu uma olhada no despertador, que, sobre a mesa, fazia seu tique-taque. Deus meu! — exclamou consigo mesmo. Eram seis e meia e os ponteiros marchavam tranquilamente, isto é, mais um pouco e seria um quarto para as sete. Quer ver que o despertador não funcionara? Da cama podia constatar que o ponteirinho estava exatamente sobre as quatro horas — logo o despertador havia soado. Será que continuara dormindo serenamente, indiferente àquele tilintar que fazia vibrar até os móveis? Serenamente, nada — seu sono não fora sereno. Talvez, por isso mesmo, mais profundo. Que iria fazer agora?"

Wandson Rocha/Arquivo da editora

a) O narrador se apresenta em 1ª ou em 3ª pessoa?

b) Temos acesso às emoções, aos sentimentos e aos pensamentos de Gregor Samsa?

c) Conforme vimos no estudo da linguagem do texto de Kafka feito no início do capítulo, o narrador utiliza certos verbos e travessões para inserir reflexões da personagem. Além disso, há na voz do narrador, ou seja, em passagens que estão em 3ª pessoa, a presença de pensamentos de Gregor Samsa ou impressões dele sobre o que estava vivendo. Entre as seguintes passagens do trecho lido, indique aquelas em que a voz do narrador reproduz a voz da personagem.

- Deu uma olhada no despertador, que, sobre a mesa, fazia seu tique-taque.
- Eram seis e meia e os ponteiros marchavam tranquilamente, isto é, mais um pouco e seria um quarto para as sete.
- Quer ver que o despertador não funcionara?
- Da cama podia constatar que o ponteirinho estava exatamente sobre as quatro horas
- logo o despertador havia soado.
- Serenamente, nada
- Que iria fazer agora?

2 Os pensamentos, ou a "voz", de Gregor Samsa no texto são expressos em meio à voz do narrador. Como vimos, o narrador introduz na narração reflexões da personagem por meio de formas verbais, como **perguntou**, **pensou**, pelo uso de travessão no interior de parágrafos e ainda sem marcar de maneira explícita a separação entre elas e a própria voz.
Reveja o texto lido no início do capítulo e observe como são apresentadas as falas de outras personagens da história: o pai, a mãe e a irmã de Gregor. Que outros recursos são utilizados nessas situações? Por que há essa diferença de tratamento, na sua opinião?

3 O narrador de *A metamorfose* conhece não só o que ocorre na história, mas também o mundo psicológico da personagem principal. Compare o trecho relido na questão 1 com o seguinte trecho do conto "A máscara da Morte Escarlate", lido no capítulo 1.

> "Mas o príncipe Próspero era feliz, destemido e astuto. Quando a população de seus domínios se reduziu à metade, mandou vir à sua presença um milhar de amigos sadios e divertidos dentre os cavalheiros e damas da corte e com eles retirou-se, em total reclusão, para um dos seus mosteiros encastelados. Era uma construção imensa e magnífica, criação do gosto excêntrico, mas grandioso, do próprio príncipe. Circundava-a muralha forte e muito alta, com portas de ferro. Depois de entrarem, os cortesãos trouxeram fornalhas e grandes martelos para soldar os ferrolhos. Resolveram não permitir qualquer meio de entrada ou saída aos súbitos impulsos de desespero dos que estavam fora ou aos furores dos que estavam dentro. O mosteiro dispunha de amplas provisões. Com essas precauções, os cortesãos podiam desafiar o contágio. O mundo externo que cuidasse de si mesmo."

a) No trecho de "A máscara da Morte Escarlate", sabemos o que se passa na mente do príncipe Próspero?

b) No conto de Poe, a narração se refere principalmente a acontecimentos e ações do mundo exterior ou a reflexões das personagens? Justifique sua resposta.

c) No trecho de *A metamorfose* lido no início do capítulo, a narração se refere principalmente a acontecimentos e ações ou ao que se passa no mundo interior, ou na mente, de Gregor Samsa?

d) O narrador de *A metamorfose* é chamado de **narrador onisciente**, e o do conto "A máscara da Morte Escarlate", de **narrador presente**. Considerando os trechos dos dois textos lidos, conclua: Qual é a diferença entre esses dois tipos de narrador?

e) Conforme vimos, há diferentes estratégias para contar uma história:

- com narrador-personagem, em 1ª pessoa, narra acontecimento dos quais participa e que interpreta de acordo com seu ponto de vista;
- com narrador-observador ou narrador presente, em 3ª pessoa, que se limita a narrar as ações das personagens;
- com narrador onisciente, em 3ª pessoa, narra acontecimentos sobre os quais conhece tudo e revela os pensamentos e sentimentos de uma ou mais personagens, realizando o procedimento da introspecção psicológica.

Troque ideias com os colegas e o professor e responda: Nos textos lidos, qual tipo de narrador envolveu mais você na história contada? Quais recursos você achou mais interessantes? Por quê?

Agora é a sua vez

Há, a seguir, três propostas para a produção de contos de mistério com elementos fantásticos. Esses contos, depois, juntamente com os produzidos no capítulo anterior, irão compor o livro que a classe produzirá no final da unidade.

Se possível, realize ao menos duas das propostas, apresentando no(s) conto(s) uma personagem esférica e um narrador que desenvolva a introspecção psicológica da personagem.

Você pode realizar as produções individualmente, em duplas ou em trios, conforme a orientação do professor.

Syda Productions/Shutterstock

1. Releia o trecho de *A metamorfose*, de Kafka, que você leu no início do capítulo e dê continuidade à narrativa, imaginando como a história se resolveria. Continue a narração em 3ª pessoa, com inserções da voz de Gregor Samsa. Se preferir, crie outra história, do começo ao fim, na qual uma personagem também se transforma em um bicho. Em uma ou outra opção, dê dimensão psicológica à personagem.

2. Como ficaria o conto "A máscara da Morte Escarlate" se o narrador contasse o que o príncipe Próspero pensava e sentia em cada momento? Reescreva o conto, ou parte dele (por exemplo, a cena final), fazendo na narração a introspecção psicológica da personagem.

3 Você já ouviu ou leu histórias em que algo inexplicável acontece? Escreva um conto fantástico ou de mistério, baseado em algum acontecimento surpreendente e inexplicável. Pense, por exemplo, em uma situação em que há um objeto estranho e misterioso, um ser que parece sobrenatural, uma mudança climática muito estranha e repentina, uma viagem no tempo...

Planejamento do texto

Observe as instruções dadas no capítulo anterior, na página 44, e também as que seguem.

- Ao planejar o ponto de vista a partir do qual vai contar a história, considere a introspecção psicológica da personagem principal que você deverá desenvolver.
- Se optar pela proposta 3, inclua elementos fantásticos, ou seja, acontecimentos surpreendentes e inexplicáveis pelas leis naturais, que deixam o leitor em dúvida quanto a terem acontecido ou não ou quanto a serem ou não de natureza sobrenatural.

Revisão e reescrita

Antes de finalizar seu conto, releia-o, levando em conta as observações quanto a revisão e reescrita oferecidas no capítulo anterior, na página 44, e também as que seguem.

- Trata-se de uma narrativa em que a voz do narrador reproduz a voz da personagem principal?
- Há uma personagem esférica, ou seja, que é caracterizada psicologicamente?
- Há elementos típicos do conto de mistério ou do conto fantástico?

Divirta-se

Fernando Gonsales/Acervo do cartunista

Capítulo

3 Aventura no mar

Que aventuras nos esperam além da linha do horizonte?
Que países e povos estranhos vivem para além das ondas?
O desejo de descortinar o desconhecido sempre fez parte das fantasias do ser humano. E, ligando todos os povos, está o mar.

Robinson Crusoé é uma das mais conhecidas obras da literatura universal. Desde menino, Crusoé, o protagonista da história contada no livro, queria ser marinheiro, mas os pais se opunham a essa ideia. Ao completar 18 anos, sai de casa a fim de realizar seu sonho. Viaja para vários países da Europa e também para vários lugares da África e da América. Depois de juntar dinheiro, compra terras no Brasil, onde pretende permanecer e tornar-se fazendeiro. Resolve, porém, fazer uma última viagem à África, com o fim de comprar escravos e ganhar mais dinheiro. Leia o texto a seguir e veja o que acontece com ele na viagem.

O naufrágio

Quando tudo ficou pronto para a longa viagem, embarquei no naviozinho. Fazia justamente oito anos que tinha deixado a casa de meus pais. Qualquer coisa me dizia que não fizesse tal viagem, mas eu me havia comprometido e não podia voltar atrás.

O vento estava de feição, como dizem os marinheiros. As velas se enfunaram e o navio lá se foi.

Por muitos dias só tivemos bom tempo. O navio navegava firme, tudo parecendo indicar que a viagem seria das mais felizes. Mas não foi assim.

Uma violenta tempestade veio de sudoeste, e eu, que em oito anos de vida marítima tinha visto muitas, nunca vi tempestade mais furiosa. Nada pudemos fazer senão deixar o navio flutuar ao sabor dos ventos. Dias e dias fomos assim arrastados pelo mar afora, esperando a todo momento um fim terrível.

A tempestade crescia de violência. Nenhum de nós conservava esperança de salvar-se. Mas no décimo segundo dia o vento amainou e as vagas perderam a fúria.

Nossas esperanças renasceram.

No décimo terceiro dia, pela manhã, um marinheiro gritou: "Terra!"

Corri ao convés para ver, mas justamente nesse instante o navio bateu num banco de areia e ficou imóvel. Estava encalhado. Grandes ondas vinham quebrar-se ao convés, e toda a tripulação teria sido varrida para o mar se não houvesse escondido nas cabinas. "Que havemos de fazer?" gritou um marinheiro.

Thiago Neumann (NORTE)/Arquivo da editora

— Nada — respondeu o capitão. — Nossa viagem está no fim. Só nos resta esperar que as ondas despedacem o navio e nos engulam a todos.

— Há ainda uma esperança — gritou o imediato. — Sigam-me!

Corremos todos para o convés atrás dele e pudemos ver que um dos escaleres ainda estava no seu lugar. Num relance cortamos as cordas que o prendiam aos ganchos e o pusemos n'água, com todos os homens dentro.

Nenhum bote poderia flutuar por muito tempo num mar agitado como aquele, mas nós estávamos vendo terra perto e tínhamos esperança de chegar até lá. Era a única salvação possível.

Vagalhões furiosos nos foram levando em direção dumas pedras que pareciam ainda mais terríveis que as ondas. De repente uma vaga maior cobriu o bote. Ninguém teve tempo de gritar ou pensar. Fomos todos engolidos pelas águas.

arrebatar: levar com violência; arrancar.

escaler: embarcação pequena.

imediato: oficial que ocupa o segundo lugar na linha de comando de um navio.

revolto: revirado, furioso.

vaga: onda.

Sou lançado à praia

Só me lembro, depois disso, de que quando abri os olhos me achava numa praia, com as ondas rolando sobre mim. Alguma vaga mais bondosa que as outras me carregara para ali.

Levantei-me a custo e, com água pelo pescoço, procurei encaminhar-me para terra. Nisto um vagalhão me cobriu. Fechei a boca o mais que pude e procurei nadar. O vagalhão perdeu a força, voltou para trás e me permitiu firmar o pé na areia outra vez.

Que felicidade sentir terra firme sob os pés! Lutei para não perder o equilíbrio e me esforcei com ânsia para me aproximar da terra. Outra vaga enorme veio, que por um triz não me arrastou para o oceano.

Nadei desesperadamente, e afinal consegui agarrar-me a um rochedo. Não estive ali nem um minuto. Outra vaga veio, que me arrebatou, mas desta vez para lançar-me à praia. Estava salvo da fúria do oceano!

Exausto da terrível luta contra os elementos revoltos, caí sobre uma touceira de grama, na orla da praia. Meus olhos se ergueram para o céu em agradecimento a Deus.

Depois de descansar um bocado, levantei-me e olhei em redor. Longe, encalhado no banco de areia, estava o navio, sempre batido pelas vagas. Fiquei admirado de me ver tão longe dele.

— Como foi possível que eu nadasse tanto? — disse comigo.

Em seguida pensei nos companheiros. Onde estariam eles? Caminhei ao longo da praia e não vi ninguém; apenas vestígios de gente — aqui um chapéu, ali dois sapatos desaparelhados.

Todos haviam morrido, afogados pelas ondas.

(Daniel Defoe. *Robinson Crusoé*. Tradução de Monteiro Lobato. 30. ed. São Paulo: Brasiliense, 1985. p. 9-12.)

Thiago Neumann (NORTE)/Arquivo da editora

Estudo do texto

Compreensão e interpretação

1 Robinson Crusoé embarca com destino à África.

a) Que trecho da narrativa prenuncia o que estava por acontecer?

b) Por que Crusoé não desistiu da viagem?

2 Após dias de viagem, ocorre uma tempestade em alto-mar.

a) Para a personagem, esse fenômeno era novidade?

b) Que consequências a tempestade trouxe para o navio?

3 No décimo terceiro dia, um marinheiro avista terra.

a) Contudo, que fato novo acontece antes de chegarem a terra?

b) Na nova situação, que tentativa os tripulantes fazem para se salvar?

c) Essa tentativa é bem-sucedida?

4 Robinson Crusoé supõe ser o único sobrevivente do naufrágio.

a) Onde o mar o lança?

b) Ao fim da terrível luta para sobreviver, que sentimentos ele experimenta?

5 Quando avista o navio muito longe da praia, Robinson Crusoé diz a si mesmo: "Como foi possível que eu nadasse tanto?". Levante hipóteses: O que pode explicar que ele tenha se surpreendido com essa constatação?

6 Depois da "terrível luta contra os elementos revoltos", Crusoé se acha sozinho na praia deserta.

a) O que ele vê na areia?

b) Que dedução ele faz?

c) Que sentimentos essa dedução provavelmente o leva a experimentar naquele momento?

7 Tal como nos contos de mistério e terror, as narrativas de aventura também procuram envolver o leitor e prender sua atenção com fatos emocionantes. No episódio lido:

a) Qual é o principal adversário de Robinson Crusoé?

b) Que fato ocorrido comprova ter sido quase impossível vencer esse adversário?

c) Que fato constitui o clímax das ações e da emoção das personagens?

8 Você conhece algum caso de naufrágio ou de acidente muito grave em que, além de mortes, houve sobreviventes? Se sim, conte para os colegas.

Quem é Daniel Defoe?

Daniel Defoe (1660-1731) nasceu em Londres, na Inglaterra, e foi comerciante, jornalista e escritor.

A história de seu livro mais conhecido, *Robinson Crusoé*, publicado em 1719, foi construída com base em relatos de viajantes.

DeAgostini/Getty Images

Daniel Defoe, retratado por Jeremiah Taverner.

Naufrágios no cinema

O tema naufrágio sempre interessou à linguagem cinematográfica. Além de *Robinson Crusoé*, adaptado para o cinema, muitos outros filmes abordam esse tema.

Entre os filmes mais recentes e mais marcantes com cenas de naufrágio estão *O náufrago*, de Robert Zemeckis, *Titanic*, de James Cameron, e *As aventuras de Pi*, de Ang Lee.

Alamy/Fotoarena

Cartaz do filme *Titanic*.

A linguagem do texto

1 Observe as palavras destacadas nestes trechos:

- “O vento estava **de feição**, como dizem os marinheiros.”
- “Outra vaga veio, que me **arrebatou**, mas desta vez para lançar-me à praia.”

Entre as opções abaixo, qual traduz melhor o sentido que tem, no contexto:

a) a expressão **de feição**?
- favorável
- violento
- bonito

b) a palavra **arrebatou**?
- encantou
- levou com violência
- enfureceu-se

Thiago Neumann (NORTE)/Arquivo da editora

2 Releia este trecho:

“Vagalhões furiosos nos foram levando em direção dumas pedras que pareciam ainda mais terríveis que as ondas. De repente uma vaga maior cobriu o bote. Ninguém teve tempo de gritar ou pensar. Fomos todos engolidos pelas águas.”

a) No trecho, há uma palavra que aparece duas vezes, uma delas no aumentativo. Quais são as duas formas da palavra?

b) Há, no trecho, uma figura de linguagem, chamada **prosopopeia** ou **personificação**, que consiste em atribuir a seres inanimados ou a animais ações e sentimentos próprios de seres humanos. Identifique a frase em que essa figura aparece.

3 Em "Outra vaga enorme veio, que por um triz não me arrastou para o oceano", qual é o sentido da expressão **por um triz**?

Trocando ideias

1 Como você vê a profissão de marinheiro? Na sua opinião, ela é interessante? Ou é muito perigosa? Por quê?

2 Você gostaria de chegar sozinho a um planeta distante e desconhecido? Por quê? Conte para os colegas.

3 Os pais de Robinson Crusoé não apoiavam a ideia dele de ser marinheiro. Você acha que os filhos devem seguir a vontade dos pais ou fazer as próprias opções de vida?

Ler é um prazer

Robinson Crusoé

Eu quis construir um barco salvador
Que me libertasse do isolamento da minha ilha deserta,
Da minha ilha árida, cercada de águas violentas.
Aos poucos fiz crescer sobre a areia virgem
O casco possante,
A proa alta, orgulhosa como ave migradora.

Dei-lhe remos que furassem o ventre das ondas.
Dei-lhe velas,
As grandes velas brancas que o fizessem deslizar...
Oh! O desejo de abandonar para sempre a solidão impenetrável
E fugir livremente nas águas largas e azuis!

Só depois de ter gasto todo o meu esforço
Foi que vi que meu barco era enorme, pesado,
E que nunca conseguiria arrastá-lo até o mar.

(Afonso Arinos de Melo Franco. In: *Ciência Hoje das Crianças*, n. 111.)

A língua em foco

O advérbio

Construindo o conceito

Leia este poema, de José Paulo Paes:

Filipe Rocha/Arquivo da editora

Lisboa: aventuras

tomei um expresso
cheguei de foguete
subi num bonde
desci de um elétrico
pedi cafezinho
serviram-me uma bica
quis comprar meias
só vendiam peúgas
fui dar à descarga
disparei um autoclisma
gritei "ó cara!"
responderam-me "ó pá!"
positivamente
as aves que aqui gorjeiam não gorjeiam como lá

(*O melhor poeta da minha rua*. São Paulo: Ática, 2008. p. 18.)

expresso e **foguete**: transporte coletivo de alta velocidade.
gorjeiam: cantam.

1 O título do poema faz pensar em aventuras que alguém tenha vivido. Levante hipóteses: Em que consistiram essas aventuras? Onde elas ocorreram?

2 Os versos do poema estão dispostos em duas colunas, e cada verso da primeira coluna parece se opor ao verso seguinte, da segunda coluna. Veja:

tomei um **expresso**
cheguei de **foguete**

As palavras **expresso** e **foguete** nomeiam a mesma coisa.
Observe as últimas palavras e expressões dos versos da coluna da esquerda e, depois, as dos versos da coluna da direita.

a) Quais são usadas no Brasil?

b) Quais são usadas em Portugal?

c) Em seu caderno, faça uma lista das palavras e da expressão que têm o mesmo significado em Portugal e no Brasil.

3 Nos dois últimos versos da segunda coluna do poema, há uma palavra que modifica a forma verbal **responderam**.

a) Qual é essa palavra?

b) Que ideia essa palavra acrescenta ao verbo que ela modifica?

4 O último verso do poema é reprodução de um trecho da "Canção do exílio", poema do escritor maranhense Gonçalves Dias (1823-1864). Leia o boxe "A canção do exílio" e, depois, responda:

a) Nos dois últimos versos da "Canção do exílio", há duas palavras que indicam lugar. Quais são elas?

b) A que lugares essas palavras se referem, respectivamente?

5 No poema "Lisboa: aventuras", o verso final tem o mesmo sentido que na "Canção do exílio"? Justifique sua resposta.

A canção do exílio

Gonçalves Dias escreveu a "Canção do exílio" quando vivia em Coimbra, Portugal, onde estudava Direito.

Por estar fora do Brasil, o poeta se sentia triste, solitário, exilado.

O poema tornou-se uma espécie de símbolo da identidade nacional e alguns de seus versos foram incluídos no Hino Nacional Brasileiro.

Eis os versos iniciais do poema:

Minha terra tem palmeiras,
Onde canta o sabiá;
As aves que aqui gorjeiam
Não gorjeiam como lá.

Ricardo Dantas/Arquivo da editora

Conceituando

Ao responder às questões anteriores, você empregou palavras que são utilizadas para indicar as circunstâncias em que ocorrem determinadas ações e, quase sempre, modificam o sentido de verbos. Além das circunstâncias de **lugar** (**aqui** e **lá**) e **afirmação** (**positivamente**), há outras. Observe:

- **lugar**: Ele aventurou-se **em Lisboa**.
- **tempo**: **Às seis da manhã**, pediu um cafezinho.
- **causa**: Morrendo **de frio**, quis comprar meias.
- **modo**: Ouvia **cuidadosamente** o que os portugueses diziam.
- **meio**: Chegou **de trem**.
- **instrumento**: Escrevia **com giz** as respostas dos colegas.
- **afirmação**: Vou, **sim**, viajar a Lisboa.
- **negação**: A ave, na gaiola, **não** cantava mais.

As palavras que se referem principalmente ao verbo, dando ideia de lugar, tempo, modo, causa, instrumento, intensidade, são chamadas de **advérbios**. Assim:

Advérbio é a palavra que indica as circunstâncias em que se dá a ação verbal.

O advérbio também acompanha os nomes

Embora o papel essencial do advérbio seja o de modificar os verbos, excepcionalmente ele pode acompanhar categorias como o substantivo, o adjetivo e o próprio advérbio, atribuindo-lhes intensidade. Veja:

Ela já é **quase** uma mulher.
(quase: advérbio de intensidade; mulher: substantivo)

Eles ficaram **muito** satisfeitos.
(muito: advérbio de intensidade; satisfeitos: adjetivo)

Ele ficou **tão** perto de mim, que estremeci.
(tão: advérbio de intensidade; perto: advérbio)

Para saber se uma palavra está empregada como adjetivo ou advérbio, lembre-se de que o advérbio não se flexiona em número e gênero, e o adjetivo, sim.

Quando temos duas ou mais palavras com valor de advérbio (por exemplo, **à uma hora**, **de fome**, **à mesa**), nós as chamamos de **locuções adverbiais**.

Os advérbios e as locuções adverbiais são classificados de acordo com o seu **valor semântico**, isto é, com o sentido que apresentam ou a circunstância que indicam.

Eis alguns dos valores semânticos dos advérbios e das locuções adverbiais:

- **tempo**: hoje, ontem, amanhã, sempre, nunca, jamais, na semana passada, daqui a dois anos, numa tarde, às vezes, de vez em quando, cedo, etc.
- **lugar**: aqui, ali, acolá, na esquina, em casa, no estádio, no meio da rua, etc.
- **modo**: devagar, rápido, com cuidado, mal, melhor, pior, bem e quase todos os advérbios terminados em **-mente** (regularmente, gradativamente, vagarosamente, etc.)
- **intensidade**: muito, pouco, bem, tão, tanto, bastante, quase, mais, etc.
- **afirmação**: sim, realmente, certamente, etc.
- **negação**: não, nem
- **dúvida**: talvez, possivelmente, provavelmente, acaso, quem sabe, etc.
- **meio** ou **instrumento**: cortar **à faca**, escrever **à mão**, bater **com uma flor**, viajar **de avião**, andar **a pé**

Veja, na mensagem a seguir, muito familiar aos usuários da Internet, uma situação em que um advérbio terminado em **-mente** (a palavra **novamente**) indica tempo, e não modo.

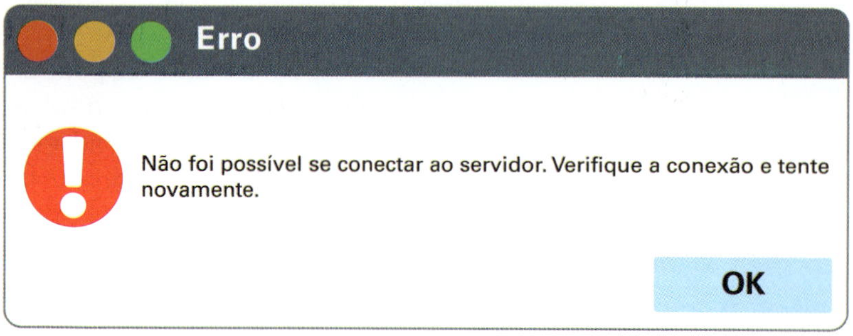

Hardyguardy/Shutterstock

Exercícios

Leia o texto a seguir e responda às questões 1 a 3.

Como a asa-delta explica o medo

Instrutor usou 2 mil saltos de asa-delta para entender os mecanismos biológicos e psicológicos do medo — e criou um método para superar o receio de voar.

Ilona Bicker/Shutterstock

Você vai saltar **de asa-delta**. Respira **fundo** e começa a correr. Até o salto, serão alguns segundos de adrenalina. E medo também. Mas analisando esse medo, é possível descobrir por que ele existe — e superá-lo. É o que acredita o carioca Ruy Marra, instrutor de asa-delta com 20 mil voos realizados. Ele estudou 2 mil alunos, registrando suas expressões faciais, respiração e ritmo cardíaco, e aplicou um questionário sobre a relação da pessoa com os pais, sua infância e vida adulta. É uma mistura de psicologia, fisiologia e asa-delta, na qual Marra se baseou para criar um método que promete ajudar a vencer o medo **na hora do salto**.

Segundo ele, as pessoas que sentem mais medo respiram **pelo tórax (sem usar o diafragma) na hora do salto**, o que oxigena **menos** o sangue. "A pessoa precisa respirar **mais vezes**, e o coração acelera", diz. Com isso, o corpo libera hormônios de estresse e aciona a amígdala, região do cérebro relacionada ao medo. Ou seja: a sensação de perigo desencadeia uma reação fisiológica que alimenta o medo, num círculo vicioso — contra o qual Marra ensina a fazer exercícios respiratórios. Já o questionário serve para que ele conheça **melhor** o aluno, e **a partir daí** construa o que chama de visualização: a lembrança de um momento ou coisa que é importante para ela. A pessoa deve associar isso ao salto — pois dessa forma **não** prestará atenção ao medo que está sentindo. Marra escreveu um livro a respeito e pretende transformar a pesquisa em artigo científico. "O cérebro pode se reorganizar, formando novas memórias e novas habilidades". Inclusive aprender a voar.

(Disponível em: https://super.abril.com.br/saude/como-a-asa-delta-explica-o-medo/. Acesso em: 6/2/2018.)

1 Identifique o valor semântico dos advérbios e locuções adverbiais destacados no texto.

2 O texto menciona uma pesquisa feita por um instrutor de asa-delta que, com base em sua experiência, investigou como se dá a sensação de medo no ser humano. Tendo em vista o conteúdo do texto, explique o uso, nele, de tantos advérbios e locuções adverbiais. Na explicação, leve em consideração os valores semânticos dessa classe de palavras.

3 Levando em conta o conteúdo do texto lido e seguindo o valor semântico indicado entre parênteses, acrescente às frases a seguir advérbios e locuções adverbiais que modifiquem o sentido dos verbos destacados.

a) Respira fundo e começa a **correr** (modo).

b) **Estudou** (tempo) 2 mil alunos, **registrando** (modo) suas expressões faciais.

c) A pessoa **precisa** (tempo) respirar mais vezes, e o coração **acelera** (intensidade).

d) A sensação de perigo **desencadeia** (lugar) uma reação fisiológica que **alimenta** (afirmação) o medo.

e) O instrutor **pretende** (dúvida) transformar a pesquisa em artigo científico.

4 Conte um fato interessante ocorrido com você. Ao redigir seu texto, empregue pelo menos cinco advérbios ou locuções adverbiais que expressem as seguintes noções: tempo, lugar, causa, modo, intensidade.

5 Dependendo do contexto, alguns adjetivos podem assumir o papel de advérbios de modo. Veja:

> Esta lapiseira está muito **cara**.
> (adjetivo referente ao substantivo **lapiseira**)
>
> Estas lapiseiras estão custando muito **caro**.
> (advérbio de modo referente ao verbo **custar**)

Identifique nos pares de frases a seguir se a palavra em destaque é adjetivo ou advérbio.

a) Na nossa viagem deu tudo **errado**.
Ele pegou o ônibus **errado**.

b) Era a aluna **certa** para apresentar o trabalho.
Ela sempre estudou **certo**.

c) Era um funcionário **lento** para o trabalho.
Esse funcionário trabalha **lento** demais.

d) Você está andando **rápido**.
Minha mãe é **rápida** no trânsito.

O advérbio na construção do texto

Leia este poema, do escritor suíço Heinz Manz:

História de janela nº 2

No muro
o gato.
Na árvore
o passarinho.

Agora:
o gato
na árvore.

O passarinho
no muro.

Na janela
uma criança rindo.

(In: José Paulo Paes, Org. e trad. *Ri melhor quem ri primeiro.* São Paulo: Companhia das Letrinhas, 1998. p. 62.)

1 Uma das qualidades dos poemas está na economia de recursos, isto é, no fato de que, com poucas palavras, os poetas conseguem, por exemplo, descrever uma cena do cotidiano e extrair poesia dela. No poema lido, em cada uma das estrofes pelo menos um verbo foi suprimido. Descubra que verbo ou que verbos estão subentendidos em cada uma das estrofes.

2 Os advérbios ou locuções adverbiais têm um papel destacado na construção desse poema.

a) Identifique-os e classifique-os.

b) Considerando o que está acontecendo entre o gato e o passarinho, por que, na sua opinião, os advérbios e as locuções adverbiais desse tipo são tão importantes nesse poema?

Tati Spinelli/Arquivo da editora

Semântica e discurso

Leia este cartaz:

(Disponível em: www.amambainoticias.com.br/geral/campanha-alerta-pais-sobre-importancia-da-classificacao-indicativa. Acesso em: 6/2/2018.)

1 O cartaz faz parte da campanha "Não se engane", promovida pelo Ministério da Justiça.

a) A quem ele se dirige, principalmente?

b) Qual é a finalidade do cartaz?

2 Relacione as partes verbal e não verbal do cartaz.

a) Levante hipóteses: Qual personagem a imagem retrata? De qual tipo de programação de TV ela faz parte?

b) Descreva o que essa personagem faz, no cartaz.

3 Foram empregados no cartaz três advérbios, que modificam três formas verbais.

a) Identifique quais são esses advérbios e as formas verbais que cada um modifica.

b) Quais sentidos esses advérbios acrescentam aos verbos que modificam?

c) Um desses advérbios poderia ser suprimido da frase de que faz parte sem mudar completamente o seu sentido. Qual é ele? Justifique sua resposta.

d) Tendo em vista a finalidade do cartaz, conclua: Por que houve o emprego do advérbio apontado como resposta no item anterior?

4 Releia esta frase:

> "Tem coisas que seu filho não está preparado pra ver."

Pode-se considerar que essa frase é construída de maneira muito próxima de como falamos no Brasil.

a) Discuta com os colegas e o professor e explique essa afirmação, justificando-a com palavras e expressões utilizadas na frase.

b) Levante hipóteses: Por que o cartaz faz uso de uma construção como essa?

5 Observe os símbolos na parte inferior do cartaz e deduza:

a) O que eles indicam?

b) Qual é a relação entre as cores que compõem os símbolos e o significado deles? Justifique sua resposta.

Leia o cartum a seguir, de Adão Iturrusgarai, e responda às questões 6 a 8.

Adão Iturrusgarai/Acervo do cartunista

(*Folha de S. Paulo*, 19/10/2013. Folhinha.)

6 Nos balões dos quatro primeiros quadrinhos, há indicações de como será o tempo no decorrer do dia. Como ele será?

7 Ao fazer a previsão do tempo, a personagem especifica os períodos do dia, fazendo uso de locuções adverbiais.

a) Quais são as locuções adverbiais indicativas de períodos do dia?

b) Como se classificam as locuções adverbiais correspondentes aos períodos do dia?

8 No 5º e no 6º quadrinho, a personagem fala da variação da temperatura naquele dia. O que essa variação de temperatura e de tempo indica em relação à possibilidade de se fazer esse tipo de previsão?

De olho na escrita

Mal ou mau?

Leia estas tiras:

© 2014 King Features Syndicate/Ipress

(*Folha de S. Paulo*, 10/1/2018.)

Fernando Gonsales/Acervo do cartunista

(Disponível em: www2.uol.com.br/niquel/. Acesso em: 10/1/2018.)

1 Nos balões da primeira tira, a palavra **mau** acompanha o substantivo **hálito**.

a) Nesse contexto, **mau** é substantivo, adjetivo ou advérbio?

b) Se substituirmos o substantivo **hálito** pelo substantivo **educação**, como deveremos empregar a palavra **mau**?

2 Na segunda tira, a palavra **mal** acompanha o verbo **escolher**.

a) Que circunstância ela expressa nesse contexto: tempo, lugar, modo ou afirmação?

b) A que classe gramatical ela pertence: à dos substantivos, à dos adjetivos ou à dos advérbios?

3 Nas duas tiras, as palavras **mau** e **mal** têm um papel fundamental na construção do humor. Explique por quê.

Na primeira tira, a palavra **mau** acompanha um substantivo, **hálito**. Nessa situação, ela é **adjetivo**. Seu feminino é **má** e seu antônimo, **bom**.

Na segunda tira, a palavra **mal** acompanha um verbo, indicando uma circunstância de modo. Nessa situação, ela é **advérbio de modo**. Seu antônimo é **bem**.

Quando significa "maldade", a palavra **mal** é substantivo. Veja este exemplo:

> A fada feiticeira não percebia a diferença entre o bem e o **mal**.

Exercícios

1 Reescreva as frases a seguir, empregando adequadamente **mau** ou **mal**.

Todos foram ☐ na prova, exceto Rubens.

Nosso time está jogando muito ☐ neste campeonato.

Sempre que ando de barco, passo ☐.

Todos tinham medo dele, pois era um homem muito ☐.

Pegue o guarda-chuva, pois o tempo está ☐.

Ela fala ☐ a língua inglesa.

2 Leia as seguintes manchetes de jornal e revista.

O bom humor faz bem para a saúde

(Disponível em: https://super.abril.com.br/saude/o-bom-humor-faz-bem-para-saude/. Acesso em: 10/2/2018.)

Emoji O Filme é animação bem-intencionada

(Disponível em: www.1news.com.br/noticia/485190/variedades/emoji-o-filme-e-animacao-bem-intencionada-19012018. Acesso em: 10/2/2018.)

Quando boas intenções não atingem bons resultados

(Disponível em: http://revistacrescer.globo.com/Colunistas/Dib-Carneiro-Neto/noticia/2017/08/quando-boas-intencoes-nao-atingem-bons-resultados.html. Acesso em: 10/2/2018.)

A diferença entre ter uma boa ideia e um bom negócio

(Disponível em: www.administradores.com.br/artigos/empreendedorismo/a-diferenca-entre-ter-uma-boa-ideia-e-um-bom-negocio/108791/. Acesso em: 10/2/2018.)

Perdoar faz bem para a saúde

(Disponível em: https://g1.globo.com/bemestar/noticia/perdoar-faz-bem-para-a-saude.ghtml. Acesso em: 10/2/2018.)

a) Reescreva as manchetes, substituindo as palavras **bom(ns)**, **boa(s)** e **bem** por seus antônimos.

b) Discuta com os colegas e o professor: Até que ponto essa substituição de palavras cria um sentido oposto ao sentido dos enunciados originais?

Produção de texto

Conto de aventura e o *vid*

O romance *Robinson Crusoé* é uma história de aventura. Histórias desse tipo costumam girar em torno de viagens, descobertas e perigos e são marcadas pela ação. Fundamental para o desenrolar da trama, a ação, nessas histórias, é caracterizada por uma sucessão de acontecimentos empolgantes, perigosos e desafiadores.

Com base no trecho de *Robinson Crusoé* lido no início do capítulo, responda às questões a seguir.

Thiago Neumann (NORTE)/ Arquivo da editora

1. Quais são, no trecho, os acontecimentos empolgantes ou desafiadores?
2. A maneira como o trecho termina dá a impressão de que a personagem principal viverá novas aventuras?
3. Que aventuras você já viveu ou gostaria muito de viver?

Agora é a sua vez

No decorrer desta unidade, vimos que a narrativa feita nos contos se baseia em um acontecimento surpreendente ou emocionante, capaz de prender a atenção do leitor. Vimos também que, com espaço e tempo bem delimitados e poucas personagens, um conto pode ser narrado em 1ª ou em 3ª pessoa; o narrador pode dar menos ou mais dimensão psicológica à personagem principal; pode haver ou não falas das personagens.

Há, a seguir, duas propostas de atividade. A primeira se refere à produção de um conto de aventura, e a segunda, à produção de um *vid* literário. O conto deverá compor o(s) livro(s) de contos da classe e o *vid* deverá ser exibido na mostra do capítulo **Intervalo**.

Se possível, desenvolva as duas propostas, individualmente, em duplas ou em grupo, conforme a orientação do professor.

1. Escreva um conto de aventura inspirado na história de Robinson Crusoé. Você pode contar, por exemplo, aventuras acontecidas em uma longa viagem feita a um lugar desconhecido, na escalada de um pico muito alto, em um mergulho em mar profundo, na prática de um esporte radical, em uma viagem à Lua...
2. Produza um *vid* literário, recontando em formato audiovisual um dos contos lidos ou produzidos pela classe. Você pode utilizar trechos de músicas, videoclipes, imagens de filmes, séries ou novelas, e cenas gravadas com os colegas para recontar, de outra maneira, o conto escolhido. Você pode recorrer ao humor ou ao suspense e usar também personagens de outras histórias ou séries, animações e filmes dos quais você é fã. Bom exemplo de *vid*, que você pode acessar no YouTube, é *FanFiction Harry Potter – Um acidente no tempo*.

Vid, *vidding* e *vidder*

O *vid* é um vídeo feito por fãs a partir de montagens de cenas retiradas de séries, animações, filmes, etc., e acompanhadas geralmente de músicas e textos. Na Internet, é comum encontrar *vids* criados por grupos de fãs de animação japonesa, o anime.

Vidding é o ato ou processo de criação de *vids*, e *vidder*, a pessoa que produz esses vídeos.

Fonte: Clécio Bunzen e Márcia Mendonça. *Múltiplas linguagens para o ensino médio*. São Paulo: Parábola, 2013.

Planejamento do texto

- Lembre-se de que os leitores do seu conto serão estudantes do ensino fundamental e outras pessoas que gostam de contos de aventura.
- Decida o ponto de vista do qual você vai contar a história: como narrador-personagem, em 1ª pessoa, ou como narrador-observador, em 3ª pessoa?
- Pense em qual será, no enredo do conto, a aventura principal.
- Pense e planeje o enredo e defina as personagens, o tempo e o espaço das ações.
- Leve em conta a estrutura convencional do conto e suas partes: apresentação, complicação (com a apresentação do conflito), clímax e desfecho.
- Planeje a sucessão de ações empolgantes ou de momentos desafiadores da aventura.
- Planeje qual será o clímax da história, ou seja, o momento de maior emoção e decisivo para o desenrolar da história.
- Planeje como a(s) personagem (personagens) vão solucionar os desafios ou enfrentar as dificuldades da aventura.
- A linguagem deve estar de acordo com a norma-padrão, mas sem rigidez. As falas devem estar adequadas ao perfil de cada personagem e às situações narradas.

Revisão e reescrita

Antes de finalizar seu conto, releia-o, verificando:

- se é uma narrativa curta, com poucas personagens e tempo e espaço reduzidos;
- se ele se desenvolve em torno de uma aventura;
- se consegue envolver o leitor, criar expectativa e suspense;
- se apresenta as partes convencionais do gênero e se elas desenvolvem a história de forma particular, curiosa e instigante, prendendo a atenção dos leitores;
- se há sucessão de ações empolgantes;
- se a linguagem está em uma variedade linguística de acordo com a norma-padrão ou com o perfil do narrador e se o grau de formalidade ou informalidade é adequado ao perfil das personagens.

Planejamento do *vid*

- Escolha o conto que será a base do *vid*.
- Lembre-se de que a criação de *vids* requer a participação de cada membro do grupo em funções específicas: roteirista, câmera, narrador, sonoplasta, locutor, editor.

by: NL Studio, Amv – Aqua Satellite 720p

- Veja alguns *vids* na Internet a fim de ter uma ideia clara de como é esse tipo de audiovisual.
- Defina se o *vid* será cômico, dramático, de suspense ou de terror, quais músicas serão utilizadas e o que será utilizado para recriar a história (cenas de séries, de filmes, de videoclipes, etc.).
- Escreva um roteiro para orientar o encaminhamento das gravações ou montagens, com descrição detalhada das cenas, indicação da ordem em que deverão aparecer e dos trechos musicais que serão utilizados.
- Dê um título à produção, relacionado ao conto tomado como base.

Ao selecionar, gravar e remixar

- Confira o roteiro, a fim de captar todas as cenas planejadas.
- Escolha cenários adequados e locações em que não haja barulho externo, para não prejudicar o som da filmagem.
- Anote as fontes de textos, vídeos, músicas e de outros materiais, para compor depois os créditos da produção.

Ao editar os vídeos e os áudios

- Escolha programas de edição de vídeo e áudio.
- Assista a todas as cenas gravadas ou selecionadas e reveja a ordem planejada para sua utilização.
- Releia o roteiro para a montagem do *vid*, a fim de sincronizar cenas e trechos da música.

Antes de finalizar a edição

- Confira se todas as cenas previstas no roteiro estão presentes e na sequência planejada.
- Observe se o som está uniforme, sem a ocorrência de trechos excessivamente baixos ou altos.
- Verifique se o conto tomado por base pode ser identificado.

Após finalizar a edição

- Salve o trabalho e o converta para o formato de vídeo.
- Providencie a gravação do *vid* em DVD ou pen drive ou faça o *upload* para a nuvem.

Computação em nuvem

Computação em nuvem é a utilização da memória e da capacidade de armazenamento de servidores por meio da Internet.

O armazenamento de dados é feito em serviços que poderão ser acessados de qualquer lugar do mundo, a qualquer hora, pela Internet, sem a instalação de programas para isso.

De olho na oralidade

Leitura dramática de textos de mistério e terror

Vamos preparar leituras dramáticas para apresentar na mostra **Noites de terror, aventura e mistério** proposta no capítulo **Intervalo**?

1 Você vai ler, a seguir, um fragmento de uma das obras mais importantes da literatura universal: *Frankenstein*, de Mary Shelley, publicada em 1818. Considerada o primeiro clássico da literatura de terror, a obra narra a história do estudante de química e biologia Victor Frankenstein, que, fazendo pesquisas numa universidade alemã, buscava respostas para a seguinte questão: "Como surgiu a vida?". Em suas investigações, o cientista consegue não apenas responder a essa pergunta, mas também realizar uma façanha: restituir a vida à matéria morta.

Assim, para pôr em prática suas descobertas, ele decide criar um ser humano de 2,5 metros de altura. Durante dois anos, trabalha incansavelmente no projeto, chegando a profanar túmulos a fim de colher material. Finalmente, uma noite, ao concluir o trabalho, Victor pôde ver sua criatura em pé, com vida. Não resistindo à emoção, desmaia, e a criatura desaparece. Meses depois, recebe a notícia de seus familiares, que viviam em Genebra, de que William, seu irmão caçula, tinha sido assassinado à beira do lago da cidade.

O cientista vai para Genebra, onde, nas imediações do lago, avista a criatura, que vem a seu encontro. Victor deduz que a criatura era o responsável pela morte do irmão.

Quem foi Mary Shelley?

© GL Archive/Alamy/Fotoarena

Mary Shelley.

Mary Shelley (1797-1851) nasceu em Londres e, aos 17 anos, conheceu o grande poeta Shelley, então com 22 anos, e se apaixonaram. Shelley era casado, e ele e Mary fugiram para a Suíça.

A obra *Frankenstein* nasceu de um pacto entre Mary, Shelley e o amigo dele, o poeta Lord Byron. Numa noite de inverno nos Alpes, Byron propôs que cada um escrevesse uma história de terror. Mary foi a única que cumpriu o pacto. Tinha, então, apenas 17 anos. Dois anos depois, a obra foi publicada.

Frankenstein

Ele se aproximou. Sua cara era um misto de angústia e maldade, por trás de uma feiura quase intolerável para os olhos humanos. Quando se aproximou a poucos metros, não me contive:

"Demônio! Como ousa aproximar-se de mim? Para pagar pelo crime, sua miserável existência teria que ser destruída mil vezes!"

E, então, para minha indescritível surpresa, o demônio falou!

"Eu esperava essa reação", ele disse, com voz rouca, mas firme e afinada. "Os homens odeiam os desgraçados, logo devo ser odiado. E devo sê-lo mais do que todos, por ser o mais desgraçado entre os seres vivos. Até por você, meu criador: que está ligado à sua criatura por laços que só se dissolverão pelo aniquilamento de um de nós."

Refeito do susto de ouvi-lo falar — e de forma tão diabolicamente articulada —, atirei-me sobre ele, carregado de toda ânsia de vingança de que era capaz. Mas ele se desviou com grande facilidade e continuou a falar:

"Tenha calma. Não tente de novo. Sou muito maior, mais forte e mais resistente — *você* me fez assim. A vida pode ser apenas uma sucessão de tristezas, mas eu a prezo e pretendo defendê-la. Quero apenas que me ouça. Lembre-se: sou sua criatura. Eu poderia ter sido o seu Adão. Mas, em vez disso, sou apenas o anjo caído, expulso de um paraíso onde reina a felicidade. E por quê? Pelo aspecto repulsivo com que você me criou."

"Monstro! Assassino!", berrei. "Não o criei para provocar a morte e a destruição!"

"Já fui benevolente e bom", ele respondeu. "Minha alma transbordava de amor. Mas a intolerância me ensinou a odiar. Faça-me feliz e eu voltarei a ser virtuoso."

"Virtuoso!", eu ri, histericamente. "Como pode um assassino falar de amor e virtude?"

"Se meu próprio criador me abomina", disse o monstro, "o que posso esperar dos outros? Todos me enxotam e me odeiam. As escarpas são o meu refúgio. Meu lar são as cavernas de gelo, em que o homem não ousa penetrar. E, para mim, as tempestades de neve são mais amigas do que qualquer humano. Se a humanidade soubesse de minha existência, faria como você: se armaria para destruir-me."

Enquanto ele falava, eu mal podia olhá-lo. Ele percebeu a minha repulsa.

"Compete a você livrar-se para sempre dessa visão que tanto o repugna", ele continuou. "Ouça a minha história. Então você decidirá. De sua decisão depende o meu destino. Se decidir como espero, deixarei para sempre a companhia dos homens e nunca mais se ouvirá falar de mim. Caso contrário, eu me tornarei o flagelo de todos os seus semelhantes [...]."

(Mary Shelley. *Frankenstein*. História contada por Ruy Castro. São Paulo: Cia. das Letras, 1994. p. 47-49.)

Veja como o começo do trecho de *Frankenstein* lido ficaria ao ser transformado em texto dramático:

FRANKENSTEIN (em movimento, se aproximando da criatura, com expressão de nervosismo): — Demônio! Como ousa aproximar-se de mim? Para pagar pelo crime, sua miserável existência teria que ser destruída mil vezes!

CRIATURA (com voz rouca e firme): — Eu esperava essa reação. Os homens odeiam os desgraçados, logo devo ser odiado. E devo sê-lo mais do que todos, por ser o mais desgraçado entre os seres vivos. Até por você, meu criador: que está ligado à sua criatura por laços que só se dissolverão pelo aniquilamento de um de nós.

Alamy/Fotoarena

Cena do filme *Frankenstein de Mary Shelley*, de Kenneth Branagh.

Note que houve supressão dos trechos em 1ª pessoa, correspondentes à fala do narrador. Além disso, algumas das descrições foram aproveitadas para a caracterização das personagens, na forma de **rubricas**, isto é, as indicações feitas entre parênteses depois do nome das personagens.

Junte-se a um colega e continuem a transformar o texto lido em texto dramático. Observem que, no texto, as falas das personagens estão entre aspas.

Sigam estas orientações:

- Atenham-se às falas que constituem o diálogo entre o criador e a criatura.
- Se necessário, alterem as falas em alguns trechos, tornando-as mais próximas da oralidade espontânea.
- Criem as rubricas, com base nas descrições do narrador, indicando as características da voz, da fala e do corpo das personagens: entonação e altura de voz, o ritmo da fala e da respiração, pausas, o posicionamento do corpo e a expressão facial. Essas características devem estar sempre adequadas à situação e ao que as personagens estão sentindo.

Após a transformação do texto em texto dramático, ensaiem a leitura dramática da cena. Nessa leitura:

- Atentem para o tom de voz. O criador, por exemplo, deve mostrar-se espantado e rancoroso. Já a criatura deve mostrar-se ora triste, ora melancólica, ora ameaçadora.
- Façam pequenas alterações nas falas, se necessário, para torná-las mais próximas da oralidade espontânea.

Quando chegarem a uma leitura satisfatória, apresentem-na para a classe. Filmem as leituras, pois trechos do áudio das cenas poderão ser utilizados para a divulgação da mostra do capítulo **Intervalo**.

Após assistir às apresentações dos colegas, avaliem as leituras, considerando:

- A altura da voz possibilitou ouvir bem a leitura dramática?
- A entonação e o ritmo da voz adotados na fala das personagens foram adequados às emoções e aos sentimentos envolvidos em cada situação?

Podcast de divulgação da mostra Noites de terror, aventura e mistério

Para convidar as outras classes, os professores, a comunidade escolar, familiares e amigos para participar da mostra que a classe realizará no capítulo **Intervalo**, produza, em grupo, um *podcast*, que é uma forma de transmissão de arquivos multimídia criados pelos próprios usuários. Neles, as pessoas podem disponibilizar listas de áudios e falar sobre os mais diversos assuntos.

A finalidade dessa produção é dar informações sobre o evento, oferecendo uma amostra do que vai ocorrer, para atrair a atenção do público.

Ao produzir o *podcast*, sigam estas orientações:

- Lembrem-se de que vocês querem atrair para o evento outros estudantes do ensino fundamental, professores e funcionários da escola, pais e familiares.
- Façam um roteiro para o *podcast*, planejando: como serão a abertura e o fechamento do áudio, quais serão as informações divulgadas e a ordem em que as informações vão aparecer.
- Informem o dia, o horário, o local e a duração do evento.
- Selecionem trechos das gravações das leituras dramáticas.
- Escrevam a fala dos locutores da divulgação, que podem ser dois ou três. Cada um diz um trecho, ou participa da encenação de um diálogo sobre o evento, começando-o, por exemplo, assim: "Vocês estão sabendo o que vai rolar na escola na semana que vem? Uma mostra de terror, mistério e aventura!".
- Selecionem músicas ou sons para compor o áudio.
- Para inserir o áudio da cena escolhida, planejem uma introdução, como: "Ouça um pouco do que vai rolar" ou "Escuta aí um pouco do que a turma planejou para vocês".
- Editem as gravações, reunindo-as em um único arquivo.
- Revejam a primeira versão do *podcast*, confrontando-a com o roteiro inicial. Se necessário, regravem algum trecho e, depois, façam uma reedição do material.
- Divulguem o *podcast* nas plataformas digitais: por aplicativo de mensagens do celular, em redes sociais, no *site* ou na rádio da escola, se houver.

- Caso tenham sido utilizados recursos sonoros, eles foram adequados às situações?
- As pausas, as hesitações e a respiração tiveram correspondência com as situações?
- A expressão facial e o posicionamento do corpo foram adequados a cada situação?

2 Reúna-se em grupo e, com os colegas, leia os contos que cada um produziu nos capítulos anteriores desta unidade e, juntos, selecionem um conto para fazer leitura dramática. Os contos com maior número de falas de personagens são mais adequados a esse tipo de leitura. Selecionem um trecho do conto escolhido e o transformem em texto dramático. A seguir, ensaiem a leitura dramática da cena. Quando chegarem a uma leitura satisfatória, apresentem-na para a classe.
Após a apresentação, ouçam as sugestões dos colegas, façam modificações, se acharem conveniente, realizem uma nova leitura dramática, sem público, e gravem a cena em áudio ou vídeo.

Nicholas Prior/Getty Images

Divirta-se

Santiago/Arquivo do cartunista

(Santiago. *Tinta fresca*. Porto Alegre: L&PM, 2004. p. 11.)

Passando a limpo

Leia o cartum a seguir e responda às questões 1 e 2.

Adão Iturrusgarai/Acervo do cartunista

1 Pode-se afirmar que a relação entre o texto verbal e o texto não verbal é essencial para a construção do humor do cartum, porque:

a) as folhas verdes na caneca do robô quebram a expectativa do leitor, pois dentro desse recipiente deveria haver um líquido.

b) a função exercida pelo robô quebra a expectativa do leitor, pois, em geral, robôs substituem humanos em funções profissionais.

c) a posição do robô quebra a expectativa do leitor, pois, em geral, robôs são construídos para trabalhar em pé, e não sentados.

d) a fisionomia do robô quebra a expectativa do leitor, pois aparentemente ele sorri em uma situação na qual deveria estar sério.

2 No cartum, a expressão adverbial **no futuro** marca o tempo da cena mostrada e, assim:

a) determina o emprego de uma forma verbal no presente, a locução **vão substituir**.

b) determina o emprego da locução verbal **vão substituir**, com sentido de futuro.

c) impede que o verbo seja empregado em uma forma simples, **substituirão**.

d) impede o emprego de uma forma verbal no futuro, a locução **vão substituir**.

Leia os dois textos a seguir e responda às questões 3 e 4.

Ali Babá e os 40 ladrões

[...]

Alamy/Fotoarena

Do alto podia ver tudo sem ser visto. Então chegaram àquele lugar quarenta homens muito fortes e bem armados, com caras de poucos amigos. Ali Babá concluiu que eram quarenta ladrões. Os homens desapearam dos cavalos e puseram no chão sacos pesados que continham ouro e prata. O mais forte dos ladrões, que era o chefe, aproximou-se da rocha e disse:

— Abre-te, Sésamo!

Assim que essas palavras foram pronunciadas, abriu-se uma porta na caverna. Todos passaram por ela, e a porta se fechou novamente. Depois de muito tempo, a passagem voltou a se abrir, e por ela saíram os quarenta ladrões. Quando todos estavam fora, o chefe disse:

— Fecha-te, Sésamo!

Os bandidos colocaram os sacos em suas montarias e voltaram pelo mesmo caminho pelo qual tinham vindo. Ali os seguiu com os olhos até desaparecerem. Quando se viu em segurança, desceu da árvore, dirigiu-se à rocha e disse:

— Abre-te, Sésamo!

A porta se abriu e Ali Babá ficou sem palavras diante do que os seus olhos viram: uma grande caverna, cheia dos tecidos mais finos, tapetes belíssimos, e uma enorme quantidade de moedas de ouro e prata dentro de sacos. [...]

(Disponível em: www.valdiraguilera.net/as-1001-noites-03.html. Acesso em: 2/1/2018.)

Abertura

Todos eles traziam
sacolas, que pare-
ciam muito pesa-
das. Amarraram
bem seus cavalos e
um deles adiantou-
-se em direção a
uma rocha e gritou:
"Abre-te, cérebro!"

(Arnaldo Antunes. *As coisas*. 6. ed. São Paulo: Iluminuras, 1998. p. 11.)

3 É possível dizer que:

a) não há relação alguma entre os dois textos, porque são de gêneros diferentes.

b) o poema retoma o conto, adaptando suas personagens.

c) o segundo texto retoma criticamente as ideias desenvolvidas pelo primeiro.

d) o poema faz uma exaltação do conto, destacando sua inteligência.

4 O segundo texto apresenta a frase mágica "Abre-te, Sésamo!" modificada. A finalidade do locutor do texto, com essa transformação, é sugerir ao leitor que o **cérebro**:

a) é apenas um órgão de nosso corpo.

b) é fonte de riqueza incontável e inesperada.

c) somente funciona com a ajuda de palavras mágicas.

d) é uma caverna obscura.

Leia esta tira, de Pedro C.:

(*Folha de S. Paulo*, 6/7/2013. Folhinha.)

5 Na tira, as expressões verbais **fizer**, **fizerem** e **aguentem** são responsáveis por tornarem a ideia da personagem uma ação:

a) em realização.
b) necessária.
c) certa e inquestionável.
d) possível ou hipotética.

Leia o texto e observe a foto para responder às questões 6 a 8.

As asas de Ícaro

Prisioneiro do rei Minos, Dédalo constrói asas com cera e penas para ele e Ícaro fugirem voando de Creta.

[...]

SvetlanaSF/Shutterstock

Quando começaram a sobrevoar o oceano, porém, Ícaro empolgou-se e subiu demais, aproximando-se perigosamente do sol.

— Desça, filho, desça! — gritava Dédalo, aflito, mas Ícaro, nas alturas, não ouvia mais nada a não ser o assovio do vento e o ruflar das suas próprias asas.

Então, a certa altura, uma pena roçou-lhe o nariz e, logo em seguida, como se um travesseiro tivesse sido rasgado, viu-se envolvido por uma nuvem de penas soltas. Só então percebeu que sua armação se desfizera e que só lhe restava, agora, despencar para a morte nas águas revoltas do mar.

Mais tarde, seu corpo foi levado pelas ondas às margens de um local que Dédalo batizou de Icária, em homenagem a esse que foi o verdadeiro pai da aviação.

(A. S. Franchini. *As grandes histórias da mitologia greco-romana*. Porto Alegre: L&PM, 2012. p. 22-23.)

6 O texto mitológico e a foto traduzem, cada um à sua maneira:

a) o sonho humano de voar.
b) o desejo humano de atingir o sol.
c) o ideal humano de viajar.
d) o gosto pelo assovio do vento e pelo ruflar das asas.

7 "Ícaro empolgou-se", conforme afirma o texto. Das expressões abaixo, apenas uma não resulta desse estado emocional da personagem. Trata-se de:

a) "subiu demais".
b) "envolvido por uma nuvem de penas soltas".
c) "não ouvia mais nada".
d) "aproximando-se [...] do sol".

8 Ícaro não ouve o alerta do pai e sua situação se altera. Na narrativa, a expressão que introduz essa mudança é:

a) "mas Ícaro".
b) "Mais tarde".
c) "Então, a certa altura".
d) "logo em seguida".

Leia os textos a seguir para responder às questões 9 e 10. O primeiro texto é um depoimento de um jovem, Jack Andraka, que criou um teste para detectar o câncer de pâncreas.

Gênio, sim; nerd, não

[...]

Aos 15 anos, desenvolvi um teste que consegue diagnosticar precocemente o câncer de pâncreas. Meu tio morreu por causa disso e fiquei pensando no que eu podia fazer. Diferentemente das mulheres com tumor de mama, as vítimas desse câncer só têm o diagnóstico muito tarde, com uma alta taxa de mortalidade. Só 5% sobrevivem.

Desenvolvi um sensor usando papel-filtro e nanotubos para detectar proteínas ligadas ao câncer rapidamente, cem vezes mais que outros testes. [...]

Minha escola é normal, ninguém estava preparado para me estimular ou ajudar nas pesquisas. O ensino científico ainda é fraco e raro. Ler publicações especializadas é caríssimo.

Meu laboratório mesmo é a garagem de casa, onde meu pai tinha uma marcenaria e, desde crianças, meu irmão e eu podemos fazer mil testes e usar ferramentas que nosso pai sempre nos deu ou emprestou. Lembro de uma maquete com um rio de brinquedo onde a gente aprendeu física e como os objetos flutuam. Meu irmão mais velho ganhou prêmios científicos antes de mim.

Pouca gente da minha idade se interessa por ciência.

[...]

O teste de Jack

1. **Proteína** — Ao pesquisar na literatura científica, Jack encontrou uma proteína chamada mesotelina, presente em taxas muito altas no sangue de pessoas com câncer de pâncreas, mesmo que em estágio inicial.
2. **Anticorpos** — Aprendendo sobre anticorpos na escola, ele pensou em usar algum que se ligasse especificamente a essa proteína para criar o teste.
3. **Nanotubos** — Os anticorpos ficariam em estruturas minúsculas, uma rede de nanotubos. Quando a proteína fosse detectada, os nanotubos mudariam suas propriedades elétricas, dando sinal do diagnóstico de câncer.
4. **Papel** — Uma mistura de líquido e nanotubos é usada para embeber um papel, que serve para abrigar essas pequenas estruturas. Uma gota de sangue nesse papel seria suficiente para detectar a proteína que sinaliza o câncer de pâncreas.

(*Folha de S. Paulo*, 22/12/2013. Ciência + Saúde, p. C11.)

9 Ao contribuir para o bem da humanidade, o herói emprega os recursos que tem a seu dispor. O jovem em questão, para realizar o seu feito, empregou:

a) a força, como Hércules.

b) a invisibilidade, como Perseu.

c) a esperteza, como Ulisses.

d) o conhecimento, como Atena.

10 O texto "O teste de Jack" é, em relação ao texto "Gênio, sim; nerd, não":

a) complementar e mais específico.

b) contraditório.

c) paralelo, mas mais pessoal.

d) mais impessoal, mas menos específico.

Intervalo

Participe com os colegas da montagem e da exibição de uma mostra de contos de terror e mistério, de contos fantásticos e de aventura, com o lançamento de um ou mais livros de contos, leitura dramática e apresentação de *vids*. Convidem familiares, amigos, professores e funcionários da escola para visitar a mostra.

Projeto • Noites de terror, aventura e mistério

Livros de contos

DECIDINDO SOBRE A ORGANIZAÇÃO DOS LIVROS

Com a orientação do professor, discuta com os colegas quantos livros de contos serão produzidos na classe e quantos contos farão parte de cada livro.

Casa Locomotiva (NORTE)/Arquivo da editora

Uma possibilidade, por exemplo, é cada aluno participar com apenas um conto e, assim, a classe produziria um único livro. Outra possibilidade é a classe ser organizada em grupos de cinco ou seis alunos e cada aluno apresentar dois ou três contos. Nesse caso, haveria mais de um livro produzido pela classe.

Caso você tenha outros contos escritos e queira divulgá-los, aproveite a oportunidade e reúna-os em um livro para expô-lo na mostra.

Decidam como vai ser feita a montagem do livro: de modo artesanal, com folhas de papel grampeadas, por exemplo, ou de modo mais sofisticado, com o auxílio de um computador, um editor de textos, um projeto gráfico e impressão única.

Pensem no modo como as folhas serão presas: grampeador, furos com barbante, cola, etc. Pensem também se haverá ilustrações para os textos.

REUNINDO O MATERIAL PRODUZIDO

De acordo com os critérios adotados, recolham os contos que vocês produziram nesta unidade. Se necessário, passem os textos a limpo em folhas de papel de acordo com a decisão sobre o formato do livro.

Adotem um critério para a organização dos contos. Por exemplo: vocês poderão, primeiramente, incluir os contos de terror e mistério, depois os contos fantásticos e, por último, os contos de aventura. Poderão também organizar os textos pela ordem alfabética dos nomes dos autores.

MONTANDO O LIVRO

- Façam uma capa de cartolina ou outro papel. Escrevam o nome do livro, que pode ser **Contos de terror, mistério e aventura**, ou outro que queiram. Coloquem o nome dos autores (por exemplo: Alunos do 7º A).
- Juntem todo o material que vai compor a publicação, coloquem a capa e grampeiem ou adotem outra forma de prender as páginas (por exemplo, encadernando).

Como montar a mostra

EXPONDO OS LIVROS

Ao montar a mostra, disponham os livros de contos produzidos pela classe de uma forma que possibilite ao público manuseá-los e, naturalmente, lê-los.

Incluam na mostra livros de contos variados, de autores nacionais e estrangeiros, também de maneira que possam ser folheados e lidos pelos visitantes.

Próximo do local da exposição dos livros, afixem um cartaz com o nome do evento: **Noites de terror, mistério e aventura** (ou outro, se a classe preferir).

Denis Andricic/Shutterstock

APRESENTANDO A LEITURA DRAMÁTICA DE CONTOS DE MISTÉRIO E TERROR

No local e no horário divulgados na mostra, apresentem ao público a leitura dramática do trecho da obra *Frankenstein*, de Mary Shelley, adaptado para texto dramático no capítulo 3 desta unidade e de trechos de contos criados por vocês.

Se quiserem, poderão decorar o local da leitura com pôsteres com imagens de figuras clássicas do cinema, como a criatura da obra *Frankenstein* e Drácula.

Casa Locomotiva (NORTE)/Arquivo da editora

APRESENTANDO *VIDS*

No mesmo ambiente da mostra, disponham sobre uma mesa um ou dois *laptops* ou computadores. Se for necessário acessar a Internet, o local deve ter conexão com a rede.

Apresentem aos convidados os *vids* que produziram na unidade. Ao lado do computador, podem ficar um ou dois alunos para interagir com o público, apresentar os vídeos e comentar como foram produzidos, etc. Combinem entre vocês um revezamento nessa função.

Vocês podem também divulgar os canais da Internet nos quais postaram os *vids* e sugerir aos visitantes que façam comentários e sugestões *on-line* acerca das produções.

Se houver na classe alunos que façam *cosplay*, isto é, que se vistam de personagens de filmes e animações, eles podem se produzir assim no dia da mostra para atrair a atenção do público e anunciar as atrações.

Peçam ajuda ao professor de Arte para preparar os eventos artísticos e decorar os ambientes.

Unidade

2

Ikon Images/Getty Images

Viagem pela palavra

Poesia é voar fora da asa
(Manoel de Barros)

Poesia é a música da alma
(Voltaire)

Poesia é uma aventura ao absoluto
(Pedro Salinas)

Poesia é a palavra em estado de música
(José Miguel Wisnik)

Poesia é fruta doce e gostosa
(Elias José)

Guilherme Asthma/Arquivo da editora

Fique ligado! **Pesquise!**

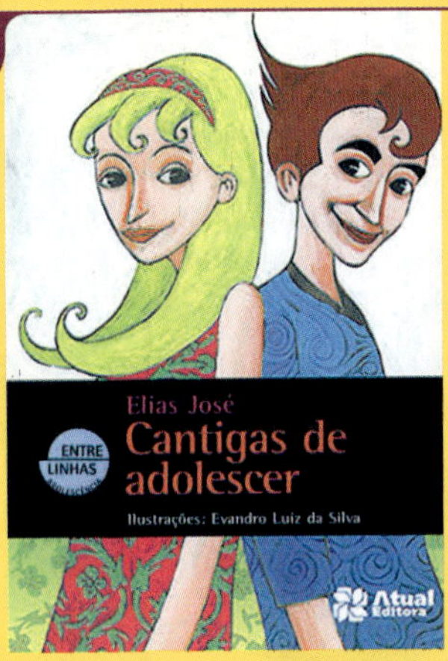

Atual Editora/Arquivo da editora

O negro em versos – Antologia da poesia negra brasileira, organização de Luiz Carlos dos Santos, Maria Galas e Ulisses Tavares (Moderna); ***Poesia numa hora dessas?!***, de Luis Fernando Verissimo (Objetiva); ***Poesia fora da estante***, v. 1 e 2, organização de Vera Aguiar, Simone Assumpção e Sissa Jacoby (Projeto); ***O jardim secreto de todos***, de Carlos Rodrigues Brandão (Autores Associados); ***Brasil menino***, de Fátima Miguez (Difusão Cultural do Livro); ***Antologia ilustrada da poesia brasileira***, organização de Adriana Calcanhoto (Edições de Janeiro); ***Versos para os pais lerem aos filhos em noites de luar***, de José Jorge Letria e André Letria (Peirópolis); ***Cantigas de adolescer*** e ***Amor adolescente***, de Elias José (Atual); ***Nariz de vidro***, de Mário Quintana (Ática); ***Varal de poesia***, organização de Henriqueta Lisboa e outros (Ática); ***Pequeno dicionário de palavras ao vento***, de Adriana Falcão (Planeta).

Alamy/Fotoarena

Cena do filme *Escritores da liberdade*.

As palavras, de Brian Klugman e Lee Sternthal; ***A menina que roubava livros***, de Brian Percival; ***Coração de tinta***, de Iain Softley; ***Minhas tardes com Margueritte***, de Jean Becker; ***P.S. Eu te amo*** e ***Escritores da liberdade***, de Richard LaGravenese; ***Vida de menina***, de Helena Solberg; ***A língua das mariposas***, de José Luis Cuerda; ***Encontrando Forrester***, de Gus Van Sant.

Munap
MUSEU NACIONAL DA POESIA

Reprodução/Museu Nacional da Poesia

- Museu Nacional da Poesia, em Belo Horizonte (Parque Municipal Américo Renné Giannetti)
- Museu da Literatura Brasileira – IEB/SP, São Paulo
- Arquivo-Museu de Literatura Brasileira, Fundação Casa de Rui Barbosa, Rio de Janeiro

- www.ciberpoesia.com.br/
- www.roseanamurray.com/poemas.asp
- www.jornaldepoesia.jor.br
- www.capparelli.com.br/
- www.arnaldoantunes.com.br/
- www.poesiaconcreta.com.br/

Intervalo

Projeto:
Viva a poesia viva!

Montagem de uma mostra de poesia, com lançamento de livro, declamação de poemas e apresentação de videopoemas.

De olho na imagem

Observe esta pintura, de Rob Gonsalves:

Rob Gonsalves/Acervo particular

O espaço entre as palavras.

1 Como é o edifício retratado na pintura?

2 No centro do edifício, há uma escada em caracol.

a) O que há no topo da escada?

b) Como os livros estão dispostos nesse topo?

c) Em que outros lugares do ambiente há livros?

Rob Gonsalves/Acervo particular

3 Observe os arcos que estão do lado esquerdo e no centro do edifício. O que há no interior deles?

4 Observe as pilhas de livros que se veem na pintura, seguindo-as com os olhos, da esquerda para a direita.

a) Em que as pilhas de livros surpreendentemente se transformam?

b) Em que as páginas dos livros abertos se transformam?

c) Aos poucos, em que o texto dos livros se transforma?

Rob Gonsalves/Acervo particular

5 Leia o boxe "Quem é Rob Gonsalves?". Considerando que o trabalho do pintor costuma justapor planos opostos, como o real e o imaginário, responda:

a) A situação retratada no lado esquerdo da pintura está mais próxima do real ou do irreal?

b) E a situação retratada no lado direito da pintura?

Quem é Rob Gonsalves?

O pintor Rob Gonsalves nasceu em 1959, em Toronto, no Canadá.

Suas obras criam ilusões entre o mundo real e o imaginário, fazendo com que o espectador reflita sobre o que está vendo.

Reprodução/Acervo particular

6 Se cada livro se transforma em uma porta, interprete: Aonde os livros podem nos levar, pela leitura?

7 Na pintura, aparecem duas figuras humanas. Observe a mulher.

a) Ela está próxima de quê? O que ela está fazendo?

b) Por que ela está olhando para cima?

c) Qual é a cor da capa do livro no qual ela escreve?

8 Observe o homem.

a) Onde ele está e o que está fazendo?

b) Qual é a cor da capa do livro que ele lê?

9 Comparando a mulher e o homem e relacionando-os, responda:

a) O que há em comum entre eles?

b) Considerando-se a ideia de circularidade presente na obra, pode-se dizer que a mulher e o homem, juntos, compõem um círculo? Justifique sua interpretação.

Imagens: Rob Gonsalves/Acervo particular

10 Se essa pintura de Rob Gonsalves representa os múltiplos caminhos da leitura, conclua: Como a leitura é vista pelo pintor? Escreva em seu caderno os itens corretos.

- fechamento
- liberdade
- imaginação
- limitação
- fantasia
- pura realidade
- movimento
- sem movimento

Capítulo 1

Quando a vida dói

O que fazer quando a vida dói? O que fazer quando achamos que dormir e sonhar é melhor do que ficar acordado? Para uns, a saída é se divertir com os amigos ou familiares; para outros, é navegar na Internet; para outros, é sonhar pela palavra.

Leia, a seguir, um conto do escritor e poeta moçambicano Mia Couto.

O menino que escrevia versos

De que vale ter voz
se só quando não falo é que me entendem?
De que vale acordar
se o que vivo é menos do que o que sonhei?

(Versos do menino que fazia versos)

Wandson Rocha/Arquivo da editora

— *Ele escreve versos!*

Apontou o filho, como se entregasse criminoso na esquadra. O médico levantou os olhos, por cima das lentes, com o esforço de alpinista em topo de montanha.

— *Há antecedentes na família?*

— *Desculpe, doutor?*

O médico destrocou-se em tintins. Dona Serafina respondeu que não. O pai da criança, mecânico de nascença e preguiçoso por destino, nunca espreitara uma página. Lia motores, interpretava chaparias. Tratava-a bem, nunca lhe batera, mas a doçura mais requintada que conseguira tinha sido em noite de núpcias:

— *Serafina, você hoje cheira a óleo Castrol.*

Ela hoje até se comove com a comparação: perfume de igual qualidade qual outra mulher ousa sequer sonhar? Pobres que fossem esses dias, para ela, tinham sido lua de mel. Para ele, não fora senão período de rodagem. O filho fora confeccionado nesses namoros de unha suja, restos de combustível manchando o lençol. E oleosas confissões de amor.

Tudo corria sem mais, a oficina mal dava para o pão e para a escola do miúdo. Mas eis que começaram a aparecer, pelos recantos da casa, papéis rabiscados com versos. O filho confessou, sem pestanejo, a autoria do feito.

— *São meus versos, sim.*

O pai logo sentenciara: havia que tirar o miúdo da escola. Aquilo era coisa de estudos a mais, perigosos contágios, más companhias. Pois o rapaz, em vez de se lançar no esfrega-esfrega com as meninas, se acabrunhava nas penumbras e, pior ainda, escrevia versos. O que se passava: mariquice intelectual? Ou carburador entupido, avarias dessas que a vida do homem se queda em ponto morto?

Dona Serafina defendeu o filho e os estudos. O pai, conformado, exigiu: então, ele que fosse examinado.

— *O médico que faça revisão geral, parte mecânica, parte elétrica.*

Queria tudo. Que se afinasse o sangue, calibrasse os pulmões e, sobretudo, lhe espreitassem o nível do óleo na figadeira. Houvesse que pagar por sobressalentes, não importava. O que urgia era pôr cobro àquela vergonha familiar.

Olhos baixos, o médico escutou tudo, sem deixar de escrevinhar num papel. Aviava já a receita para poupança de tempo. Com enfado, o clínico se dirigiu ao menino:

— *Dói-te alguma coisa?*

— *Dói-me a vida, doutor.*

O doutor suspendeu a escrita. A resposta, sem dúvida, o surpreendera. Já Dona Serafina aproveitava o momento: *Está a ver, doutor? Está ver?* O médico voltou a erguer os olhos e a enfrentar o miúdo:

— *E o que fazes quando te assaltam essas dores?*

— *O que melhor sei fazer, excelência.*

— *E o que é?*

— *É sonhar.*

Serafina voltou à carga e desferiu uma chapada na nuca do filho. Não lembrava o que o pai lhe dissera sobre os sonhos? Que fosse sonhar longe! Mas o filho reagiu: longe, porquê? Perto, o sonho aleijaria alguém? O pai teria, sim, receio de sonho. E riu-se, acarinhando o braço da mãe.

O médico estranhou o miúdo. Custava a crer, visto a idade. Mas o moço, voz tímida, foi-se anunciando. Que ele, modéstia apartada, inventara sonhos desses que já nem há, só no antigamente, coisa de bradar à terra. Exemplificaria, para melhor crença. Mas nem chegou a começar. O doutor o interrompeu:

— *Não tenho tempo, moço, isto aqui não é nenhuma clínica psiquiátrica.*

A mãe, em desespero, pediu clemência. O doutor que desse ao menos uma vista de olhos pelo caderninho dos versos. A ver se ali catava o motivo de tão grave distúrbio. Contrafeito, o médico aceitou e guardou o manuscrito na gaveta. A mãe que viesse na próxima semana. E trouxesse o paciente.

Na semana seguinte, foram os últimos a ser atendidos. O médico, sisudo, taciturneou: o miúdo não teria, por acaso, mais versos? O menino não entendeu.

— *Não continuas a escrever?*

— *Isto que faço não é escrever, doutor. Estou, sim, a viver. Tenho este pedaço de vida* — disse, apontando um novo caderninho — *quase a meio.*

O médico chamou a mãe, à parte. Que aquilo era mais grave do que se poderia pensar. O menino carecia de internamento urgente.

— *Não temos dinheiro* — fungou a mãe entre soluços.

— *Não importa* — respondeu o doutor.

Que ele mesmo assumiria as despesas. E que seria ali mesmo, na sua clínica, que o menino seria sujeito a devido tratamento. E assim se procedeu.

Hoje quem visita o consultório raramente encontra o médico. Manhãs e tardes ele se senta num recanto do quarto onde está internado o menino. Quem passa pode escutar a voz pausada do filho do mecânico que vai lendo, verso a verso, o seu próprio coração. E o médico, abreviando silêncios:

— *Não pare, meu filho. Continue lendo...*

(Mia Couto. *O fio das missangas*. São Paulo: Companhia das Letras, 2009. p. 131-134.)

clemência: bondade, disposição para perdoar.

enfado: tédio, mal-estar, aborrecimento.

espreitar: ficar à espreita, vigiar, espiar, estudar, analisar.

esquadra: posto policial; conjunto de navios de guerra.

figadeira: hepatite, doença que consiste em inflamação do fígado.

urgir: ser urgente, indispensável.

Wandson Rocha/Arquivo da editora

Estudo do texto

Compreensão e interpretação

1 Por ter nascido em Moçambique, o autor do texto, Mia Couto, faz uso de um português um pouco diferente do nosso, empregando algumas palavras, expressões e construções que não são muito comuns no Brasil. Troque ideias com os colegas e o professor e responda: Qual é o sentido das palavras e expressões destacadas nos trechos a seguir:

a) "O médico **destrocou-se em tintins**."

b) "a oficina mal dava para o pão e para a escola do **miúdo**."

c) "desferiu **uma chapada** na nuca do filho."

d) "O que urgia era **pôr cobro** àquela vergonha familiar."

e) "*Tenho este pedaço de vida* – disse, apontando um novo caderninho – ***quase a meio***."

2 A primeira cena do conto mostra um menino em uma consulta médica.

a) Quem levou o menino ao médico?

b) Qual é a suposta doença do menino?

3 Observe estes trechos do texto:

- "como se entregasse criminoso na esquadra."
- "*— Há antecedentes na família?*"
- "O filho confessou, sem pestanejo, a autoria do feito."
- "Aquilo era coisa de estudos a mais, perigosos contágios, más companhias"

a) Os trechos mostram que há, no texto, uma seleção vocabular que cria determinado campo semântico, isto é, uma rede de palavras com sentidos afins. Qual é esse campo semântico? Justifique sua resposta com palavras e expressões do texto.

b) Que efeito de sentido esse campo semântico confere ao hábito do menino?

4 A cena inicial da consulta logo é interrompida para que o narrador faça um *flashback*, isto é, uma interrupção na sequência cronológica para introduzir fatos anteriores ao do momento narrado. Nesse *flashback*, o pai do menino é caracterizado.

a) Observe os seguintes trechos do texto, que revelam fala e pensamentos do pai do garoto.

- "Lia motores, interpretava chaparias."
- "Ou carburador entupido, avarias dessas que a vida do homem se queda em ponto morto?"
- "*— O médico que faça revisão geral, parte mecânica, parte elétrica.*"
- "Que se afinasse o sangue, calibrasse os pulmões"

Quem é Mia Couto?

O escritor Mia Couto nasceu em 1955, na Beira, em Moçambique. É biólogo, jornalista, membro correspondente da Academia Brasileira de Letras e autor de mais de trinta livros. Seu romance *Terra sonâmbula* é considerado um dos dez melhores livros africanos do século XX. Recebeu vários prêmios literários, entre os quais, em 2013, o Camões, o mais importante em língua portuguesa. Entre outras obras escreveu *O fio das missangas* e *Contos do nascer da terra* (contos), a trilogia *As areias do imperador* (romance) e *Raiz de orvalho* (poesia).

Greg Salibian/Folhapress

Que outro campo semântico esses trechos criam? Que relação esse campo semântico tem com o pai do menino?

b) Na noite de núpcias, o pai diz à mãe do menino: "*— Serafina, você hoje cheira a óleo Castrol.*". O que essa fala revela a respeito do universo cultural e linguístico do pai do menino? Por quê?

c) O pai do menino tinha preconceito em relação à profissão de poeta? Por quê? Justifique sua resposta com trechos do texto.

5 No consultório:

a) Como o médico recebe as reclamações da mãe do menino?

b) Que interesse ele demonstra ter pelos escritos do garoto? Comprove sua resposta com um trecho do texto.

6 O conto apresenta como epígrafe alguns versos escritos pelo menino. **Epígrafe** é uma citação curta, extraída de outro texto, cujas ideias traduzem o tema do texto a ser lido ou a visão sobre ele.

a) Releia a epígrafe do conto e explique o sentido dos versos.

b) Que relação a epígrafe tem com a afirmação do menino de que, quando lhe doía a vida, ele sonhava?

7 A mãe insiste com o médico para que ele conheça os escritos do menino, a fim de pesquisar a origem da doença. No retorno, o médico pergunta ao menino por novos poemas, e o garoto lhe dá um caderno, dizendo: "*Tenho este pedaço de vida quase a meio*".

a) Considerando o final do conto, interprete o comentário e as intenções do médico quando diz à mãe que "aquilo era mais grave do que se poderia pensar".

b) O menino, internado na clínica, lia **o seu próprio coração** ao médico. Explique o sentido da expressão destacada.

c) O médico, "abreviando silêncios", pedia ao menino: "*— Não pare, meu filho. Continue lendo...*". Interprete: O que representa, para o médico, a poesia que o menino fazia?

8 Considere as seguintes afirmações sobre o conto lido e, a seguir, indique em seu caderno a única que não é verdadeira.

I. Para o menino, a vida de verdade equivale a sonhar por meio de palavras.

II. O pai do menino, preso à realidade concreta e cotidiana, não conseguia compreender a forma como o filho via e sentia o mundo e associava a poesia a doença ou a "mariquice intelectual".

III. No contexto familiar, a criação da poesia era vista como transgressão, como crime.

IV. O médico, influenciado pela razão, na qual se baseia a ciência, mostra-se insensível às necessidades do menino; por isso, o interna e o trata, analisando diariamente os versos sem lógica do garoto.

A linguagem do texto

Releia o seguinte trecho do texto e observe o diálogo entre o médico e o menino:

> "O doutor suspendeu a escrita. A resposta, sem dúvida, o surpreendera. Já Dona Serafina aproveitava o momento: *Está a ver, doutor? Está ver?* O médico voltou a erguer os olhos e a enfrentar o miúdo:
>
> *— E o que fazes quando te assaltam essas dores?*
>
> *— O que melhor sei fazer, excelência.*
>
> *— E o que é?*
>
> *— É sonhar.*"

1. Para reproduzir e demarcar as falas das personagens, o autor utiliza no trecho dois recursos diferentes. Quais são eles?

2. Em relação à forma verbal **fazes**, responda: Em que pessoa do discurso ela está? Formas verbais nessa pessoa são as mais comuns no Brasil hoje?

3. A locução verbal **está a ver** é muito comum também no português lusitano. Que locução verbal a maioria dos brasileiros emprega no lugar dela?

4. Para se dirigir ao médico, o menino emprega o pronome de tratamento **excelência**. Geralmente, o emprego desse pronome é feito quando quem fala se dirige a pessoas que ocupam qual cargo ou profissão? O que esse uso revela sobre o modo como o menino via o médico?

5. As formas verbais **suspendeu** e **surpreendera**, no trecho, estão no passado: **suspendeu**, no pretérito perfeito, e **surpreendera**, no pretérito mais-que-perfeito do indicativo. O que justifica, no contexto, essa diferença quanto ao emprego de tempos verbais?

Zanone Fraissat/Folhapress

Trocando ideias

1. Para o menino que fazia versos, a poesia era uma forma de viver outra realidade – do sonho e da fantasia. Para você, o que é a poesia ou a arte em geral? Ela também faz você sonhar? Por quê?

2. Hoje em dia, muitos pais ficam preocupados quando os filhos querem exercer profissões artísticas, como a de ator, músico, palhaço, bailarino, poeta, etc., deixando de lado as profissões tradicionalmente cobiçadas, como médico, engenheiro, advogado, dentista, etc. O que você pensa disso? Na sua opinião, o que uma pessoa deve levar em conta na hora de fazer a escolha da profissão?

Ler é reflexão

Em 2012, Mia Couto esteve em uma escola de São Paulo e respondeu a 11 perguntas dos estudantes. Leia a resposta dada a uma delas:

Como é ser escritor em Moçambique?

Vou contar um pequeno episódio que pode ajudar a responder a essa questão. Um dia eu estava chegando em casa e já estava escuro, já eram umas seis da tarde. Havia um menino sentado no muro à minha espera. Quando cheguei, ele se apresentou, mas estava com uma mão atrás das costas. Eu senti medo e a primeira coisa que pensei é que aquele menino ia me assaltar. Pareceu quase cruel pensar que no mundo que vivemos hoje nós podemos ter medo de uma criança de dez anos, que era a idade daquele menino. Então ele mostrou o que estava escondendo. Era um livro, um livro meu. Ele mostrou o livro e disse: "Eu vim aqui devolver uma coisa que você deve ter perdido". Então ele explicou a história. Disse que estava no átrio de uma escola, onde vendia amendoins, e de repente viu uma estudante entrando na escola com esse livro. Na capa do livro, havia uma foto minha e ele me reconheceu. Então ele pensou: "Essa moça roubou o livro daquele fulano". Porque como eu apareço na televisão, as pessoas me conhecem. Então ele perguntou: "Esse livro que você tem não é do Mia Couto?". E ela respondeu: "Sim, é do Mia Couto". Então ele pegou o livro da menina e fugiu.

Essa história é para dizer que, para uma parte dos moçambicanos, a relação com o livro é uma coisa nova. É a primeira geração que está lidando com a escrita, com o escritor, com o livro. Nós, escritores moçambicanos, sabemos que escrevemos para uma pequena porcentagem da população, que são os que sabem ler e escrever. O livro tem uma circulação muito restrita. Mas, mesmo assim, as tiragens dos meus livros em Moçambique giram em torno de 6 mil, 7 mil exemplares, o que é um número alto. Quando comparo com as tiragens que faço no Brasil, posso dizer que o Brasil não vai muito além. O Brasil não lê tanto quanto pensamos. Se contarmos a população inteira do Brasil e apenas aquela que lê e compra livros, veremos que a situação é proporcional à de Moçambique.

("Onze perguntas para Mia Couto". Disponível em: www.esquerda.net/artigo/onze-perguntas-para-mia-couto-uma-entrevista-inspiradora. Acesso em: 20/2/2018.)

A língua em foco

A morfossintaxe: seleção e combinação das palavras

Construindo o conceito

kali9/Getty Images

Relembre algum jogo – de futebol, vôlei, basquete – do qual você tenha feito parte. Para iniciar o jogo, foi necessário que você e seus amigos se dividissem em duas equipes. Normalmente, há um sorteio para ver quem vai ser o capitão de cada equipe e, assim, escolher os jogadores de cada uma delas. Antigamente, nas brincadeiras de rua, o dono da bola era quem escolhia os jogadores do seu time. Depois de definidos os times e a função de cada jogador é que o jogo começa.

Imagine que você é capitão de um time de futebol. Responda:

1 Quais colegas você escolheria para compor sua equipe?

2 Na sua opinião, que função cada um desses colegas desempenharia melhor em um jogo?

É possível comparar o uso da língua, escrita ou falada, com um jogo. Veja por quê. Ao usarmos a língua, primeiramente **selecionamos** as palavras (substantivos, adjetivos, pronomes, verbos, advérbios, etc.), assim como para realizar um jogo escolhemos inicialmente os jogadores para compor nossa equipe. Em seguida, **combinamos** as palavras em frases, nas quais, dependendo do contexto, elas passam a ter funções específicas (sujeito, predicado, objeto direto, etc.), do mesmo modo que, em um jogo, cada jogador desenvolve uma função, uma tarefa, ou seja, joga numa posição. Veja como se dão a seleção e a combinação das palavras na frase "A equipe depende de seus jogadores".

	A	equipe	depende	de	seus	jogadores.
SELEÇÃO	artigo	substantivo	verbo	preposição	pronome	substantivo
COMBINAÇÃO	sujeito		predicado			

3 A seguir há um painel de palavras, que você deverá utilizar para formar frases. Primeiramente **selecione** palavras e depois **combine**-as para formar enunciados coerentes. Se necessário, acrescente outras palavras ou faça adaptações.

ARTIGOS	SUBSTANTIVOS	ADJETIVOS	VERBOS	ADVÉRBIOS
o, a, os, as, um, uns, uma, umas	menino, garota, mãe, avô, conselho, brinquedo, bicho, livro, biblioteca	sabido, triste, bom, bonito, novo, usado, chorão, amistoso, sentimental	estar, viajar, brincar, vir, pensar, falar, jogar, rir, doar, ganhar	felizmente, nunca, sempre, não, no parque, amanhã

Conceituando

Ao selecionar palavras, nós as escolhemos entre os grandes grupos de palavras existentes na língua, como o dos substantivos, o dos verbos, o dos adjetivos, etc. Esses grupos são **morfológicos**. Ao combinar as palavras em frases, nós damos a elas um papel **sintático**. Assim:

> As palavras podem receber uma dupla classificação: a **morfológica**, relacionada à classe gramatical a que pertencem, e a **sintática**, relacionada à função específica que assumem em determinada frase.

Até o capítulo anterior, você estudou as palavras do ponto de vista morfológico, ou seja, viu quais são os grandes grupos de palavras. Agora você vai iniciar o estudo das palavras do ponto de vista sintático, isto é, observando a função que elas desempenham nas frases.

Fazer a análise morfossintática de uma palavra significa, portanto, reconhecer a classe gramatical a que ela pertence e a função sintática que ela desempenha em uma determinada oração.

Mas o que é uma oração? Para ajudar na resposta a essa pergunta, leia a tira a seguir, de Adão Iturrusgarai.

(*Folha de S. Paulo*, 15/9/2012.)

Observe que, no balão do 2º quadrinho, existem duas frases, delimitadas pelo ponto de exclamação:

- "Vou ficar ali!"
- "Um raio não cai duas vezes no mesmo lugar!"

Essas frases também são orações, pois, em cada uma delas, há um verbo ou uma locução verbal. Na primeira, há a locução verbal **vou ficar**, que equivale a **ficarei** (verbo **ficar**), e, na segunda, há a forma verbal **cai** (verbo **cair**).

Agora, observe:

Acho que o raio não vai com a sua cara!

Há, nessa frase, duas orações. Veja:

Acho (1ª oração)
que o raio não **vai** com a sua cara! (2ª oração)

Como você pode observar, existem frases com uma única oração e frases com duas ou mais orações. Concluímos, então:

Frase é um dos enunciados que compõem um texto e é delimitada por ponto, por ponto de exclamação ou por ponto de interrogação.

Oração é um enunciado ou parte de um enunciado que se organiza em torno de um verbo.

As frases geralmente apresentam ao menos um verbo. Quando isso não ocorre, como em **Olá, pessoal!**, **Que chato!**, **Socorro!**, elas são consideradas frases nominais.

Exercícios

1 Releia este parágrafo do conto de Mia Couto que você leu no início deste capítulo:

> "Tudo corria sem mais, a oficina mal dava para o pão e para a escola do miúdo. Mas eis que começaram a aparecer, pelos recantos da casa, papéis rabiscados com versos. O filho confessou, sem pestanejo, a autoria do feito."

a) Quantas frases existem nesse parágrafo?

b) Quantas orações tem a primeira frase?

2 Leia este poema, de Millôr Fernandes:

Prova

Olha,
Entre um pingo e outro
A chuva não molha.

(*Poemas*. Porto Alegre: L&PM, 2011. p.16.)

a) Quantas frases há no poema?

b) E quantas orações?

c) Levando em conta que o poema faz uso de linguagem figurada, dê uma interpretação coerente a ele.

Sujeito e predicado

Construindo o conceito

Leia estes versos, de uma canção de Vanessa da Mata:

Vermelho

Gostar de ver você sorrir
Gastar das horas pra te ver dormir
Enquanto o mundo roda em vão
Eu tomo o tempo
O velho gasta solidão
Em meio aos pombos na Praça da Sé
O pôr do sol invade o chão do apartamento

Vermelhos são seus beijos
Que meigos são seus olhos
Ver que tudo pode retroceder
Que aquele velho pode ser eu
[...]

Julia Flohr/Arquivo da editora

(Disponível em: www.vanessadamata.com.br/musicas-faixas.aspx?ID=3. Acesso em: 20/2/2018.)

1 As orações geralmente apresentam dois elementos essenciais: um que informa de quem ou de que se fala e outro que apresenta informações sobre o ser de que se fala. O primeiro é chamado de **sujeito**, e o segundo é chamado de **predicado**. Na oração "O pôr do sol invade o chão do apartamento":

a) A respeito de que se fala alguma coisa?

b) Que parte dessa oração informa algo sobre esse ser?

2 O sujeito apresenta como núcleo (palavra significativa, mais importante) um substantivo, um pronome ou uma palavra substantivada. Já o predicado sempre apresenta verbo, que geralmente é o seu núcleo. Em "O pôr do sol invade o chão do apartamento":

a) Qual é o núcleo do sujeito?

b) Qual é o núcleo do predicado?

Conceituando

As orações normalmente possuem dois elementos ou dois termos essenciais, o **sujeito** e o **predicado**, que, em geral, concordam entre si. Veja:

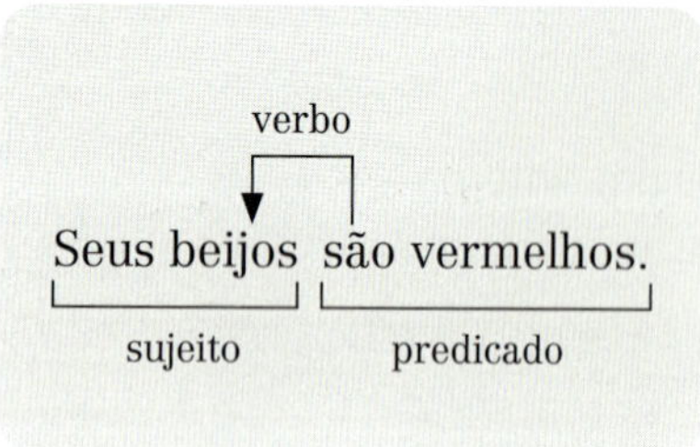

Observe que o verbo está no plural, uma vez que o sujeito, **seus beijos**, está no plural.

Enquanto o sujeito é a parte da oração que informa de quem ou de que se diz alguma coisa, o predicado é a parte que dá informações sobre o ser a que o sujeito se refere.

Assim, concluímos:

Sujeito é o termo da oração:
- que informa de quem ou de que se fala;
- com o qual o verbo geralmente concorda.

Predicado é o termo da oração que:
- geralmente apresenta um verbo;
- está em concordância com o sujeito;
- contém uma informação a respeito do sujeito.

Morfossintaxe do sujeito

O sujeito pode apresentar como núcleo:
- um substantivo:

  Seus **beijos** são vermelhos.
- um pronome:

  Eu gosto de você.
- uma palavra substantivada:

  Amar é fácil.

Exercícios

Leia este anúncio:

Reprodução/Cucumber

1 O anúncio veicula uma campanha.

a) Qual é a finalidade da campanha?

b) Que relação há entre a imagem principal e o tema da campanha?

c) Que órgãos, instituições e entidades apoiam essa campanha?

2 Observe o enunciado principal, na parte superior do anúncio.

a) Qual é o sujeito da oração que constitui o enunciado?

b) Qual é o predicado?

c) Por que a forma verbal **existem** está flexionada na 3ª pessoa do plural?

3 Nas seguintes orações do anúncio:

- "Os números assustam."
- "Um número salva."
- "Disque 100."

a) Qual é o sentido da palavra **números**, na primeira?

b) A que se refere a palavra **número**, na segunda?

c) Qual é o sujeito das duas primeiras orações?

d) Na oração "Disque 100", o sujeito não está explícito, mas é possível inferir qual é ele, ou seja, quem é o praticante da ação verbal. Qual é o sujeito dessa oração?

e) Considerando o tema e o objetivo da campanha, por que é importante envolver o interlocutor, por meio do uso de verbos no imperativo?

4 Considere este enunciado:

"Denuncie. É anônimo. Sua atitude pode salvar uma vida."

a) Levante hipóteses: Por que o anunciante informa que "É anônimo"?

b) Por que a denúncia pode salvar uma vida?

c) Qual é o predicado da oração "Denuncie"?

d) E da oração "Sua atitude pode salvar uma vida"?

Tipos de sujeito

Construindo o conceito

Leia esta tira, de Jim Davis:

(*Folha de S. Paulo*, 2/8/2008.)

1 Observe esta oração do 1º quadrinho da tira:

"Jon e eu formamos um casal bacana"

a) Qual é o sujeito dessa oração?

b) Quais são seus núcleos?

2 No 1º quadrinho, a moça faz um comentário sobre seu namoro com Jon e pede a opinião do gato, dizendo: "não acha, Garfield?". Nessa oração, o sujeito não aparece, mas pode ser facilmente identificado. Qual é ele?

3 Qual é o sujeito da oração correspondente à fala da namorada de Jon no 3º quadrinho? E o núcleo desse sujeito?

4 Embora a namorada de Jon não consiga ler o pensamento de Garfield, ela pôde ver a expressão dele.

a) O que quer dizer **sarcasmo**?

b) Além do sorriso, os pensamentos de Garfield podem ser considerados sarcásticos? Justifique sua resposta.

Conceituando

Pelas respostas dadas às questões anteriores, você deve ter observado que:

- o sujeito pode ter um ou mais **núcleos**:

> **Eu** senti sarcasmo no seu sorriso.
> **Jon** e **eu** formamos um casal bacana.

- o sujeito pode não aparecer na oração, mas ser facilmente indicado pela desinência (terminação) do verbo:

> **(Você)** não acha, Garfield?

Quando o sujeito apresenta um só núcleo, ele é classificado como **sujeito simples**. Observe:

> núcleo
> **Eu** senti sarcasmo no seu sorriso.
> sujeito simples

Quando o sujeito apresenta dois ou mais núcleos, ele é classificado como **sujeito composto**. Veja:

> núcleo núcleo
> **Jon e eu** formamos um casal bacana.
> sujeito composto

Quando o sujeito está implícito na desinência do verbo, ele é classificado como **sujeito desinencial**. Observe:

> **(Você)** não **acha**, Garfield?

O sujeito simples e o sujeito composto podem aparecer **antes** ou **depois** do verbo ou da locução verbal. Veja:

> Você **está** começando a me conhecer. **Formamos** um belo casal, eu e Jon.
> sujeito verbo — verbo — sujeito

Em síntese:

Sujeito simples é o que apresenta um só núcleo.
Sujeito composto é o que apresenta dois ou mais núcleos.
Sujeito desinencial é o que está implícito na desinência do verbo.

Morfossintaxe do sujeito

O **núcleo** de um sujeito pode ser representado por substantivo, pronome pessoal do caso reto, pronome demonstrativo, pronome relativo, pronome interrogativo ou indefinido, numeral ou palavra substantivada.

Na tira abaixo, no último balão, o sujeito da oração é o pronome indefinido **ninguém**.

(Fernando Gonsales. *Folha de S. Paulo*, 10/6/2013.)

Exercícios

Leia o texto a seguir e responda às questões 1 a 4.

O cão, o galo e a raposa

Um cão e um galo que tinham feito amizade iam juntos por uma estrada. Quando veio a noite, o galo subiu numa árvore, enquanto o cão se aninhou no oco de um tronco. Adormeceram. Como de costume, o galo cantou antes de o dia nascer. Uma raposa, escutando-o, correu até a árvore e pediu para ele descer: queria beijar um animal de voz tão bela. O galo respondeu-lhe:

— Acorde antes o porteiro que está dormindo ao pé da árvore. Quando ele acordar, descerei.

Quando a raposa foi conversar com o cão, ele saltou sobre ela e a despedaçou. [...]

(Esopo. *Fábulas*. Porto Alegre: L&PM, 1997. p. 103.)

Thais Circelli/Arquivo da editora

1 Leia estas orações do texto:

- "Um cão e um galo [...] iam juntos por uma estrada."
- "o galo subiu numa árvore"
- "Adormeceram."
- "Quando ele acordar"
- "descerei."

a) Em qual (quais) delas o sujeito é desinencial?

b) Em qual (quais) delas o sujeito é composto?

2 Na 2ª frase do 1º parágrafo do texto, há uma oração com sujeito posposto, isto é, depois do verbo. Qual é essa oração?

3 Leia esta frase:

"Quando a raposa foi conversar com o cão, ele saltou sobre ela e a despedaçou."

a) Quantas orações há nessa frase? Lembre-se: cada verbo ou locução verbal corresponde a uma oração.

b) Qual é o sujeito de cada uma delas?

4 O texto lido é uma fábula. Qual das frases abaixo poderia ser sua moral?

a) Se descobrires um tesouro, cuidado com a sua vida.

b) De semente ruim não nascem bons frutos.

c) Não há nada, por mais perfeito que seja, que não seja passível de correção.

d) Quando nossos inimigos nos atacam, astuciosamente mandemos que eles se entendam com os mais fortes que eles.

Thais Circelli/Arquivo da editora

5 Reescreva as orações a seguir, mudando a posição do sujeito.

a) Do ovinho nascem jacarés, lagartixas e outras coisas.

b) Ao meio-dia em ponto, caiu uma chuvinha fina e gelada.

c) Brilhava apenas uma estrela na noite escura.

d) Crianças e adultos gritavam de medo na montanha-russa.

O sujeito e o predicado na construção do texto

Leia este poema:

Júlia Flohr/Arquivo da editora

Hortelã

Todas as noites
ela esperava a noite chegar
trazendo o pai do trabalho.

Às vezes era o pai
que trazia a noite
num saquinho de balas de hortelã.

Ela gostava da noite
porque a noite trazia
o suor do pai.

Ela gostava da noite
porque, à noite, ela e o pai
brincavam de dar nome às estrelas.

(Paulo Netho. *Poesia Futebol Clube e outros poemas*. São Paulo: Formato, 2007. p. 22.)

1 O poema trata da expectativa de uma menina quanto a certo momento do dia.

a) Qual é esse momento?

b) Por que, para a menina, esse momento era especial?

2 Prosopopeia ou personificação é uma figura de linguagem que consiste em atribuir a seres inanimados ou a animais ações e sentimentos próprios de seres humanos.

a) Na 1ª estrofe do poema, há essa figura?

b) E na 2ª estrofe?

c) Na 3ª estrofe, ocorre a substituição da causa de algo por seu efeito. Explique como se dá essa relação.

3 As palavras, de acordo com sua posição em uma oração, têm funções diferentes e podem indicar o agente da ação, o paciente da ação, a circunstância em que ocorre a ação. Identifique a função da palavra **noite** nos seguintes trechos do poema.

a) "**a noite** trazia o suor do pai"

b) "era o pai que trazia **a noite**"

c) "**à noite**, ela e o pai brincavam de dar nome às estrelas"

d) "Ela gostava da **noite**"

Para que servem o sujeito e o predicado?

Se dizemos simplesmente "o mundo", "o homem", temos a informação sobre os seres, mas não podemos saber que tipo de relação há entre eles. Se, entretanto, dizemos "O homem transforma o mundo" ou "O mundo transforma o homem", conseguimos precisar de quem ou de que estamos falando (sujeito) e qual é o fato ocorrido (predicado). O sujeito e o predicado são a base sintática para expressarmos, por meio da língua, a experiência humana de ser, fazer, transformar.

4 Observe o título do poema.

a) Em qual estrofe ocorre uma retomada da palavra que dá título ao poema?

b) Na estrofe em que é retomado o título do poema, há uma associação de ideias. Qual é essa associação de ideias?

5 Entre os itens a seguir, indique aqueles que apresentam afirmações verdadeiras em relação ao poema.

a) Os termos que desempenham a função de sujeito se alternam: quem age ora é a menina (esperava, gostava), ora é o pai (trazia), ora é a noite (trazendo), ora o pai e a menina (brincavam).

b) No poema, o sujeito desempenha sempre a função de paciente, isto é, de quem recebe uma ação.

c) Na última estrofe, a menina e o pai são sujeitos da ação de brincar, o que torna a menina feliz.

d) Dos termos que desempenham a função de sujeito nas orações do poema, **a noite** é o mais importante, pois é ela que traz o pai, esperado pela menina.

6 Dê continuidade ao poema lido, redigindo mais uma estrofe. Você poderá destacar ações da menina, da noite ou do pai, ou introduzir um novo sujeito. Quando concluir a estrofe, leia-a para os colegas.

Semântica e discurso

Leia o poema a seguir, de Maria Cândida Mendonça, e responda às questões 1 a 3.

Trovão-coração

Bem longe... bem longe...
estala o trovão.

Bem perto... bem perto...
bate o meu coração.

O trovão é o coração do céu
quando está zangado.

Que bate tão forte
Que fica tudo assustado...

(In: Alda Beraldo. *Trabalhando com poesia*. São Paulo: Ática, 1990. v. 1, p. 36.)

Thais Circelli/Arquivo da editora

1 Observe a 1ª e a 2ª estrofe do poema.

a) Quantas orações há em cada uma delas?

b) Identifique o sujeito e o predicado das orações dessas estrofes.

c) Que elemento é destacado nas duas orações: o sujeito ou a ação?

d) A que se deve esse destaque?

2 Na 3ª estrofe, ocorre o encontro de elementos das estrofes anteriores.

a) Quais são esses elementos?

b) Qual é a função sintática desses elementos na oração do primeiro verso?

c) Que relação há entre esses elementos: de oposição ou de equivalência?

3 Observe a 4ª estrofe do poema.

a) A palavra **que** do primeiro verso dessa estrofe é sujeito do verbo **bater**. Qual é o termo retomado por essa palavra?

b) Qual é o sujeito e qual é o predicado da oração constituída pelo segundo verso dessa estrofe?

Leia os quadrinhos a seguir, de Glauco, e responda às questões 4 e 5.

Glauco/Acervo do cartunista

(*Geraldinho*. São Paulo: Companhia das Letras, 2007. p. 28.)

4 Tufinho é um gato de rua, um vira-lata. O que acontece quando a dona da casa resolve adotá-lo?

5 A fala de Geraldinho é reprodução de uma determinada variedade linguística.

a) Como se caracteriza a variedade linguística utilizada por Geraldinho? Que palavras ou expressões são típicas dessa variedade?

b) A frase "Melhor os manos voltar amanhã!" distancia-se das regras da gramática normativa relativas a concordância verbal. Explique por quê.

c) O que justifica o fato de o cartunista ter feito uso dessa variedade linguística nessa situação? Justifique sua resposta.

De olho na escrita

Algumas questões notacionais

Leia esta tira, de Caco Galhardo:

Caco Galhardo/Acervo do cartunista

(*Folha de S. Paulo*, 19/3/2014.)

1 Lili é uma personagem que vive tentando, sem muito sucesso, fazer exercícios. Depois de receber da amiga um convite para "malhar", ela responde: "Hoje não tô afins".

a) Que sentido a palavra **afins**, nessa situação, dá à frase?

b) Compare os sentidos das formas **afim** e **a fim de**:

- **afim**: adjetivo; indica aquilo que tem afinidade, semelhança ou ligação (no plural, é **afins**):

> Sempre tiveram **ideias afins**.

- **a fim de**: locução conjuntiva; indica finalidade, objetivo ou propósito:

> Laura está **a fim de** participar do campeonato de vôlei da escola.

Você acha que, na tira, o sentido pretendido pela personagem era o do adjetivo **afim** ou o da locução conjuntiva **a fim de**? Justifique sua resposta.

2 Qual é o registro utilizado por Lili na fala do 1º quadrinho: formal ou informal? Que palavras da fala da personagem comprovam sua resposta?

Na língua coloquial dos jovens, é comum ouvirmos construções como "Não tô afins" empregada na tira, que ganha, nesse tipo de interação verbal, um sentido específico. A palavra **afins**, empregada nessa situação, tem a mesma grafia que o adjetivo **afins** e não está registrada nos dicionários.

Há vários outros casos de grafias aproximadas, que podem causar dúvida quanto à escrita das palavras, dependendo do sentido delas. Chamamos a esses casos de **questões notacionais**, tratados geralmente nas gramáticas como **palavras parônimas** e **homônimas**. Veja, a seguir, alguns desses casos.

absolver: inocentar, perdoar.

absorver: sorver, aspirar.

acender: pôr fogo, iluminar.

ascender: subir.

acento: sinal gráfico de acentuação.

assento: local onde se senta.

censo: recenseamento.

senso: juízo.

debaixo: o mesmo que embaixo.

de baixo: direção de onde vem algo.

docente: relativo a professores.

discente: relativo a alunos.

emigrar: deixar um país.

imigrar: entrar em um país.

migrar: deslocar-se no interior de um país.

Ilustrações: Jean Galvão/Arquivo da editora

em vez de: em lugar de.

ao invés de: ao contrário de.

espectador: aquele que assiste a algo.

expectador: aquele que espera alguma coisa, que fica na expectativa.

flagrante: evidente.

fragrante: perfumado.

sessão: período de uma reunião, de uma assembleia ou de uma apresentação (de cinema, de circo, etc.).

seção (ou **secção**): corte, divisão.

cessão: ato de ceder, doação.

soar: produzir som.

suar: transpirar.

Exercícios

1 Escreva em seu caderno a forma que deve ser empregada nos enunciados a seguir, de acordo com o sentido de cada um.

a) "Rápido, venham crianças, a (seção / sessão / cessão) de cinema vai começar!"

b) O ladrão foi contido pela multidão e preso em (flagrante / fragrante).

c) Todo o corpo (docente / discente) foi convocado; nenhum aluno ficou de fora.

d) O tecido serve para (absolver / absorver) a umidade do ambiente.

e) Tome (acento / assento) e aguarde ser chamado.

f) Muitas pessoas têm (emigrado / imigrado) da Síria por causa da guerra.

g) Para conquistar seu objetivo, você vai precisar (soar / suar) a camisa.

h) – O que vem (debaixo / de baixo) não me atinge!

i) – Caro (expectador / espectador), informamos que o *show* vai atrasar vinte minutos.

j) Não sei quando haverá o próximo (censo / senso) no país.

Leia a tira a seguir, de Caco Galhardo, e responda às questões 2 a 4.

Caco Galhardo/Acervo do cartunista

(*Folha de S. Paulo*, 5/7/2016.)

2 No 1º quadrinho, o urso propõe ao pônei que faça uma banda *cover*.

a) O que é uma banda *cover*?

b) Infira: O que o urso pensa a respeito das músicas do pônei ao fazer essa proposta?

c) Como o pônei reage ao que supõe que o urso pensa sobre suas músicas?

d) Que efeito de sentido é criado no 3º quadrinho, quando o pônei canta um trecho de uma das músicas mais conhecidas da banda Rolling Stones?

e) Por que o texto do balão do 3º quadrinho não aparece entre aspas?

> ***I can't get no, satisfaction*:** trecho inicial de uma canção da banda Rolling Stones.

3 Observe a linguagem empregada pelo pônei. Como ela se caracteriza? Ela é compatível com o perfil da personagem? Justifique sua resposta.

4 No 1º quadrinho da tira, foi empregada a expressão **ao invés de**. Discuta com os colegas: A expressão foi empregada de modo adequado ou deveria ter sido empregada a expressão **em vez de**? Justifique sua resposta.

Produção de texto

O poema

No início deste capítulo, você leu o conto "O menino que escrevia versos", de Mia Couto. Nesta seção, vamos tratar da arte de fazer versos, ou seja, do poema.

Leia este poema, de José Paulo Paes:

Canção do exílio

Um dia segui viagem
sem olhar sobre o meu ombro.

Não vi terras de passagem
Não vi glórias nem escombros.

Guardei no fundo da mala
um raminho de alecrim.

Apaguei a luz da sala
que ainda brilhava por mim.

Fechei a porta da rua
a chave joguei ao mar.

Andei tanto nesta rua
que já não sei mais voltar.

(*Os melhores poemas de José Paulo Paes*. 5. ed. São Paulo: Global, 2003. p. 177.)

Thais Circelli/Arquivo da editora

escombros: destroços, entulho.

1 Por que o poema se intitula "Canção do exílio"?

2 O eu lírico guarda na mala "um ramo de alecrim". O que esse fato revela em relação à expectativa que ele tinha quanto à viagem?

3 Sobre a partida do eu lírico, responda:

a) Ele deixa alguém que se preocupa com ele? Justifique sua resposta com um trecho do poema.

b) Ele tinha planos de voltar? Por quê?

4 Todo poema é feito em versos. **Verso** é cada linha do poema. Quantos versos tem o poema lido?

Eu lírico: a voz do poema

A voz que fala em um poema não é necessariamente a do poeta. O poeta pode se desdobrar em um sujeito diferente dele próprio, chamado **eu lírico**.

Assim, pode ocorrer de o poeta ser um homem, e o eu lírico, uma mulher ou um adolescente. Ou de o autor ser uma poetisa, e o eu lírico, uma figura masculina.

5 Um conjunto de versos chama-se **estrofe**. Uma linha em branco separa uma estrofe de outra. Quantas estrofes tem o poema lido?

6 Quando você canta uma melodia, certamente a canta em um determinado ritmo. Um poema também tem **ritmo**, que lhe é dado pela alternância de sílabas átonas (fracas) e tônicas (fortes). Leia em voz alta os seguintes versos da 1ª estrofe do poema de José Paulo Paes, pronunciando de maneira mais forte as sílabas destacadas.

"Um **dia** segui via**gem**
sem **olhar** sobre o meu **om**bro."

Escreva em seu caderno os seguintes versos do poema e assinale as sílabas deles que são pronunciadas de maneira mais forte.

"Não vi terras de passagem
Não vi glórias nem escombros."

Versos brancos

Não é obrigatório haver rimas em poemas. Quando um poema não apresenta rimas, seus versos são denominados brancos ou soltos. Veja um exemplo de poema sem rima:

Pontos de vista

Quando Nero queria ver
O mundo melhor
Olhava-o através de uma esmeralda.

Quando quero ver melhor
o mundo
eu olho através
das palavras.

(Marina Colasanti. *Fino sangue*. Rio de Janeiro: Record, 2005. p. 81. © by Marina Colasanti.)

7 O poema "Canção do exílio" de José Paulo Paes apresenta também uma forte sonoridade, construída por repetições e por rimas.

a) Veja como se dão as rimas nas duas primeiras estrofes do poema:

"Um dia segui **viagem**
sem olhar sobre o meu **ombro**.

Não vi terras de **passagem**
Não vi glórias nem **escombros**."

Identifique as palavras que rimam nas demais estrofes.

b) Identifique no poema repetições de palavras e de sons.

8 Além de ritmo e sonoridade, os poemas frequentemente apresentam também imagens, que são um recurso constituído pelo emprego de palavras, expressões e frases em sentido figurado. No poema em estudo, qual é o sentido figurado dos versos "Não vi terras de passagem / Não vi glórias nem escombros"?

9 Os poemas costumam apresentar palavras e expressões associadas aos sentidos: à visão, ao olfato, à audição, ao paladar ou ao tato. Qual desses sentidos predomina no poema de José Paulo Paes?

10 Um poeta tem plena liberdade no emprego da língua. Ele pode, por exemplo, segmentar as palavras, repeti-las, mudar a grafia para obter efeitos de sentido, empregar uma variedade linguística regional, etc. Como é a linguagem empregada no poema "Canção do exílio"?

11 Reúna-se com seus colegas de grupo e, juntos, concluam: Quais são as principais características do poema?

TIPOS DE VERSO E RECURSOS POÉTICOS

Você conheceu no estudo do poema "Canção do exílio" alguns dos recursos utilizados em poemas: o verso, a estrofe, o ritmo e as rimas. Vamos, agora, conhecer dois tipos de verso e mais alguns recursos.

VERSO REGULAR E VERSO LIVRE

Chama-se **verso regular** aquele que tem a mesma **métrica**, isto é, o mesmo número de sílabas poéticas, que os demais versos de um poema. E **verso livre** aquele que não segue uma métrica regular no poema.

Como o poema tem origem na oralidade, a silabação poética é diferente da gramatical, pois leva em conta o modo como se pronuncia o verso, e não como se escreve.

Veja, como exemplo, a quadrinha a seguir. **Quadras** ou **trovas** são composições poéticas muito populares na tradição oral. Uma quadrinha é uma estrofe de quatro versos regulares, geralmente de sete sílabas cada um.

Não sei se é fato ou se é fita.
Não sei se é fita ou se é fato.
O fato é que ela me fita
Me fita mesmo de fato.

(Da tradição popular.)

Jean Galvão/ Arquivo da editora

Compare a silabação gramatical com a silabação poética:

	1	2	3	4	5	6	7	8	9	10	11
• sílabas gramaticais:	Não	sei	se	é	fa	to	ou	se	é	fi	ta

	1	2	3	4	5	6	7	
• sílabas poéticas:	Não	sei	se é	fa	to ou	se é	fi	ta

Na silabação poética, juntam-se as sílabas em que há vogais em sequência, como em **fato** + **ou** = **fatou**, e, além disso, ao fazer a contagem das sílabas, considera-se apenas até a última sílaba tônica do verso. No verso em estudo, conta-se até a sílaba **fi**.

Desse modo, o primeiro verso da quadrinha tem onze sílabas gramaticais, mas apenas sete sílabas poéticas (redondilha maior).

Além da quadra, outro poema de métrica regular muito conhecido é o **soneto**.

O soneto mais comum é uma composição de quatro estrofes, na qual as duas primeiras têm quatro versos cada uma, as duas últimas têm três versos cada uma e os versos são todos decassílabos. Veja o exemplo a seguir.

Os nomes dos versos

De acordo com a métrica que apresentam, os versos são chamados de:

- monossílabo – uma sílaba
- dissílabo – duas sílabas
- trissílabo – três sílabas
- tetrassílabo – quatro sílabas
- pentassílabo ou redondilha menor – cinco sílabas
- hexassílabo – seis sílabas
- heptassílabo ou redondilha maior – sete sílabas
- octossílabo – oito sílabas
- eneassílabo – nove sílabas
- decassílabo – dez sílabas
- hendecassílabo – onze sílabas
- dodecassílabo ou verso alexandrino – doze sílabas
- verso livre – sem regras métricas

Soneto de fidelidade

De tudo, ao meu amor serei atento
Antes, e com tal zelo, e sempre, e tanto
Que mesmo em face do maior encanto
Dele se encante mais meu pensamento.

Quero vivê-lo em cada vão momento
E em louvor hei de espalhar meu canto
E rir meu riso e derramar meu pranto
Ao seu pesar ou seu contentamento.

E assim, quando mais tarde me procure
Quem sabe a morte, angústia de quem vive
Quem sabe a solidão, fim de quem ama

Eu possa me dizer do amor (que tive):
Que não seja imortal, posto que é chama
Mas que seja infinito enquanto dure.

(*Nova antologia poética de Vinicius de Moraes*, sel. e org. Antonio Cícero e Eucanaã Ferraz. São Paulo: Cia. das Letras, Editora Schwarcz Ltda., 2008, p. 100. Autorizado pela © VM e © Cia. das Letras, Editora Schwarcz.)

Veja, agora, um exemplo de poema com versos livres:

Pra que pressa?

O fim do caminho é o abismo.
O que vale é o percurso.

(Noé Ribeiro. *Múltiplas vozes*. São Paulo: Estúdio Editores, 2017. p. 49.)

Thais Ciecelli/ Arquivo da editora

O primeiro verso do poema tem 8 sílabas poéticas, e o segundo verso, 6 sílabas poéticas. Logo, não há versos regulares no poema; os versos são livres.

LINGUAGEM FIGURADA E FIGURAS DE LINGUAGEM

No conto "O menino que escrevia versos", de Mia Couto, o menino diz ao médico, apontando um caderninho de poemas: "Tenho este pedaço de vida". Ao empregar "este pedaço de vida" para designar o caderno, o menino fez uso de **linguagem figurada**, que é essencial na poesia. Linguagem figurada é aquela que apresenta multiplicidade de imagens e sentidos.

Na construção da linguagem figurada da poesia, são utilizados vários recursos, como as **figuras de linguagem**, que são de natureza imagética, semântica, sonora e sintática. Vamos retomar, a seguir, algumas figuras de linguagem que você estudou no 6º ano e que são essenciais para a produção de poemas.

Comparação e metáfora

O verso "O fim do caminho é o abismo", do poema "Pra que pressa?", apresenta linguagem figurada, uma vez que, nele, há palavras cujo sentido vai além do sentido comum. A linguagem figurada é responsável pelas imagens criadas no texto, e as figuras de linguagem, entre elas a metáfora e a comparação, cumprem um papel importante na construção dessa linguagem figurada.

No primeiro verso do poema, ao ser dito que o elemento A ("o fim do caminho") é B ("o abismo"), pelo fato de terem algo em comum, ou ao ser usado B no lugar de A ("o fim do caminho" no lugar de "o final da vida", por exemplo), é estabelecida uma espécie de comparação entre esses dois elementos. A essa relação chamamos **metáfora**.

Contudo, se, houvesse no verso um elemento comparativo explícito entre os dois elementos, como **tal qual**, **como**, **igual a**, **que nem**, então haveria uma **comparação**. Observe e compare:

> O fim do caminho é **como** o abismo. (comparação)
>
> "O fim do caminho é o abismo." (metáfora, com conjunção implícita)
>
> No fim do caminho (vida), o abismo. (metáfora, com substituição de A por B).

Antítese

A aproximação de ideias opostas é chamada de **antítese**. Observe a presença dessa figura de linguagem nestes versos de Vinícius de Morais:

> "E rir meu **riso** e derramar meu **pranto**
> Ao seu **pesar** ou seu **contentamento**"

Aliteração e assonância

Além do ritmo e das rimas, também a repetição de consoantes ou de vogais contribui para a sonoridade de um poema. A repetição de um mesmo som consonantal, ou de sons consonantais parecidos, é chamada de **aliteração**, e a repetição de um mesmo som vocálico, ou de sons vocálicos próximos é chamada de **assonância**.

Na quadrinha "Não sei se é fato ou se é fita", há aliteração dos fonemas /s/ e /f/. Veja, nos seguintes versos de uma canção de Chico Buarque, outro exemplo de aliteração, constituída pela repetição do fonema /k/:

> "Como é difícil a**c**ordar **c**alado
> Se na **c**alada da noite eu me dano
> **Qu**ero lançar um grito desumano
> **Qu**e é uma maneira de ser es**c**utado"
> ("Cálice".)
>
> (Disponível em: www.chicobuarque.com.br/construcao/mestre.asp?pg=calice_73.htm. Acesso em: 28/2/2018.)

Julia Flohr/Arquivo da editora

Observe, agora, a assonância da vogal **o** nestes versos de Arnaldo Antunes:

foco
o
oco
foco do foco do foco

(*Dois ou mais corpos no mesmo espaço*. São Paulo: Perspectiva, 1998. p. 12.)

Agora é a sua vez

No final desta unidade, no capítulo **Intervalo**, você e seus colegas vão participar da mostra **Viva a poesia viva!***, na qual será lançado um livro de poemas.

Para começar a preparar o livro e a mostra, realize as atividades de produção de textos propostas a seguir, individualmente ou em grupo, de acordo com as orientações do professor.

Aprendiz de poeta

As atividades a seguir têm por finalidade "esquentar" suas ideias e sua criatividade. Solte a imaginação e participe delas.

1. **Quadrinha maluca**. O professor diz uma palavra. O primeiro aluno da fileira da direita, sem pensar muito, diz outra, que rime com a palavra dada, isto é, uma palavra que tenha um som final parecido. O segundo continua, e assim sucessivamente, até que as possibilidades de rima tenham se esgotado. O professor dá uma nova palavra, com outro final, e o encadeamento continua. Um aluno anota rapidamente na lousa as palavras que vão sendo lembradas pela classe.

   Agora, com as ideias e a criatividade "esquentadas" pela brincadeira de rimar iniciada com as palavras dadas pelo professor, crie combinações sonoras interessantes, formando uma quadrinha. Não é preciso se preocupar muito com o sentido. Veja um exemplo de quadrinha maluca, composta a partir dos pares de palavras **moreno**/**Sereno e mamão**/**chão**:

   O menino moreno
   derrubou o mamão
   beijou a Sereno
   e tombou no chão.

   Sua quadrinha pode ficar de pé-quebrado e até meio maluca, mas **você** terá feito um "poema". Depois leia sua quadrinha para a classe e, se gostou da experiência, repita-a outras vezes.

   (Atividade baseada em: Alda Beraldo. *Trabalhando com poesia*. São Paulo: Ática, 1990. v. 1.)

* O título *Viva a poesia viva!* foi tomado de empréstimo da obra com o mesmo nome, de Ulisses Tavares (Saraiva).

2 **Limeriques**. Você sabe o que são **limeriques**? São poemas bem-humorados, de cinco versos, rimados e bem-ritmados, que servem para fazer divertidas brincadeiras com palavras, rimas, ideias, personagens, bichos, objetos, etc. De origem desconhecida, tornaram-se muito populares na Inglaterra a partir do século XIX. O poeta inglês Edward Lear é o mestre dos limeriques.

Leia três limeriques desse poeta, traduzidos pela escritora Tatiana Belinky:

Um magro rapaz em Bilbao
De tanto comer só mingau
Em vez de crescer
Só fez encolher
Até virar catatau.

Um velho barbudo dizia:
— A coisa é tal qual eu queria:
Doze passarinhos
Fizeram seus ninhos
Na barba da minha alegria.

No galho da árvore, um bode
Torcia o frondoso bigode,
Mas os passarinhos
Fizeram seus ninhos
Nos pelos daquele bigode.

(*Um caldeirão de poemas*. São Paulo: Companhia das Letrinhas, 2003.)

Há, a seguir, alguns versos retirados de poemas. Crie limeriques para dar sequência a eles, tentando manter o ritmo do verso inicial. Procure rimar e ser criativo, imaginando situações surpreendentes e engraçadas. Se quiser, crie limeriques diferentes dos sugeridos.

a) Na rua um dia eu vi

b) Era uma vez um menino

c) Veja se não é trágico

d) Nas asas de um avião

e) Construí a minha casa

3 **Paródias**. Com seus colegas de grupo, escolha uma música atual que todos conheçam. Escrevam um poema cujos versos se "encaixem" na melodia da música escolhida. Vocês podem criar um texto que brinque com a sonoridade das palavras ou que faça uma crítica bem-humorada ao momento político, a um programa de rádio ou TV, a um fato engraçado ocorrido recentemente no mundo ou no Brasil, a um ritmo musical, à sua turma ou ao que quiserem. Terminando o texto, deem a ele um título sugestivo. Depois, com a orientação do professor, cantem para os colegas da classe a música com a nova letra.

4 **Recriações**. No poema a seguir, de Gonçalves Dias, foi eliminado propositalmente o segundo verso de cada estrofe. Agora o poeta é você. Crie versos para completar as estrofes, tentando, se possível, rimar a última palavra do segundo verso com a última palavra do primeiro.

Indagação

Em que céu de azul celeste
□?
Em que ilha do pacífico
□?
Em que chão contaminado
□?

Em que mar de água doce
□?
Em que meio, em que cidade
□?
[...]

Em que tempo, em qual muro
□?
Em que fruta sem semente
□?

(Gonçalves Dias et alii. *Poesia sempre*. Organização de Maria Amélia Mello. Rio de Janeiro: José Olympio, 2003. p. 52-53.)

Julia Flohr/Arquivo da editora

Criando poemas

Agora você é o poeta! Para se inspirar, releia, se quiser, os poemas reproduzidos neste capítulo e leia o painel de poemas a seguir.

Beija-flor

Beija-flor pequenininho
que beija a flor com carinho
me dá um pouco de amor,
que hoje estou tão sozinho...
Beija-flor pequenininho,
é certo que não sou flor,
mas eu quero um beijinho
que hoje estou tão sozinho...

(Roseana Murray. In: Vera Aguiar, Coord. *Poesia fora da estante*. Porto Alegre: Projeto, 1995. p. 79.)

Rascunho

escreve no seu caderno,
escreve:
noções de biologia
exercícios de matemática
questões gramaticais
e no canto da página
em vermelho:
um coração
nossas iniciais.

(Ulisses Tavares. 2. ed. *Viva a poesia viva*. São Paulo: Saraiva, 1998. p. 24.)

Há uma rosa caída

Há uma rosa caída
Morta
Há uma rosa caída

Bela
Há uma rosa caída
Rosa

(Maria Ângela Alvim. In: Ítalo Moriconi, Org. *Os cem melhores poemas brasileiros do século*. São Paulo: Objetiva, 2001. p. 119.)

Julia Flohr/Arquivo da editora

Mãe

Minha mãe, sei que na vida
é teu amor que me diz
qual a estrada mais florida
que me leva a ser feliz.
O mundo é tão grande, mãe!
E a vida não vale um triz.
O sonho que a gente sonha
é falso, não tem raiz.

Ah! Minha mãe, minha vida
só pede paz, e não bis.
Só teu amor me convida
para ser bom e feliz.

Julia Flohr/Arquivo da editora

(Gilberto Mendonça Teles. In: Vera Aguiar, Coord. *Poesia fora da estante*, cit., p. 105.)

Dois e dois: quatro

Como dois e dois são quatro
sei que a vida vale a pena
embora o pão seja caro
e a liberdade pequena

Como teus olhos são claros
e a tua pele, morena

como é azul o oceano
e a lagoa serena —

Como um tempo de alegria
por trás do terror me acena

e a noite carrega o dia
no seu colo de açucena

— Sei que dois e dois são quatro
sei que a vida vale a pena

mesmo que o pão seja caro
e a liberdade, pequena.

(Ferreira Gullar. *Os melhores poemas de Ferreira Gullar.* São Paulo: Global, 2004. p. 83.)

Minha cama

Um hipopótamo na banheira
molha sempre a casa inteira.

A água cai e se espalha
molha o chão e a toalha.

E o hipopótamo: nem ligo
estou lavando o umbigo.

E lava e nunca sossega,
esfrega, esfrega e esfrega

A orelha, o peito, o nariz
as costas das mãos, e diz:

Agora vou dormir na lama
pois é lá a minha cama!

(Sérgio Capparelli. In: Vera Aguiar, Coord. *Poesia fora da estante*, cit., p. 95.)

Planejamento do texto

Ilustrações: Istock/Getty Images

- Escreva seu texto em versos, regulares ou livres.
- Se quiser, organize o poema em estrofes.
- Se quiser experimentar, crie quadras, sonetos ou outros tipos de poema sem forma definida.
- Procure empregar palavras, expressões e frases em sentido figurado, ou seja, com mais de um sentido.
- Experimente criar imagens, empregando comparações, metáforas e antíteses.
- Experimente dar sonoridade aos versos, fazendo uso de ritmo, rimas, aliterações e assonâncias.
- Faça versos curtos, considerando que o mínimo de palavras pode dizer o máximo.
- Dê um título atraente ao poema.

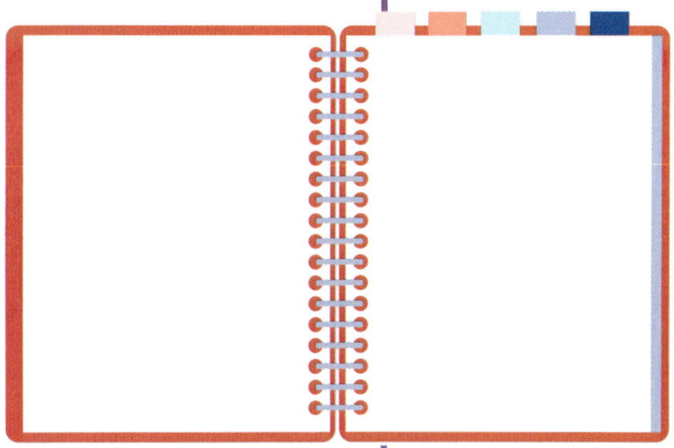

Revisão e reescrita

Antes de fazer a versão final do seu poema, releia-o, observando:

- se ele está escrito em versos;
- se a linguagem é figurada e rica de sentidos;
- se há emprego de recursos próprios da poesia, como ritmo, rimas, imagens, metáforas, comparações, antíteses, aliterações;
- se as frases são curtas;
- se o título é atraente.

Se achar conveniente, faça modificações em seu texto. Depois, passe-o a limpo e, se quiser, ilustre-o. Guarde-o para a montagem do livro de poemas.

Divirta-se

Gabriela Lima/Acervo da cartunista

(Gabriela Lima. Rio de Janeiro. *2º Salão Internacional Pátio Brasil de Humor sobre o Meio Ambiente*, p. 90.)

Capítulo 2

Palavra: entre a ficção e a realidade

Às vezes, quando lemos uma história, ficamos pensando se o escritor viveu os fatos narrados ou se ele os inventou. O que se lê nas histórias é o retrato da realidade ou é ficção?

O texto que você vai ler a seguir pertence ao livro *Memórias de um aprendiz de escritor*, de Moacyr Scliar. Nessa obra, recordações e narrativas ficcionais se mesclam, conforme o escritor fala de suas experiências como autor de ficção, e, paralelamente, ilustra com histórias o que pensa sobre a arte de escrever.

Memórias de um aprendiz de escritor

Escrevo há muito tempo. Costumo dizer que, se ainda não aprendi — e acho mesmo que não aprendi, a gente nunca para de aprender —, não foi por falta de prática. Porque comecei muito cedo. Na verdade, todas as minhas recordações estão ligadas a isso, a ouvir e contar histórias. Não só as histórias dos personagens que me encantaram, o Saci-Pererê, o Negrinho do Pastoreiro, a Cuca, Hércules, Teseu, os Argonautas, Mickey Mouse, Tarzan, os Macabeus, os piratas, Tom Sawyer, Sacco e Vanzetti. Mas também as minhas próprias histórias de meus personagens, estas criaturas reais ou imaginárias com quem convivi desde a infância.

Na verdade, eu escrevi ali em cima. *Verdade* é uma palavra muito relativa para um escritor de ficção. O que é verdade, o que é imaginação? No colégio onde fiz o segundo grau, o Júlio de Castilhos, havia um rapaz que tinha fama de mentiroso. Fama, não; ele *era* mentiroso. Todo mundo sabia que ele era mentiroso. Todo mundo, menos ele.

Uma vez, o rádio deu uma notícia alarmante: um avião em dificuldades sobrevoava Porto Alegre. Podia cair a qualquer momento. Fomos para o colégio, naquele dia, preocupados; e conversávamos sobre o assunto, quando apareceu ele, o Mentiroso. Pálido:

— Vocês nem podem imaginar!

Uma pausa dramática, e logo em seguida:

— Sabem este avião que estava em perigo? Caiu perto da minha casa. Escapamos por pouco. Gente, que coisa horrível!

Gustavo Ramos/ Arquivo da editora

E começou a descrever o avião incendiando, o piloto gritando por socorro... Uma cena impressionante. Aí veio um colega correndo, com a notícia: o avião acabara de aterrizar, são e salvo. Todo mundo começou a rir. Todo mundo, menos o Mentiroso:

— Não pode ser! — repetia, incrédulo, irritado. — Eu vi o avião cair!

Agora, quando lembro este fato, concluo que não estava mentindo. Ele vira, realmente, o avião cair. Com os olhos da imaginação, decerto; mas para ele o avião tinha caído, e tinha incendiado, e tudo o mais. E ele acreditava no que dizia, porque era um ficcionista. Tudo que precisava, naquele momento, era um lápis e papel. Se tivesse escrito o que dizia, seria um escritor; como não escrevera, tratava-se de um mentiroso. Uma questão de nomes, de palavras.

Palavras. São tudo, para quem escreve. Ou quase tudo. Como a serra, o martelo, a plaina, a madeira, a cola e os pregos para o marceneiro; como a colher, o prumo, os tijolos e a argamassa para o pedreiro; como a fazenda, a linha, a tesoura e a agulha para o alfaiate. Estou falando em instrumentos de trabalho, porque literatura nem sempre parece trabalho. Há uma história (sempre contando histórias, Moacyr Scliar! Sempre contando histórias!) sobre um escritor e seu vizinho. O vizinho olhava o escritor que estava sentado, quieto, no jardim, e perguntava: *Descansando, senhor escritor?* Ao que o escritor respondia: *Não, trabalhando*. Daí a pouco o vizinho via o escritor mexendo na terra, cuidando das plantas: *Trabalhando?* Não, respondia o escritor, *descansando*. As aparências enganam; enganam até ao próprio escritor. Gabriel Garcia Marques conta que, quando senta para escrever, gosta de estar rodeado dos mais variados instrumentos: a máquina, vários lápis, tesoura, cola, borracha, grampeador — para se sentir como um operário que vai empreender a tarefa; o operário em construção, de Vinícius de Moraes: "Era ele quem fazia casas / Onde antes só havia chão".

As palavras são tudo, você disse, Moacyr? Você mentiu, Moacyr. Mais uma vez você mentiu. As palavras não são tudo, e disso você bem sabe. A emoção conta, caro Moacyr. A emoção, as ideias, as lembranças. [...]

(São Paulo: Nacional, 1984. p. 9-13.)

Ilustrações: Gustavo Ramos/Arquivo da editora

aprendiz: aquele que está aprendendo algo, que está adquirindo conhecimentos e técnicas relativas a alguma atividade.

argamassa: mistura de areia, água e cal ou cimento.

fazenda: pano, tecido.

ficção: coisa imaginária; criação baseada na imaginação.

ficcionista: quem escreve ficção, autor de obras de ficção.

incrédulo: aquele que não crê, não acredita.

plaina: ferramenta manual para desbastar e alisar a madeira.

prumo: peça de pedra ou de metal que, presa na extremidade de um fio, é utilizada na verificação da verticalidade de um lugar.

relativo: que depende de outra coisa.

segundo grau: atual ensino médio.

Procure no dicionário outras palavras que você desconheça.

Estudo do texto

Compreensão e interpretação

1. O título do texto é "Memórias de um aprendiz de escritor". Que afirmação do narrador, no início do texto, sugere que ele se considera um aprendiz?

2. O texto lido é um relato de memórias. Leia o boxe "O que é um relato de memórias?" e depois responda:

   a) Que trecho do texto de Moacyr Scliar, no primeiro parágrafo, indica que a referência do autor são as lembranças que ele tem?

   b) Já na infância, o narrador tinha interesse pelo mundo das histórias. Que trecho do texto comprova que ele se interessava pelos mais variados tipos de histórias?

   c) Que afirmações do narrador confirmam que, desde pequeno, ele já era um aprendiz de escritor?

3. No 2º parágrafo, o narrador propõe uma reflexão acerca do trabalho do escritor de ficção:

> "*Verdade* é uma palavra muito relativa para um escritor de ficção. O que é verdade, o que é imaginação?"

Entre as afirmações a seguir, qual **não** tem relação com a ideia de relatividade expressa pelo narrador no trecho?

- No contexto ficcional, fatos e personagens não precisam ser fiéis à realidade. O escritor de ficção, por meio da imaginação, transforma, altera e recria fatos.
- Para o escritor de ficção, a verdade é relativizada pela própria natureza de seu trabalho, que é criar mundos por meio da imaginação.
- *Verdade* é uma palavra muito relativa para um escritor de ficção porque, para ele, não há diferença entre a realidade e a imaginação.

Quem é Moacyr Scliar?

O escritor Moacyr Jaime Scliar (1937-2011) foi médico e autor de romances, contos, crônicas, ensaios e ficção infantojuvenil. De família russo-judaica, nasceu em Porto Alegre (RS), onde se formou em Medicina em 1962. Nesse mesmo ano, publicou *Histórias de médico em formação*, livro de contos baseados em sua experiência como estudante. A partir daí, as duas carreiras – de escritor e de médico – caminharam juntas, uma complementando a outra, pois ele considerava tanto a medicina como a literatura um mergulho na condição humana.

Scliar ganhou diversos prêmios literários e teve vários de seus livros publicados no exterior. Em 2003, tornou-se membro da Academia Brasileira de Letras.

Neco Varella/Folhapress

O que é um relato de memórias?

Relato de memórias é um texto no qual são contadas experiências pessoais com base em fatos e impressões que ficaram gravados na memória do autor.

No contexto literário, o escritor, ao contar suas memórias, torna-se um **narrador** que, em primeira pessoa, recria, a seu modo, o real. Assim, o que é contado não corresponde exatamente ao que ocorreu na realidade.

Entre os escritores que, no Brasil, se dedicaram ao gênero, estão, além de Moacyr Scliar, Fernando Sabino e Tatiana Belinky, com *O menino no espelho* e *Transplante de menina*, respectivamente.

4 Para ilustrar a ideia da relatividade da verdade para um escritor de ficção, o narrador conta o episódio de uma suposta queda de um avião narrada em detalhes por um colega, na juventude. Compare estes dois trechos do texto, aparentemente contraditórios:

- "ele *era* mentiroso"
- "concluo que ele não estava mentindo. Ele vira, realmente, o avião cair."

Por que o narrador acabou concluindo que o colega não estava mentindo quando relatou o episódio? Em que contexto o rapaz não seria considerado um mentiroso? Justifique sua resposta com elementos do texto.

5 Releia o trecho:

"Palavras. São tudo, para quem escreve. Ou quase tudo. Como a serra, o martelo, a plaina, a madeira, a cola e os pregos para o marceneiro; como a colher, o prumo, os tijolos e a argamassa para o pedreiro; como a fazenda, a linha, a tesoura e a agulha para o alfaiate."

a) Considerando as comparações estabelecidas pelo narrador, responda: O que há em comum entre os elementos mencionados no trecho (serra, martelo, etc.) e as palavras?

b) Leia os versos a seguir do poema "Procura da poesia", de Carlos Drummond de Andrade.

"Penetra surdamente no reino das palavras.
Lá estão os poemas que esperam ser escritos."

(*Antologia poética*. Rio de Janeiro: Record, 2010, p. 248.)

Os versos confirmam a resposta da questão anterior? Explique.

c) Leia o boxe "O exercício da metalinguagem". Depois responda: O texto de Moacyr Scliar e os versos de Carlos Drummond de Andrade são metalinguísticos? Por quê?

O exercício da metalinguagem

A linguagem que fala sobre a linguagem chama-se **metalinguagem**. São exemplos de metalinguagem os filmes que tematizam o próprio cinema, pinturas que retratam o ato da pintura, programas de televisão que discutem a televisão.

Na canção "Samba de uma nota só", de Tom Jobim e Newton Mendonça, há a metalinguagem da canção:

Eis aqui este sambinha
Feito numa nota só
Outras notas vão entrar,
Mas a base é uma só
[...]

6 O narrador afirma que "as aparências enganam". O escritor, no jardim, sentado, quieto, está trabalhando, enquanto ao mexer com a terra, cuidando das plantas, está descansando.

a) Deduza: Nesse contexto, em que consiste o trabalho do escritor?

b) O vizinho se engana em relação aos momentos de trabalho e de descanso do escritor. Dê sua opinião: O que o leva a esse engano?

c) Conclua: Por que, segundo o narrador, "literatura nem sempre parece trabalho"?

7 O escritor colombiano Gabriel García Márquez, ao sentar-se para produzir, gostava de ter consigo, além da máquina de escrever, também tesoura, lápis, borracha, grampeador, etc.

a) O que esses instrumentos representavam para o escritor? Por que ele gostava de estar rodeado deles?

b) O escritor gostava de se sentir como o operário em construção de Vinícius de Morais. Leia o boxe "O operário em construção". Depois responda: O que o trabalho do escritor e o trabalho do operário têm em comum? Explique.

8 No último parágrafo do texto, lê-se: "As palavras são tudo, você disse, Moacyr? Você mentiu, Moacyr. Mais uma vez você mentiu".

a) Por que o próprio narrador se corrige?

b) Na sua opinião, o narrador mentiu ou apenas fez ficção?

O operário em construção

Eis os primeiros versos do poema de Vinícius de Morais, mencionados por Moacyr Scliar:

Era ele que erguia casas
Onde antes só havia chão.
Como um pássaro sem asas
Ele subia com as casas
Que lhe brotavam da mão.
[...].

(*Antologia poética*. São Paulo: Companhia das Letras, 2009. p. 311).

Arquivo/Folhapress

Vinícius de Morais.

A linguagem do texto

1 No texto, observa-se a utilização de um tipo especial de letra, inclinada para a direita, que é chamado **itálico**.

a) Com que finalidade o itálico foi empregado nos seguintes trechos?

- "*Na verdade*, eu escrevi ali em cima. *Verdade* é uma palavra muito relativa para um escritor de ficção."
- "Fama, não; ele *era* mentiroso. Todo mundo sabia que ele era mentiroso."

b) E neste outro trecho?

"O vizinho olhava o escritor que estava sentado, quieto, no jardim, e perguntava: *Descansando, senhor escritor?* Ao que o escritor respondia: *Não, trabalhando.*"

2 Observe o emprego de parênteses neste trecho:

"Há uma história (sempre contando histórias, Moacyr Scliar! Sempre contando histórias!) sobre um escritor e seu vizinho."

Note que os parênteses são empregados no meio da frase e quebram a sequência da narrativa. Com que finalidade o narrador faz uso desses parênteses?

De olho na oralidade

Leitura expressiva do texto

Junte-se a um colega e leiam de forma expressiva o trecho que vai de "Fomos para o colégio, naquele dia" (3º parágrafo) até "Uma questão de nomes, de palavras" (final do 9º parágrafo). Primeiramente, um faz o papel do narrador, e o outro, o do menino mentiroso. Depois, troquem os papéis.

Procurem destacar as emoções do mentiroso e dar um tom reflexivo aos pensamentos do narrador. Quando a leitura estiver boa, apresentem-na à classe.

Cruzando linguagens

Leia este cartum, de Quino:

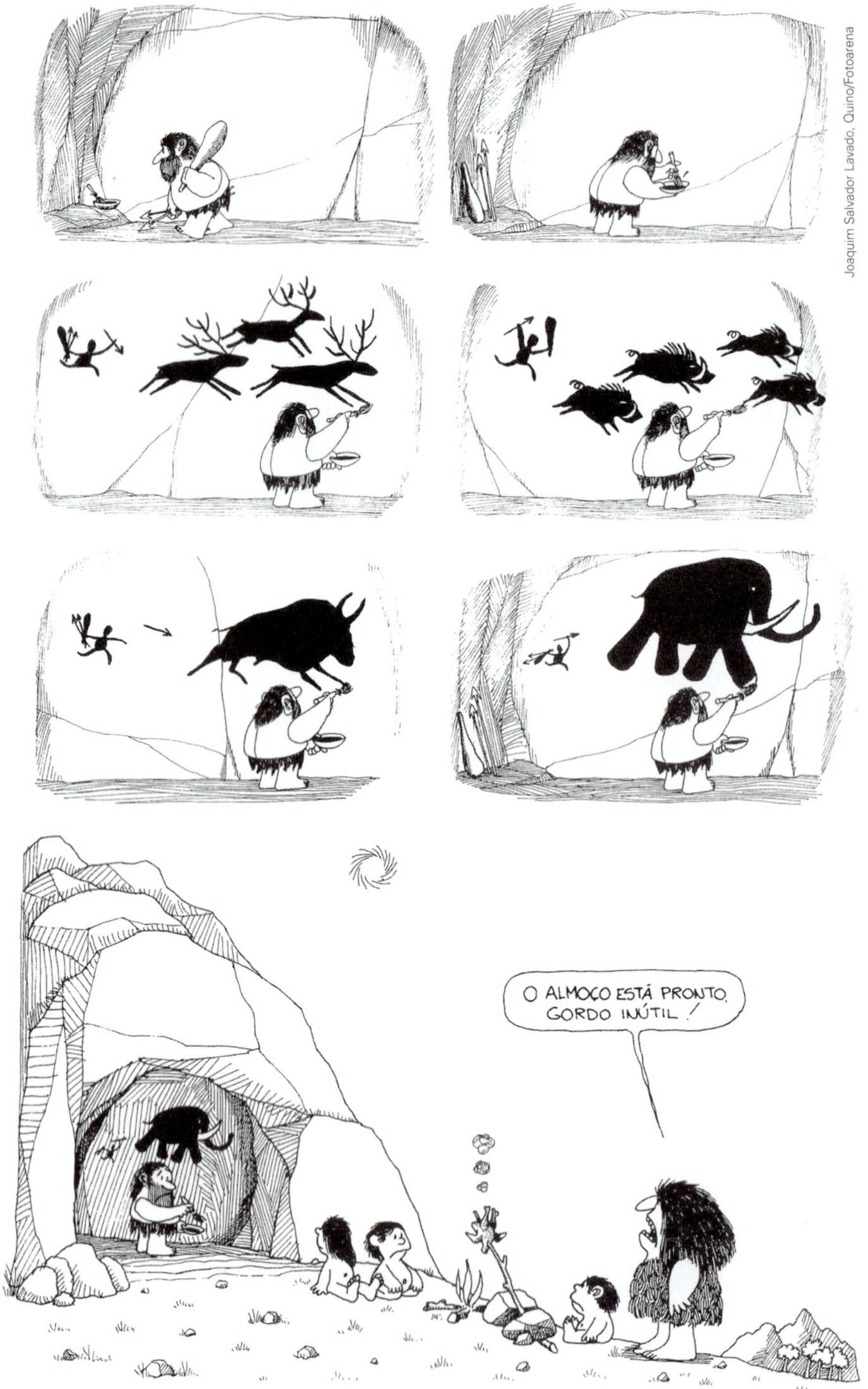

Joaquim Salvador Lavado, Quino/Fotoarena

(*Artes e partes*. Lisboa: Dom Quixote, 1994.)

1 Observe a caracterização das personagens e o local que elas habitam.

a) Que lugar habitam?

b) Infira: Em que época vivem?

2 Que tipo de atividade o homem está fazendo?

3 Observe a sequência de desenhos.

a) O que eles têm em comum?

b) Observe os animais representados. O que ocorre com o tamanho dos animais, entre o primeiro e o último desenho?

4 A respeito do trabalho que ele faz, responda:

a) É possível dizer que o homem fazia uma atividade artística em sua época? Por quê?

b) Levante hipóteses: A arte que ele faz é uma representação da realidade em que vivia?

5 Observe o último quadrinho. Nele, a família está reunida para almoçar.

a) Qual é o prato que será servido?

b) Ao chamar o marido de "gordo inútil", a mulher parece estar irritada com ele. Levante hipóteses: Qual é a causa da irritação?

6 De forma bem-humorada e crítica, o cartum de Quino ironiza os aspectos que envolvem a arte e a realidade, bem como o artista e a sociedade, em todos os tempos. Com base no último quadrinho, responda:

a) De que modo é construído o humor da última cena?

b) Pela ótica irônica de Quino, o artista na Pré-História era familiar e socialmente reconhecido? Por quê?

7 Compare o cartum de Quino ao texto "Memórias de um aprendiz de escritor", que você leu no início deste capítulo, e ao conto "O menino que escrevia versos", lido no início do capítulo 1. Que semelhanças você nota entre o cartum e os outros textos?

A pintura rupestre e a caça

Durante muito tempo se acreditou que as pinturas rupestres eram feitas pelos homens e retratavam suas experiências durante a caça.

Entretanto, alguns estudos recentes mostram que a maior parte das pinturas foi feita por mulheres. Assim, depreende-se que, enquanto seus maridos caçavam, elas ficavam na caverna e pintavam. Como numa espécie de ritual mágico, pintavam não o que tinha acontecido, mas o que gostariam que acontecesse.

Alamy/Fotoarena

Trocando ideias

1 No relato que faz no texto "Memórias de um aprendiz de escritor", Moacyr Scliar recorda personagens que, na infância, o encantaram. Essa lembrança sugere que o escritor foi um menino que gostava muito de ler. Você também gosta de ler? Quais são suas histórias preferidas? De que personagens você gosta mais? Há algum livro que você indicaria aos colegas?

2 Além de gostar de ler e ouvir histórias, Moacyr Scliar gostava também de criar suas próprias histórias. Assim, na infância, convivia com personagens às quais dava vida por meio da palavra. Você também gosta de inventar histórias? Se sim, que meio você prefere usar para contá-las: quadrinhos, narração oral, narração escrita, anedota, teatro, crônica? Que personagem, entre as que você criou, é a mais interessante, na sua opinião? O que ela tem de especial? Conte para os colegas.

A língua em foco

Verbos de ligação e predicativo do sujeito

Construindo o conceito

O texto a seguir pertence ao livro *O tigre na sombra*, de Lya Luft. Neste trecho, a narradora-personagem conta uma passagem de sua infância. Veja como esse momento é relatado:

Atrás da casa no fundo do quintal havia umas poucas árvores. Uma especial era a minha: ali eu me sentava para ler, brincar, não fazer nada. Mais tarde ninguém lembraria dela: pessoas têm memórias confusas.

Lá encontrei um gato aninhado entre raízes.

Me agachei, peguei no colo, era grande e pesado. Não era gato: era um filhote de tigre. Havia listras escuras, ainda pálidas, no seu pelo dourado. Mas não parecia perigoso. Então se enroscou no meu colo e ronronou.

Fui pegar pão e leite em casa, voltei tão depressa quanto conseguia, andar para mim não era como para as outras crianças. Ele não estava mais: larguei ali a latinha velha com a comida. No fim da tarde escapei da vigilância de minha mãe e voltei: a latinha estava vazia. O meu tigre tinha feito uma aliança comigo.

Filipe Rocha/Arquivo da editora

Não contei a ninguém. Se soubessem iam querer levá-lo para um zoológico.

Nem me ocorreu que não havia tigres em fundos de quintal (só, talvez, no fundo de um espelho), e que tudo aquilo era impossível. [...]

(Rio de Janeiro: Record, 2012. p. 16.)

1 No início do texto, a menina diz que encontrou um gato no fundo do quintal. Como o animal estava?

2 A menina pegou o animal no colo.

a) Como ele era?

b) Como eram o pelo e as listras do animal?

c) As características do animal levam a menina a identificar a espécie dele. Qual frase do texto expressa essa descoberta da menina?

d) A menina teve medo do animal, ao descobrir a verdadeira espécie dele? Por quê?

3 No final do texto, a narradora faz um comentário quanto à veracidade do acontecimento.

a) Qual é esse comentário?

b) Ela afirma que só havia tigres, talvez, no fundo de um espelho. Levante hipóteses: O que era esse tigre?

Conceituando

No texto de Lya Luft, uma menina encontra um animal.

As orações a seguir referem-se a algumas características atribuídas ao animal.

- O animal era grande e pesado.
- O animal não era gato: era um filhote de tigre.
- As listras eram escuras e ainda pálidas.
- O animal não era perigoso.

Vemos que, em cada oração acima, atribui-se ao ser que desempenha a função de sujeito uma informação, uma ou mais características, qualidades ou estado. A esses atributos chamamos **predicativo do sujeito**:

O animal (sujeito) era grande e pesado (predicativo do sujeito).

Portanto:

> Em uma oração, o **predicativo do sujeito** indica características, qualidades ou estados que se atribuem ao sujeito.

A ligação entre o sujeito e o predicativo é feita por um tipo especial de verbo, o **verbo de ligação**. Veja este exemplo:

O animal (sujeito) **era** (verbo de ligação) um filhote de tigre (predicativo do sujeito).

> **Verbo de ligação** é o elemento que serve para unir o sujeito ao predicativo do sujeito.

Os verbos de ligação, também chamados **verbos de estado**, não expressam ações do sujeito. Simplesmente aproximam o sujeito de seu predicativo, isto é, das características, qualidades ou estados que lhe são atribuídos.

O verbo de ligação, o predicativo do sujeito e a descrição

Em determinados gêneros narrativos ficcionais, frequentemente se utiliza a descrição como meio de caracterizar as personagens, o ambiente, a paisagem, etc.

Nesse tipo de sequência textual, o verbo de ligação e o predicativo do sujeito cumprem papel fundamental na construção da descrição, como se nota na frase "O animal era grande e pesado".

Veja, abaixo, exemplos de predicativo com outros verbos de ligação:

O filhote de tigre não **parecia** perigoso.
predicativo

O tigre **ficava** escondido.
predicativo

O gato **virou** um tigre na imaginação da criança.
predicativo

A narradora **continua** deslumbrada com sua lembrança.
predicativo

A latinha **estava** vazia.
predicativo

A lembrança do tigre **permaneceu** guardada na memória da menina.
predicativo

Morfossintaxe

O predicativo do sujeito pode ser representado por:

- um substantivo ou uma palavra substantivada:

  A menina parecia uma **boneca**.
  O retrato mais bonito era o **redondo**.

- um pronome:

  Essa avó é **minha**.

- um adjetivo ou uma locução adjetiva:

  A menininha era **linda**.
  A caixa era **de madeira**.

- um numeral:

  Minhas avós são **três**.

- uma oração:

  Minha vontade era que o filhote de tigre voltasse todos os dias.

O verbo de ligação em elipse

É muito comum em textos, conversas do dia a dia e propagandas o verbo de ligação não vir explicitado, mas estar subentendido nas frases. Quando isso ocorre, dizemos que ele está **elíptico**.

Elipse é a omissão de um termo ou de uma oração inteira facilmente subentendidos pelo contexto.

Observe que, no texto ao lado, por exemplo, houve omissão do sujeito **o cérebro** e do verbo de ligação **ser**:

"[O cérebro] [**é**] uma verdadeira obra de arte!"

A elipse não dificulta a compreensão do texto: torna-o mais sintético, econômico e direto.

Criação/Redação: CCA Propaganda/ccapropaganda.com.br

(Disponível em: www.ccapropaganda.com.br/blog/?p=262. Acesso em: 14/5/2014.)

Exercícios

1 Leia a seguinte estrofe do poema "Meus oito anos", de Casimiro de Abreu.

Como são belos os dias
Do despontar da existência!
— Respira a alma inocência
Como perfumes a flor;
O mar é — lago sereno,
O céu — um manto azulado,
O mundo — um sonho dourado,
A vida — um hino de amor!

(In: *Antologia da poesia romântica brasileira*. São Paulo: Nacional/Lazuli, 2007. p. 179.)

Filipe Rocha/Arquivo da editora

a) Nos três últimos versos da estrofe, há elipse do verbo de ligação. Reescreva os versos, empregando adequadamente, no presente do indicativo, um destes verbos de ligação: estar, permanecer, parecer.

b) No 1º e no 5º versos, há verbos de ligação. Reescreva esses versos, substituindo os verbos por um destes outros verbos de ligação: continuar, virar.

Leia a tira a seguir, de Fernando Gonsales, e responda às questões 2 a 4.

Fernando Gonsales/Acervo do cartunista

2 No segundo quadrinho da tira, um dos meninos diz: "Ela diz que é um cachecol!". O sujeito da forma verbal **é** está subentendido, ou seja, está implícito. Que pronome demonstrativo poderia ser o sujeito dessa oração?

3 Observe as orações:

"A vovó ficou louca?" Isso é um cachecol!

a) Identifique o sujeito e o predicado de cada uma.

b) Identifique o verbo de ligação de cada uma.

c) Qual é a função sintática dos termos **louca** e um **cachecol**?

4 O humor da tira é construído a partir de uma informação que os netos não têm a respeito da intenção da avó. Qual é essa informação?

5 Identifique nas orações a seguir o verbo de ligação e o predicativo do sujeito.

a) A girafa é um animal herbívoro.

b) Nesta temperatura, a água vira gelo.

c) Pela manhã, os animais parecem mais preguiçosos.

d) Muitas espécies de ave continuam ameaçadas.

O predicativo do sujeito na construção do texto

Leia este poema, de Alexandre O'Neill:

Amigo

Mal nos conhecemos
inauguramos a palavra "amigo"!

"Amigo" é um sorriso
de boca em boca,
um olhar bem limpo,
uma casa, mesmo modesta, que se oferece,
um coração pronto a pulsar
na nossa mão!

"Amigo" (recordam-se, vocês aí,
escrupulosos detritos?)
"amigo" é o contrário de inimigo!

"Amigo" é o erro corrigido,
não o erro perseguido, explorado,
é a verdade partilhada, praticada.
"Amigo" é a solidão derrotada!

"Amigo" é uma grande tarefa,
um trabalho sem fim,
um espaço útil, um tempo fértil,
"amigo" vai ser, é já uma grande festa!

(*Poesias completas*. Lisboa: Assírio & Alvim, 2000. p. 79.© Assírio & Alvim/Porto Editora, 2012.)

Vasilyev Alexandr/Shutterstock

1 Na 1ª estrofe, há verbos e um pronome na 1ª pessoa do plural.

a) A quem se refere o pronome **nos**?

b) Qual é o sentido da palavra **inauguramos**, no contexto?

2 Que papel as demais estrofes do poema têm em relação à 1ª estrofe?

3 Há, no poema, muitos versos com estrutura sintática semelhante. Observe:

> • "Amigo" é um sorriso
> de boca em boca.
> • "Amigo" é a solidão derrotada!

a) Qual é o sujeito das orações constituídas por esses versos?

b) Como se classificam sintaticamente nas orações as palavras **sorriso** e **solidão**?

c) Identifique no poema outras palavras que desempenham a mesma função sintática que **sorriso** e **solidão**.

4 Há, na 2ª estrofe, três situações em que ocorre elipse de verbo.

a) Qual é o verbo elíptico nessas situações?

b) Quais são os predicativos ligados por esse verbo ao sujeito **amigo**?

5 Na 3ª estrofe, o eu lírico dirige-se a outro interlocutor ("vocês aí").

a) Como ele se refere a esse outro interlocutor?

b) O que ele lembra a esse outro interlocutor?

c) Na sua opinião, por que o eu lírico afirma ao outro interlocutor que amigo é o contrário de inimigo?

6 Na última estrofe, o eu lírico atribui à amizade características que se opõem e características que se complementam.

a) Quais são as características que se opõem?

b) Quais são as características que se complementam?

7 Como conclusão do estudo do poema, indique qual ou quais dos itens a seguir correspondem a afirmações verdadeiras.

a) O grande número de verbos de ligação e de predicativos do sujeito presentes no poema decorre do empenho do eu lírico em definir o termo **amigo**.

b) O grande número de predicativos do sujeito presentes no poema demonstra que caracterizar **amigo** não é uma tarefa simples.

c) A palavra **amigo**, que é sujeito da maioria das orações do poema, é empregada sem adjuntos adnominais porque o eu lírico se refere a amigo como ideia geral, sem particularização.

d) Para o eu lírico, o emprego excessivo de predicativos é uma forma de dizer que é impossível definir **amigo**.

e) O poema apresenta como conclusão a ideia de que cultivar a amizade é trabalhoso, mas compensador.

8 Para você, o que é amigo? Em prosa ou em verso, escreva um pequeno texto em que você responda a essa pergunta. A exemplo do autor do poema, empregue verbos de ligação e predicativos do sujeito. Quando seu texto estiver pronto, leia-o para a classe.

Semântica e discurso

1 Observe com atenção a pintura ao lado e leia o título dela. Detenha-se na roupa, na expressão dos olhos e nas mãos da jovem, assim como no animal que ela tem no colo e no ambiente ao redor dela. Depois crie um pequeno texto descritivo, semelhante ao que estudamos, sobre essa imagem. Procure expressar o que a imagem provoca em você e empregue em seu texto principalmente verbos de ligação e predicativos do sujeito.

Robert Braithwaite Martineau/Bridgeman/Glow Images

Uma menina com um gato.

2 Na língua portuguesa há muitas expressões formadas por verbo de ligação + predicativo do sujeito. Nas frases seguintes, de acordo com o contexto, substitua o predicativo do sujeito por outro de sentido equivalente.

a) Aquele aluno é **um bolha**. Nunca participa de nada.

b) O João é **um verdadeiro 171**. Cuidado para não ser prejudicado por ele.

c) Perdemos tempo na reunião. Hoje foi só **nhem-nhem-nhem**.

d) Nosso time não ganha nunca. Cada jogo é **um chocolate**.

e) É muita **abobrinha**! Não aguentamos mais tanta conversa.

Leia a tira abaixo e responda às questões 3 a 5.

(*Folha de S. Paulo*, 30/9/2013.)

3 Leia as frases:

- O mundo é pequeno.
- O mundo está pequeno.
- O mundo parece pequeno.

Observe que, na primeira frase, o locutor, ao se referir a uma característica permanente, definitiva do mundo, empregou o verbo de ligação **ser** (na forma **é**). Na segunda frase, empregou o verbo **estar** (na forma **está**), porque quer se referir a um estado provisório do mundo, ou seja, quer dizer que ele está pequeno, mas não foi sempre assim. Finalmente, na terceira frase, empregou o verbo **parecer** (na forma **parece**), porque se refere a um estado aparente do mundo.

a) Qual das três frases abaixo você empregaria se quisesse dizer que a personagem da tira se zanga por qualquer motivo?

- Garfield parece mal-humorado.
- Garfield está muito mal-humorado.
- Garfield é muito mal-humorado.

b) As frases abaixo apresentam verbo de ligação. Identifique o sentido que cada um confere à afirmação, considerando o predicativo das frases.

- Garfield **é** magro e ágil.
- Garfield **está** magro e ágil.
- Garfield **parece** magro e ágil.
- Garfield **ficou** magro e ágil.
- Garfield **continua** magro e ágil.

4 Garfield, na tira, não se conforma em ser criticado.

a) Crie uma frase com verbo de ligação, afirmando que você não se conformou com um comentário que alguém fez a seu respeito.

b) Crie uma frase com verbo de ligação, dando a entender que você nunca se conforma com comentários a seu respeito.

5 Às vezes o verbo de ligação **ser** apresenta um sentido de permanência, de que as coisas são e serão sempre de certo modo. Qual das frases a seguir corresponde a essa situação?

a) A população do nosso planeta é jovem.

b) Os recursos naturais da Terra são abundantes.

c) O planeta Terra é redondo e ligeiramente achatado nos polos.

De olho na escrita

Acentuação dos ditongos e hiatos

ACENTUAÇÃO DOS DITONGOS

Leia esta tira, de Jim Davis:

(*Folha de S. Paulo*, 29/9/2013.)

1 Na tira, foram empregadas as palavras:

chapéus caubói

Compare essas palavras a estas:

papéis heroico ideia réu

a) Que tipo de encontro vocálico ocorre em todas as palavras?

b) Em quais palavras o encontro vocálico recebe acento gráfico?

c) Como se classificam em relação à posição da sílaba tônica as palavras em que o encontro vocálico recebe acento gráfico?

2 Agora compare quanto à acentuação as palavras vistas e deduza a regra, respondendo: Em que circunstâncias os ditongos são acentuados?

Ao responder às questões anteriores, você pôde extrair a seguinte conclusão:

- Acentuam-se os ditongos abertos **éu**, **éi** e **ói** apenas em monossílabos tônicos e em palavras oxítonas:

réu	méis	rói
chapéus	papéis	caubói

Assim, não se acentuam:

ideia heroico

Retomando os encontros vocálicos

Você já viu que em nossa língua existem três tipos de encontro vocálico:

- o **ditongo**: encontro de uma vogal e de uma semivogal numa mesma sílaba (**i** ou **u**). Ex.: pát**io**, b**ei**jo.
- o **tritongo**: encontro de uma vogal e de duas semivogais numa mesma sílaba. Ex.: Parag**uai**.
- o **hiato**: encontro de duas vogais, uma em cada sílaba. Ex.: s**aí**da, c**oa**do.

ACENTUAÇÃO DOS HIATOS

1 Leia esta tira, de Bill Watterson:

(*Tem alguma coisa babando embaixo da cama*. São Paulo: Conrad do Brasil, 2008. p. 46.)

Observe que as duas palavras seguintes, empregadas na tira, apresentam hiatos:

amendoim   moído

Divida as palavras em sílabas e responda: Em que situação a vogal **i** recebe acento gráfico?

2 Agora, compare as palavras:

moído	amendoim
daí	ainda
país	contribuir
	raiz

reúne	Raul
balaústre	

Comparando as palavras da coluna da esquerda com as da coluna da direita, notamos que nem todas as palavras que apresentam hiato recebem acento gráfico.

a) Em que situações as vogais **i** e **u** dos hiatos recebem acento?

b) Em que situações não recebem?

Ao responder às questões anteriores, você pôde observar que as vogais **i** e **u** de hiatos ora recebem, ora não recebem acento gráfico. Assim:

- Acentuam-se as vogais **i** e **u** de hiatos que aparecem sozinhas na sílaba ou são seguidas da letra **s**:

cafeína   daí   faísca   saúde   gaúcho

- Se as vogais **i** e **u** forem precedidas de ditongo, elas não são acentuadas:

feiura   maoista   baiuca

- Se as vogais **i** e **u** de hiatos forem seguidas de letras diferentes de **s**, elas não são acentuadas:

caindo   ruim   sair   juiz   Saul

Exceção: A vogal **i** de hiatos que aparece sozinha na sílaba mas é seguida de sílaba iniciada por **nh** nunca é acentuada:

rainha   bainha   tainha

Exercícios

1 Em algumas palavras dos seguintes haicais (pequenos poemas de origem japonesa), de Millôr Fernandes, foram propositalmente eliminados os acentos gráficos de hiatos e ditongos. Em seu caderno, reescreva e acentue as palavras que devem receber acento gráfico, justificando o emprego deste.

Nuvens ao leu
Criatividade-Happening
Do ceu.

(*Hai-kais*. Porto Alegre: L&PM, 1999. p. 49.)

Enfim, no meu caminho,
Uma estátua equestre
Com o heroi sozinho.

(Idem, p. 69.)

Filipe Rocha/Arquivo da editora

Santo de verdade
Um egoista
Da generosidade

(Idem, p. 101.)

É minha ideia
Que o outono só desfolha
Árvore europeia.

(Idem, p. 107.)

2 Dê o plural das palavras a seguir, observando a acentuação gráfica.

a) terçol
b) lençol
c) tonel
d) papel
e) quartel
f) pincel

3 Das palavras que seguem, apenas quatro não devem ser acentuadas. Identifique-as e justifique a ausência do acento gráfico.

geleia	chapeu	heroi	sanduiche	Itau
coroneis	rainha	sairam	ainda	beijo

O acento diferencial

Tradicionalmente, a gramática normativa apresenta alguns casos de **acento diferencial**, isto é, aquele criado para evitar confusão na leitura de certas palavras que apresentam sons e grafias semelhantes.

Entretanto, com o Acordo Ortográfico da Língua Portuguesa, que em sua origem teve a finalidade de uniformizar a grafia da língua portuguesa entre os países lusófonos e passou a valer a partir de 2009, um grande número de acentos diferenciais foi eliminado. Restaram estes, que são obrigatórios:

pôr (verbo)	—	por (preposição)
pôde (verbo no passado)	—	pode (verbo no presente)

Observação

Com o acordo ortográfico, alguns acentos que antes não existiam no português do Brasil, mas existiam no português lusitano, ou vice-versa, passaram a ser facultativos. Assim, podemos grafar:

- **viajámos/viajamos**, **beijámos/beijamos**, **falámos/falamos**, no pretérito perfeito do indicativo, mas apenas **viajamos**, **beijamos** e **falamos**, no presente do indicativo;
- **dêmos/demos**, no presente do subjuntivo, mas apenas **demos**, no pretérito perfeito do indicativo;
- **fôrma/forma** (com **ô** fechado) para indicar recipiente ou molde, mas apenas **forma** para indicar formato, feitio ou o verbo **formar** no presente do indicativo e no imperativo.

Exercícios

Leia esta tira, de Jean Galvão:

Jean Galvão/Arquivo da editora

1 Na leitura de um texto, todos os elementos, explícitos e implícitos, contribuem para a construção do sentido. A propósito da tira, responda:

a) A cena ocorre durante o dia ou durante a noite?

b) No último quadrinho, em que se transformou a personagem?

c) Que elementos explícitos da tira são decisivos para compreender a transformação da personagem?

2 Você deve ter notado que, na tira, há dois pares de palavras com a mesma grafia e que uma delas é acentuada e a outra não: **por** e **pôr**; **pode** e **pôde**.

a) Qual é a classe gramatical das palavras **por** e **pôr**?

b) A que tempo pertence a forma verbal **pode**? E a forma verbal **pôde**?

3 Ao escrever um *e-mail* para seu colega de clube, Marcos estava com problemas de configuração no teclado de seu computador. Por causa disso, o texto foi escrito sem nenhum tipo de acento.

Faça a revisão do texto de Marcos, escrevendo em seu caderno as palavras que devem ser acentuadas. Para isso, terá de usar todas as regras que aprendeu sobre acentuação.

DE: marcosbarbieri@gmail.com

PARA: getuliodias@terra.com.br

CC:

ASSUNTO: Licença medica

Ola, Getulio!

Soube que voce não pode se inscrever no campeonato juvenil de futebol deste ano porque estava com o pe machucado e que ainda por cima vai ter de ficar com o pe enfaixado durante tres semanas! Ruim, hein, amigo?

De saida, so posso lhe dizer que o mais importante neste momento e a sua saude e que, nessas horas, não da pra dar uma de heroi. E preciso por a cabeça no lugar e relaxar. Não ha muito o que fazer. Quem vai gostar dessa noticia e o Ari, que finalmente vai sair do banco.

Ah, o tecnico Adair pediu pra avisar voce que tem uns papeis da sua licença pra voce assinar. Pode mandar alguem buscar aqui no clube?

Estimo as melhoras, amigo. Um abraço na Heloisa,

Marcos

O cordel

Você já leu ou ouviu falar em **literatura de cordel**? O cordel é um tipo de poesia muito popular no Brasil. Os poemas representativos desse tipo de literatura geralmente são impressos em folhetos, que são expostos pendurados em cordel (corda fina) ou barbante – daí o seu nome.

O cordel teve origem em Portugal e, chegando ao Brasil, espalhou-se por todo o Nordeste brasileiro, onde é cultivado e muito apreciado. Como forma de mostrar seu trabalho e atrair o público para comprar os folhetos, os autores costumam declamar seus versos de forma melodiosa e cadenciada, com acompanhamento de viola.

A poesia de cordel é narrativa e tem uma estrutura mais ou menos padrão.

Como exemplo desse tipo de literatura, veja um trecho de um poema de Chico Salles, cordelista paraibano:

Leo Burgos/Folhapress

Leo Burgos/Folhapress

Leo Burgos/Folhapress

O barato da barata

Vou apresentar agora
Uma história barata
Não sei quando aconteceu
Mas, começou lá na mata.
Barata, é de baixo preço,
De quem não tem endereço
Uma história gaiata.

Uma Barata qualquer
Uma Barata bem feia
Que morava na cozinha
De uma casa na aldeia
Vivia atrás do armário
E seu trabalho diário
Era ouvir a vida alheia.

Era uma família simples
Que habitava esse lar
Lá não faltava comida
Para a barata provar
Queijo, legumes, feijão
Linguiça, toucinho e melão
Café, almoço e jantar.
[...]

(*Cordelinho*. Rio de Janeiro: Rovelle, 2008.)

Jean Galvão/Arquivo da editora

1 O poema de cordel é geralmente formado por estrofes, que podem ter quatro, seis, sete ou dez versos cada uma. A mais comum é a estrofe de seis versos. No trecho do poema lido, quantos versos há em cada estrofe?

2 O poema de cordel sempre apresenta rimas, que podem variar quanto à disposição. Qual é a disposição das rimas no trecho do poema lido?

3 A maioria dos poemas de cordel faz uso da métrica que foi utilizada em "O barato da barata". Faça a escansão dos versos da 2ª estrofe do poema e responda: Qual é a métrica utilizada?

Agora é a sua vez

Como você já sabe, no final desta unidade, você e seus colegas vão participar da mostra **Viva a poesia viva!**, proposta no capítulo **Intervalo**, na qual será lançado um livro de poemas. Eles serão lidos por colegas de sua classe e de outras, por professores, funcionários da escola, pais e demais convidados para o evento. Que tal incluir alguns cordéis no livro e na mostra?

Realize as atividades de produção de textos propostas a seguir, individualmente ou em dupla, de acordo com as orientações do professor.

1 Leia o poema a seguir. De autoria do cordelista Chico Salles, o poema, além de ensinar como fazer cordel, fala de um lugar que muitos consideram o melhor do mundo.

Aprendendo a cordelisar:

Métrica em sextilhas obedecendo
o critério obrigatório das rimas:

O melhor lugar do mundo
É o Rio de Janeiro
Tem verão, tem carnaval
E futebol o ano inteiro
Seu lugar na minha vida
Será sempre o primeiro

O melhor lugar do mundo
É o Rio Grande do Norte
Tem verão, tem carnaval
E futebol como suporte
Seu lugar na minha vida
Será sempre muito forte.

(*Cordelinho*. Rio de Janeiro: Rovelle, 2008.)

Jean Galvão/Arquivo da editora

Seguindo o exemplo do cordelista, crie você também uma ou duas estrofes falando do lugar que você considera o melhor do mundo. Se quiser, utilize a estrutura usada pelo autor: seis versos em cada estrofe, versos de sete sílabas poéticas e rimas conforme o esquema ABCBDB.

2 Escolha uma história curta que você conhece e conte-a em linguagem de cordel.

3 As estrofes a seguir fazem parte de um cordel de autoria de Leandro Gomes de Barros, publicado, conforme se supõe, em 1915 ou 1916, ou seja, há um século. O assunto de que o cordel trata, entretanto, é ainda muito atual. Leia-o.

A seca do Ceará

Seca as terras as folhas caem,
Morre o gado sai o povo,
O vento varre a campina,
Rebenta a seca de novo;
Cinco, seis mil emigrantes
Flagelados retirantes
Vagam mendigando o pão,
Acabam-se os animais
Ficando limpo os currais
Onde houve a criação.

[...]

Os habitantes procuram
O governo federal
Implorando que os socorra
Naquele terrível mal
A criança estira a mão
Diz senhor tem compaixão
E ele nem dar-lhe ouvido
É tanto a sua fraqueza
Que morrendo de surpresa
Não pode dar um gemido.

Alguém no Rio de Janeiro
Deu dinheiro e remeteu
Porém não sei o que houve
Que cá não apareceu
O dinheiro é tão sabido
Que quis ficar escondido
Nos cofres dos potentados
Ignora-se esse meio
Eu penso que ele achou feio
Os bolsos dos flagelados.

[...]

(Disponível em: http://docvirt.com/docreader.net/DocReader.aspx?bib=RuiCordel&PagFis=348&Pesq=LC6074. Acesso em: 13/6/2014.)

J.Borges/ Acervo particular

Escolha um tema atual que seja do interesse de muitas pessoas (por exemplo, as enchentes nas grandes cidades, a corrupção na política, um programa de TV) e escreva um cordel sobre ele. Você pode utilizar a mesma estrutura que o autor de "A seca do Ceará", isto é, estrofes de dez versos, versos de sete sílabas poéticas e rimas conforme o esquema ABCBDDEFFE.

4 Os convites reproduzidos a seguir fazem uso do cordel para divulgar o lançamento de um livro. Leia-os.

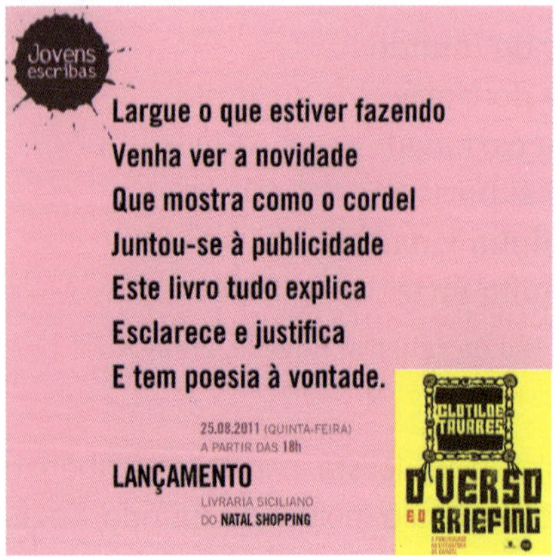

Imagens: Versos de Clotilde Tavares para o lançamento da editora Jovens Escribas/Arquivo da editora

(Disponível em: http://blogdofialho.wordpress.com/2011/08/23/lancamento-o-verso-e-obriefing-de-clotilde-tavares-convites/. Acesso em: 13/6/2014.)

Crie, em forma de cordel, um texto convidando para a mostra **Viva a poesia viva!**. Se quiser, utilize, como fez o autor dos textos dos convites que você leu, estrofes de sete versos, versos de sete sílabas poéticas e rimas conforme o esquema ABCBDDB.

Os temas do cordel

Os cordéis geralmente fazem referência a fatos que interessam à população em geral (programas de TV, novas leis ou acordos políticos, personalidades, entre outros) ou a situações corriqueiras da vida diária. Veja alguns desses temas:

Reprodução/Acervo particular

José Pacheco/Acervo particular

Reprodução/Acervo particular

José Maria de Fortaleza/JV/Acervo particular

Planejamento do texto

- Escreva seu texto em versos.
- Organize o poema em estrofes, cada uma com o mesmo número de versos: quatro, seis, sete ou dez.
- Procure empregar versos com o mesmo número de sílabas poéticas, de preferência sete.
- Empregue rimas, seguindo o mesmo esquema em todas as estrofes.
- Dê um título atraente ao seu cordel.

Revisão e reescrita

Antes de fazer a versão final do seu cordel, releia-o, observando:

- se ele está escrito em versos e se os versos estão organizados em estrofes;
- se as estrofes têm o mesmo número de versos;
- se os versos têm o mesmo número de sílabas poéticas;
- se há rimas e se elas seguem o mesmo esquema em cada estrofe;
- se o título é atraente.

Se achar conveniente, faça modificações em seu texto. Depois, passe-o a limpo e, se quiser, ilustre-o.

Divirta-se

Você gosta de desenhos ou de geometria? Divirta-se com um dos trabalhos de M. C. Escher (1898-1972), artista holandês que revolucionou as artes gráficas a partir do trabalho com perspectivas e justaposição de planos.

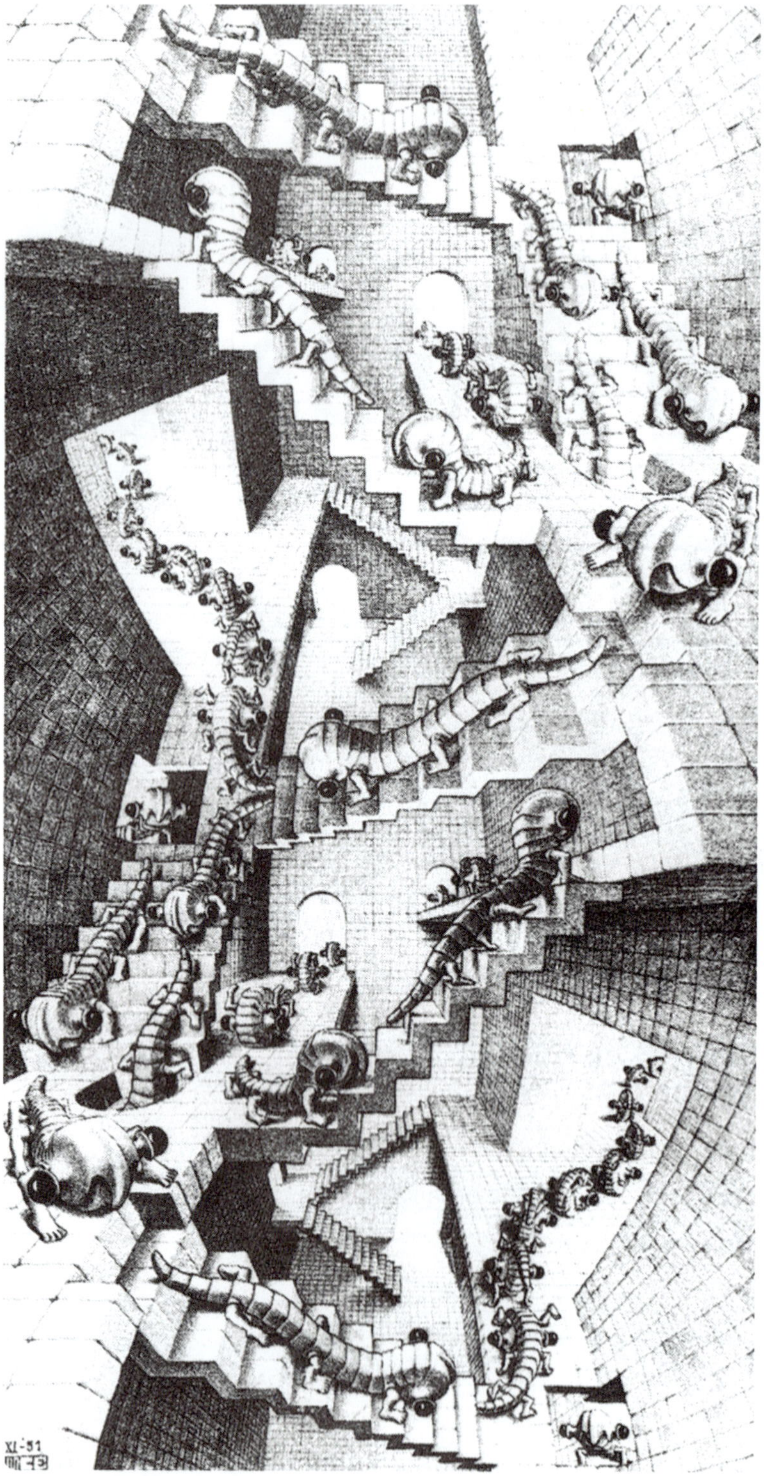

House of stairs.M.C.Escher, 1951/Fund. M.C.Escher

("Casa das escadas". *M. C. Escher — gravuras e desenhos.* São Paulo: Paisagem, 2006. p. 66.)

Capítulo

3

As palavras e suas histórias

Alguma vez você já leu um livro daqueles que não se para de ler por nada deste mundo? Se sim, então você já pode se considerar um viajante da palavra, um descobridor de mundos desconhecidos, aventuras e paixões... Se não, você está convidado a pegar a trilha das palavras e iniciar essa fantástica viagem. Nela, há lugar para todos... Basta usar o ingresso da fantasia e partir!

O texto que você vai ler a seguir é um fragmento da obra *O caçador de palavras*, de Walcyr Carrasco. Júlio, o protagonista, sentia-se como uma página em branco, como se o livro da sua vida ainda não tivesse realmente se iniciado. Tinha perdido a família muito cedo, trabalhava em uma pequena empresa, conhecia pouquíssima gente. Na maior parte das noites, comia um sanduíche em um bar, ou tomava um copo de leite quente, e entrava num cinema.

Guilherme Asthma/Arquivo da editora

O caçador de palavras

[...] Foi por causa de minha mania de ir ao cinema que tudo aconteceu.

Naquela noite, eu estava cansado. E o filme era bem aborrecido, para dizer a verdade. Só fiquei para a segunda sessão porque estava chovendo, e não queria molhar os sapatos. Nos primeiros dez minutos de filme, adormeci. Meu corpo escorregou da cadeira, e dormi tão confortavelmente como em minha cama.

Acordei em plena escuridão e silêncio. No início, nem sabia onde estava. Aos poucos, meus olhos foram se acostumando com a falta de luz. Vi a tela branca, o letreiro de saída apagado. Não entendi, imediatamente, o que estava acontecendo. Levantei, atordoado. Com dificuldade, empurrei a porta de entrada. Pesada. Saí no saguão. Só então percebi o que havia acontecido: haviam esquecido de mim, no cinema. Completamente. Talvez não tivessem me visto. Olhei o relógio, estava no meio da noite.

Quis telefonar. Fui até o escritório, estava trancado. Pensei em quebrar o vidro. Nunca senti tamanho desespero.

É incrível como um cinema vazio, à noite, pode ser tétrico. Olhava para as paredes, via sombras. Ouvia ruídos. Ao mesmo tempo, tentei raciocinar. Arrombar a porta, ou qualquer coisa do tipo, poderia terminar em confusão. Chamar a polícia também: como explicar minha presença, se todos pensariam, no primeiro instante, que eu era um ladrão? O ideal, sem dúvida, era aguardar algumas horas, e esperar, pacificamente, que alguém viesse abrir o cinema. Poderia, então, sair calmamente.

Como passar aquelas horas difíceis? Foi quando vi, no canto do balcão da doceira, ajudando a apoiar uma lata, um livro grosso. Fui até ele. Peguei. Era bem pesado.

Saí do saguão, onde só entrava a luz do luar, e fui ao banheiro. Acendi a luz. No *hall* de entrada que levava aos dois toaletes, havia um sofazinho velho. Sentei, e abri o livro. Era um dicionário com a origem e o significado das palavras. No primeiro instante, pensei:

— Bem que eu preferia um livro policial.

Puro engano. Só para me distrair, comecei a folheá-lo. Pouco a pouco, fui sendo envolvido pelo universo fascinante das palavras. Elas começaram a brilhar para mim como estrelas no céu. Da mesma forma que todas as pessoas, sempre vivi cercado por verbos, substantivos, adjetivos. Com eles, dei forma a sentimentos, expressei vontades, descobri risos, comuniquei emoções. Mas, assim como não se pensa conscientemente nos dedos cada vez que se pega um garfo, também não me detinha nas palavras. Elas faziam parte de mim como os olhos, os cabelos e as unhas. Eram tão enredadas no cotidiano como o elevador do prédio, o ônibus, o cartão de ponto. Apesar de fluírem através da vida com tanta facilidade quanto o ar que respirava, as palavras eram um instrumento que eu usava mecanicamente.

Guilherme Asthma/ Arquivo da editora

De repente, tudo mudou.

Naquela noite, descobri que as palavras guardam histórias. Percorrem os tempos, registrando emoções, atravessam vidas. Entendi, pela primeira vez, o fascínio dos poetas ao brincar com elas, criando versos e rimas que trazem os sons das marés, a cadência dos sentimentos, o colorido das primaveras. A paixão de quem faz letras de músicas, sonoras por si sós, onde as palavras remetem umas às outras, dançam entre si. Senti o encanto dos escritores, que as usam para criar mundos e vidas, como se fossem bilhetes para viagens fulgurantes. E, então, eu também me apaixonei, porque descobri, mais que tudo, o quanto as palavras são vivas.

Deixei de ouvir os ruídos, de olhar as sombras daquele cinema vazio. Era como se eu estivesse lendo um romance que falava de todas as pessoas, de toda a humanidade. Quis seguir a trilha das palavras. [...]

[...]

(São Paulo: Ática, 1994. p. 8-11.)

cadência: ritmo, compasso.
fluir: correr, transcorrer.
fulgurante: brilhante, reluzente.
***hall*:** saguão, entrada.
tétrico: triste, fúnebre.
trilha: vestígio deixado por pessoa ou animal; caminho.

Estudo do texto

Compreensão e interpretação

1 Logo no início do texto, o narrador diz que sua mania de ir ao cinema foi a causa de um acontecimento inesperado. O que aconteceu de especial com ele naquela noite?

2 Sem saber o que fazer, o narrador imagina várias formas de sair dali.

a) Por que ele abandona quase todas as ideias que teve?

b) O que ele encontrou para fazer enquanto aguardava?

3 O narrador abre o livro que encontrou sobre o balcão da doceira.

a) Qual era a expectativa que ele tinha, ao abrir o livro?

b) O que ele provavelmente pensava a respeito de dicionários, antes dessa noite?

c) Pouco a pouco, o narrador passou a ter outra opinião sobre os dicionários. Que comparação feita por ele exprime o novo tipo de relação que ele passou a ter com as palavras?

4 A descoberta das palavras e de seus significados faz com que o narrador reveja a relação que até então ele tinha com as palavras.

a) Até aquela noite, qual era, para ele, a utilidade de verbos, substantivos e adjetivos?

b) Considere estas comparações presentes na fala do narrador:

- Usamos as palavras como se pega um garfo.
- As palavras fazem parte de nós como os olhos, cabelos e unhas.
- As palavras enredam-se no cotidiano como o elevador, o ônibus, o cartão de ponto.
- As palavras fluem como o ar que respiramos.

De acordo com as comparações, que tipo de uso ele fazia das palavras?

5 "De repente, tudo mudou", o narrador afirma em um dos parágrafos do texto.

a) O que o narrador descobriu sobre as palavras?

b) Ao entender o fascínio dos poetas, dos compositores e dos escritores pelas palavras, o que o narrador passa a ter em comum com esses artistas?

Quem é Walcyr Carrasco?

Walcyr Rodrigues Carrasco nasceu em 1951 na cidade de Bernardino de Campos, interior de São Paulo. É formado em jornalismo pela Universidade de São Paulo e atua como jornalista, escritor e autor de telenovelas.

Como escritor, tem mais de trinta títulos publicados, dos quais boa parte voltada ao público infantojuvenil. Entre suas obras estão *O caçador de palavras* e *Meu primeiro beijo*. Como autor de novelas, consolidou sua carreira com *Xica da Silva*, *Alma gêmea*, *Verdades secretas* e *O outro lado do paraíso*.

Bruno Poletti/Folhapress

6 Por que, naquele cinema vazio, as palavras do dicionário tiveram para o narrador um significado equivalente ao de um romance ou de um longo filme?

7 O título do texto é "O caçador de palavras".

a) Que frase do último parágrafo traduz um desejo do narrador e, ao mesmo tempo, esclarece o título do texto?

b) Como você interpreta essa frase?

A linguagem do texto

1 A palavra **cine** é a forma reduzida de **cinema**, que, por sua vez, é a forma reduzida de **cinematógrafo**, nome dado ao aparelho que permite projetar cenas animadas em uma tela. De que palavras se originam as formas reduzidas **foto**, **moto** e **metrô**?

2 A palavra ***hall***, de origem inglesa, designa uma sala ou salão situados na entrada de edifícios particulares ou públicos. Você conhece outras palavras da língua inglesa que designam áreas de casas ou apartamentos? Quais?

3 Observe o emprego do adjetivo **pesado** nestes dois trechos do texto:

- "Com dificuldade, empurrei a porta de entrada. **Pesada**."
- "[...] um livro grosso. Fui até ele. Peguei. Era bem **pesado**."

Empregado em frases de construções diferentes, o adjetivo parece ter maior "peso" em uma delas. Em qual dos trechos isso ocorre? Por quê?

De olho na oralidade

Leitura expressiva do texto

Junte-se a um colega e leiam um para o outro os três últimos parágrafos do texto. Durante a leitura, procurem dar ênfase às emoções que o narrador vai experimentando durante o processo de descoberta do valor das palavras. Valorize palavras e expressões como "a cadência dos sentimentos", "dançam", "viagens fulgurantes" e "trilha das palavras".

Quando estiverem satisfeitos com o resultado, apresentem a leitura à classe.

Trocando ideias

1 Júlio, personagem do conto, descobre o encantamento com as palavras ao folhear um dicionário. E você? Alguma vez também se encantou com palavras? Se sim, em que situação? Ouvindo uma música ou uma declamação de poesia? Lendo um livro? Conte para os colegas.

2 Envolvido com as palavras, Júlio esquece a situação aflitiva em que estava. Que tipo de leitura faz você se esquecer do mundo ao redor?

3 O que você acha que poderia ser feito em sua sala de aula ou em sua escola para que os alunos passassem a ler mais?

A língua em foco

Análise linguística: variação linguística

Nos estudos já realizados nesta coleção, você viu que há formas diferentes de usar a língua, que podem variar de acordo com as situações de comunicação em que circulam os textos, orais ou escritos. Há também diferentes usos do gerúndio e de algumas formas verbais, além de maneiras variadas de empregar um mesmo advérbio ou de concordar o verbo com o sujeito, entre outras variações. Essas possibilidades diversas de uso da língua compõem o que chamamos de **variação linguística**, fenômeno que novamente vamos tratar neste capítulo.

Leia a reportagem a seguir.

Quais as diferenças entre o português do Brasil, Moçambique e Angola?

As principais são as influências de línguas nativas e estrangeiras, que resultam em palavras e expressões particulares. No Brasil, há atuação das línguas indígenas, além de palavras de outros povos imigrantes vindos para cá. Em Moçambique, o português é influenciado por 20 línguas locais. O mesmo acontece em Angola: o país tem 11 línguas próprias e diversos dialetos que transformam o português local e aumentam seu vocabulário.

pergunta Nuno Mussa Manuel Ussene, Maputo, Moçambique
reportagem Geiza Martins

BRASIL

Gerúndio, 16 dialetos e influências de várias partes do mundo dão um sabor eclético ao português americano

VAMOS ESTAR AVERIGUANDO

Aqui, a gente curte abusar do tempo verbal gerúndio, muito pouco usado em outros países lusófonos. Por exemplo, usamos a frase "estou fazendo isso" no lugar de "estou a fazer isso". Há também o gerundismo, uso desnecessário do gerúndio, como na frase deste título

PALAVRAS VINDAS DE OUTRAS LÍNGUAS

- TUPINIQUIM: **"MOQUECA", "MINGAU" E "CATAPORA"**
- KIMBUNDU (ANGOLA): **[...] "BUNDA" E "CAFUNÉ"**
- ESPANHOL: **"ALAMBRADO", "TABLADO" E "HOMBRIDADE"**
- ITALIANO: **"BANDIDO", "BADERNA" E "CAPRICHO"**

Anatomia de uma frase

As frases abaixo usam expressões locais do Brasil, Angola e Moçambique, respectivamente. Você entende?

- **"Mermão, aqui tá um frio de renguear o cusco, que onda, mô velho!"**
  - Mermão: do carioquês, "meu irmão"
  - de renguear o cusco: do gauchês, "de deixar o cachorro manco"
  - que onda, mô velho: do baianês, "que coisa, meu amigo"
- **"Vou bazar desta farra que não tem pitéu nem nboá"**
  - Vou bazar: vou sair
  - desta farra: desta farra
  - pitéu: comida
  - nboá: mulher
- **"Tcheca-lá, a Claudia tentou djampar, mas acidentou no machimbombo"**
  - Tcheca-lá: olha lá
  - a Claudia tentou djampar: a Cláudia tentou sair sem permissão
  - acidentou: se acidentou
  - machimbombo: ônibus

1. É o jeitinho piauiense de reforçar uma colocação
2. É uma expressão cuiabana para indicar indagação
3. É a maneira paulistana de dizer "Você sabe, né?"
4. Em Florianópolis, SC, significa que o João acertou em cheio

Infográfico de: Banco de imagens; ilustração de: seeyah panwan/Shutterstock; Shutterstock; mapa de: Shutterstock/Arquivo da editora

ANGOLA

O português de Angola é gramaticalmente próximo ao europeu, mas as 11 línguas locais influenciam bastante

EU COMIGO, SI CONSIGO

Em questão de sintaxe, o português angolano **se aproxima muito do de Portugal.** Assim como nossos colonizadores, os angolanos empregam o "si" e o "consigo" em circunstância que nós usamos "você" ou "senhor(a)". Por exemplo, "Temos para si todo o tipo de eletrodomésticos"

PALAVRAS VINDAS DE OUTRAS LÍNGUAS

- KIMBUNDU: **"MONANDENGUE" (CRIANÇA), "MUXIMA" (CORAÇÃO) E "GINGUBA" (AMENDOIM)**
- UMBUNDU: **"OMBELA" (CHUVA), "AKAYA" (TABACO) E "ATILILI" (PIPOCA)**
- COKWE: **"KATAPI" (AMENDOIM), "NDUNGUE" (CORAÇÃO) E "SAMAHONGA" (PENSADOR)**
- KIKONGO: **"SUKADI" (AÇÚCAR), "MALAVU" (CERVEJA) E "ESAMUNU"(PROFECIA)**

MOÇAMBIQUE

Apesar de ser a língua oficial no país, o português só é falado por 40% da população moçambicana e recebe muitas influências locais

PRINCIPAIS PARTICULARIDADES

Em Moçambique, a língua portuguesa foi **modificada por regras gramaticais de línguas locais.** É o caso do verbo "nascer", que lá é usado no modo passivo, como na língua changana: "Meus pais nasceram minha irmã". O mesmo vale para "Nos disseram que hoje não há aula", que fica "nos fomos ditos que hoje não há aulas"

PALAVRAS VINDAS DE OUTRAS LÍNGUAS

- GITONGA: **"MAPILAPILA" (INTRIGAS), "MACUTI" (FOLHAS DE PALMEIRA) E "MATI" (ÁGUA)**
- CHANGANA: **"MOLWENE" (MENINOS DE RUA), "MACHIMBOMBO" (ÔNIBUS) E "BRADA" (AMIGO OU IRMÃO)**
- CINYUNGWE: **"AMUNA" (HOMENS), "MOTO" (FOGO) E "UFA" (FARINHA)**
- EMAKHUWA: **"MIRETTE" (REMÉDIO), "MURRUTTHU" (CADÁVER) E "OTTHAPA" (ALEGRIA)**

5. Quer dizer que a pessoa ouviu rumores
6. É o equivalente, em Angola, a passar uma rasteira
7. Quer dizer que ela se veste bem
8. É um jeito jovem de dizer que bebeu bastante
9. É um convite para o café da manhã
10. Quer dizer que o carro quebrou
11. É o jeito moçambicano de dizer "olha lá"
12. Do suaíli, falado no norte de Moçambique, e significa "sem problemas"

FONTES Site linguakimbundu.xpg.uol, mmo.co.mz
CONSULTORIA Tânia Macedo, do Departamento de Letras Clássicas e Vernáculas da USP

Infográfico de: Banco de imagens; ilustração de: seeyah panwan/Shutterstock/Shutterstock; Shutterstock; mapa de: Shutterstock/Arquivo da editora

(*Mundo Estranho*. São Paulo: Abril, 2016. p. 60-61.)

1 Segundo o texto, o português sofreu e sofre algumas influências de outras línguas.

a) Entre elas, quais são mencionadas na reportagem?

b) Considerando o processo histórico da implantação do português, levado pelo colonizador europeu para a América e para a África, que influências essa língua sofreu nos dois continentes?

2 Sabemos que os usos da língua variam de acordo com diferentes parâmetros. A seguir estão listados três desses parâmetros:

- Variação sociocultural, isto é, os usos da língua se modificam conforme o segmento da sociedade de que procede o falante, podendo também estar relacionados ao seu grau de escolaridade.

- Variação geográfica, isto é, os usos da língua se modificam conforme a região de origem do falante.
- Variação individual, isto é, os usos da língua se modificam conforme as características da situação de comunicação (quem fala com quem, onde, com quais objetivos, etc.) na qual se engaja o falante.

Entre os tipos de variação mencionados, qual é o foco da reportagem? Justifique sua resposta com base nos elementos verbais e não verbais do texto.

3 No texto, entre os fatos linguísticos mencionados sobre o português brasileiro:

a) Há algum com o qual você se identifica, isto é, você e/ou as pessoas com quem convive utiliza(m) alguma(s) das construções citadas? Em caso afirmativo, qual (quais)?

b) Discuta com seus colegas e o professor e cite outros termos e expressões típicos de sua fala e da fala das pessoas com quem você convive.

4 A reportagem aborda também o uso do gerúndio no Brasil e em outros países lusófonos. Segundo o texto:

a) Qual é a principal diferença entre esses usos?

b) Qual construção é denominada **gerundismo** pelo texto? Qual é o verbo principal dessa construção e qual o seu sentido no contexto?

c) Você aprendeu no 6º ano, ao estudar os usos do gerúndio, que a adequação ou não do uso desse modo verbal está associada à duração da ação verbal a que se faz referência. Discuta com os colegas e o professor: Por que essa construção foi classificada como **gerundismo** pelo texto?

Alamy/Fotoarena

Moçambicanos em Maputo.

5 Ao tratar da anatomia das frases, o texto nomeia diferentes formas de falar o português no Brasil.

a) Quais são esses nomes e em qual critério eles se baseiam?

b) Seguindo esse mesmo critério, como você denominaria o português falado por você?

6 Observe as seguintes construções, citadas no texto:

- "Temos para si todo o tipo de eletrodomésticos."
- "Meus pais nasceram minha irmã"

a) Em qual país falante de português cada uma delas é utilizada?

b) Como você falaria a primeira frase? Justifique sua resposta.

c) Como você reconstruiria a segunda frase utilizando o mesmo verbo?

d) Como você reconstruiria a segunda frase substituindo apenas o verbo e mantendo o mesmo sujeito e o mesmo complemento?

Ao responder às questões anteriores sobre a reportagem lida, você viu que a língua portuguesa pode ser utilizada de diferentes formas dependendo da origem geográfica do falante, isto é, de qual país, região ou cidade ele vem. A **variação linguística**, entretanto, é um fenômeno que vai muito além das diferenças por localização geográfica, uma vez que os usos e as formas da língua podem variar até mesmo nas construções elaboradas por um único falante, que modifica suas escolhas em razão das situações de comunicação em que se envolve, sejam elas menos ou mais formais.

Da mesma forma, notamos diferenças no uso que fazemos da língua quando estamos falando ou escrevendo. Também se modificam os usos se o falante pertence a um ou outro grupo social ou, ainda, se é um falante mais jovem ou mais velho. E essas são apenas algumas das possibilidades de variação linguística.

Nesse contexto de variação instrínseca à língua, embora tenha sido instituída uma **norma-padrão**, ela é uma abstração: não corresponde a nenhuma variedade linguística existente, pois não foi construída com base na fala de nenhum grupo social ou falante específico. De qualquer forma, em situações de comunicação mais formais, sejam elas orais, sejam escritas (por exemplo, entrevistas e palestras mais estruturadas, textos de provas e exames e correspondências oficiais), a expectativa, em geral, é de que o falante ou escritor se aproxime mais dos usos sugeridos pela norma-padrão.

Exercícios

Leia o trecho a seguir, correspondente a uma fala do *rapper* paulistano Emicida, e responda às questões 1 a 3.

Greg Salibian/Folhapress

Eu acho que nós nasceu pra ver o mundo, mano. Sacou? Tem uma parada, principalmente no *hip-hop*, que os cara fica batendo nessa tecla: "não, porque mano, nossa raiz, nossa raiz, nossa raiz", OK, eu compreendo isso, e acho muito importante a gente saber daonde é nossa raiz, mas a gente num é poste, mano. Porque vários cara acha que a música é um bagulho de "não, você, cê tem que chegar toda hora 'Boa esperança'*, quinze vez". Não, mano, as pessoa tem que tirar uma, eu quero ouvir música pra tirar onda, tá ligado? Quero ficar tranquilo aqui agora, vou ouvir uma música aqui, baixinho aqui, ficar em paz, mano. Música também é pra fugir das coisa. Tem música pra dormir e música pra acordar.

* "Boa esperança" é o título de uma música de Emicida que aborda de forma clara e evidente a violência sofrida pelos menos prestigiados no contexto brasileiro.

(Trecho transcrito do vídeo disponível em: www.youtube.com/watch?v=VQywZPGCBa4. Acesso em: 10/2/2018.)

1 Emicida discorda da opinião de alguns praticantes do *hip-hop* em relação ao papel desse tipo de música.

a) De que Emicida discorda, essencialmente?

b) Segundo o compositor, quais podem ser as funções da música na vida de uma pessoa, ou seja, para que serve a música?

2 Observe como é feita a concordância entre sujeito e verbo na fala do *rapper*.

a) Cite exemplos e descreva a regra utilizada por ele na concordância do verbo com a 1ª e a 3ª pessoa do singular e do plural.

b) Qual é a principal diferença entre a concordância verbal tal como ela é realizada na variedade utilizada por Emicida e tal como ela é descrita na norma-padrão?

c) Nos contextos sociais em que você convive, qual é a concordância mais comum?

3 Além da concordância, há algumas particularidades na escolha das palavras que Emicida utiliza em sua fala.

a) Identifique palavras típicas da variedade linguística do *rapper*.

b) Você costuma utilizar alguns desses termos em sua fala cotidiana? Se sim, quais? Se não, quais termos você classificaria como típicos da variedade linguística utilizada por você?

Leia o texto a seguir e responda às questões 4 a 6.

> "Sois pó, e em pó vos haveis de converter, — Sois pó, é a presente; em pó vos haveis de converter, é a futura. O pó futuro, o pó em que nos havemos de converter, veem-no os olhos; o pó presente, o pó que somos, nem os olhos o veem, nem o entendimento o alcança. Que me diga a Igreja que hei de ser pó."
>
> (Disponível em: www.literaturabrasileira.ufsc.br/documentos/?action=download&id=37357. Acesso em: 10/2/2018.)

4 Com base na estrutura e no assunto do texto, discuta com os colegas e o professor e deduza, entre as opções a seguir, de onde ele foi extraído.

- Conversa atual entre um professor e um estudante do ensino médio.
- Conversa entre um pai idoso e seu filho adulto no século XVII.
- Texto literário/religioso do século XVII.
- Texto escrito por um líder religioso do século XXI a seus fiéis.

5 Sobre as formas verbais a seguir:

sois	haveis	havemos	hei

a) Identifique a qual verbo pertence cada uma das formas verbais e classifique-as quanto a sua conjugação (pessoa, número, tempo e modo).

b) Você utiliza alguma(s) dessas formas verbais? Qual (Quais)?

c) Indique a forma correspondente utilizada por você em substituição à(s) forma(s) verbal (verbais) citada(s) que não faz(em) parte da sua fala.

6 Observe as falas de seus colegas, dos professores, dos funcionários da escola e de sua família em situações cotidianas de interação entre vocês. Faça anotações, discuta com seus colegas e o professor e aponte quais características chamam mais sua atenção:

a) em relação à concordância do verbo com o sujeito;

b) em relação à pronúncia de algumas palavras;

c) em relação a termos e expressões típicos.

Leia os textos a seguir e responda às questões 7 a 9.

Texto 1

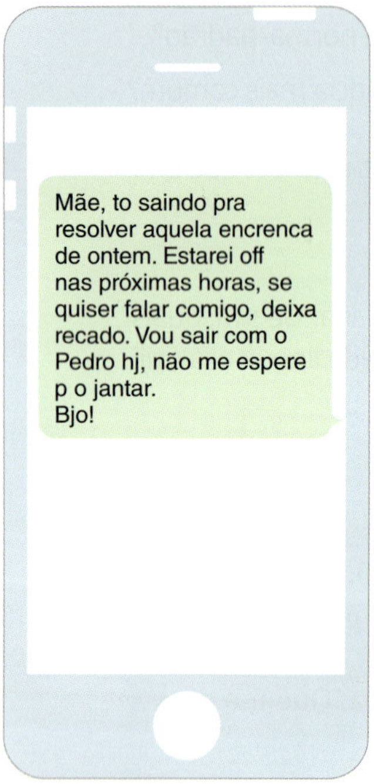

Hardyguardy/Shutterstock

Texto 2

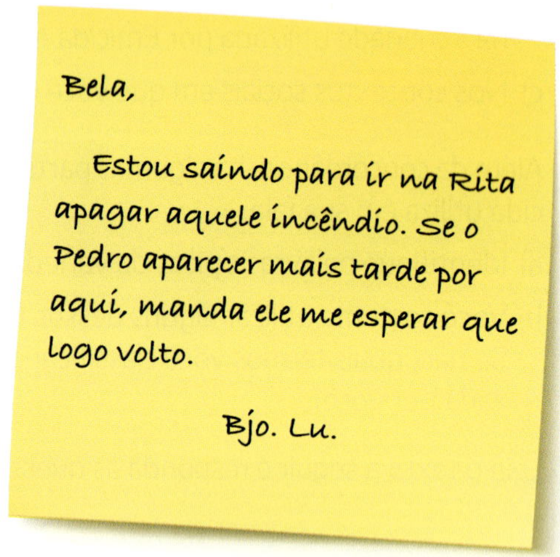

Pixel Embargo/Shutterstock

Texto 3

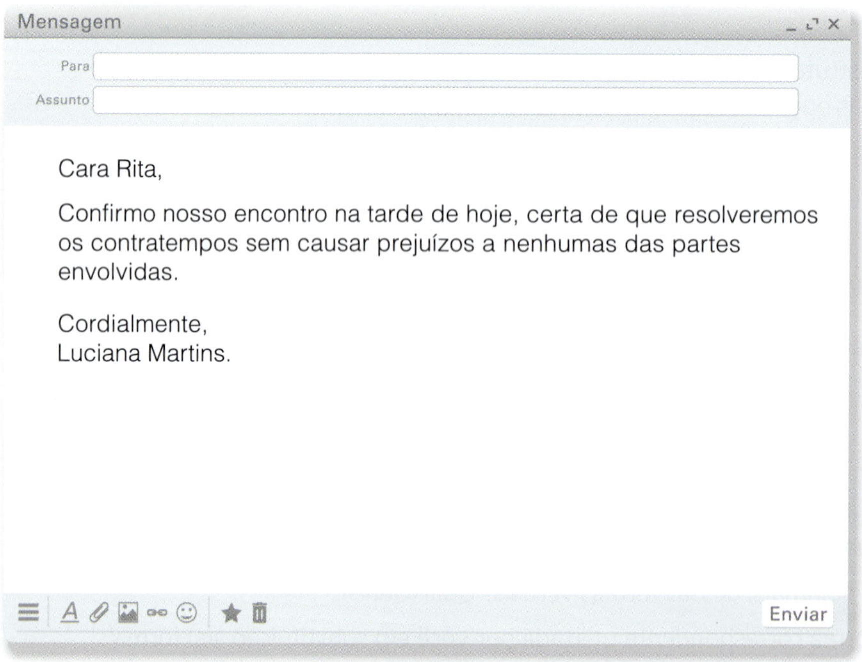

MicroOne/Shutterstock

7 Todos esses textos se referem a um mesmo fato.

a) Que fato é esse?

b) Que expressões são utilizadas para fazer referência a esse fato em cada um dos textos? Levante hipóteses: Por que há essa diferença?

c) Qual tipo de variação linguística os textos ilustram?

8 Todos os textos lidos foram escritos pela mesma pessoa, mas se dirigem a interlocutores diferentes.

a) Levante hipóteses: Que tipo de relação a autora tem com cada um desses interlocutores?

b) Como se caracteriza a escrita nesses textos, quanto ao grau de formalidade?

9 Como você já observou, os textos têm algumas diferenças entre si.

a) Em qual suporte cada um deles foi escrito?

b) Em qual deles há o uso de abreviações? Levante hipóteses: Por que isso ocorre?

c) Como são feitas a despedida e a assinatura em cada um deles? Levante hipóteses: A que se devem tais diferenças?

De olho na oralidade

Debatendo o uso do "internetês"

Rogério Reis/ Pulsar Imagens

Você viu, ao responder aos exercícios, que é comum uma mesma pessoa utilizar a língua de diferentes formas, dependendo do interlocutor a quem se dirige, do grau de intimidade que há entre eles, do suporte que utiliza e dos seus objetivos com cada texto.

Em um dos textos lidos, você percebeu que foram utilizadas abreviações (hj, p, bjo), que são muito comuns no chamado "internetês", isto é, na linguagem usada nas mensagens de WhatsApp, nas redes sociais, nos *chats*, etc. No passado, também já se fez uso de abreviaturas em gêneros como telegrama e anúncio classificado, mas eram gêneros de uso mais restrito.

Nos dias de hoje, entretanto, o uso generalizado de abreviaturas, a supressão de algumas letras e a falta de acentuação nas mensagens instantâneas têm preocupado alguns pais e educadores, que acreditam que as crianças e os jovens estão escrevendo pior atualmente por causa desse "descuido" ou "desinteresse" pelas normas da língua escrita. Você concorda com isso?

Reúna-se com a classe e o professor em uma roda de discussão, a fim de discutir o tema: **O internetês atrapalha a escrita de outros gêneros, em outros contextos?**. Vocês podem utilizar as seguintes questões para orientar a discussão, bem como acrescentar outras que julguem pertinentes.

- Você costuma utilizar o internetês? Em quais contextos?
- Quais são as principais características dessa linguagem e por que ela é utilizada?
- Você já utilizou o internetês de forma que julgou inadequada? Se sim, em qual situação?
- Em quais situações de comunicação o internetês deve ser utilizado? Em quais não deve? Por quê?

Produção de texto

O poema-imagem

Leia e veja os poemas a seguir.

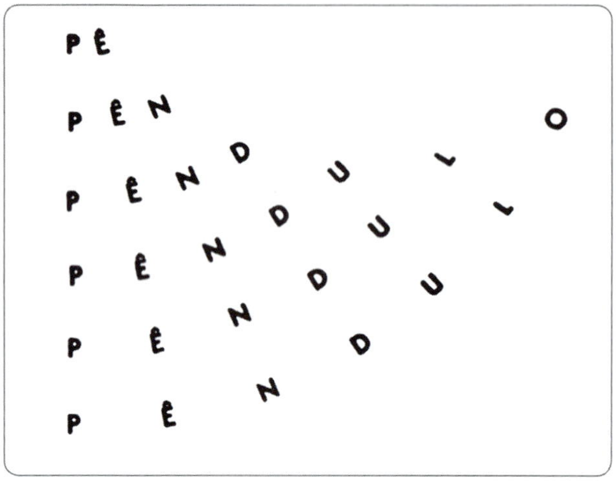

E.M. de Melo e Castro/Acervo particular

("Pêndulo". E. M. de Melo e Castro. Disponível em: http://arteonline.arq.br/museu/ensaios/ensaiosantigos/jorge/pendulo.jpg. Acesso em: 13/6/2014.)

Reprodução/Poema "Velocidade", de Ronaldo Azeredo, 1958.

(Ronaldo Azeredo. *Teoria da poesia concreta*. 2. ed. São Paulo: Duas Cidades, 1975. p. 92.)

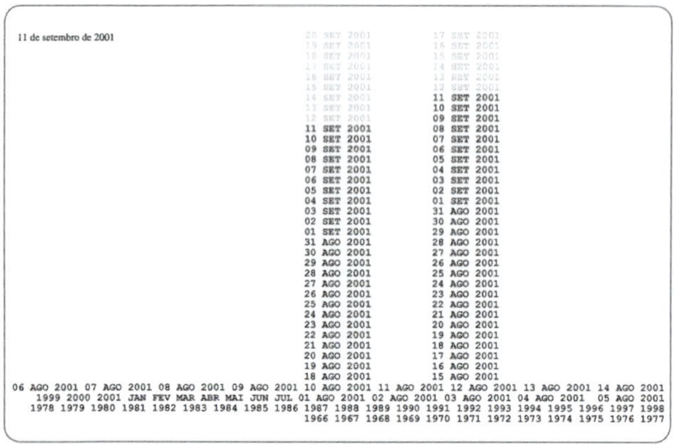

João Grando/Acervo particular

(João Grando. Disponível em: http://joaogrando.wordpress.com/tag/poesia-concreta. Acesso em: 13/6/2014.)

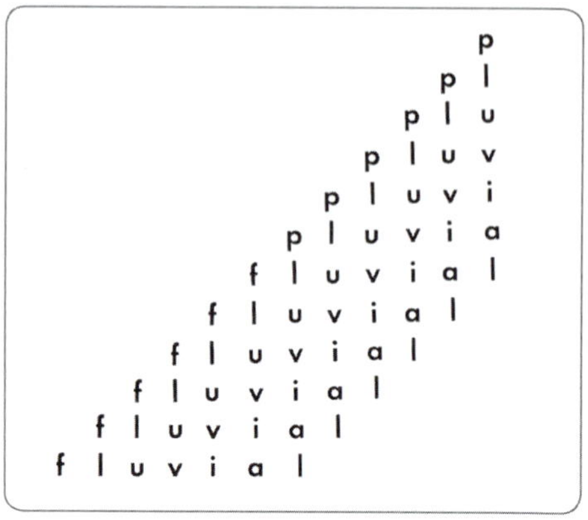

Augusto de Campos/Acervo particular

(Augusto de Campos. Disponível em: www.algumapoesia.com.br/poesia/poesianet066.htm. Acesso em: 13/6/2014.)

1 Esses poemas apresentam uma diferença bastante grande em relação aos que você leu nos capítulos anteriores. Na sua opinião, eles foram feitos para serem apenas lidos?

2 No primeiro poema:

a) Que objeto a disposição do poema sugere?

b) Que relação há entre a parte escrita e o formato do poema?

3 Observe, no segundo poema, a sonoridade, a formação da palavra **velocidade** e a impressão de movimento.

a) Sonoramente, o que a repetição do som /v/ sugere?

b) O que o aparecimento gradual da palavra **velocidade** sugere quanto ao movimento?

4 O terceiro poema é constituído de datas. Observe as torres formadas por essas datas.

a) Qual é a última data registrada, em preto, em cada uma das torres?

b) Troque ideias com os colegas: Que fato internacional abalou o mundo nesse dia?

5 No quarto poema, o autor também faz uso de recursos visuais.

a) A que as palavras **fluvial** e **pluvial**, que formam o poema, se referem?

b) Que relação há entre a forma e o conteúdo do poema?

Além de explorar a sonoridade, um poema pode fazer uso de outros recursos, como os visuais e os gráficos.

Isso quer dizer que o poeta pode organizar seus versos de uma maneira incomum, dispondo-os de modo que mostrem, por exemplo, o formato de algum objeto, ou explorem as letras e o significado das palavras, como nesses poemas que você acabou de ler.

Muitos poemas são criados não apenas para serem lidos, mas também para serem vistos, como uma fotografia, um desenho, um cartaz. Trabalhando com as letras, com as palavras e seus significados, o poeta procura transmitir por meio deles, além de emoções e sentimentos, ideias de movimento, cor, forma, etc.

Os poemas que fazem uso desses recursos são chamados de **poemas concretos**.

Veja outros exemplos de poemas concretos:

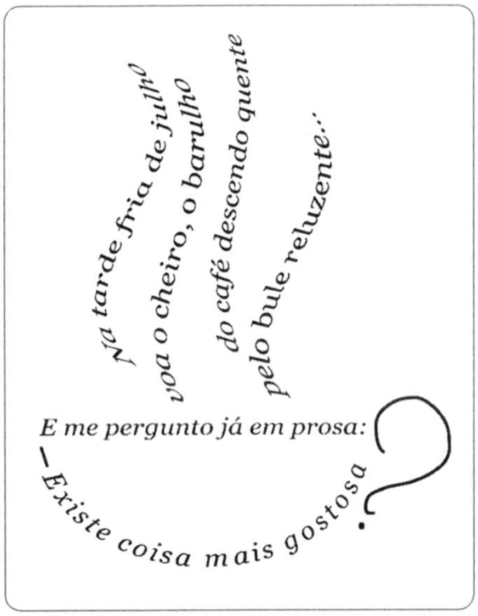

Reprodução/Fábio Sexugi

(Fábio Sexugi. Disponível em: http://peabiruta.blogspot.com.br/. Acesso em: 13/6/2014.)

Décio Pignatari/Acervo particular

(Décio Pignatari. *Teoria da poesia concreta*. São Paulo: Ateliê, 2006. p. 75.)

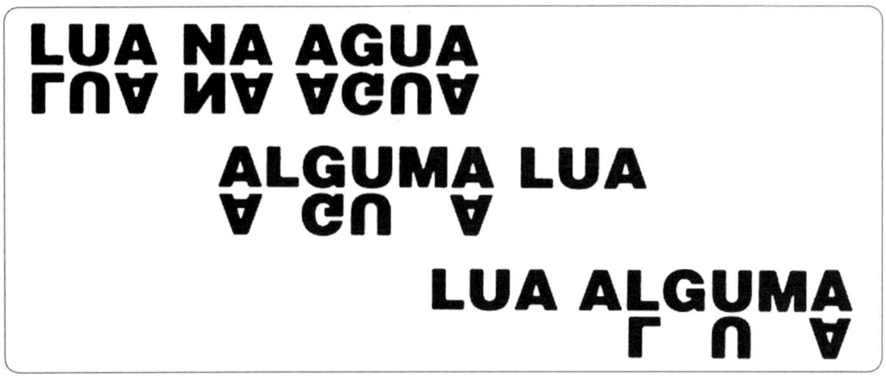

Paulo Leminski/Acervo particular

(Paulo Leminski. *Os melhores poemas de Paulo Leminski*. São Paulo: Global, 2002. p. 99.)

Agora é a sua vez

Ao final desta unidade, você e seus colegas vão participar da mostra **Viva a poesia viva!**, proposta no capítulo **Intervalo**, que contará com a participação de outras classes, de professores, familiares e convidados. Para isso, é necessário produzir poemas, incluindo poemas visuais, como os que você aprendeu neste capítulo.

Há, a seguir, uma proposta de produção de poemas visuais e uma proposta de criação de videopoemas. Com a orientação do professor, desenvolva as duas propostas, se possível.

1 Criando poemas visuais

Com base nos poemas que conheceu neste capítulo e em outros que possa conhecer em livros, revistas e na Internet, crie três ou mais poemas visuais. Você pode, por exemplo, relacionar palavras com desenhos, associar palavras a números, símbolos, sinais de pontuação, desmontar e remontar palavras, fazer uma disposição especial de palavras na página, empregar letras de tamanhos e formatos diferentes, usar cores, etc.

Eis algumas sugestões de temas, mas, se preferir, pense em outros:

- solidariedade
- família
- esporte
- namoro
- natureza
- trabalho
- sociedade
- cidade

Planejamento do texto e Revisão e reescrita

Siga as orientações dadas nas seções **Planejamento do texto** e **Revisão e reescrita** dadas no capítulo 1, página 141.

Além dessas orientações, não deixe de avaliar se os recursos gráficos e visuais utilizados na produção de seus textos estimulam a leitura e se conferem a eles sentidos especiais e surpreendentes.

Se possível, crie seu texto ou passe-o a limpo no computador, aproveitando as múltiplas possibilidades de formatação, como tipos de letra, cores, fundo colorido, etc.

2 Conhecendo e criando videopoemas

Primeiramente, para ter uma ideia do que são os videopoemas, assista no YouTube aos vídeos *Carnaval – Arnaldo Antunes (Nome)*, de Arnaldo Antunes; *Eu não escrevo versinhos para o papai*, de Maira Parula; *Fado e tango*, de Fátima Varella; e *Ausência de ti*, de Arturo Sodoma. Depois, discuta com seus colegas de grupo as diferentes formas de criar os videopoemas, de acordo com o que viram.

Prêmio Poesia ao Vídeo da Fliporto

Desde 2010, a Festa Literária Internacional de Pernambuco (Fliporto) organiza o concurso Prêmio Poesia ao Vídeo. Esse prêmio tem a finalidade de estimular a produção, leitura e interpretação de poemas e a divulgação da arte poética e de seus escritores. Desde que seja um poema de língua portuguesa ou espanhola, qualquer pessoa pode participar enviando um vídeo no qual interpreta um poema. São oferecidos prêmios em dinheiro. Informações no *site*: www.fliporto.net.

Em seguida, escolham alguns dos poemas criados pelos alunos do grupo neste capítulo ou nesta unidade e, a partir deles, criem videopoemas. Se a experiência for bem-sucedida, escolham outros poemas e continuem criando outros videopoemas até a data da realização da mostra **Viva a poesia viva!**.

Há muitas formas de criar videopoemas e, nesse tipo de trabalho, é importante usar a criatividade, tirando o melhor proveito possível dos recursos audiovisuais.

Vários programas podem ser usados para a criação de um videopoema, entre eles o PowerPoint. Com a tela aberta do PowerPoint, cola-se o poema num *slide*, insere-se uma imagem como fundo e adiciona-se um fundo musical previamente escolhido. Escolhem-se a cor e os efeitos de animação visual, que são adicionados à apresentação. Definem-se a velocidade e a forma de transição de *slides* (recomendamos a transição automática com tempo de cinco segundos). Disponha o poema no número de *slides* que julgar melhor. O trabalho vai ganhar animação com a ajuda do programa Adobe Flash Player, com adição de música.

Se necessário, peçam ajuda ao técnico ou ao professor de Informática ou Robótica da escola.

Troquem ideias com a classe, com o professor e, eventualmente, com o professor de Informática sobre como publicar os videopoemas no YouTube.

Planejamento do *videopoema*

Planeje a produção de seu videopoema, decidindo previamente:

- se haverá música de fundo;
- se os versos serão introduzidos aos poucos ou de uma vez;
- se haverá a voz de um locutor que declama os versos, à medida que eles vão surgindo na tela, ou apenas o texto digitado;
- se vai aparecer o rosto do locutor, caso o texto seja declamado;
- se haverá um conjunto de imagens que vão sendo apresentadas, ou vídeos, ou se uma imagem fixa de fundo.

Revisão do *videopoema*

Concluídos os videopoemas, promovam uma apresentação para toda a classe. Ao assistirem, avaliem:

- se a leitura oral e/ou a apresentação escrita do poema são acessíveis ao espectador;
- se o andamento da apresentação está adequado ou se precisa ser corrigido;
- se as imagens estão bem-distribuídas e se dialogam adequadamente com o texto verbal;
- se a música (se houver) contribui para criar ou consolidar uma atmosfera poética adequada;
- se o vídeo como um todo é uma experiência poética convidativa e marcante.

Preparem os videopoemas para a mostra **Viva a poesia viva!**. Se possível, enviem os melhores vídeos para o **Prêmio Poesia ao Vídeo** da Fliporto (leia o boxe "Prêmio Poesia ao Vídeo da Fliporto").

Para escrever com adequação

Concordância verbal

Você já estudou alguns casos de concordância entre o verbo e o sujeito de uma oração. Vamos ver agora outras situações de concordância verbal, observadas em construções muito utilizadas no português do Brasil.

Leia o texto:

Em cidades pequenas, somente 5% dos idosos costumam ir ao cinema

GUSTAVO FIORATTI – DE SÃO PAULO
20/12/2017 02h00

Corbis RM Stills/Getty Images

Nos seus 68 anos de vida, Ana Batista Tosta foi ao cinema somente uma vez.

Isso já faz mais de 40 anos, conta a dona de casa, que mora em Inocência, cidade sul-mato-grossense com cerca de 7.600 habitantes, e não se lembra mais do nome do filme.

Ela se encaixa em dois grupos de brasileiros que, como identifica pesquisa Datafolha, têm baixa frequência no cinema. Entre idosos que, como Ana, têm renda familiar abaixo de dois salários mínimos, 93% não vão ao cinema.

O outro grupo é o de quem mora em cidades com menos de 50 mil habitantes. Segundo o mesmo estudo, só 5% dos brasileiros que têm mais de 60 anos e que habitam cidades com esse perfil costumam ver filmes na telona.

O número é igual quando se trata de ir ao teatro, mas aumenta quando o lazer em questão são shows (15%).

Há diversas hipóteses para a baixa frequência. Uma das mais significativas é a escassez de cinemas no país. Das 5.570 cidades brasileiras, somente 383 (6,9%) têm salas. Segundo a Ancine, está decrescendo o número de cidades com até 50 mil habitantes que possuem cinema. Em 2007, eram 102 municípios (ou 2% do total). Em 2016, a cifra caiu para 54 (ou 1%).

Ana Tosta, por exemplo, diz ter "muita vontade" de ir ao cinema. Só que lhe faltam "tempo e coragem". Por que coragem? "Ah, o tempo vai passando, a gente se desacostuma." O cinema mais próximo de sua casa fica na região de Três Lagoas (MS), a 139 km.

É mais comum, portanto, que os índices de frequência no cinema, no teatro e em shows subam entre idosos conforme cresce o porte da cidade. Em municípios com população entre 200 mil e 500 mil, por exemplo, 16% costuma ir ao cinema, e 17%, a shows.

[...]

Entre municípios com mais de 500 mil habitantes, 97,6% tem cinemas, segundo dados de 2016 da Ancine. Nessas cidades, 27% dos idosos costumam fazer esse programa.

[...]

(Disponível em: www1.folha.uol.com.br/ilustrada/2017/12/1944671-em-cidades-pequenas-somente-5-dos-idosos-costumam-ir-ao-cinema.shtml. Acesso em: 21/2/2018.)

1 O texto cita algumas estatísticas que indicam a frequência de idosos em eventos culturais, como teatro, cinema e *shows*.

a) Qual desses eventos é mais destacado no texto e qual é a relação dos idosos com ele?

b) A quais motivos o texto atribui o fato destacado?

c) Discuta com os colegas e o professor: As informações veiculadas no texto correspondem ao que ocorre entre os idosos que vocês conhecem? Justifique a resposta com exemplos.

2 Há palavras que possibilitam perceber o ponto de vista do texto sobre o número de idosos que frequentam os eventos mencionados. Indique-as, entre as que seguem.

• somente • cerca de • baixa • mínimos • só (4º parágrafo)

Observe as seguintes construções presentes no texto e responda às questões 3 e 4.

- "5% dos idosos costumam ir ao cinema"
- "93% não vão ao cinema"
- "16% costuma ir ao cinema"
- "97,6% tem cinemas"
- "27% dos idosos costumam fazer esse programa"

3 A propósito das construções, responda:

a) O que há em comum entre os sujeitos das orações?

b) Como estão flexionados, quanto ao número, os verbos de cada uma?

c) Discuta com os colegas e o professor: O que é possível concluir sobre a concordância verbal nas orações em que o núcleo do sujeito é um número expresso em porcentagem?

4 Com base no conhecimento que você tem como falante do português, indique a opção que faria para completar as orações a seguir.

a) A maioria dos idosos não ☐ ao cinema. (vai/vão)

b) Uma minoria da população idosa ☐ ir ao cinema. (costuma/costumam)

c) Grande parte das cidades brasileiras ainda não ☐ com um cinema. (conta/contam)

d) Uma pequena parcela dos idosos ☐ eventos culturais. (frequenta/frequentam)

5 Leia estes pares de orações extraídos do texto:

- "faz mais de 40 anos"
- "Há diversas hipóteses"

- "está decrescendo o número de cidades com até 50 mil habitantes"
- "lhe faltam 'tempo e coragem'"

a) Em qual par a forma verbal das duas orações está no singular?

b) Discuta com os colegas e o professor e conclua: Entre as afirmações a seguir, indique a que explica melhor a concordância verbal observada no par de orações apontado como resposta no item anterior.

- Trata-se de uma opção do jornal, que, para se aproximar dos leitores, emprega uma linguagem informal e, por isso, não faz a concordância do verbo com o sujeito.
- Trata-se de verbos impessoais, que não se flexionam no plural e, por isso, são empregados no singular.
- Trata-se de um uso coloquial frequente, que provavelmente passou despercebido pela equipe de revisão do jornal.

c) Identifique, no outro par de orações, o sujeito e o verbo ou locução verbal de cada uma. A seguir, explique a concordância observada nessas orações.

Ao responder às questões anteriores, você pôde observar que há algumas regras de concordância específicas para determinadas expressões e construções, tais como porcentagens e verbos impessoais.

Veja, a seguir, essas e algumas outras regras de concordância específicas da língua portuguesa.

CONCORDÂNCIA COM VERBOS IMPESSOAIS

Os verbos impessoais ficam sempre na 3ª pessoa do singular, uma vez que ocorrem em orações sem sujeito.

Entre eles, os mais utilizados são **haver**, com sentido de existir, **fazer**, com sentido de tempo decorrido, e os verbos que indicam fenômenos da natureza, como **chover**, **nevar**, **anoitecer**. Veja:

- **Há** poucas opções de cinemas nas cidades pequenas.
- **Faz** muitos anos que os cinemas menores estão sendo fechados.
- Nos últimos verões, **choveu** muito nas cidades do litoral.

CONCORDÂNCIA COM EXPRESSÕES DE PORCENTAGEM OU FRACIONÁRIAS

Nesse caso, a concordância pode ser feita de diferentes maneiras.

O verbo concorda com o numeral da expressão:

- **27% costumam** fazer esse programa.
- **1%** dos idosos não **respondeu** à pergunta.
- **Um terço** dos cinemas de rua **permanece** em funcionamento.
- **Dois terços** dos cinemas de rua **tiveram** suas portas fechadas.

O verbo concorda com o termo que especifica o numeral da expressão ou com o artigo ou o pronome que o determina:

- 1% **dos idosos** não **responderam** à pergunta.
- Um terço **dos cinemas** de rua **permanecem** em funcionamento.
- **Os** 2% do total **caíram** para 1%.
- **O** 1% restante **pode** desaparecer.
- **Esses** 2% de lucro não **são** suficientes.

CONCORDÂNCIA COM EXPRESSÕES COMO **A MAIORIA/MINORIA DE**, **A MAIOR/MENOR PARTE DE**, **GRANDE PARTE**

Quando o sujeito é composto de alguma dessas expressões ou similares, o verbo pode ficar no singular ou no plural, dependendo do especificador que acompanha a expressão:

- Grande parte da **população idosa** **deixou** de lado o hábito de ir ao cinema.
  (população idosa: especificador no singular; deixou: verbo na 3ª pessoa do singular)
- A maior parte **dos idosos** não **costuma/costumam** ir ao cinema.
  (dos idosos: especificador no plural; costuma/costumam: verbo na 3ª pessoa do singular ou do plural)

Exercícios

1 Veja os textos a seguir, que circularam em redes sociais:

Montagem sobre pintura de Charles Jervas/Reprodução

Disponível em: http://geradormemes.com/meme/dg4maw. Acesso em: 10/2/2018.

Montagem sobre foto de Mint Images RF/Getty Images

Disponível em: www.facebook.com/108358089365313/posts/647746222093161. Acesso em: 10/2/2018.

Triff/Shutterstock

Disponível em: https://me-me/i/voce-sabia-dois-tercos-das-pessoas-na-Terra-nunca-viram-neve/5096380. Acesso em: 10/2/2018.

a) Você se identifica com algum deles? Justifique sua resposta.

b) Discuta com os colegas e o professor: Em cada texto, como foi feita a concordância com as expressões estudadas nesta seção? Outra maneira de flexionar o verbo também seria adequada? Justifique suas respostas.

2 Leia este poema, de Arnaldo Antunes:

A ponte é
aonde cho-
ve o rio
embaixo
dela.

(*As coisas*. São Paulo: Iluminuras, 2015, p. 37.)

Você aprendeu que **chover** é geralmente verbo impessoal e que com esse tipo de verbo se constroem orações sem sujeito.

a) No poema, o verbo **chover** está empregado em seu sentido literal? Justifique sua resposta.

b) Há, no poema, um sujeito relacionado ao verbo **chover**? Se sim, qual é esse sujeito?

c) Em qual das frases a seguir, o verbo **chover** tem sentido mais próximo ao do que tem no poema?

- Desde ontem chove sem parar.
- Choveram comentários de mau gosto.
- Eu não gosto quando chove.

Releia as seguintes orações, extraídas do texto que você leu no início desta seção, e responda às questões 3 e 4.

- "faz mais de 40 anos"
- "Há diversas hipóteses"

3 Qual é o sentido dos verbos **fazer** e **haver** nas orações?

4 Reescreva as orações, substituindo (e fazendo as alterações necessárias):

a) o verbo **fazer** pelo verbo **passar-se**

b) o verbo **fazer** pela locução verbal **deve fazer**

c) o verbo **fazer** pelo verbo **passar-se** e a expressão **mais de 40 anos** por **1 ano**

d) o verbo **haver** pelo verbo **existir**

e) a expressão **diversas hipóteses** por **uma estimativa**

f) o verbo **haver** pelo verbo **existir** e a expressão **diversas hipóteses** por **uma estimativa**

Divirta-se

Quino/Fotoarena

(Quino. *Mafalda*. São Paulo: Martins Fontes, 1998. v. 2, p. 15.)

Passando a limpo

Leia o poema abaixo, de Ulisses Tavares, e responda às questões 1 e 2.

Soneto desbundado

a poesia pode ser quadrada
enquadrada para sê-la
camisa de força rimada
fazer ouvir estrelas.

nada impede também a poesia
de não falar coisa com coisa
igual jacaré escrevendo na lousa
em vez de preta, da cor do dia.

por que não a poesia, menina
cantando detalhes simples
um beijo, pulo na piscina?

tímida, pirada, sortida
negócio de poesia é este: riiip
rasgar o coração da vida.

Filipe Rocha/Arquivo da editora

(Disponível em: www.escritas.org/pt/qryp/soneto%20desbundado. Acesso em: 20/2/2018.)

1 O tema do soneto é:

a) a poesia e sua liberdade de formas e motivos.

b) as regras para criar uma poesia.

c) a complexidade de assuntos de que a poesia deve tratar.

d) o leitor, ou seja, a menina com quem o eu lírico fala.

2 Há uma afirmação **inadequada** em:

a) No título do poema, o adjetivo cria uma contradição, porque o soneto tem, em geral, uma forma fixa, regrada.

b) O verso "igual jacaré escrevendo na lousa" expressa a ideia de que a poesia pode inverter a ordem das coisas.

c) A expressão "riip" imita o som de rasgar.

d) O último verso — "rasgar o coração da vida" — sugere que a poesia deve tratar somente de questões sérias, sem alegria.

Leia a letra de música abaixo, de Tulipa Ruiz, e responda às questões 3 e 4.

A ordem das árvores

Naquele curió mora um pessegueiro
Em todo rouxinol tem sempre um jasmineiro
Todo bem-te-vi carrega uma paineira
Tem sempre um colibri que gosta de jatobá

Beija-flor é casa de ipê

Cada andorinha é lotada de pinheiro
E o joão-de-barro acolhe o eucalipto

A ordem das árvores não altera o passarinho

Naquele pessegueiro mora um curió
Em todo jasmineiro tem sempre um rouxinol
Toda paineira carrega um bem-te-vi
Tem sempre um jatobá que gosta de colibri

Beija-flor é casa de ipê

Cada pinheiro é lotado de andorinha
E o joão-de-barro acolhe o eucalipto

A ordem das árvores não altera o passarinho

(Disponível em: http://letras.mus.br/tulipa-ruiz/1686621/. Acesso em: 20/2/2018.)

Filipe Rocha/Arquivo da editora

3 O título do texto, "A ordem das árvores", faz referência à ordem:

a) dos pássaros.

b) das palavras.

c) das espécies de árvores.

d) das espécies de pássaros.

4 Compare os dois quartetos (estrofes com quatro versos) do texto. Pode-se afirmar que:

I. A combinação das palavras, embora diferente, não altera o sentido.

II. "A ordem das árvores não altera o passarinho", mas a ordem das palavras pode alterar o sentido.

III. De um quarteto para outro, as palavras que nomeiam os pássaros e as árvores trocam sua função sintática na oração.

IV. No primeiro quarteto, a combinação pouco usual das palavras produz um efeito estranho.

Está correto o que se afirma em:

a) I.

b) I e II apenas.

c) II, III e IV apenas.

d) III e IV apenas.

5 Leia a tira abaixo, de Fernando Gonsales.

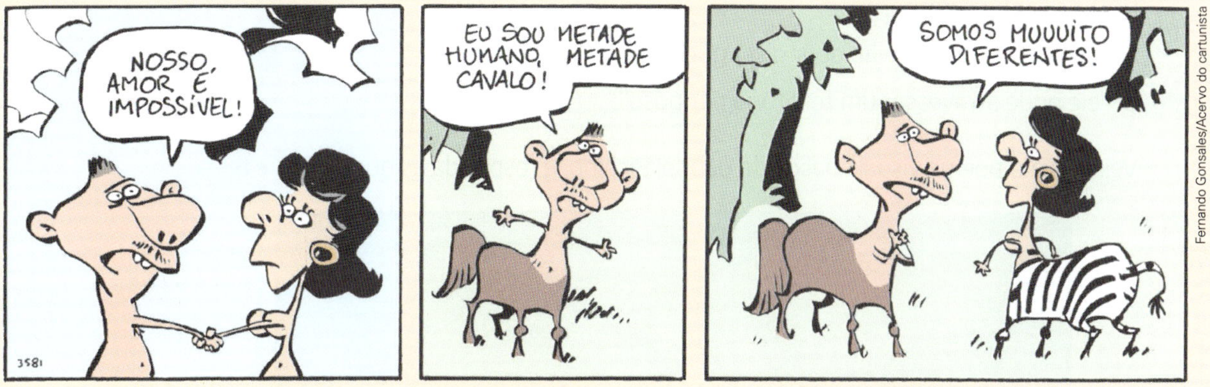

(*Folha de S. Paulo*, 5/8/2013.)

Na tira, há uma sequência de frases com verbos de ligação, seguidos de predicativo. No último quadrinho, a personagem apresenta seu argumento final para justificar a impossibilidade de romance. Esse argumento é baseado em uma característica:

a) essencial.
b) geográfica.
c) religiosa.
d) física.

6 Leia a letra da canção abaixo, de Arnaldo Antunes:

Sou volúvel

Página vazia, melodia
Onde é que a palavra vai cair?
Onde vai cair?
Acho que ela vai aterrissar em território perigoso

De onde a ideia vai sair?
Por onde vai andar?
Onde o pensamento vai chegar?
Acho que ele pode atravessar um território perigoso

Só porque eu falei não quer dizer que eu sei
Só porque eu falei não quer dizer que eu não posso estar errado
Só porque eu falei não quer dizer que é lei
Só porque eu falei não quer dizer que se eu falei está falado

Eu já mudei de ideia
E você com isso?
Eu sou volúvel
Não tenho compromisso

(Disponível em: http://letras.mus.br/arnaldo-antunes/sou-voluvel/. Acesso em: 24/3/2018.)

O eu lírico da canção se define como **volúvel**. Esse predicativo somente **não** está adequadamente exemplificado em:

a) "Eu já mudei de ideia".

b) "Não tenho compromisso".

c) "Só porque eu falei não quer dizer que eu sei".

d) "ele pode atravessar um território perigoso".

Veja e leia o poema visual abaixo, de Gabriel Bicalho, e responda às questões 7 e 8.

Gabriel Bicalho/Acervo particular

(Disponível em: www.antoniomiranda.com.br/poesia_infantil/img/gabriel_bicalho.jpg. Acesso em: 24/3/2018.)

7 É possível dizer, sobre o texto, que:

a) a disposição das palavras na folha de papel estabelece uma similaridade entre a imagem formada e o sentido dessas palavras.

b) o sentido das palavras apresenta uma contradição em relação à sua imagem visual.

c) a disposição das palavras é apenas uma ilustração, sem relação com seu significado.

d) as cores do quadro do poema destoam daquilo que o poema diz.

8 O pronome em destaque em "vê-**las** soltas ao sol" substitui, no poema, a expressão:

a) soltas.

b) brancas.

c) velas.

d) Marinha VI.

Leia a tira abaixo, de Pedro Cobiaco, e responda às questões 9 e 10.

(*Folha de S. Paulo*, 26/10/2013. Folhinha.)

9 A finalidade da personagem ao criar e declamar seu poema era:

a) puramente estética.

b) expressar seus gostos e conhecimento de língua estrangeira.

c) persuadir a pessoa amada.

d) mostrar como era influenciado pela pessoa amada.

10 No último quadrinho, a personagem descobre o efeito produzido pela leitura de seu poema. A resposta dada equivale a:

a) **sim**, pois se refere diretamente à proposta feita no poema.

b) **talvez**, porque não foi definitiva.

c) **não**, por considerá-lo um mau poeta.

d) **não**, pois se esquiva da resposta, fingindo não entender a proposta.

Intervalo

Nesta unidade, você leu e produziu poemas, cordéis, limeriques, brincou com o ritmo e a rima das palavras, criou metáforas e aliterações, criou poemas visuais e também videopoemas. Chegou a hora de mostrar todo esse trabalho para o público.

Participe com os colegas da preparação e da realização de uma mostra de poesia. Divulguem a mostra, convidando professores, colegas de outras classes, funcionários da escola, pais, familiares e amigos para visitá-la.

Projeto • Viva a poesia viva!

Converse com o professor sobre como vai ser a mostra. Por exemplo, em que local, dia e horário ela vai acontecer? O livro vai reunir poemas de um grupo de alunos, ou vai ser uma antologia de toda a classe? Que equipamentos serão necessários para a exibição dos videopoemas? Onde serão feitas as declamações para o público: na própria sala de aula ou no auditório da escola? Serão feitos convites e cartazes para divulgar a mostra? Quem vai se incumbir de divulgar o evento por *e-mails* e nas redes sociais?

Livro de poemas e cordéis

Vocês poderão montar o livro de forma artesanal ou no computador, com a ajuda de um programa de edição de texto e impressora.

Casa Locomotiva (NORTE)/Arquivo da editora

1. Se optarem por um livro artesanal, passem os poemas selecionados para folhas de papel sulfite coloridas ou de papel almaço. Façam isso com capricho, lembrando-se de colocar os títulos dos poemas e, se possível, ilustrá-los. As ilustrações podem ser produzidas com recortes de revistas, carimbos ou com desenhos feitos com lápis de cor, guache e outro material.
   Se optarem pela criação no computador, decidam sobre a diagramação, o tamanho e o tipo de letra, e a inserção de imagens. Para os poemas visuais, poderão escanear os textos e inseri-los na diagramação da página.
2. Produzam uma capa para o livro, que pode ser feita com papel grosso colorido ou cartolina. Deem um título para o livro de poemas, coloquem na capa o nome do autor (ou autores) e ilustrem-na.
3. Grampeiem as folhas junto com a capa, finalizando a montagem do livro, ou levem o material a uma papelaria especializada para a colocação de espiral. Caso vocês queiram ter outros exemplares do livro, mandem copiá-lo em xérox.
4. Depois de expor o livro na mostra, vocês podem guardar o original como recordação e doar cópias à biblioteca da escola ou presentear com elas amigos e familiares.

Declamações

Declamem na mostra poemas e cordéis que vocês criaram nesta unidade. Se quiserem, escolham também poemas de que gostem muito de autores consagrados.

Memorizem previamente os poemas, ensaiem e gravem a declamação várias vezes, a fim de aprimorá-la. No momento da apresentação, usem alguma peça de roupa diferente: uma boina, uma capa, um xale, um chapéu extravagante, etc. Se possível, usem uma música de fundo, ao vivo ou gravada.

Ao ensaiar a declamação, observem as sugestões a seguir.

PeopleImages/Getty Images

ENSAIO INDIVIDUAL DAS DECLAMAÇÕES

a) Se houver rimas no final ou no interior de versos, assinale as sílabas que rimam, para interpretá-las com voz firme e forte.

b) Observe o ritmo do poema e identifique as sílabas que devem ser pronunciadas de maneira mais forte.

c) Verifique também se há no poema outros recursos sonoros, como repetições de palavras, de vogais e de consoantes, onomatopeias, etc. e tente identificar o que esses sons sugerem.

d) Observe os sinais de pontuação, marcando-os adequadamente na leitura.

e) Ao ler, expresse-se com voz firme e marque com uma pequena pausa a passagem entre o fim de um verso e o início do outro.

f) Faça a leitura em voz alta várias vezes, até decorar o poema. Depois comece a soltar o corpo, deixando surgir alguns gestos e movimentos que reforcem ou complementem o que é declamado.

g) Ao declamar, preste atenção no que está dizendo. Valorize as palavras, procure ressaltar o sentido delas no texto. Não abaixe a cabeça e olhe sempre para a frente.

Videopoemas

Disponham, em local com acesso à Internet, o equipamento necessário para apresentar os videopoemas: uma mesa, um computador com monitor ou um *laptop*. Se possível, providenciem mais de um equipamento, para que várias pessoas possam assistir aos vídeos simultaneamente. Uma pessoa poderá ficar encarregada de interagir com o público, apresentando os videopoemas produzidos pela classe, explicar como foram feitos, perguntar ao público se gostaram, o que entenderam dos textos, etc.

Filmem ou fotografem a mostra para terem esse evento como lembrança.

Digital Vision/Getty Images

Unidade 3

Guilherme Asthma/Arquivo da editora

Cidadania

Cidadania

Cidadania é um dever
do povo.
Só é cidadão
quem conquista o seu lugar
na perseverante luta
do sonho de uma nação.
É também obrigação:
a de ajudar a construir
a claridão na consciência
de quem merece o poder.
Força gloriosa que faz
um homem ser para outro homem,
caminho do mesmo chão,
luz solidária e canção.

(Thiago de Mello. *De uma vez por todas*. Rio de Janeiro: Civilização Brasileira, 1996.)

Guilherme Asthma/Arquivo da editora

Fique ligado! Pesquise!

Reprodução/Intrínseca

Extraordinário, de R. J. Palacio (Intrínseca); ***Uma história só pra mim***, de Moacyr Scliar (Atual); ***O menino do pijama listrado***, de John Boyne (Cia. das Letras); ***O sangue do mundo***, de Catherine Clément (Cia. das Letras); ***O velho louco por desenho***, de François de Place e André Viana (Companhia das Letrinhas); ***Rádio Muda***, de Renato Tapajós (Ática); ***O velho e o mar***, de Ernest Hemingway (Bertrand Brasil); ***Os meninos morenos***, de Ziraldo (Melhoramentos); ***Nós e os outros***, de Gonçalves Dias e outros (Ática); ***O cidadão de papel – A infância, a adolescência e os direitos humanos no Brasil*** e ***Aprendiz do futuro – Cidadania hoje e amanhã***, de Gilberto Dimenstein (Ática); ***Mulherzinhas***, de Louise May Alcott (Nova Cultural); ***Perseguição***, de Tânia Alexandre Martinelli (Saraiva).

Reprodução/Paris Filmes

Cartaz do filme *Os meninos que enganavam nazistas*.

Extraordinário, de Stephen Chbosky; ***Raça***, de Stephen Hopkins; ***Bem-vindo a Mary Gomont***, de Julien Rambaldi; ***12 anos de escravidão***, de Steve McQueen; ***Os meninos que enganavam nazistas***, de Christian Duguay; ***Viagem de Fanny***, de Lola Dollon; ***Lição de vida***, de Jacob Roebuck; ***A linguagem do coração***, de Jean-Pierre Améris; ***Uma lição de vida***, de Justin Chadwick; ***Arco-íris***, de Nagesh Kukundor; ***O caçador de pipas***, de Marc Forster; ***Doutores da alegria***, de Mara Mourão.

- www.portalbullying.com.pt/
- www.sociomotiva.com
- www.filantropia.org/
- www.amigosdobem.org/
- www.museudapessoa.net/pt/home

- Ouça as canções "Cidadão", de Lúcio Barbosa, e "Caravanas", de Chico Buarque.

Reprodução/Biscoito Fino

Intervalo

Projeto:

Feira de cidadania

Evento com exposição de cartazes, anúncios, textos de campanha comunitária, cartas abertas e vídeos de debates realizados pelos alunos, coleta de assinaturas para abaixo-assinado e realização de palestras.

De olho na imagem

Observe esta foto, de Gerald Waller:

Gerald Waller/Life magazine

1 A foto mostra um menino. Levante hipóteses:

a) Que idade ele tem?

b) Em que tipo de lugar ele está?

c) O lugar em que o menino está é simples ou luxuoso?

2 Observe as roupas que o menino está usando.

a) Levante hipóteses: Está frio ou calor? Justifique sua resposta.

b) As roupas são adequadas ao clima?

c) Como são os calçados que o menino tem nos pés? Eles são adequados ao clima?

3 Observe a expressão facial e corporal do menino.

a) O que ele tem nas mãos?

b) Que sentimentos ele expressa?

c) Levante hipóteses: O que pode ter acabado de acontecer?

4 O fotógrafo Gerald Waller tirou essa fotografia em dezembro de 1946, no orfanato Am Himmel, na Áustria (Europa). Troque ideias com os colegas:

a) O que ocorreu na Europa entre 1939 e 1945?

b) Levante hipóteses: Por que o menino está no orfanato?

c) Em dezembro, na Áustria, faz frio ou calor?

d) O que pode explicar a alegria do menino?

5 Os sapatos que o menino tem nas mãos fizeram parte de uma doação de calçados levada ao orfanato pela Cruz Vermelha americana dias antes do Natal de 1946.

a) Portanto, que significado relacionado à data o par de sapatos tem para o menino?

b) Considerando que, na cultura cristã, no Natal se comemora o nascimento de Cristo, interprete: O que esse momento representa para o menino?

6 Considerando-se a condição do menino e o estado emocional dele no momento, que valores humanos transparecem na foto?

- solidariedade
- fidelidade
- honestidade
- humildade
- alteridade

Capítulo
1

Revelação

Às vezes, podemos estranhar e até não compreender as pessoas que vivem à nossa volta. Mas será que temos o direito de não aceitá-las? Temos o direito de ser cruéis com o outro somente porque ele é diferente de nós?

Bruxas não existem

Quando eu era garoto, acreditava em bruxas, mulheres malvadas que passavam o tempo todo maquinando coisas perversas. Os meus amigos também acreditavam nisso. A prova para nós era uma mulher muito velha, uma solteirona que morava numa casinha caindo aos pedaços no fim de nossa rua. Seu nome era Ana Custódio, mas nós só a chamávamos de "bruxa".

Era muito feia, ela; gorda, enorme, os cabelos pareciam palha, o nariz era comprido, ela tinha uma enorme verruga no queixo. E estava sempre falando sozinha. Nunca tínhamos entrado na casa, mas tínhamos a certeza de que, se fizéssemos isso, nós a encontraríamos preparando venenos num grande caldeirão.

Nossa diversão predileta era incomodá-la. Volta e meia invadíamos o pequeno pátio para dali roubar frutas e quando, por acaso, a velha saía à rua para fazer compras no pequeno armazém ali perto, corríamos atrás dela gritando "bruxa, bruxa!".

Um dia encontramos, no meio da rua, um bode morto. A quem pertencera esse animal nós não sabíamos, mas logo descobrimos o que fazer com ele: jogá-lo na casa da bruxa. O que seria fácil. Ao contrário do que sempre acontecia, naquela manhã, e talvez por esquecimento, ela deixara aberta a

Thiago Neumann (NORTE)/Arquivo da editora

janela da frente. Sob comando do João Pedro, que era o nosso líder, levantamos o bicho, que era grande e pesava bastante, e com muito esforço nós o levamos até a janela. Tentamos empurrá-lo para dentro, mas aí os chifres ficaram presos na cortina.

— Vamos logo — gritava o João Pedro —, antes que a bruxa apareça. E ela apareceu. No momento exato em que, finalmente, conseguíamos introduzir o bode pela janela, a porta se abriu e ali estava ela, a bruxa, empunhando um cabo de vassoura. Rindo, saímos correndo. Eu, gordinho, era o último.

E então aconteceu. De repente, enfiei o pé num buraco e caí. De imediato senti uma dor terrível na perna e não tive dúvida: estava quebrada. Gemendo, tentei me levantar, mas não consegui. E a bruxa, caminhando com dificuldade, mas com o cabo de vassoura na mão, aproximava-se. Àquela altura a turma estava longe, ninguém poderia me ajudar. E a mulher sem dúvida descarregaria em mim sua fúria.

Em um momento, ela estava junto a mim, transtornada de raiva. Mas aí viu a minha perna, e instantaneamente mudou. Agachou-se junto a mim e começou a examiná-la com uma habilidade surpreendente.

— Está quebrada — disse por fim. — Mas podemos dar um jeito. Não se preocupe, sei fazer isso. Fui enfermeira muitos anos, trabalhei em hospital. Confie em mim.

Dividiu o cabo de vassoura em três pedaços e com eles, e com seu cinto de pano, improvisou uma tala, imobilizando-me a perna. A dor diminuiu muito e, amparado nela, fui até minha casa. "Chame uma ambulância", disse a mulher à minha mãe. Sorriu.

Tudo ficou bem. Levaram-me para o hospital, o médico engessou minha perna e em poucas semanas eu estava recuperado. Desde então, deixei de acreditar em bruxas. E tornei-me grande amigo de uma senhora que morava em minha rua, uma senhora muito boa que se chamava Ana Custódio.

(Moacyr Scliar. Disponível em: http://revistaescola.abril.com.br/fundamental-1/bruxas-nao-existem-689866.shtml. Acesso em: 16/2/2018.)

Estudo do texto

Compreensão e interpretação

1 O narrador do texto "Bruxas não existem" conta que, quando era garoto, acreditava em bruxas.

a) Como ele achava que eram as bruxas?

b) Essa ideia do narrador era compartilhada por seus amigos?

2 O narrador afirma que ele e os amigos tinham prova de que as bruxas eram como imaginavam.

a) Qual era a prova que tinham?

b) Ao associar a ideia que tinha de bruxa a uma pessoa real, o narrador se baseava em características físicas ou psicológicas?

c) Qual afirmação do segundo parágrafo do texto demonstra que a associação feita pelo narrador e seus amigos não tinha base na observação dos fatos?

3 Os meninos viviam incomodando a mulher. Com frequência invadiam o pátio da casa dela e a humilhavam com ações e insultos. Que tipo de sentimento provavelmente os levava a agir assim?

Thiago Neumann (NORTE)/Arquivo da editora

4 O texto narra uma ação ousada de um grupo de meninos e sua fuga após serem surpreendidos.

a) Que expressões empregadas pelo narrador introduzem o momento de tensão máxima da narrativa, ou seja, o clímax?

b) Observe estes trechos:

- "ali estava ela, a bruxa, empunhando um cabo de vassoura"
- "E a bruxa [...] aproximava-se"
- "descarregaria em mim sua fúria"
- "ela estava junto a mim, transtornada de raiva"

Que efeito frases como essas têm na narrativa?

5 Com a perna machucada, o narrador passa por momentos de apreensão e medo.

a) A atitude dos outros meninos foi solidária? Justifique sua resposta.

b) Que fato surpreendente acontece?

c) Como a mulher se revelou aos olhos do menino?

6 O episódio ocorrido com o menino e a mulher transforma a ambos.

a) Justifique essa afirmação.

b) De que forma um objeto, o cabo de vassoura, simboliza essa transformação?

7 Observe estas frases do narrador:

- "Quando eu era garoto, acreditava em bruxas"
- "Desde então, deixei de acreditar em bruxas."

Mais do que levar o narrador a deixar de acreditar em bruxas, qual foi o principal efeito do acontecimento sobre a personalidade dele?

8 O texto lido aborda vários temas, entre os quais a maldade infantil, a solidariedade, a solidão, o julgamento baseado nas aparências. Que reflexões ele provoca quanto ao relacionamento que normalmente temos com o outro?

A linguagem do texto

1 Observe o emprego das vírgulas nestes trechos do texto:

- "Era muito feia, ela"
- "Eu, gordinho, era o último."

Nos dois trechos, a vírgula é empregada para isolar termos que estão, nas frases, deslocados em relação à ordem direta.
Reescreva os trechos, empregando a ordem direta. Se necessário, acrescente outras palavras.

2 Observe estes trechos do texto:

- "**levantamos** o bicho [...], e com muito esforço **nós o levamos** até a janela"
- "De repente, **enfiei** o pé num buraco e **caí**. De imediato **senti** uma dor terrível na perna e não **tive** dúvida: estava quebrada."

a) Por que há essa mudança de ponto de vista narrativo, ou seja, passa-se da 1ª pessoa do plural para a 1ª pessoa do singular?

b) De que forma essa mudança de ponto de vista narrativo revela uma crítica aos companheiros?

3 Observe o emprego de dois-pontos nestes trechos:

- "logo descobrimos o que fazer com ele: jogá-lo na casa da bruxa"
- "e não tive dúvida: estava quebrada"

O dois-pontos está antes de uma citação, de uma enumeração ou de um esclarecimento?

Trocando ideias

1 No texto de Moacyr Scliar, os meninos, baseados apenas na aparência, consideravam a personagem uma bruxa. Você acha que a aparência física de uma pessoa é importante?

2 O texto denuncia a existência, na sociedade, de crenças sem fundamento. Cite casos que você conheça em que isso acontece ou tenha acontecido.

3 O menino tinha uma imagem da personagem Ana Custódio que não correspondia ao que ela, de fato, era. Você também já viveu a experiência de pensar mal de uma pessoa e depois, ao conhecê-la melhor, perceber que o que você tinha imaginado não era verdade? Se sim, conte sua experiência para os colegas.

4 As ações dos meninos tinham o comando de um líder. Na sua opinião, a atuação de um líder é sempre positiva?

Cruzando linguagens

Assista ao filme *Extraordinário*, de Stephen Chbosky, baseado no livro de mesmo nome, da escritora R. J. Palacio. Depois, com a orientação do professor, discuta com os colegas e responda às seguintes questões.

1 Auggie nasceu com a síndrome genética *treacher collins* e, por isso, mesmo depois de 27 cirurgias, tinha um rosto com imperfeições.

a) Como a família lidou inicialmente com a educação de Auggie? Por quê?

b) Como era a relação do menino com a família?

c) Como era a vida social do garoto antes da ida dele para a escola?

2 Os pais de Auggie decidem colocar o menino na escola.

a) Qual era o principal receio dos pais? Pelo que acontece depois, esse receio tinha fundamento? Por quê?

b) Como Auggie via a possibilidade de ir para a escola?

3 Auggie gostava de assuntos relacionados com ciências, especialmente com astronomia. Por isso, ganhou de presente um capacete de astronauta. Levante hipóteses:

a) Por que ele usava o capacete frequentemente, até quando foi à escola pela primeira vez?

b) Para ele, o que significava se transportar para o espaço?

c) Por que algumas vezes, quando Auggie estava na escola, a personagem Chewbacca, da série cinematográfica *Star Wars*, aparecia na imaginação do menino?

4 A respeito da experiência de Auggie na escola, responda:

a) Ele foi bem recebido pela escola? Justifique sua resposta.

b) Qual foi a primeira dificuldade de Auggie com os colegas de classe na hora do intervalo?

c) Auggie se esforçava para ganhar a amizade dos colegas? Justifique sua resposta.

5 Jack se tornou o principal amigo de Auggie e chegou a ir à casa dele para brincar. Levante hipóteses:

a) O que teria levado Jack a fazer um comentário negativo sobre Auggie para os colegas de classe?

b) Rompendo com Jack, Auggie ficou novamente sozinho, porém Verão procurou ficar amiga do garoto. O que pode explicar a iniciativa da menina?

6 Auggie passou a ser chamado de "a praga", tornando-se alvo de *bullying*.

a) Julian era o principal agente do *bullying*. Na sua opinião, ele era o único responsável por essa prática? Justifique sua resposta.

b) Discuta com os colegas: A atitude dos pais de Julian foi correta quando o menino foi suspenso da escola?

Extraordinários da vida real

No lançamento do filme *Extraordinário*, a cantora Olivia Biyngton e seu filho João foram convidados para participar de um debate sobre o filme.

Ambos tinham uma razão específica para serem convidados: João nasceu com a síndrome de Apert, uma doença genética que causa o fechamento prematuro de ossos, mãos e pés.

Os pais de João nunca conseguiram matriculá-lo numa escola comum antes dos 12 anos. Por isso, assim como Auggie, ele teve de iniciar os estudos em casa e, posteriormente, passar pela experiência desafiadora de ir para a escola e enfrentar manifestações de *bullying*.

Olivia Biyngton narra essa experiência no livro *O que é que ele tem* (Objetiva).

Leia a matéria sobre o lançamento do filme nas páginas 204 e 205.

Reprodução/Editora Objetiva

7 Em torno da trama central — Auggie e os desafios vividos por ele —, existem no filme tramas secundárias e cada uma recebe um título.

a) Qual era, por exemplo, o drama pessoal vivido por Via, a irmã de Auggie?

b) E por Miranda, a grande amiga de Via?

c) Quais eram as frustrações de Isabel, a mãe de Auggie?

d) As tramas secundárias são pouco desenvolvidas no filme. Por que, na sua opinião, isso ocorre? Mesmo assim, elas têm importância?

8 Auggie e Jack reataram a amizade e Auggie passou a contar também com a amizade de Verão. Aos poucos o garoto ganhou a simpatia de outras crianças. Na sua opinião, por que isso aconteceu?

Alamy/Fotoarena

Cena do filme *Extraordinário*.

9 Alguns críticos consideram que o filme explora em demasia a emoção dos espectadores, com a finalidade de provocar o choro na plateia; outros acham que o final era esperado; outros, ao contrário, acham que o filme dosa adequadamente emoção, humor e crítica social. O que você acha dessas opiniões? Justifique sua resposta.

10 Faça uma avaliação geral do filme: O que achou do desempenho dos atores? De que parte do filme você mais gostou? O filme faz um retrato adequado do *bullying* nas escolas? Justifique suas respostas.

11 Compare o filme *Extraordinário* ao texto "Bruxas não existem", de Moacyr Scliar. O que o filme e o texto apresentam em comum?

Alamy/Fotoarena

Cena do filme *Extraordinário*.

'Extraordinários' da vida real, Olivia Byington e filho debatem sobre filme

LEONARDO MARAN
DE SÃO PAULO
22/12/2017 10h37

A cantora Olivia Byington cansou de levar portas na cara antes de encontrar um colégio que aceitasse matricular seu filho João. Por um tempo, precisou contratar uma educadora para ensinar o garoto em casa. O irmão mais novo de João – o ator, humorista e colunista da **Folha** Gregorio Duvivier – foi para a escola antes dele.

"A gente chorou muito de mãos dadas sentado na frente de escola. Ele andava pela casa com uma lancheira, falando que queria ir ao colégio", conta Olivia. Foi só aos 12 anos que uma instituição de ensino de Petrópolis (RJ) finalmente o aceitou.

Essa dificuldade foi causada por uma deficiência genética rara, chamada síndrome de Apert. A doença causa o fechamento prematuro dos ossos das mãos, dos pés (o que pode levar à fusão de dedos) e do crânio (que pode comprimir o cérebro). Com estímulo, pessoas com a síndrome podem alcançar bons níveis de aprendizado.

Em 2016, Olivia lançou o livro "O que É que Ele Tem" (ed. Objetiva, 184 págs., R$ 34,90), no qual relata sua história com o filho.

Olivia e João, hoje com 36 anos, participaram de debate nesta quarta-feira (20), no Espaço Itaú do Shopping Frei Caneca, após exibição especial de "Extraordinário", organizada pela **Folha**.

No filme, um garoto de 10 anos que tem o rosto deformado precisa enfrentar seus primeiros dias numa escola. Auggie Pullman, interpretado pelo ator Jacob Tremblay, nasceu com síndrome de Treacher Collins, doença hereditária em que alguns ossos e tecidos do rosto não se desenvolvem.

Para Olivia, o garoto retratado no filme representa uma grande exceção. "É como falar de síndrome sem falar sobre a síndrome", disse. Um dos pontos que ela criticou foi o fato de Auggie, apesar da anomalia facial, ser um estudante brilhante e não ter dificuldade alguma de aprendizado.

Olivia Byington/Acervo particular

Ilustração do livro
O que é que ele tem.

"O problema da inclusão tem que ser visto com muito menos romantismo, porque uma criança que tem uma deformidade facial geralmente não escuta, não fala, não consegue se fazer entender com facilidade e pode ter um certo atraso mental. É preciso ter gente dentro da sala de aula ajudando a criança", disse.

Outra questão foi a forma como o filme retratou o bullying infantil, que, de acordo com Olivia, seria muito caricatural – em certo momento, uma das crianças cola no armário de Auggie uma mensagem chamando-o de aberração e sugerindo que o garoto se mate. Segundo ela, João foi bem acolhido em sua escola e, apesar de ter sofrido algum bullying, nada se aproximou de ataques como os mostrados no filme.

A síndrome de Treacher Collins requer uma série de cirurgias reparadoras no osso e crânio – no filme, o personagem Auggie já havia passado por 27 (João Byington de Faria passou por cerca de 20). Segundo o psicólogo Arnaldo Vicente, que já trabalhou com pacientes do Hospital de Reabilitação de Anomalias Craniofaciais da USP, uma das principais preocupações nesses casos é a euforia excessiva da criança e a crença de que, após a cirurgia, tudo ficará perfeito.

"Sempre que a criança passava por um procedimento assim, a primeira coisa que ela queria fazer quando acordava era se olhar no espelho. Depois que tiraram os espelhos do pós-operatório, elas começaram a perguntar para os acompanhantes como estava a sua aparência", disse Vicente.

De acordo com ele, é importante reduzir a euforia antes da realização da cirurgia, para controlar a decepção que pode surgir quando o jovem perceber que os resultados não correspondem às suas expectativas.

A professora Tania Regina Martins, que é deficiente visual, afirma que houve um avanço na inclusão escolar de crianças com deficiência no Brasil, com maior participação das famílias junto a educadores na busca de integrá-las ao ambiente do colégio. No entanto, ela diz que ainda há escolas que fecham portas para esses estudantes.

"É muito importante que a maioria das famílias não esteja mais escondendo as crianças. O diretor da escola é peça importantíssima nisso. Ele e os educadores precisam ajudar a trazer os familiares para dentro do ambiente escolar", disse Tania, que é do Núcleo de Apoio Pedagógico Especializado da Secretaria da Educação do Estado de São Paulo.

Olivia lembrou ainda que tanto Auggie quanto João são privilegiados, pois ambos contaram com grande apoio dos familiares. "É um caso raro ser cercado de pessoas amorosas desse jeito. Segundo estudos, o pai costuma rejeitar filhos que nascem com deficiência. É corriqueiro encontrar crianças que são rejeitadas até dentro da própria família, basta ver os casos associados ao zika no Brasil: a maioria é de crianças sem pai."

No filme "Extraordinário", Auggie usa um capacete de astronauta para evitar os olhares curiosos das outras pessoas. João não se importa mais: "Acho normal as pessoas olharem para mim."

(Disponível em: www1.folha.uol.com.br/ilustrada/2017/12/1945389-extraordinarios-da-vida-real-olivia-byington-e-filho-debatem-sobre-filme.shtml. Acesso em: 28/2/2018.)

Ler é reflexão

O açúcar

O branco açúcar que adoçará meu café
nesta manhã de Ipanema
não foi produzido por mim
nem surgiu dentro do açucareiro por milagre.

Vejo-o puro
e afável ao paladar
como beijo de moça, água
na pele, flor
que se dissolve na boca. Mas este açúcar
não foi feito por mim.

Este açúcar veio
da mercearia da esquina e
tampouco o fez o Oliveira,
dono da mercearia.
Este açúcar veio
de uma usina de açúcar em Pernambuco
ou no Estado do Rio
e tampouco o fez o dono da usina.

Este açúcar era cana
E veio dos canaviais extensos
Que não nascem por acaso
No regaço do vale.

Em lugares distantes, onde não há hospital
nem escola,
homens que não sabem ler e morrem de fome
aos 27 anos
plantaram e colheram a cana
que viraria açúcar.

Em usinas escuras,
homens de vida amarga
e dura
produziram este açúcar
branco e puro
com que adoço meu café esta manhã em Ipanema.

Julia Flohr/Arquivo da editora

(Ferreira Gullar. *Dentro da noite veloz & Poema sujo*. São Paulo: Círculo do Livro. p. 51-52.)

A língua em foco

A preposição

Construindo o conceito

No seguinte parágrafo, da crônica "Bruxas não existem", que você leu no início do capítulo, algumas palavras foram suprimidas. Tente relê-lo sem olhar o texto original.

> □ um momento, ela estava junto □ mim, transtornada □ raiva. Mas aí viu a minha perna, e instantaneamente mudou. Agachou-se junto □ mim e começou □ examiná-la □ uma habilidade surpreendente.

Thiago Neumann (NORTE)/Arquivo da editora

1. Pode-se dizer que dessa maneira, isto é, sem as palavras que foram suprimidas, o parágrafo está bem construído quanto às suas relações lógicas e gramaticais?

2. Escreva em seu caderno as palavras que foram suprimidas.

3. Entre as palavras que foram suprimidas, indique a(s) que transmite(m) noção de:
   a) tempo
   b) lugar
   c) meio ou instrumento
   d) causa

4. Com base no que você observou ao responder às questões anteriores, conclua: Que papel exercem em um texto palavras como as que foram suprimidas no parágrafo?

Conceituando

Ao responder às questões anteriores, você pôde verificar que, na língua, há um tipo de palavra cujo papel é ligar palavras. Reveja esta frase do texto "Bruxas não existem":

> "Quando eu era garoto, acreditava **em** bruxas, mulheres malvadas que passavam o tempo todo maquinando coisas perversas."

A palavra **em** liga a forma verbal **acreditava** ao substantivo **bruxas**, que é o alvo da ação de **acreditar**. Palavras como **em**, **a**, **com**, **de** e outras são chamadas de **preposição**.

São estas as principais preposições da língua:

a	contra	entre	sem
ante	de	para	sob
após	desde	perante	sobre
até	em	por (per)	trás
com			

Preposição é uma palavra que liga duas outras palavras, de forma que o sentido da primeira é completado pela segunda.

Às vezes o papel de ligar palavras é desempenhado por uma expressão. Por exemplo: **além de**, **antes de**, **depois de**, **ao invés de**, **em via de**, **defronte de**, **a par de**, **através de**, **ao lado de**, **dentro de**. Esse tipo de expressão é chamado de **locução prepositiva**.

Observe o emprego de locução prepositiva nesta frase:

A criança olhava **através da** janela a chuva que caía.

COMBINAÇÃO E CONTRAÇÃO

Uma preposição pode se unir a outras palavras, formando combinações e contrações.

Combinação

Ocorre quando a preposição **a** se liga ao artigo **o(s)** ou ao advérbio **onde**. Nesse tipo de união não ocorre perda de som. Veja:

A menina foi **ao** cinema.
preposição + artigo

Aonde vai você?
preposição + advérbio

a + o(s) = ao(s)
a + onde = aonde

Contração

Ocorre quando as preposições **a**, **de**, **em** e **per** (forma antiga de **por**) se unem a artigos ou pronomes, havendo perda de som. Observe:

O dono **do** porco queria abri-lo.
O porquinho tinha uma mancha **na** pele.

Veja como são formadas as contrações:

- **do** = de (preposição) + o (artigo)
- **na** = em (preposição) + a (artigo)
- **pelo** = per (preposição) + o (artigo)
- **desse** = de (preposição) + esse (pronome demonstrativo)
- **naquele** = em (preposição) + aquele (pronome demonstrativo)

Quando a preposição **a** se une ao artigo **a** ou aos pronomes **a**, **aquele**, **aquilo**, ocorre um tipo especial de contração, denominado **crase**. Na escrita, a crase é indicada com o acento grave. Veja:

Quero que você vá **àquela** casa e fale com o proprietário.
preposição **a** + pronome demonstrativo **aquela**

Peça **àquele** cliente para encaminhar-se **à** sala de exames no fundo do corredor.
preposição **a** + pronome demonstrativo **aquele**
preposição **a** + artigo **a**

Exercícios

1 Leia o texto:

O céu é visto do mesmo jeito, com as mesmas constelações, no mundo inteiro?

Standret/Shutterstock

A posição das estrelas e constelações muda de acordo com a hora e o local de observação. Segundo Ednilson Oliveira, doutorando do Departamento de Astronomia do Instituto Astronômico e Geofísico da USP, o céu fica diferente conforme a distância de um lugar a outro. Na mesma data e no mesmo horário, por exemplo, o céu de São Paulo não é o mesmo visto em Brasília. Também existem constelações no hemisfério norte que nunca veremos no hemisfério sul, como a Ursa Menor e a estrela Polaris. Já as pessoas que estão no hemisfério norte não veem o Cruzeiro do Sul.

(*Guia dos curiosos*. Disponível em: www.solbrilhando.com.br/curiosidades/Arquivos/guia_dos_curiosos.pdf. p. 15. Acesso em: 8/2/2018.)

a) Identifique a locução prepositiva presente na 1ª oração do texto.

b) Identifique as preposições puras e as contrações e combinações empregadas no texto. Depois, escreva em seu caderno, em ordem alfabética, as preposições em um grupo e, em outro, as contrações e combinações.

2 Reescreva os provérbios a seguir, completando-os adequadamente com preposições.

a) Quem ☐ ferro fere ☐ ferro será ferido.

b) ☐ casa ☐ ferreiro, o espeto é ☐ pau.

c) Não há rosa ☐ espinho.

d) Ri melhor quem ri ☐ último.

e) Quem tem boca vai ☐ Roma.

f) ☐ grão ☐ grão a galinha enche o papo.

g) ☐ fatos não há argumentos.

3 Reescreva as frases a seguir, unindo adequadamente as preposições aos artigos ou pronomes indicados entre parênteses.

a) Moro (em + aquela) casa amarela.

b) Você gostou (de + esse) livro?

c) Você já foi (a + a) Bahia?

d) (Em + esta) rua existe um bosque que se chama Solidão.

e) Ela foi (a + o) supermercado e ainda não voltou.

OS VALORES SEMÂNTICOS DAS PREPOSIÇÕES

Ao ligarem palavras, as preposições apresentam determinados valores semânticos, isto é, fazem certas indicações de sentido.

Leia esta tira:

(*Folha de S. Paulo*, 4/8/2013.)

1. Nos balões da tira, há emprego de preposições e de uma contração. Identifique-as.

2. Observe o emprego da preposição **por** nas duas situações em que ela ocorre na tira. Que valor semântico ela apresenta em cada uma das situações: tempo, finalidade, causa, conteúdo, modo?

3. Na expressão **no mais profundo mar**, qual é o valor semântico da preposição **em**, presente na contração **no**?

Como podemos observar, as preposições apresentam diferentes valores semânticos. Além de causa, modo e lugar, expressam noções de tempo, finalidade, direção, companhia, meio, posse, comparação, etc. Veja estes exemplos de emprego de preposições:

Ele prometeu nadar **no** mar profundo.	→	lugar
A praia fica **a** duas horas de viagem.	→	tempo
Helga recebeu a resposta **com** tristeza.	→	modo
Ela queria viver aventuras **com** Hagar.	→	companhia
Viveu muito tempo **sem** seu herói.	→	ausência de companhia

Exercícios

Leia esta tira:

(Fernando Gonsales. *Níquel Náusea — Nem tudo que balança cai*. São Paulo: Devir, 2003. p. 20.)

1. A tira constrói humor a partir da contraposição entre a parte verbal e os desenhos. A que tipo de confusão o rato se refere na sua fala?

2. Na fala do rato, há uma oposição entre o sentido das expressões "cadeira **de** balanço" e "cadeira **do** balanço". No contexto, o que cada expressão designa?

3. Entre as expressões "cadeira **de** balanço" e "cadeira **do** balanço" há diferença também quanto à constituição morfológica.
   a) Como se classifica a palavra **de**?
   b) E a palavra **do**?

4. Compare os pares de frases a seguir. Observe que a mesma preposição pode, em uma situação, transmitir ideia de tempo e, em outra, ideia de espaço. Indique o sentido que cada uma das preposições destacadas expressa.
   a) **Em** menos de meia hora consigo preparar uma refeição completa.
   Depois das 10 horas da noite não há mais ninguém **na** praça.
   b) **A** uma semana da apresentação, o principal ator desapareceu.
   Fomos todos **a** Campinas no final de semana.
   c) Correu de sua casa **até** a casa de sua avó.
   Boas férias! **Até** o ano que vem!
   d) **Após** o muro havia um terreno abandonado.
   Deixe o seu recado **após** o sinal.
   e) Havia bandeirinhas penduradas **desde** a entrada da cidade até a praça central.
   Estou esperando esta encomenda **desde** a semana passada.

A preposição na construção do texto

Leia este poema:

Rosas

Cor-de-rosa
Está no rosário
Na begônia
No boto solitário
Da Amazônia

Está nas margens
De dezembro
E nas coisas da infância
Que ainda me lembro

Está na roupa
Nas bochechas do bebê
Na pantera
Do desenho da tevê

Cor-de-rosa
É o voo do flamingo
O miolo do figo,
As tardes de domingo
O leite com groselha
A gola desbotada
De uma camisa
Vermelha e velha.

Cor-de-rosa
É cor de doce
E doce seria,
Se cor
Não fosse

Julia Flohr/Arquivo da editora

(Lalau e Laurabeatriz. *Uma cor, duas cores, todas elas*. São Paulo: Companhia das Letrinhas, 1997.)

1 O poema tem por assunto uma cor: cor-de-rosa. E aborda esse assunto em duas partes. A primeira é formada pelas três primeiras estrofes, e a segunda, pelas duas últimas estrofes. Em relação a essa cor, o que o eu lírico procura mostrar:

a) na primeira parte?

b) na segunda parte?

2 Na primeira parte do poema, o eu lírico emprega com frequência uma preposição que nos versos aparece sempre contraída com artigos.

a) Qual é essa preposição?

b) Qual é o valor semântico dela?

3 Na segunda parte do poema, o eu lírico emprega com frequência a preposição **de**. Observe alguns dos valores semânticos que essa preposição pode assumir:

lugar	assunto	meio	instrumento
modo	tempo	posse/atribuição	finalidade
aquilo de que algo é parte		matéria de que algo é feito	

Qual deles a preposição **de** assume em:

a) "É o voo **do** flamingo"?

b) "O miolo **do** figo"?

c) "As tardes **de** domingo"?

d) "A gola desbotada **de** uma camisa vermelha e velha"?

e) "Cor-de-rosa é cor **de** doce"?

4 Com base nas respostas que você deu às questões 2 e 3, assinale entre os itens a seguir aquele que apresenta a melhor conclusão sobre a importância das preposições **de** e **em** na construção do sentido do poema "Rosas".

a) O eu lírico tenta explicar o que é cor-de-rosa e, para isso, faz uso da preposição **de**, que o auxilia a indicar os lugares em que a cor está presente, e da preposição **em**, que indica os seres que são cor-de-rosa.

b) Para explicar o que é cor-de-rosa, o eu lírico procura dizer onde ela está e quais seres têm essa cor. Auxiliam-no nesse propósito a preposição **em**, ao dar a noção dos lugares em que a cor está, e a preposição **de**, ao dar a noção de que essa cor pertence a alguns seres ou faz parte deles.

c) As preposições **de** e **em**, ao dar a noção de **origem**, contribuem para mostrar de que modo o cor-de-rosa faz parte da infância do eu lírico e de suas lembranças pessoais.

Julia Flohr/Arquivo da editora

5 O poema afirma que cor-de-rosa é uma cor que está em diferentes seres, mas em nenhum verso é mencionado o ser ao qual a origem desse nome está ligada.

a) Qual é esse ser?

b) Apesar de não ser mencionado nos versos, esse ser é citado explicitamente no poema. Onde?

c) Que sentidos o título expressa?

d) Troque ideias com os colegas: Por que o eu lírico teria empregado o nome desse ser apenas no título do poema?

Semântica e discurso

O texto a seguir é do poeta mato-grossense Manoel de Barros. Leia-o para responder às questões 1 a 4.

Cabeludinho

Quando a Vó me recebeu nas férias, ela me apresentou aos amigos: Este é meu neto. Ele foi estudar no Rio e voltou de ateu. Ela disse que eu voltei de ateu. Aquela preposição deslocada me fantasiava de ateu. Como quem dissesse no carnaval: aquele menino está fantasiado de palhaço. Minha avó entendia de regências verbais. Ela falava de sério. Mas todo mundo riu. Porque aquela preposição deslocada podia fazer de uma informação um chiste. E fez. E mais: eu acho que buscar a beleza nas palavras é uma solenidade de amor. E pode ser instrumento de rir. De outra feita, no meio da pelada um menino gritou: Disilimina esse, Cabeludinho. Eu não disiliminei ninguém. Mas aquele verbo novo trouxe um perfume de poesia à nossa quadra. Aprendi nessas férias a brincar de palavras mais do que trabalhar com elas. Comecei a não gostar de palavra engavetada. Aquela que não pode mudar de lugar. Aprendi a gostar mais das palavras pelo que elas entoam do que pelo que elas informam. Por depois ouvi um vaqueiro a cantar com saudade: Ai morena, não me escreve/ que eu não sei a ler. Aquele a preposto ao verbo ler, ao meu ouvir, ampliava a solidão do vaqueiro.

(*Memórias inventadas — A infância*. São Paulo: Planeta, 2003.)

Thais Circelli/Arquivo da editora

chiste: algo engraçado, cômico.

1 Observe esta frase do texto:

"Ele foi estudar no Rio e voltou de ateu."

A palavra **ateu** é um adjetivo e significa "aquele que não crê em Deus".

a) De acordo com as regras da língua, qual seria a construção dessa frase?

b) Que alteração de sentido ocorre com o uso da preposição **de** junto à palavra **ateu**?

2 O narrador comenta o gosto da avó pelas "regências verbais", mas ele também gosta de criá-las. Observe, por exemplo, as preposições destacadas nestas frases do texto:

> "Ela falava **de** sério."
> "**Por** depois ouvi um vaqueiro a cantar com saudade"

a) Se eliminarmos essas preposições, ocorrerá alguma alteração no sentido das frases?

b) Levante hipóteses: Por que então o narrador emprega essas preposições?

3 No final do texto, o narrador refere-se a uma canção que ouviu de um vaqueiro.

a) O que, na canção, encantou o narrador?

b) Para o narrador, o emprego do **a** ampliava a solidão do vaqueiro. Você concorda com ele? Se sim, explique por quê.

4 O gosto do escritor pela invenção e recriação da língua não se deu apenas em torno das preposições. Que outra palavra da língua aguçou seu interesse por "desengavetar" palavras?

A poesia das "regências verbais"

Segundo o narrador, a avó "entendia de regências verbais". Regência verbal é a parte da gramática que estuda a relação de dependência entre duas palavras em uma construção e as maneiras pelas quais uma palavra pode completar o sentido de outra. Por exemplo, quando alguém diz "Já gostei o doce", sem preposição, quer dizer que já o provou, que o degustou; mas, se diz "Já gostei **de** doce", então quer dizer que no passado apreciava doce, mas, no momento, não aprecia mais. Esse é um caso de regência em que o uso de uma preposição muda totalmente o sentido de um enunciado.

5 Além de indicar o material de que os objetos são feitos (copo **de** vidro, bolsa **de** couro), a preposição **de** apresenta outros valores semânticos, como finalidade, conteúdo, preço, classificação, posse. Identifique o valor semântico da preposição **de** nas expressões:

a) xícara de chá
b) carro de corrida
c) tênis de 500 reais
d) caixa de ferramentas
e) apartamento de luxo
f) roupa de ginástica
g) colchão de molas
h) vestido de noiva
i) óculos de sol
j) casa de João

6 Compare estes enunciados:

> Não gosto muito de doce de abóbora; gosto mais **de doce de** laranja.
> Não gosto muito de doce de abóbora; gosto mais **do de** laranja.

Às vezes, procuramos formas mais sintéticas para expressar uma ideia, como ocorre no segundo enunciado. Ele é mais sintético que o primeiro, pois nele está subentendida a palavra **doce**, representada pela contração **do**.

Faça o mesmo em relação aos enunciados a seguir. Torne-os mais sintéticos, suprimindo o termo destacado.

a) Não quero o livro de Português; quero o **livro** de Matemática.

b) Não fui ao ensaio do coral e sim ao **ensaio** da dança.

c) Gosto dos filmes de suspense, não dos **filmes** de terror.

d) Ele se referia sempre ao professor de Inglês, nunca ao **professor** de Francês.

Produção de texto

O texto de campanha comunitária e o anúncio publicitário

O TEXTO DE CAMPANHA COMUNITÁRIA

Leia este texto:

Rádio Eldorado/Anúncio veiculado em 2011.

(Disponível em: http://revistatrip.uol.com.br/transformadores/blogs/eldorado/2011/09. Acesso em: 17/2/2018.)

O que é a WWF?

A história do WWF no Brasil começou em 1971, quando a rede WWF [World Wide Fund for Nature ou Fundo Mundial para a Natureza] iniciou o seu trabalho no país apoiando os primeiros estudos feitos sobre um desconhecido primata ameaçado de extinção no Rio de Janeiro. Esse trabalho pioneiro viria a se transformar no Programa de Conservação do Mico-Leão-Dourado, um dos mais bem-sucedidos do gênero no mundo, que há 30 anos vem sendo executado pelo WWF em parceria com outras organizações. [...]

Foi na década de 1980 que a presença do WWF no país aumentou, com o apoio dado aos primeiros anos do Projeto Tamar, entre outras iniciativas. [...]

Hoje, o WWF-Brasil executa projetos em todo o país por meio de parcerias [...], desenvolvendo atividades de pesquisa e diagnóstico; proteção de espécies e de ecossistemas ameaçados; desenvolvimento de modelos alternativos de conservação e uso dos recursos naturais; capacitação e desenvolvimento de entidades parceiras; disseminação de resultados por meio de educação ambiental, políticas ambientais e comunicação; e campanhas de mobilização social.

WWF/Arquivo da instituição

(Adaptado de: www.wwf.org.br/wwf_brasil/historia_wwf_brasil/. Acesso em: 29/1/2018.)

1 As campanhas comunitárias são feitas com a finalidade de incentivar a população a participar de uma causa de interesse da comunidade, como o combate à dengue, a doação de sangue, a prevenção contra doenças, a vacinação, etc.

a) Qual é a finalidade principal do texto de campanha lido?

b) Qual entidade, no Brasil, é responsável por esse texto de campanha?

c) Que entidade ecológica internacional é responsável pela campanha?

2 Na parte superior do anúncio, há um logotipo que representa o WWF-Brasil. Logotipo é um símbolo, formado por desenhos e/ou letras, que serve para identificar uma empresa, uma instituição, um produto, uma marca, etc.

a) Que elementos compõem esse logotipo?

b) Levante hipóteses: Que relação há entre esse logotipo e a proposta do WWF-Brasil?

WWF/Arquivo da instituição

3 Com base no texto da parte inferior do anúncio, responda: O que é a Hora do Planeta e o que devem fazer os participantes dessa ação?

4 O texto de campanha comunitária geralmente emprega verbos no modo imperativo, como **participe**, **ajude**, etc. Releia este trecho do texto de campanha lido:

> "Sintonize-se com o planeta e apague as luzes por 60 minutos, das 20h30 às 21h30."

a) Quais são as formas verbais que estão no imperativo, no trecho? A quem elas se dirigem diretamente?

b) Qual é o sentido do verbo **sintonizar**, nesse contexto?

c) Qual é a relação entre o verbo **sintonizar** e a entidade responsável por esse texto de campanha? Considerando-se essa relação, o sentido desse verbo se altera?

5 Observe a imagem da cidade e o texto verbal do centro do anúncio.

a) Entre os adjetivos abaixo, quais poderiam ser empregados para caracterizar a cidade?

- pacata
- iluminada
- grande
- deserta
- escura
- populosa

b) O que representa o quadrado branco que aparece no centro da imagem?

c) O texto verbal também estabelece uma contraposição. No quadro abaixo há dois grupos de termos retirados do texto. Indique qual faz referência às cores escuras e qual faz referência ao quadrado branco.

Grupo I	Grupo II
1 bilhão de pessoas luzes apagadas todo mundo	você não participar

d) Tendo em vista os sentidos construídos pelo enunciado central e pela imagem, indique quais dos adjetivos abaixo poderiam ser empregados para caracterizar a pessoa que não participa da campanha.

- engajada
- omissa
- solidária
- consciente
- inconveniente
- indiferente

6 Para chamar a atenção do público, os textos de campanha costumam dar grande destaque à parte visual. Converse com seu professor e com seus colegas e levante hipóteses: De que forma o texto verbal e o texto não verbal se complementam a fim de persuadir o interlocutor a participar dessa campanha?

7 O texto de campanha comunitária, por procurar convencer as pessoas a aderir à campanha, pertence ao grupo dos gêneros argumentativos. Por essa razão, ele sempre apresenta argumentos. No texto lido, funciona como argumento a ideia de que participar da campanha Hora do Planeta é demonstração de cidadania e de cuidado com o meio ambiente. Identifique outros argumentos empregados no texto.

8 A linguagem deve estar sempre de acordo com o gênero e com o perfil do público a que um texto se destina. Em relação ao texto de campanha lido:

a) Que tipo de variedade linguística foi empregada?

b) Que tipo de público ele pretende atingir?

c) Por que, no texto verbal, o locutor se dirige diretamente ao leitor, tratando-o por **você**?

9 A entidade responsável pela campanha Hora do Planeta não é a mesma que é responsável pelo texto de campanha lido. Que imagem a entidade responsável por esse texto procura transmitir dela própria, ao se engajar na campanha?

10 Reúna-se com seus colegas de grupo e, juntos, concluam: Quais são as características do texto de campanha comunitária?

Agora é a sua vez

No capítulo **Intervalo** desta unidade, você e os colegas participarão do projeto **Feira de cidadania**, que terá a finalidade de chamar a atenção do público para a importância e a consequência de determinados comportamentos na sociedade em que vivemos.

A seguir, há duas propostas de atividade de produção de campanhas comunitárias que podem contribuir para difundir entre os participantes do evento a ideia da importância do respeito e da solidariedade para a valorização da vida.

Discuta com os colegas e o professor e, individualmente ou em grupo, desenvolva ao menos uma das propostas, com o fim de divulgar uma ideia, uma campanha ou um produto e despertar a atenção dos participantes da feira: colegas de sua classe e de outras, professores e funcionários da escola, amigos e familiares.

1. O cartaz ao lado integra uma campanha de redução de acidentes no trânsito. Leia-o.
Observe o texto não verbal. Nele, além dos logotipos das entidades responsáveis pela campanha, há imagens cujo uso tem em vista causar impacto no público-alvo. Emerson Fittipaldi, bicampeão como piloto de Fórmula 1, aparece sério, sisudo, de braços cruzados e postura ereta. Ao fundo, vê-se a cidade de São Paulo à noite, com uma rua cheia de veículos parados em um congestionamento – aspecto que dialoga com o símbolo e o tema da campanha: "Parada, um pacto pela vida". Esse texto é exemplo de como a parte não verbal de um cartaz de campanha pode contribuir para a construção da argumentação e para a persuasão do público a que uma campanha se dirige.
Entre os temas a seguir, escolha um que possa servir de base para uma campanha em sua escola ou em sua comunidade.
   - Respeito às normas de trânsito, especialmente aquelas que envolvem a segurança de pedestres
   - Respeito aos diretos de estudar das crianças e dos adolescentes e contra o trabalho infantil
   - Respeito aos colegas da escola, com foco na prevenção ao *bullying*

(Disponível em: www.facebook.com/ParadaPelaVida/photos/a.515771651784394.135086.275242015837360/515772928450933/?type=3&theater. Acesso em: 19/1/2018.)

Se preferir, escolha um tema social relevante no momento ou uma situação relacionada aos direitos humanos que diga respeito mais especificamente à sua escola. Escolhido o tema, crie um texto verbal que apresente e defenda a campanha e planeje um texto não verbal que chame a atenção do público e ajude a sensibilizá-lo.

2. Campanhas em defesa da vida são comuns. Veja, abaixo, um texto desse tipo, com foco no combate às drogas.

Crie um texto de campanha comunitária que valorize a vida e a saúde de adolescentes como você.

Planejando o tema e os textos da campanha

- Pense no perfil do público que será o alvo da campanha.
- Decida as ações que farão parte da campanha.
- Decida em que suporte os textos de campanha irão circular: cartaz, folheto, imagem a ser divulgada digitalmente ou outro.
- Planeje a parte não verbal do texto, lembrando que ela deve chamar a atenção dos leitores, e pense na técnica que você utilizará para produzi-la: fotografia, colagem, desenho, pintura, etc.
- Crie um enunciado principal curto e chamativo, capaz de expressar a ideia central da campanha.
- Se necessário, crie um texto complementar, sucinto, explicando o objetivo e a importância da campanha e o que fazer para participar dela. Nesse texto, apresente argumentos convincentes e empregue verbos no imperativo ou construções semanticamente equivalentes a essa forma verbal.
- Empregue uma linguagem adequada ao público que a campanha tem em vista.

Revisão e reescrita

Antes de fazer a versão final do seu texto de campanha comunitária, reveja-o, observando:

- se ele deixa claro ao leitor o objetivo da campanha;
- se ele apresenta argumentos convincentes e dá orientações claras sobre o que fazer para participar da campanha;
- se o enunciado principal é atraente;
- se há verbos no imperativo ou em outras formas verbais equivalentes a ele;
- se a linguagem é clara, objetiva, persuasiva e adequada ao público-alvo;
- se a parte verbal e a parte não verbal se complementam.

Faça as alterações necessárias e monte seu texto de campanha, passando-o para o suporte em que ele irá circular.

O ANÚNCIO PUBLICITÁRIO

Leia este anúncio publicitário:

(Disponível em: https://aacd.org.br/noticia/vem-ai-o-teleton-2016/. Acesso em: 20/2/2018.)

1 Assim como boa parte dos textos de campanha comunitária, o anúncio publicitário é um gênero argumentativo, pois procura convencer o interlocutor a comprar, divulgar ou contribuir com um produto, um serviço, uma instituição ou uma ideia.

a) Qual é a principal finalidade do anúncio?

b) Que entidade é responsável por ele?

c) Há anúncios comerciais, que estimulam o interlocutor a comprar algum produto, e anúncios não comerciais, que estimulam o interlocutor a aderir a uma ideia ou a valorizar determinado serviço. De que tipo de anúncio é o texto lido?

2 Na parte inferior do anúncio, há o logotipo da entidade responsável por ele, acompanhado do *slogan* da instituição. ***Slogan*** é uma frase breve que busca destacar o objetivo, a qualidade ou a atividade de uma instituição ou de uma marca.

a) Que elementos compõem o logotipo?

b) Levante hipóteses: Qual é a relação entre o logotipo e o *slogan*?

3 Releia o trecho do anúncio ao lado.

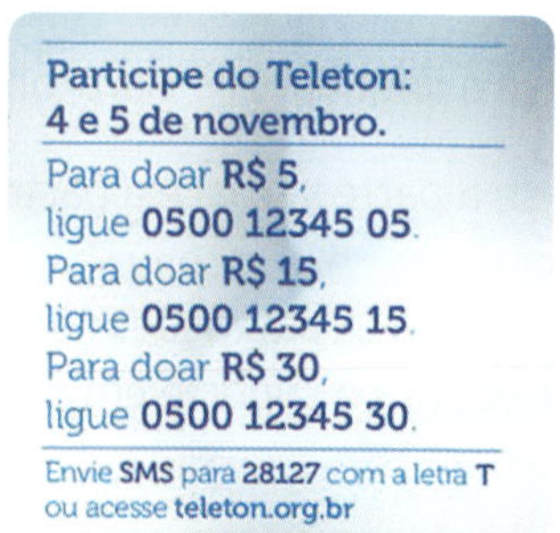

a) Quais são as formas verbais que estão no imperativo nesse trecho?

b) A quem as formas verbais se dirigem, diretamente?

c) Por que o anúncio disponibiliza várias maneiras diferentes para doar?

4 Para chamar a atenção do público, os anúncios publicitários costumam dar grande destaque à parte visual. Converse com o professor e com os colegas e responda:

a) Qual é a principal imagem utilizada no anúncio?

b) O que a expressão facial do menino demonstra?

c) Que relação se estabelece entre a imagem e a primeira frase da campanha, grafada em azul mais forte?

d) O sentido do texto se altera quando relacionamos a imagem à segunda frase da parte superior do anúncio? Qual é a relação entre a imagem e a segunda frase?

5 Levante hipóteses: Para a AACD, o que poderia ser um problema ainda mais complicado do que lidar com a deficiência?

Reprodução/AACD

6 A estrutura de um anúncio geralmente apresenta: título ou enunciado principal, imagem ou imagens, texto explicativo ou argumentativo e assinatura, logotipo ou marca do anunciante. Quais desses elementos compõem o anúncio lido?

7 A linguagem empregada nos anúncios pode variar bastante, dependendo do produto anunciado e do público-alvo. No anúncio em estudo, há uma construção bastante comum no português coloquial ou informal. Compare-a à construção equivalente a ela no português formal:

- "Tem problema que é muito complicado."
- Há problema que é muito complicado.

a) Levante hipóteses: Por que o anunciante teria optado pela construção própria do português coloquial?

b) Tendo em vista as finalidades que os anúncios publicitários costumam ter, levante hipóteses: Quais elementos determinam a escolha da linguagem de um anúncio?

8 Reúna-se com seus colegas de grupo e, juntos, concluam: Quais são as principais características do anúncio publicitário?

Agora é a sua vez

No final da unidade, no capítulo **Intervalo**, você e os colegas vão participar do projeto **Feira de cidadania**. Com a orientação do professor, crie, individualmente ou em pequenos grupos, um ou mais anúncios com a finalidade de desenvolver a divulgação da campanha comunitária e da feira de solidariedade e respeito proposta no capítulo. A fim de persuadir o público-alvo da importância de comparecer ao evento, utilize(m) bons argumentos, como os de que a feira:

- ajudará a compreender melhor como respeitar os direitos das outras pessoas, de diferentes grupos sociais: crianças, adolescentes, idosos, etc.;
- dará dicas sobre direitos humanos, sobre convivência em sociedade, sobre solidariedade e respeito;
- conscientizará sobre os problemas relacionados ao *bullying* e dará orientação sobre como combater essa prática;
- terá atividades divertidas e será um espaço de socialização.

Planejamento do texto

- Pense(m) no perfil do público-alvo que pretende(m) atingir e que gostaria(m) que comparecesse ao evento.
- Defina(m) o suporte do anúncio: cartaz, folheto, imagem a ser divulgada digitalmente ou outro.
- Planeje(m) um texto não verbal que chame a atenção dos leitores e pense(m) na técnica que será utilizada: fotografia, colagem, desenho, pintura, etc.
- Crie(m) um título curto e chamativo para o anúncio.
- Decida(m) se haverá, além do título, um texto explicativo ou argumentativo.
- Empregue(m) uma linguagem adequada ao tema do anúncio e ao perfil do público-alvo.

Revisão e reescrita

Antes de fazer a versão final do anúncio publicitário, observe(m):

- se ele apresenta argumentos convincentes;
- se o título é atraente;
- se as linguagens verbal e não verbal se complementam;
- se a linguagem é clara, objetiva, persuasiva e adequada ao tema do anúncio e ao público-alvo.

Faça(m) as alterações necessárias e monte(m) o anúncio, deixando-o pronto para ajudar na divulgação da feira e da campanha.

Para escrever com síntese

O resumo

Leia a seguinte notícia, divulgada por um portal da Internet.

'Lista suja' do trabalho escravo só será divulgada após determinação de ministro, prevê portaria

Antes, divulgação da lista estava a cargo de área técnica do Ministério do Trabalho. Em nota, ministério afirmou que portaria 'aprimora e dá segurança jurídica à atuação do Estado'.

Uma portaria publicada pelo governo nesta segunda-feira (16) estabelece que a divulgação da chamada "lista suja", que reúne as empresas e pessoas que usam trabalho escravo, passará a depender de uma "determinação expressa do ministro do Trabalho".

A portaria anterior, de maio de 2016, não fazia menção à necessidade de aprovação pelo ministro. Ela definia que a organização e a divulgação do Cadastro ficariam "a cargo da Divisão de Fiscalização para Erradicação do Trabalho Escravo (Detrae)".

De acordo com a nova portaria, assinada pelo ministro Ronaldo Nogueira (Trabalho), "a organização do cadastro ficará a cargo da Secretaria de Inspeção do Trabalho (SIT), cuja divulgação será realizada por determinação expressa do Ministro do Trabalho".

Em nota, o Ministério do Trabalho afirmou que mudança promovida pela portaria "aprimora e dá segurança jurídica à atuação do Estado Brasileiro" [...]

A nova portaria também altera as regras para a inclusão de nomes de pessoas e empresas na lista suja de trabalho escravo e os conceitos sobre o que é trabalho forçado, degradante e trabalho em condição análoga à escravidão [...]

[...]

MPT critica mudanças

O texto foi duramente criticado pelo Ministério Público do Trabalho (MPT). O vice-coordenador nacional da Coordenadoria Nacional de Erradicação do Trabalho Escravo, Maurício Ferreira Brito, afirmou que as mudanças "esvaziam a lista suja".

"A divulgação deixa de ser feita por critérios jurídicos e passa a ser feita por critérios políticos do ministro do Trabalho", afirmou.

Brito também criticou outra mudança promovida pela portaria publicada nesta segunda: a exigência de anexar um boletim de ocorrência policial ao processo que pode levar à inclusão do empregador na lista suja.

Segundo ele, é mais burocracia para dificultar o combate ao trabalho escravo.

[...]

(Disponível em: https://g1.globo.com/economia/noticia/lista-suja-do-trabalho-escravo-so-sera-divulgada-apos-determinacao-de-ministro-preve-portaria.ghtml. Acesso em: 16/2/2018.)

portaria: ato jurídico ordinário do Poder Executivo que contém ordens ou instruções acerca da aplicação de leis ou regulamentos e recomendações de caráter geral.

1 O texto lido foi publicado em um portal de notícias.

a) Que fato é noticiado?

b) Qual é o público-alvo do texto?

c) Para a produção da notícia, que fontes foram utilizadas pelo jornalista?

2 Além da parte que trata do assunto principal, a notícia apresenta outro tópico relacionado ao mesmo assunto.

a) Qual assunto é tratado nesse tópico?

b) As opiniões, descrições e detalhamentos apresentados nesse tópico ajudam a compreender o fato noticiado?

Cris Faga/Fox Press Photo/AE

3 Leia o resumo da notícia, publicado no mesmo portal, junto com outros resumos de notícias consideradas as mais importantes do dia:

Resumo do dia

Trabalho escravo

A divulgação da "lista suja" que reúne as empresas e pessoas que usam trabalho escravo só ocorrerá após "determinação expressa do ministro do Trabalho". Antes, área técnica do Ministério do Trabalho tinha autonomia para revelar a lista. Em nota, o governo afirmou que a portaria "aprimora e dá segurança jurídica à atuação do Estado". A definição de "trabalho escravo" também foi alterada. As mudanças receberam críticas.

[...]

(Disponível em: https://g1.globo.com/resumo-do-dia/noticia/segunda-feira-16-de-outubro-de-2017.ghtml. Acesso em: 27/2/2018.)

Compare o resumo à notícia e identifique as informações que foram utilizadas no resumo. Depois, responda:

a) Em que parágrafos do texto da notícia se encontra a maior parte das informações que aparecem no resumo?

b) Identifique o trecho do resumo em que o fato principal da notícia é expresso e copie-o em seu caderno.

c) Que outras informações foram selecionadas para compor o resumo?

4 Com base nas observações que você fez ao comparar o texto original e o resumo, indique em seu caderno a afirmação correta:

I. Resumir um texto consiste em recortar as informações do texto original.

II. Resumir um texto consiste em selecionar e condensar de modo coerente as informações mais importantes do texto original.

III. Resumir um texto consiste em enumerar os principais pontos do texto original e acrescentar o ponto de vista do autor do resumo.

Ditty_about_summer/Shutterstock

5 Quem é o público-alvo do resumo lido?

6 Tendo em vista que a notícia lida e seu resumo foram publicados no mesmo portal da Internet, o que justifica a existência do resumo?

7 Para resumir um texto, é necessário trabalhar com a estratégia da **sumarização**, que consiste em eliminar informações secundárias: exemplos, explicações, informações que reforçam outras já apresentadas. Compare o texto original ao resumo e, depois, responda:

a) Por que não constam no resumo os nomes das pessoas envolvidas no fato principal noticiado, o cargo delas e algumas de suas declarações?

b) O tópico "MPT critica mudanças" aparece de alguma maneira no resumo?

8 Ao fazer um resumo, é necessário mencionar com clareza a procedência das informações, os responsáveis por declarações e pelos pontos de vista apresentados nele. Identifique no resumo lido:

a) um trecho da portaria relativa à nova regulamentação sobre trabalho escravo;

b) um trecho de declaração emitida por órgão do governo.

9 No resumo lido, há vários trechos marcados com aspas. Dois deles são citações de palavras retiradas de outros textos. Por que a expressão **lista suja** também está entre aspas?

Os resumos estão muito presentes no nosso dia a dia. Por exemplo, como estratégia para estudar, resumimos a matéria que será cobrada em uma prova. Alguns professores solicitam resumos, como forma de acompanhamento e avaliação. Resumimos também eventos: por exemplo, quando, selecionando os acontecimentos mais importantes, contamos para nossos pais como foi o dia na escola. O uso de resumo ocorre ainda em sinopses de filmes e livros que fazem uma avaliação crítica para orientar o leitor. A função do resumo é, portanto, sintetizar brevemente o texto em que se baseia, tendo em vista um novo objetivo e novos interlocutores.

Exercício

Leia a notícia:

Mulher recebe apenas 84% do salário do homem, apontam dados do MTE

Laís Alegretti
De Brasília – 25/11/2017 17h00

goodluz/Shutterstock

Trabalhadoras brasileiras receberam o equivalente a 84% do salário dos homens no Brasil, em média, em 2016. As informações são do Ministério do Trabalho, com base na Rais (Relação Anual de Informações Sociais).

O salário médio dos homens foi de R$ 2.886,24 no ano passado, e o das mulheres, de R$ 2.427,14. Considerando a remuneração de todo o ano passado e o 13º salário, as mulheres receberam, em média, R$ 6.000 a menos que os homens.

Apesar da diferença, os números apontam uma melhora em relação a 2015, quando a remuneração feminina representava 82% do salário masculino. Os dados levam em consideração empregados formais no setor privado e no serviço público do país.

"Existem diversas explicações para o fato de esses 'gaps' ainda prevalecerem. A discriminação é uma delas", afirmou Cecilia Machado, professora da Escola Brasileira de Economia e Finanças da FGV (Fundação Getúlio Vargas).

Segundo a economista, há outras razões. As mulheres muitas vezes optam por posições com, por exemplo, mais flexibilidade, o que pode interferir no salário. Além disso, é possível que as empresas em que as mulheres trabalham paguem menos, mas ofereçam outros tipos de benefício que não são mensurados no salário.

Escolhas

A questão do preconceito tem várias facetas. Em muitos casos, interfere até nas escolhas individuais. As próprias mulheres podem evitar carreiras que pagam melhor, mas são vistas como trabalho de homem, diz a professora.

A engenheira Letícia Garcia viveu na pele essa percepção mais sutil. Em 2003, foi uma das oito mulheres que passaram no vestibular para cursar engenharia elétrica na UnB (Universidade de Brasília). Elas comemoraram um recorde: era a primeira vez que uma quantidade tão grande de alunas era aprovada para o curso. Ao mesmo tempo, 36 homens compunham a turma de calouros.

"As pessoas questionam o porquê de você fazer um curso tão masculino. Eu respondia só que gostava de física e matemática. Tinha 17 anos, dava uma resposta inocente, não via maldade naquilo", lembra Garcia, hoje aos 32 anos.

Brasiliense, ela conta que ficou pouco tempo na iniciativa privada, como engenheira eletricista, e não notou diferença salarial em relação aos colegas homens. Mas era sempre minoria. "Em todos os meus empregos anteriores tinha mais homens do que mulheres. Muitas vezes eu era a única mulher", diz.

[...]

(Disponível em: www1.folha.uol.com.br/mercado/2017/11/1938277-mulher-recebe-apenas-84-do-salario-do-homem-apontam-dados-do-mte.shtml. Acesso em: 27/2/2018.)

Imagine a seguinte situação: você deve escrever um resumo da notícia lida para compor um painel sobre a desigualdade entre homens e mulheres.

Releia o texto, selecione as informações e escreva um resumo da notícia, considerando que o painel será divulgado na escola. Para isso, siga estas orientações:

- Identifique e selecione as informações mais importantes da notícia lida.
- Despreze exemplos, explicações, detalhes e informações que reforçam outras já presentes no texto.
- Rearranje as informações em um texto coerente, tendo em vista a nova situação comunicativa: sua divulgação, no painel, para alunos de outras classes.
- Mencione com clareza a procedência das informações e os responsáveis pelos pontos de vista expressos no resumo.
- Empregue uma linguagem semelhante à do texto original, ou seja, formal e de acordo com a norma-padrão.

Divirta-se

Claudius/Arquivo do cartunista

Capítulo 2

Direitos de cada um, dever de todos

Conviver com outras pessoas é maravilhoso, mas, às vezes, também pode trazer dificuldades. Você já se sentiu constrangido, desrespeitado ou ofendido alguma vez? Na escola ou no seu bairro, você tem o direito de ser o que é, sem ser constrangido? Crianças e adolescentes têm direitos que devem ser respeitados. É lei!

Você vai ler, a seguir, três textos: os dois primeiros são parte de duas entrevistas, concedidas por duas adolescentes. O terceiro é um resumo do Estatuto da Criança e do Adolescente (ECA).

Texto 1

Beatriz Eduarda de Almeida Moraes, 11, mora no Itaim Paulista, zona leste de São Paulo. Está no 6º ano na escola municipal de ensino fundamental do CEU Três Pontes, um conjunto que envolve escolas e um complexo esportivo com piscina. Educação foi o tema escolhido para essa entrevista.

[...]

Você tem orgulho do seu cabelo, da sua cor de pele?

Antes eu não tinha orgulho de mim. Eu achava que minha pele era feia, que meu cabelo era ridículo. Sempre aquele padrão social, da menininha branquinha, com cabelos lisos. E comecei a sofrer *bullying* na escola. Aí minha madrinha chegou pra mim e disse: "Você tem que se orgulhar do que você é". E me indicou umas músicas, pra eu poder sair dessa crise. Aí comecei a me aceitar mais. E minha tia é branca, mas ela gosta muito da cultura afro. E ela falava que acha os africanos mais lindos que os branquinhos. Ela fala que o cabelo cacheado é um dos mais bonitos que tem. Porque ele é diferente, ele é muito bonito. A nossa pele, a etnia das pessoas, ninguém pode julgar. E acho que é muito legal descobrir mais culturas e não ficar julgando. E se você gostar, faça como eu e valorize o que você tem.

Taxi/Getty Images

Como você consegue passar a importância dessa valorização para seus colegas, inclusive para os que fazem o *bullying*?

Para os que fazem o *bullying* eu digo pra não fazer isso porque você não sabe como está a saúde emocional da pessoa. A pessoa talvez não goste dessas brincadeiras idiotas. Se a pessoa vem e fala: "Seu cabelo é feio e devia ser liso", é hora de perguntar: por que tem de ser liso? Você tem algum preconceito com o meu cabelo? E mesmo se você tiver preconceito, o problema não é meu e não me atinge isso. Tem uma menina da minha sala que os meninos ficavam chamando ela de apelidos chatos. Ela é parecida comigo, a pele escura, cabelos cacheados, os olhos castanhos. Aí eu falei pra ela que tem que se aceitar do jeito que ela é, e não ouvir a opinião dos outros.

Você está comentando esses casos aqui na escola. Você acha que a escola é um ambiente violento? Esses casos de *bullying* são normais ou foram exceção?

É bem frequente esse negócio de *bullying*, não mais comigo. Porque as pessoas dizem e eu não me importo muito. Mas na escola deve ter muitas pessoas que sofrem *bullying* e ficam com depressão. E não é só pelo fato de ser negro, etnia... Se a pessoa é muito magra, julga que é muito magra. Se a pessoa é um pouco mais gordinha, aponta o dedo na cara dela e diz "você tem que emagrecer". Se a pessoa tem cabelo cacheado, julga porque tem cabelo cacheado. Se tem cabelo liso, julga pelo liso. E acho que as pessoas devem parar de julgar e tomar conta mais do seu.

[...]

Você acha que a opinião das crianças é ouvida e respeitada?

Não muito. Porque quando a gente fala, vai conversar com o adulto que entende, ele diz: "O que você vai entender disso? Você é uma criança. Você não tem que se meter nesses assuntos. Isso é assunto de adulto". E não existe esse tipo de "assunto de adulto", não que eu diga todos, né, mas entre política, ações sociais, acho que as crianças deveriam ser mais ouvidas. Porque todo mundo deve ser ouvido.

E na escola? As crianças são ouvidas?

Não muito. A professora de História passou um papelzinho e mandou escrever o que a gente podia fazer pela escola e como as aulas dela podiam melhorar. Eu achei isso muito legal. Ela percebeu que a gente queria ter mais coisas, passar mais conteúdos, fazer aulas mais legais, dinâmicas. Eu acho legal porque a professora vê a gente e tenta resgatar o que a gente está pensando. E não só o que a diretoria e as outras pessoas pensam. [...]

(Disponível em: http://temas.folha.uol.com.br/crianca-do-dia/educacao/tem-coisas-que-a-escola-nao-ensina-a-gente-aprende-na-vida-diz-beatriz-11.shtml. Acesso em: 9/2/2018.)

Texto 2

Sarah Gonçalves Martins da Silva, 11, é indígena Guarani Mbya e mora na aldeia Tenondé Porã, em Parelheiros, extremo sul da cidade de São Paulo. Uma área com 12 famílias que faz parte de uma reserva indígena de 15,9 mil hectares, que segue até o litoral e envolve seis aldeias.

Você gosta daqui, de morar no meio da natureza, do verde?

Eu gosto muito, mas quando é muito chato eu gosto de sair.

E no fim de semana, o que você faz?

Gosto de pensar.

O que você pensa?

Eu gosto de pensar no futuro. Eu sei que não vai dar certo, mas eu gosto de pensar. [...]

Como é a letra do rap guarani que vocês estavam cantando?

"A terra vermelha, o sangue derramado, pelos guerreiros do passado. Massacrado pelos fazendeiros, mercenários, latifundiários..." Eu não me lembro mais [risos].

A música fala de demarcação indígena. Qual importância de discutir isso?

Pra mim é muito importante. Tem muitas terras que é pouquinho, tipo o Jaraguá. É muito pequena a terra. Tem outras que é maior, como aqui e outras.

José Luiz da Conceição/AE

Comunidade indígena em Parelheiros, São Paulo.

Houve manifestações recentes, na avenida Paulista, você foi?

Eu não fui, ela foi [aponta para a Sabrina]. Eles vieram aqui. Então, eles falam muitas coisas.

Você acha que é importante protestar?

Sim. É melhor pro povo, e também outras terras, tipo kaiowá. Lá é muito sofrimento. Tem que fazer protesto.

[...]

E com relação a outros lugares indígenas, como na Amazônia. Você já ouviu falar se estão devastando?

Sim.

Por que eles fazem isso?

Tem outros [que fazem] pelo dinheiro, outros pela terra, e outros que é para os índios sofrerem. [...]

Você fala guarani e português. Quando aprendeu guarani?

Desde pequena. Primeiro as palavras diz em guarani. Quando a gente estuda, fala em português.

[...]

Quando você estuda, acha que isso vai ser importante?

Tem importância, quando a gente quer ser alguma coisa a gente estuda muito. Quero fazer aula de inglês, mas não para na minha cabeça.

Você já pensou o que quer ser no futuro? Seu sonho?

Se eu não morrer logo, eu faço, né. Então... eu poderia fazer, eu quero ser dentista. Mas eu quero mesmo é inglês.

Com relação à natureza, você pode falar algo em guarani que você gostaria de dizer e depois nos traduzir?

"Xee ma ndaipotai mava'eve yvyra ha'erengua ojaya aguã. Jurua kuery nda'evei ha'erami ojapo aguã. Ha'e tei yvyra gui ae tu nhanepytue. Ha'erami nda'evei ha'erami ojapo". Eu disse que não é bom cortar as árvores, quando outros "juruas" cortam é pra fazer outras coisas. A gente não pode cortar árvores, só pra fazer tipo a casa, casa de madeira, ou pra fazer fogueira.

E os brancos cortam pra quê?

O branco corta pra outros, material, caderno, lápis, pra tudo. Quando as árvores crescem é pra gente respirar. O Deus fez pra assim, pra gente respirar.

E se acabar com as árvores?

Se acabar as árvores a gente morre. Quando a gente não dá pra respirar.

(Disponível em: http://temas.folha.uol.com.br/crianca-do-dia/demarcacao-indigena/tem-terras-que-e-pouquinho-tipo-o-jaragua-diz-a-indigena-sarah-11-anos.shtml. Acesso em: 9/2/2018.)

Texto 3

O texto a seguir é uma adaptação do Estatuto da Criança e do Adolescente, feita em linguagem menos especializada e mais acessível aos leitores a quem ele mais diz respeito: as crianças e os adolescentes. Leia-o.

Logo na abertura do Estatuto da Criança e do Adolescente, há um resumão da lei. A conversa começa com a definição de quem é a criança e quem é o adolescente: criança é a pessoa que tem até 12 anos de idade incompletos; o adolescente está na faixa entre 12 e 18 anos; e o adulto tem mais de 18.

Alamy/Fotoarena

Depois, o texto diz que as crianças e os adolescentes estão sempre em primeiro lugar! É isso aí. A família, a comunidade, a sociedade e os governos têm o dever de garantir o bem-estar da garotada. Anote aí: você tem direito à vida, à saúde, alimentação, educação, esporte, lazer, profissionalização, cultura, dignidade, respeito, liberdade e convivência familiar e comunitária. A lista é grande!

[...]

Outra coisa importante que está escrita na abertura do ECA é que nenhuma criança ou adolescente poderá sofrer negligência (desatenção, descuido), discriminação (preconceito), exploração, violência, crueldade ou humilhação. Isso significa que o estatuto protege as crianças contra todos os tipos de maus-tratos. Quem desrespeitar uma criança ou adolescente — e até quem souber de algum caso de maldade contra menores e não contar — vai ser punido.

[...]

Mesmo não sendo pessoas crescidas, as crianças têm direito à liberdade. Isso significa que você pode expressar sua opinião, inclusive sobre política, contar suas ideias, falar sobre o que acredita e seguir sua religião. Os brasileirinhos também podem passear, brincar, praticar esportes e divertir-se!

O ECA também diz que a criança tem direito de participar da família e da comunidade sem qualquer discriminação. Todos devem respeitar a criança e o adolescente, sem qualquer tratamento desumano, violento, que cause medo ou vergonha. E a criança não precisa ficar com receio de pedir ajuda. Sempre que for necessário, peça orientação ou proteção para um adulto.

[...]

Educação é assunto importantíssimo! É por isso que o ECA garante a todo brasileirinho as mesmas condições para se matricular e permanecer numa escola pública e gratuita. E o colégio tem de ser, de preferência, pertinho de casa. Os pequeninos, de 0 a 6 anos de idade, também estão nessa: o governo deve garantir o atendimento da meninadinha em creches.

E como a família precisa acompanhar o crescimento de suas crianças, os pais têm o direito de saber sobre o comportamento e as notas de seus filhotes e também de participar do processo de ensino e aprendizagem.

O ECA determina que os pais têm obrigação de matricular seus filhos na escola. E para tudo funcionar direitinho, a lei diz que o governo precisa controlar quantas crianças estão na escola, fazer a chamada todos os dias e, junto com os pais, cuidar para que a criançada não fique faltando aula.

Os dirigentes da escola devem avisar ao Conselho Tutelar os casos de maus-tratos envolvendo alunos e os casos de muitas faltas sem explicação. Se as crianças de uma escola estão repetindo muito de ano, ou vários alunos estão abandonando a sala de aula, alguma coisa está errada. As autoridades precisam ser informadas para resolver o problema. [...]

(Disponível em: www.conselhodacrianca.al.gov.br/sala-de-imprensa/publicacoes/ECA_ilustrado%20tirinhas.pdf. Acesso em: 1/2/2018.)

O texto original do ECA

Estatutos, códigos, regimentos e a própria Constituição são organizados em títulos, capítulos, artigos, parágrafos e incisos. Esses nomes são as partes das leis, como elas se subdividem e especificam cada um dos direitos de que tratam.

A lei n. 8.069, conhecida como ECA, foi promulgada em 1990. Para ter uma ideia de como está organizado o ECA e de como é sua linguagem, leia um trecho do início do documento original:

O PRESIDENTE DA REPÚBLICA: Faço saber que o Congresso Nacional decreta e eu sanciono a seguinte Lei:
Título I
Das Disposições Preliminares

Art. 1º Esta Lei dispõe sobre a proteção integral à criança e ao adolescente.

Art. 2º Considera-se criança, para os efeitos desta Lei, a pessoa até doze anos de idade incompletos, e adolescente aquela entre doze e dezoito anos de idade.
Parágrafo único. Nos casos expressos em lei, aplica-se excepcionalmente este Estatuto às pessoas entre dezoito e vinte e um anos de idade.

[...]

Art. 4º É dever da família, da comunidade, da sociedade em geral e do poder público assegurar, com absoluta prioridade, a efetivação dos direitos referentes à vida, à saúde, à alimentação, à educação, ao esporte, ao lazer, à profissionalização, à cultura, à dignidade, ao respeito, à liberdade e à convivência familiar e comunitária.

[...]

Se quiser conhecer o documento completo, acesse: www.planalto.gov.br/Ccivil_03/leis/L8069.htm.

Estudo dos textos

Compreensão e interpretação

1 No texto 1, Beatriz afirma que já sofreu *bullying* relacionado à cor de sua pele e ao tipo de seu cabelo e que acredita que muitas crianças em sua escola ainda sofrem, por diferentes motivos, com esse tipo de perseguição. A prática do *bullying* desrespeita algum artigo do ECA? Qual (Quais)?

2 Beatriz toma atitudes para enfrentar o *bullying*? Se sim, quais? Como ela ajuda outros colegas?

3 No trecho final da entrevista, o entrevistador pergunta a Beatriz se as opiniões das crianças são ouvidas e respeitadas.

a) A liberdade de expressão de crianças e adolescentes é garantida pelo ECA? Justifique sua resposta com um trecho do resumo do ECA.

b) Qual é a opinião de Beatriz sobre essa pergunta feita pelo entrevistador?

c) Quais argumentos ela expõe para defender sua opinião?

4 Sarah, entrevistada no texto 2, é uma menina indígena.

a) Que elementos da entrevista da garota confirmam a ligação dela com a cultura indígena?

b) Pelo trecho da entrevista, você acha que os direitos de Sarah, como adolescente indígena, vêm sendo respeitados? Confirme sua resposta com trechos da entrevista.

c) No caso de Sarah, que direitos garantidos pelo ECA parecem estar sendo desrespeitados pela sociedade em geral?

The Image Bank/Getty Images

5 Releia a letra do *rap* que Sarah e suas amigas cantavam:

> "A terra vermelha, o sangue derramado, pelos guerreiros do passado.
> Massacrado pelos fazendeiros, mercenários, latifundiários..."

a) O *rap* tradicionalmente é um gênero musical de protesto. O *rap* de Sarah e suas amigas é de protesto?

b) Como Sarah vê a história de seu povo no contato com os brancos?

c) De acordo com a entrevista, que outra forma de protesto os indígenas têm utilizado para garantir seus direitos, além da música?

A linguagem dos textos

1. Na entrevista que dá, Beatriz cita algumas falas de outras pessoas, como a tia, os colegas da escola e os adultos em geral. Para demarcar a fala de Beatriz e a fala de outras pessoas, de que modo o jornalista responsável pela matéria procedeu? Dê um exemplo.

2. A palavra ***bullying*** aparece em letras em itálico. O que justifica esse uso?

3. Observe a linguagem utilizada por Beatriz e Sarah. O registro utilizado pelas entrevistadas é formal ou informal? Comprove sua resposta com ao menos um trecho de uma das entrevistas.

Trocando ideias

1. Beatriz e Sarah são adolescentes com 11 anos.
   a) É comum jornais e revistas publicarem entrevistas com adolescentes?
   b) Você acha importante que a imprensa divulgue o que pensam e como vivem os adolescentes? Por quê?

2. Na sua opinião, os adolescentes precisam aprender a se posicionar, a defender suas opiniões e buscar ser ouvidos? Por quê?

A língua em foco

Transitividade verbal, objeto direto e objeto indireto

Construindo o conceito

Leia esta tira:

(Alexandre Beck. *Armandinho dois*. Florianópolis: A. C. Beck, 2014. p. 36.)

1. No 1º balão da tira, a mãe de Armandinho diz ao menino: "Você já comeu os seus, Dinho!". A que a mãe do garoto se refere com a expressão **os seus**?

2 No 2º quadrinho, Armandinho comenta com a mãe que a vizinha emagreceu.

a) Qual é a importância dessa informação para o objetivo do garoto e a construção do humor da tira?

b) No contexto, o que a onomatopeia **Crunch! Crunch!** sugere?

3 Observe o emprego das formas verbais nestas orações:

- "Você já **comeu** os seus, Dinho!"
- "**Falando** em chocolate..."
- "a vizinha **emagreceu**"
- "Esses chocolates aí **são** meus!"

a) Quais das formas verbais têm um complemento sobre o qual recai a ação verbal?

b) Qual das formas indica ação, mas não tem complemento, ou seja, a ação verbal não se estende a outro termo?

c) Qual das formas verbais indica estado, em vez de ação?

Conceituando

Você notou, ao responder às questões anteriores, que os verbos podem ter complemento ou não. Observe estas duas orações:

- Você já **comeu** os seus, Dinho! (os seus = complemento)
- **Falando** em chocolate... (em chocolate = complemento)

Nessas orações, os dois verbos indicam ação, e a ação de cada verbo recai sobre outro termo, que serve a ele de complemento. Assim, **os seus** é complemento do verbo **comer**, e **em chocolate** é complemento de **falar**. Quando isso ocorre, ou seja, quando o sentido do verbo se completa com outro termo (seu complemento), dizemos que se trata de um **verbo transitivo**.

Por outro lado, na oração "a vizinha **emagreceu**", o verbo **emagrecer** não necessita de complemento, pois a ação de emagrecer não recai sobre outro elemento. Nesse caso, dizemos que se trata de um **verbo intransitivo**.

Transitividade verbal é a necessidade de ter complemento apresentada por alguns verbos. Esses verbos que exigem complemento chamamos de **transitivos** e aos que não exigem complemento chamamos de **intransitivos**.

Transitivo tem a ver com *trânsito*?

Sim. A palavra **transitivo** vem da forma latina *transitare*, que significa "movimentar, andar". É como se, em orações como "Escrevi a carta", "Enviei a carta", as ações de escrever e enviar se "movimentassem" e recaíssem sobre a carta.

Observação

A transitividade ou intransitividade de um verbo depende sempre do contexto em que ele está empregado e do sentido que ele apresenta naquele contexto. Veja:

- Você **falou** a verdade? (verbo transitivo)
- A razão desaparece quando o coração **fala**. (verbo intransitivo)

Observe agora estas duas orações:

- Você já **comeu** os seus, Dinho!
  (os seus → complemento)

- **Falando** **em** chocolate...
  (em → preposição; em chocolate → complemento)

Em ambas as orações, o verbo é transitivo; porém, na 1ª, o complemento **os seus** se liga ao verbo diretamente, sem preposição, enquanto na 2ª oração, o complemento **chocolate** se liga ao verbo por meio da preposição **em**. Na primeira situação, o verbo é **transitivo direto** e seu complemento é chamado de **objeto direto**; na segunda situação, o verbo **falar** é **transitivo indireto** e seu complemento é chamado de **objeto indireto**.

Compare:

- Você já **comeu** os seus, Dinho!
  (comeu → v. transitivo direto; os seus → OD)

- **Falando** **em** chocolate...
  (Falando → v. transitivo indireto; em → preposição; em chocolate → OI)

Alexandre Beck/Acervo do cartunista

Assim, concluímos:

Objeto direto é o termo que se liga diretamente, isto é, sem preposição, a um verbo transitivo.

Objeto indireto é o termo que se liga indiretamente, isto é, por meio de uma preposição, a um verbo transitivo indireto.

Às vezes, um verbo pode estar acompanhado dos dois complementos. Nesse caso, dizemos que ele é **transitivo direto** e **indireto**.

Observe:

A mãe **deu** os chocolates ao filho.
(A mãe → sujeito; deu → v. transitivo direto e indireto; os chocolates → OD; ao filho → OI)

A predicação das locuções verbais

A predicação das locuções verbais é dada pelo verbo principal, isto é, pelo último verbo da locução. Leia a tira abaixo e observe a locução verbal na frase "Como a gente pode conseguir algum?", no 2º quadrinho.

Calvin & Hobbes, Bill Watterson © 1987 Watterson/Dist. by Andrews McMeel Syndication

A locução verbal **pode conseguir** é seguida de objeto direto porque o verbo **conseguir** é transitivo direto.

VTD

A gente pode conseguir algum (dinheiro).

loc. verbal — OD

Se, em vez de **pode conseguir**, a personagem tivesse usado a expressão **pode precisar**, teríamos na sequência dela um objeto indireto, porque o verbo **precisar** é transitivo indireto.

VTI

A gente pode precisar de algum dinheiro.

loc. verbal — OI

Agora que você já tem uma noção geral da transitividade dos verbos na língua portuguesa, veja, de forma esquemática, como eles se classificam quanto à predicação, isto é, quanto ao fato de exigirem ou não complementos:

Predicação dos verbos

Verbos de ligação

Verbos significativos — intransitivos
— transitivos — diretos
— indiretos

Lembre-se: para identificar a predicação de um verbo, é preciso observar sempre o contexto em que ele está empregado, e nunca considerá-lo isoladamente.

Morfossintaxe dos objetos

Os objetos direto e indireto podem ser representados por substantivos, por pronomes substantivos ou por qualquer palavra, expressão ou oração substantivada.

subst. — pron. subst.

Trouxe um presente para você.

OD — OI

Observe, na tira a seguir, o emprego do verbo **virar**.

(Fernando Gonsales. *Níquel Náusea — Com mil demônios!*. São Paulo: Devir, 2002. p. 4.)

No 3º quadrinho, na fala do menino, o verbo **virar** é de ligação:

- Você não **virou** príncipe! (virou: v. de ligação; príncipe: predicativo do sujeito)

Compare esse emprego do verbo **virar** com o emprego que ele tem nestas frases:

- A mãe **virou** e saiu do quarto. (virou: v. intransitivo)
- A mãe **virou** o rosto assustada. (virou: v. transitivo direto; o rosto: OD)

Conforme se vê, dependendo do contexto, um mesmo verbo pode apresentar diferentes sentidos e predicações.

Exercícios

Leia este poema, de Flora Figueiredo:

Gangorra

Eu namoro a noite,
você apaga a lua;

eu perfumo o lençol,
você dorme na rua;

eu aprumo a estrela,
você a entorta;

eu colho a maçã
você traz a lagarta;

eu rego o ipê
você parte o galho;

eu tempero com sal,
você talha o molho;

eu lavo o cristal,
você trinca a ponta;

eu adoço com mel,
você passa do ponto;

eu beijo na boca,
você faz de conta.

(Flora Figueiredo. *Chão de vento*. São Paulo: Geração Editorial, 2005.)

1 O poema é composto de dísticos, ou seja, de estrofes de dois versos.

a) O que todos os dísticos têm em comum, quanto ao sujeito das orações constituídas pelos versos?

b) Dos sujeitos das orações constituídas pelos versos, qual é o eu lírico? Quem é o interlocutor dele?

2 Observe estas ações do eu lírico e de seu interlocutor:

- "Eu namoro a noite,
  você apaga a lua;"
- "eu rego o ipê,
  você parte o galho;"

a) Como é a relação entre as ações de um e de outro: de continuidade, de complementaridade ou de oposição?

b) O que essa relação sugere sobre o relacionamento entre o eu lírico e seu interlocutor?

c) Associe o título do poema ao relacionamento entre o eu lírico e seu interlocutor.

3 Leia as orações que constituem os dois primeiros versos do poema:

"Eu namoro a noite,
você apaga a lua;"

a) Nas duas orações, os termos estão na mesma sequência: sujeito + verbo + complemento. Que outras orações do poema apresentam essa mesma estrutura?

b) Nessas orações, o verbo é transitivo ou intransitivo?

4 Na oração "você dorme **na rua**", o verbo é acompanhado de uma locução adverbial: **na rua**.

a) Em que outras orações o verbo é seguido de advérbio ou locução adverbial?

b) Nessas orações, os verbos são transitivos ou intransitivos?

5 Observe que a ação indicada pelos verbos transitivos diretos recai sempre sobre um objeto direto que representa coisas – namorar a **noite**, apagar a **lua**, regar o **ipê**, partir o **galho**, etc. –, nunca sobre pessoas. O que esse aspecto sugere sobre o relacionamento entre o eu lírico e seu interlocutor?

Thaís Circelli/Arquivo da editora

A transitividade verbal na construção do texto

Leia estas trovas, de Margarida Ottoni:

Se quiseres conquistar,
deixa o modo imperativo,
e conjuga o verbo amar
com jeitinho indicativo.

Amar, verbo transitivo
que nos altera a razão
faz do sujeito um cativo,
do objeto, o rei da oração.

(*Cantigas do entardecer — Trovas*. Rio de Janeiro: Edições Artesanais, 2001. p. 11.)

cativo: escravo, preso, encarcerado.

1. Trova é o mesmo que quadra, ou seja, é um poeminha formado por quatro versos. De que tratam as trovas lidas?

2. Na primeira trova, brincando com os modos verbais, a poetisa dá um conselho sobre como conquistar: deixar o modo imperativo e amar com "jeitinho indicativo". Interprete:
   a) O que seria conjugar o verbo **amar** de um jeito imperativo?
   b) E de jeito indicativo?

3. O verbo **conquistar** pode ser empregado como transitivo direto e como intransitivo.
   a) Qual é a predicação desse verbo no contexto?
   b) Considerando o sentido desse verbo no contexto, explique a razão dessa predicação verbal.

4. Na segunda trova, brincando com as funções sintáticas dos termos da oração, a poetisa faz uma reflexão sobre o amor.
   a) Na oração **Paulo ama Júlia**, qual é o sujeito e qual é o objeto?
   b) Interprete: Por que, de acordo com o ponto de vista da poetisa, o sujeito do amor se torna cativo da pessoa amada?
   c) Por que a pessoa amada (o objeto do amor) se torna o "rei da oração"?

5. Observe esta construção:

"Amar [...] faz do sujeito um cativo"

   a) A palavra **amar** normalmente é verbo. No contexto, entretanto, desempenha uma função sintática incomum para os verbos. Qual é essa função?
   b) Qual é a predicação de **faz** nessa oração? Quais são os complementos desse verbo?

Semântica e discurso

Leia o anúncio abaixo para responder às questões 1 a 6.

Competence Comunicação/Itaipu Binacional

(*O Estado de S. Paulo*, 22/3/2010.)

1 Observe o enunciado em destaque no anúncio:

> "É a partir da água que a vida toma forma."

Leia o enunciado com e sem a expressão **É... que** e depois conclua:

a) Essa expressão é indispensável ao enunciado?

b) Que papel ela tem no enunciado?

2 A expressão **é que** não desempenha função sintática. Logo:

a) Quantos verbos e quantas orações há no enunciado em destaque no anúncio?

b) Como se classifica o verbo desse enunciado quanto à predicação?

3 No contexto, o verbo **tomar** adquire duplo sentido. Quais são os sentidos?

4. Observe a parte visual do anúncio.

   a) Qual é a imagem que se destaca?

   b) Que ideia essa imagem sugere?

5. Releia o texto que aparece em um círculo no anúncio e identifique a predicação das seguintes formas verbais, no contexto em que foram empregadas:

   a) cuidar
   b) impulsionam
   c) beneficia
   d) incentivam
   e) faz
   f) gerar

6. Na parte de baixo do anúncio aparecem duas bandeiras: a do Paraguai e a do Brasil. Qual é a razão da presença dessas duas bandeiras no anúncio?

7. Leia este texto:

> Se não houver uma mudança nos padrões de consumo e produção, em menos de 50 anos serão necessários dois planetas Terra para **atender** a nossas necessidades de água, energia e alimentos.
>
> (Luis Pellegrini. Revista *Planeta*, abril 2010, p. 6.)

   a) Qual é o sentido do verbo **atender**, no texto? Qual é a sua transitividade?

   b) Indique o sentido e a predicação do verbo **atender** nestes enunciados:

   - Hoje o médico não **atenderá** mais nenhum paciente.
   - O governo finalmente **atendeu** às reivindicações dos trabalhadores.
   - Os bombeiros **atenderam** imediatamente as vítimas do incêndio.

De olho na escrita

Pontuação (I)

Releia a tira que você leu no estudo da transitividade verbal, observando, agora, a pontuação empregada.

beckilustras@gmail.com
Alexandre Beck/ Acervo do cartunista

1. No 1º quadrinho, há o emprego de ponto de exclamação no final das falas da mãe de Armandinho.

   a) Por que esse sinal de pontuação foi empregado nessas falas?

   b) Que outro sinal poderia ter sido empregado no lugar dos pontos de exclamação? O sentido das falas seria o mesmo?

2 No 2º quadrinho, o sinal de reticências foi empregado duas vezes, uma delas, no início de um enunciado, o que não é comum.

a) Com que finalidade foram empregadas as reticências nesse quadrinho?

b) No início do enunciado "...reparou que a vizinha emagreceu?", o que as reticências indicam?

c) Que outro sinal poderia ter sido empregado no lugar das reticências, na fala do garoto? O sentido produzido seria o mesmo?

3 Por que foi empregado o ponto de interrogação na fala de Armandinho, no 2º quadrinho?

4 No 3º quadrinho, por que foi empregado o ponto de exclamação?

Você certamente já estudou pontuação em sua vida escolar e, ao responder às questões anteriores, provavelmente recorreu aos conhecimentos que tem a respeito dos sinais de pontuação mais utilizados.

Neste capítulo e no próximo, vamos rever e aprofundar o estudo dos casos mais importantes de pontuação.

Ponto

É empregado no final de frases declarativas:

> A mãe disse que os bombons eram dela.

Ponto de exclamação

É empregado no final de frases exclamativas, com a finalidade de indicar estados emocionais, como espanto, surpresa, alegria, dor, etc.:

> Esses chocolates são meus, Dinho!
> Oba! Ganhei mais chocolates!

Alexandre Beck/ Acervo do cartunista

Ponto de interrogação

É empregado no final de frases interrogativas diretas:

> Você reparou que a vizinha emagreceu?

Dois-pontos

É empregado para introduzir uma citação, uma explicação, um esclarecimento ou, nas narrativas, a fala de personagens. Veja:

> O garoto ama duas coisas: chocolates e frutas.

Reticências

São empregadas para indicar interrupções na fala, sugerir que o falante deixa algo em suspenso, implícito, ou expressar dúvida, ameaça, ironia, etc. Veja:

"Falando em chocolate... reparou que a vizinha emagreceu?"

— Que cheiro é esse?
— Deve ser da Lagoa...
— Não, não. Meu Deus, será...

(Luis Fernando Verissimo. *Outras do analista de Bagé*. 29. ed. Porto Alegre: L&PM, 1982. p. 17.)

Parênteses

São empregados para indicar a inclusão, em um texto, de uma informação secundária ou acessória. Essa informação pode consistir, por exemplo, no significado de uma sigla, em uma explicação ou especificação.

Veja, no seguinte trecho de um dos textos que você leu na abertura deste capítulo, duas situações de emprego de parênteses:

"Outra coisa importante que está escrita na abertura do ECA é que nenhuma criança ou adolescente poderá sofrer negligência (desatenção, descuido), discriminação (preconceito), exploração, violência, crueldade ou humilhação."

No texto a seguir, os parênteses são empregados para separar datas indicativas de nascimento e morte:

Emicida

No show "Obrigado, Clementina", o rapper paulista homenageia a cantora de samba Clementina de Jesus (1901-1987). Ele apresenta sucessos de sua própria carreira, mas com uma nova roupagem, utilizando o estilo partido-alto — samba de forte influência africana —, marca registrada da artista.

[...]

(*Folha de S. Paulo*, 9/1/2018. Guia da Folha.)

Lewy Moraes/Folhapress

Clementina de Jesus.

Travessão

É empregado para isolar expressões e frases explicativas e para introduzir, nas narrativas, o discurso direto de uma personagem.

No texto sobre o *show* do cantor Emicida em homenagem à sambista Clementina de Jesus, citado antes, os travessões foram empregados para isolar a expressão "samba de forte influência africana", que explica o que é o **partido-alto**.

No texto narrativo a seguir, os travessões são empregados para introduzir a fala de personagens. Observe:

> Frederico entrou no apartamento puxando o amigo pelo braço. Gritou para a mulher:
>
> — Lurdes, olha quem eu encontrei no elevador!
>
> A mulher não reconheceu.
>
> — É o Parra. Lembra como eu sempre falava no Parra? Pois este é o Parra!
>
> (Luis Fernando Verissimo. *Outras do analista de Bagé*, cit., p. 21.)

Aspas

São usadas no início e no final de citações, para indicar falas de pessoas ou personagens, para destacar palavras estrangeiras e gírias ou para relativizar o sentido de certas palavras. Veja seu uso na penúltima frase do texto abaixo.

> — Vai dizer que comida é isto que vocês comem aqui?
>
> — Mas bá.
>
> Eu estava levando o chope à boca e parei.
>
> — O que foi que você disse?
>
> — Eu? Nada.
>
> — Você disse "mas bá".
>
> — Não disse.
>
> (Luis Fernando Verissimo. Idem, p. 44.)

Exercícios

Na anedota a seguir, faltam alguns sinais de pontuação, eliminados propositalmente. Leia-a, tentando perceber quais são esses sinais.

> O pobre escritor jovem e sem sucesso já devia ter vários meses de aluguel na pensãozinha onde vivia Aí a dona da pensão veio dizer pra ele
>
> Tem de pagar hoje ou
>
> E o pobre escritor começou a argumentar
>
> A senhora vai ter de ter paciência No futuro, as pessoas virão visitar sua pensão, olhar este quarto e dizer Então foi aqui que o grande escritor começou sua vida
>
> E a dona da pensão disse
>
> Tudo bem, mas, se você não pagar a conta hoje, a visitação já vai começar amanhã
>
> (Ziraldo. *O livro do riso do Menino Maluquinho*. 2. ed. São Paulo: Melhoramentos, 2000. p. 61.)

Thais Circelli /Arquivo da editora

1 Junte-se a um colega e reescrevam a anedota no caderno, introduzindo os sinais de pontuação necessários. Quando concluírem, confrontem as respostas com as dos colegas.

2 Você usou o sinal de reticências? Quantas vezes? Justifique esse emprego.

3 Você deve ter utilizado o dois-pontos três vezes no texto. O que justifica seu emprego?

4 Você certamente colocou uma das frases entre aspas. O que justifica esse emprego?

5 Releia o seguinte trecho da primeira das duas entrevistas lidas no início deste capítulo:

> Porque quando a gente fala, vai conversar com o adulto que entende, ele diz: "O que você vai entender disso? Você é uma criança. Você não tem que se meter nesses assuntos. Isso é assunto de adulto". E não existe esse tipo de "assunto de adulto", não que eu diga todos, né, mas entre política, ações sociais, acho que as crianças deveriam ser mais ouvidas.

Justifique o emprego de aspas nas duas situações em que elas ocorrem no trecho.

Leia a resenha de filme a seguir e responda às questões 6 e 7.

O que significa a expressão "roman à clef"?

A expressão francesa é usada para designar livros ou filmes que contam a história de pessoas reais, porém com leves diferenças, como se fossem biografias "disfarçadas". É o caso de *Bingo — O Rei das Manhãs*, claramente inspirado na "vida loka" de Arlindo Barreto, intérprete do palhaço Bozo nos anos 80. Notou a semelhança nos nomes?

Reprodução/Warner Bros

6 Justifique o emprego de aspas, na resenha, em:

a) "roman à clef"

b) "disfarçadas"

c) "vida loka"

7 O nome *Bingo – O Rei das Manhãs*, que é o título do filme, está grafado em itálico, e entre a palavra **Bingo** e a expressão **O Rei das Manhãs** há o emprego de travessão.

a) O que justifica o emprego do itálico?

b) E o emprego do travessão?

Argumentação oral: a discussão em grupo, a pesquisa e o debate deliberativo

Utilizamos a linguagem oral em várias circunstâncias de nossa vida: em casa, na escola, no trabalho, em conversas com os amigos, em festas e encontros. Em algumas dessas situações, o uso da língua oral é mais espontâneo. Já em outras situações, a produção do texto oral é mais planejada e precisa seguir algumas normas e princípios, tais como o momento adequado de falar, o tempo de que cada pessoa dispõe para usar a palavra, o direito de expor ideias ou de rebater as ideias do outro, e assim por diante. Os textos produzidos nessas situações constituem os chamados **gêneros orais públicos**.

Neste capítulo, você vai estudar dois desses gêneros: a discussão em grupo e o debate deliberativo. Além disso, vai aprender como planejar uma pesquisa e tomar notas.

Fernando Favoretto/Criar Imagem

DISCUSSÃO EM GRUPO

A discussão em grupo é um gênero argumentativo oral, produzido coletivamente sempre que há a necessidade de os participantes de uma equipe expressarem seu ponto de vista sobre um assunto, geralmente polêmico. Ela pode ocorrer em diferentes situações sociais: na escola, no trabalho, em reuniões da comunidade, etc.

Geralmente ela é feita com certos objetivos, como levar os participantes a analisar uma situação, levantar dados e pontos de vista para depois apresentar uma opinião, preparar-se para redigir um documento ou participar de um debate, etc. Por essa razão, é comum a discussão em grupo dar origem à produção de outros gêneros textuais, sejam orais, sejam escritos.

Na primeira das entrevistas lidas no início do capítulo, a menina Beatriz conta que sofreu *bullying*, um problema grave e muito comum nas escolas. Leia mais alguns depoimentos de pessoas que foram vítimas de *bullying*. Em seguida, participe de uma discussão em grupo.

Regras para a discussão em grupo

Não há regras rígidas para a realização da discussão em grupo. Como nesse gênero não há a figura oficial de um mediador (pessoa que organiza as discussões), deve vigorar na discussão o princípio do **respeito ao outro**, o que significa estabelecer condições de igualdade entre os participantes. Assim, devemos respeitar a vez de falar do outro e suas ideias, mesmo que diferentes das nossas. O tempo da discussão varia e é estipulado pelos integrantes do grupo.

Depoimento 1

"Sofri bullying desde a quinta série, quando comecei a ter espinha, a crescer, sou muito alta, sou negra. Juntavam os apelidos racistas e o fato de ter espinhas no rosto. Me alopravam e humilhavam muito. Estudei oito anos nessa escola e nenhum menino nunca quis ficar comigo. Afetou muito minha autoestima, me sentia feia, excluída." (M. P., São Paulo)

Depoimento 2

"Tenho assimetria craniofacial e eu havia mudado de escola. Sofri e muito com os meus colegas de classe, sendo caçoado. Muitas vezes pegavam o meu celular, desmontavam e dividiam entre eles. Recebi apelidos, chegaram até a fazer uma história em quadrinhos para me zoar. Usaram até um programa de rádio da escola para fazer isso. Um professor participava das brincadeiras de mau gosto que faziam comigo. Entrava na zoeira. Ele ria. Acaba incentivando os outros em vez de repreender. Cheguei a falar para ele que não estava gostando daquilo, que não achava que era uma atitude de professor. Ele me ignorou simplesmente. Nunca procurei a direção da escola." (D. S., São Paulo)

Moment RF/Getty Images

Depoimento 3

"Aos 8 anos me mudei para uma nova cidade. Acho que por não conhecer ninguém, ficava sozinha e engordei. Aí, começaram apelidos de baleia, bicho, dragão. Como era uma cidade pequena, tinha pouca gente na escola. Todo mundo sabia. As pessoas riam de mim. Os meninos falavam e outros achavam graça.

Uma vez, na aula de artes, a professora pediu para descreverem os colegas. O menino que mais tirava sarro de mim me descreveu. Escreveu todos meus apelidos. A sala toda virou para rir de mim. Saí correndo da sala. A professora não fez nada. Ela leu os apelidos que colocaram. Um dos meninos era filho da coordenadora da escola e ela não fazia nada." (C. B. A., Natal)

(Disponível em: http://g1.globo.com/educacao/noticia/2011/03/vitimas-de-bullying-revelam-omissao-da-escola-e-medo-de-falar-sobre-tema.html. Acesso em: 12/2/2018.)

Com a orientação do professor, forme um grupo com alguns colegas a fim de realizar uma discussão. Escolham um dos depoimentos lidos e discutam e analisem o caso relatado, levando em conta o roteiro que segue. Não há necessidade de responder a todas as questões apresentadas em cada item. Contudo, seria conveniente que, em algum momento, as questões ou algumas das questões não abordadas fossem incluídas na discussão.

Antes de iniciarem a discussão, escolham um colega do grupo para ser o relator, isto é, para anotar as ideias mais importantes e, posteriormente, apresentar para a classe um resumo da discussão.

Tomada de notas

O **relator** deve anotar as ideias mais importantes que surgirem durante a discussão em grupo. Se houver divergência de ideias, deve anotar os dois pontos de vista.

Concluída a discussão, o relator passa a limpo suas anotações, priorizando os pontos mais importantes e eliminando o que for secundário.

1. Identificação do problema relatado e vivido pelo estudante
   - O que incomoda a pessoa que deu o depoimento ou foi vítima de agressão?
   - Como você vê a situação dele na escola?
   - A vítima sente-se feliz, infeliz ou indiferente à situação?

2. Identificação dos motivos que causaram o problema
   - O que você pensa de comportamentos como esses dos agressores? O que pensa das pessoas que praticam esse tipo de agressão?
   - Na sua opinião, o que leva os agressores a agir desse modo?
   - Que tipo de aluno os agressores geralmente escolhem como vítima?

3. Análise da situação
   - A vítima recebeu apoio de alguém?
   - O que você faria se estivesse no lugar da vítima?

4. Sugestões e propostas
   - Você já foi vítima de "brincadeiras" parecidas com as relatadas nos depoimentos, ou já presenciou ou praticou algo parecido? Se sim, conte como o problema foi resolvido, para que a solução sirva de sugestão em casos semelhantes.
   - Na sua opinião, o que poderia ter sido feito para resolver o problema relatado no depoimento escolhido?
   - Na sua opinião, como os colegas de classe poderiam ter ajudado?
   - E os professores, o diretor e os funcionários da escola? Como deveriam ter atuado para evitar esse tipo de agressão?
   - E os pais da vítima, como deveriam ter agido?
   - Como os pais dos agressores deveriam ter lidado com os filhos para que eles tivessem deixado de ter esses comportamentos?

Ao final da discussão, o relator deve apresentar à classe um **resumo oral** das ideias mais importantes discutidas no grupo. Portanto, o relator não deve ler suas anotações; deve apenas se apoiar nelas, olhando-as de vez em quando, e reproduzir oralmente o que foi discutido. A classe, por sua vez, deverá prestar atenção nas ideias apresentadas, observando se, entre os grupos, há ideias em comum ou diferentes.

PESQUISA

Neste capítulo, você vai participar com os colegas da classe de um debate deliberativo sobre o tema **Como combater o *bullying* na escola?** Para isso, convém que você se prepare.

Reúna-se em grupo e converse com os colegas sobre o que vocês já sabem a respeito de *bullying* e o que ainda querem saber. Vocês podem organizar tópicos em duas colunas:

O que já sabemos sobre o assunto?	O que precisamos descobrir sobre o assunto?

Organizem pesquisas sobre o tema, distribuindo os tópicos da segunda coluna entre os integrantes do grupo.

São várias as fontes de pesquisa sobre um tema, seja ele qual for: *sites* de busca na Internet, conversas com especialistas no assunto, leitura de livros, revistas e jornais. Com a orientação do professor, pesquise o tema em diferentes fontes, para que as informações sejam confrontadas e você tenha uma visão mais ampla das questões relacionadas.

Fernando Favoretto/Criar Imagem

Durante a pesquisa, tome notas dos dados e informações importantes para depois expor ao grupo. Para sustentar seus argumentos, é importante registrar dados numéricos, trechos de leis, declarações de especialistas na área, sempre tendo o cuidado de anotar a fonte, isto é, de onde você retirou cada uma das informações: o nome da revista, do jornal, do livro ou do *site*; a data da publicação; o autor do texto, se houver.

COMPARTILHAMENTO DE PESQUISA

Após as pesquisas realizadas individualmente, reúna-se novamente com os colegas de grupo. Retomem as anotações da primeira discussão e apresentem o que cada integrante do grupo encontrou na pesquisa. Selecionem e anotem as principais informações.

O relator deve anotar as novas ideias, sugestões e descobertas da pesquisa. O relator e o grupo devem rever as anotações realizadas, retirando repetições e complementando o que não estiver claro. As anotações do grupo serão usadas no debate deliberativo.

DEBATE DELIBERATIVO

Entre os gêneros orais, um dos mais utilizados e valorizados socialmente é o **debate**. Esse gênero ficou muito conhecido na televisão, especialmente em razão do interesse despertado pelos debates realizados entre candidatos a cargos políticos importantes em época de eleição.

Mas há muitas outras situações e locais em que o debate é realizado: em escolas, comunidades de bairro, sindicatos, cinemas e teatros, universidades, etc. Dependendo da situação e da finalidade com que é produzido, ele pode ser um **debate regrado público**, utilizado para se conhecerem os diferentes ângulos e pontos de vista que envolvem um assunto polêmico (por exemplo, os projetos de governo de um candidato), ou um **debate deliberativo**, realizado quando se discute um tema para depois tomar decisões relacionadas a ele.

Neste capítulo, você vai participar, com a classe, de um debate sobre o tema **Como combater o *bullying* na escola?**. Ao final do debate, vocês deliberarão um conjunto de medidas que assegurem o respeito ao ECA e de medidas *antibullying* que podem ser adotadas por toda a escola.

O papel do moderador

O **moderador** é a pessoa responsável pela organização do debate: anota as inscrições dos que querem falar, controla o tempo de cada debatedor e zela pelo ambiente de respeito entre os participantes. Tem autoridade para interferir no debate, seja, por exemplo, para informar um debatedor sobre o término do tempo, seja para alertar algum participante sobre uma conduta inadequada, como agredir um colega, falar palavrões, etc.

Preparando e realizando o debate deliberativo

Pensem e discutam diferentes medidas que podem ser tomadas em relação ao problema do *bullying*. Se quiserem, poderão iniciar o debate discutindo a validade das sugestões encontradas no material pesquisado e nas discussões em grupo que fizeram, como criar uma brigada *antibullying*, conversar com professores, diretores e funcionários, conversar com os agressores. Poderão também pensar em tomar medidas simples, como promover um pacto com os colegas, produzir cartazes e faixas, textos de campanha comunitária ou textos de opinião, realizar palestras, etc. Pensem ainda em outras formas de combate ao *bullying* e discutam-nas durante o debate.

Num debate, é natural que muitas pessoas queiram falar ao mesmo tempo; também é possível que haja ideias divergentes entre um participante e outro. Por isso, para que o debate transcorra de modo organizado e produtivo, convém estabelecer algumas regras.

Como sair-se bem no debate

Se você quer se sair bem no debate, leve em conta estas orientações:

1. Fale alto, claro e sem pressa para que todos ouçam e compreendam o que você diz.
2. Supere a inibição; mostre segurança, olhando diretamente para as pessoas que o ouvem.
3. Para convencer os colegas, apresente bons argumentos. Por isso, elabore mentalmente o argumento antes de falar.
4. Preste atenção no que os colegas falam para não correr o risco de apresentar ideias já expostas.
5. Evite empregar gírias ou muita repetição de expressões como **tipo**, **tipo assim**, **né**, **tá?**.

Steve Debenport/Getty Images

1. Com a orientação do professor, elejam um **moderador**. Se quiser, o moderador poderá escolher um colega para ser seu **secretário**, que deve anotar as propostas apresentadas pela classe.

2. Definam a duração do debate e o tempo máximo que cada debatedor terá para apresentar suas ideias.

3. Para dar início aos trabalhos, o moderador cumprimenta a classe, apresenta o tema que será debatido e abre as inscrições.

4. Quem desejar participar, seja para fazer uma proposta, seja para revidar um argumento de um debatedor, deve levantar o braço ou fazer um sinal ao moderador até que este perceba o gesto e o inscreva para falar.

5. Em situações de polarização entre dois debatedores, o moderador decidirá se permite ou não o direito de réplica e de tréplica aos debatedores.
Antes do início do debate, leiam o quadro ao lado.

Princípios de um debate democrático

1. Todos os participantes têm o direito de:
   - falar livremente (não se deve interromper a exposição do outro);
   - expressar suas ideias com liberdade e ter seu ponto de vista respeitado (não se deve, por exemplo, zombar ou provocar o debatedor durante sua exposição);
   - estar em igualdade de condições com os outros (quanto ao tempo para falar, por exemplo).
2. No debate, o confronto é de ideias; assim, a discussão nunca deve ser levada para o plano pessoal.
3. Quando um participante apresenta um contra-argumento à opinião de outro, pode haver réplica, dependendo do acordo prévio estabelecido entre o moderador e os participantes.

Filmando o debate

Delpixel/Shutterstock

Se possível, filmem o debate para que, posteriormente, possam examinar os pontos positivos e possíveis falhas. Além disso, a gravação do debate poderá ser exibida na **Feira de cidadania**, que será realizada no final desta unidade, no capítulo **Intervalo**.

Deliberando e executando medidas

Chegando ao fim o tempo estipulado para o debate, o moderador pede ao secretário que leia para todos as propostas apresentadas pelos debatedores e, em seguida, avalia com a classe a conveniência de acrescentar propostas ou eliminar algumas delas. Por fim, põe em votação as ações ou medidas que deverão ser adotadas.

É provável que algumas medidas aprovadas possam ser postas em prática imediatamente, enquanto outras exigirão certo tempo e trabalho coletivo. Sugerimos que esse trabalho seja realizado durante as aulas destinadas ao capítulo **Intervalo** desta unidade.

Avaliando o debate deliberativo

Após a realização do debate e das deliberações, façam com o professor a avaliação do debate. Que aspectos foram positivos e quais foram negativos? O que pode ser feito para alcançar um resultado melhor nos futuros debates? Se o debate foi filmado, assistam a alguns trechos dele para tirar dúvidas.

Entre outros, procurem avaliar os seguintes aspectos:

1. As regras estabelecidas foram justas e respeitadas pelos debatedores?
2. Houve alguém que monopolizou a palavra? Por que isso aconteceu?
3. As propostas foram bem apresentadas? Os argumentos foram aprofundados? Houve argumentos repetidos?
4. Os debatedores falaram de modo claro, com altura de voz e postura adequadas? Falaram olhando para o público?
5. Houve agressividade verbal entre os participantes?
6. A linguagem dos debatedores foi adequada à situação? Houve emprego exagerado de gírias ou muita repetição de expressões, a ponto de prejudicar a qualidade da exposição?

Publicando o resumo do debate

No capítulo anterior, você aprendeu como fazer um resumo. Coletivamente, retomem o registro dos principais pontos discutidos no debate que realizaram e os principais argumentos levantados e, em seguida, façam um resumo do debate, lembrando-se de destacar as medidas deliberadas pela classe.

Atenção para o fato de que o resumo deve deixar explícitas as diferentes vozes responsáveis pelos argumentos, dados ou ideias. Por exemplo, quando anotarem um argumento de um dos debatedores, registrem o nome do autor e, se houver contra-argumentação, procedam da mesma forma.

Planejamento do texto

- Lembrem-se de que o resumo será lido pelos visitantes da **Feira de Cidadania**, que ocorrerá no capítulo **Intervalo**, ou seja, por outros alunos do ensino fundamental, professores e funcionários da escola, pais e familiares.
- Relembrem e anotem os principais pontos discutidos no debate.
- Relembrem e anotem os principais argumentos utilizados no debate. Caso um aluno ou um grupo de alunos tenha se destacado na defesa de um ponto de vista, registrem o nome dele(s).
- Retomem as medidas sugeridas e as medidas deliberadas pela turma.
- Ao redigir o resumo do debate, lembrem-se de registrar estas informações: quando o evento ocorreu, quem participou, quem foi o moderador.

Casa Locomotiva (NORTE)/Arquivo da editora

Revisão e reescrita

Releiam o resumo, verificando:

- se o tema do debate e as informações sobre quando e como o evento ocorreu estão registrados;
- se há registro das informações essenciais e de todos os itens importantes tratados no debate;
- se as pessoas que defenderam diferentes posicionamentos foram identificadas;
- se há registro das fontes de pesquisa citadas no debate;
- se as medidas deliberadas estão expostas de maneira clara.

Após a revisão e a reescrita coletiva do resumo, passem o texto a limpo em um cartaz e guardem para expor na feira do capítulo **Intervalo**.

Casa Locomotiva (NORTE)/Arquivo da editora

Divirta-se

Desafio

Paulo e André, colegas de escola, adoram jogos desafiadores. Certo dia, foram convidados a resolver o seguinte problema: alternar a sequência de seis taças, três cheias e três vazias, tocando em um único copo, de maneira que, na nova sequência, houvesse uma taça cheia, uma vazia, e assim sucessivamente.

Você consegue vencer esse desafio? Como?

Jean Galvão/Arquivo da editora

Capítulo

3

Cyberbullying? Vai se tratar!

"Ofensas, preconceito e cyberbullying *inundam as redes sociais e as áreas de comentários dos grandes portais. Por que as pessoas agem de forma tão agressiva na internet? Saiba como reagir a esse comportamento."*

(Juliano Barreto)

ódio.com

[...] "Nunca existiu tanto bullying como hoje", afirma Maria Tereza Maldonado, psicoterapeuta e autora do livro *Bullying e Cyberbullying — O Que Fazemos com o Que Fazem Conosco?*. "Nas últimas décadas, saímos de um modelo de educação autoritário para outro permissivo demais, com um forte clima de impunidade", diz Maria Tereza. Segundo ela, o acesso rápido e onipresente à web favorece a publicação de opiniões sem reflexão, que não levam em conta os riscos de ofender. Nos grandes portais, boa parte das notícias publicadas é imediatamente respondida com opiniões preconceituosas que muitas vezes não têm nenhuma relação com o tema da reportagem. O cenário é ainda pior nas redes sociais, com seu constante estímulo a opinar sobre tudo, a qualquer momento, sem uma análise racional sobre os assuntos comentados. "Nos últimos anos, com o aumento da audiência e do número de comentários, há certa exaltação. O nível das discussões tem piorado. As pessoas usam um tom acima do necessário para chamar a atenção", afirma Rodrigo Flores, diretor de conteúdo do portal UOL, o maior em audiência da internet brasileira.

Ikon Images/Getty Images

Vivemos um momento de plena agressividade? Por que, afinal, há tanto ódio gratuito na internet? O comportamento que leva uma pessoa a humilhar em troca de destaque social já foi estudado muito tempo antes da invasão dos haters, como são chamados os usuários de fóruns e redes sociais que começam discussões inflamadas e ofensivas.

[...]

A diferença do comportamento online para o modo de agir na vida real fica mais clara nos casos em que os comentários ácidos viram ameaça. Veja o caso do jornalista esportivo Juca Kfouri, 63 anos, colunista da *Folha de S. Paulo*, autor de um blog no UOL e comentarista da ESPN e da rádio CBN. "Um cara disse no blog que me observava passeando com minha neta pelas ruas do bairro e que um dia iria me cobrir de porrada", diz Kfouri. "Por mais que esteja acostumado com as críticas e as ameaças, esse tipo de covardia é um problema. Ficava assustado sempre que via alguém atravessando a rua na minha direção."

[...]

Nos quatro principais portais brasileiros, as notícias sobre esportes e política são as que mais geram comentários ofensivos. A crescente onda de agressividade verbal levou os portais a mudar a política de interação com os internautas. Além de exigir cadastro prévio dos usuários, criar listas para o bloqueio automático de palavrões e montar equipes dedicadas à moderação, as redações têm experimentado outras medidas, como forma de inibir a participação dos leitores.

[...]

Esse tipo de medida pode ajudar a acalmar os ânimos nos sites de notícias, mas, nas redes sociais, o bullying é bem mais difícil de ser controlado, como mostra o caso envolvendo a estudante Julia Gabriele, 11 anos, agredida publicamente nas redes sociais por causa de suas... sobrancelhas.

Moradora de Cabo do Santo Agostinho, cidade a 35 quilômetros de Recife, Pernambuco, Julia virou piada no

Jovens são alvo

Casos em que jovens se tornaram vítimas do cyberbullying

ISADORA FABER

Criadora da página *Diário de Classe*, que denuncia problemas em sua escola, a estudante catarinense de 13 anos foi ameaçada de morte em um comentário publicado no Facebook [...].

JULIA GABRIELE

Fotos da estudante pernambucana de 12 anos foram usadas em montagens que ironizavam sua aparência. O caso foi parar nos Trending Topics do Twitter [...].

The Canadian Press, Andrew Vaughan/AP Photo/Glow Images

NISSIM OURFALI

A família do garoto de 13 anos pede na Justiça indenização ao Google pela demora do YouTube em retirar do ar vídeo que se tornou viral na *web* feito para a festa de *bar mitzvah* do garoto.

REHTAEH PARSONS

A estudante canadense de 17 anos cometeu suicídio após fotos que a mostravam sendo abusada sexualmente serem espalhadas pela Internet por mais de um ano.

TYLER CLEMENTI

Em 2010, o estudante americano, então com 18 anos, suicidou-se após a divulgação de um vídeo que o mostrava beijando outro garoto.

Facebook ao publicar fotos que deram origem a montagens com tesouras e pinças que sugeriam a Julia aparar as grossas sobrancelhas. "Todas as pessoas estão rindo de mim, pessoas da minha cidade, pessoas que conheço aqui na internet. Estou chorando o dia inteiro por causa de vcs", escreveu Julia no Twitter.

A história foi parar nos Trending Topics, lista dos assuntos mais comentados da rede de microblogs, e amplificou a brincadeira para além de Pernambuco. Muitos ficaram sensibilizados e criaram páginas de apoio a Julia. Mas houve quem retransmitisse a piada a todos os amigos. Chegou a circular um boato de que Julia havia cometido suicídio. "Vocês zombam de mim e depois inventam que morri. É isso que querem agora?", disse Julia no Twitter.

Para lidar com uma enorme quantidade de casos desse tipo, o Facebook investe em soluções de moderação que vão desde tecnologia avançada para o reconhecimento automático de conteúdo até análise feita por equipes de profissionais especializados.

[...]

A necessidade de comentar e de ter opiniões fortes sobre todos os assuntos pode ser resultado, de acordo com os psicólogos especializados em *cyberbullying*, de um desequilíbrio em sua vida social. Como é difícil falar diretamente com um político ou com uma celebridade, a web faz o papel de ponte. "Na internet, a pessoa tem a ilusão de resolver problemas com os quais não consegue lidar na vida real, por falta de coragem ou de autoridade", afirma a psicóloga Luciene Tognetta.

Reagir ao *cyberbullying* com respostas no mesmo tom da ofensa ou com pedidos de compreensão é uma péssima ideia. Foi o que aprendeu na prática o músico Lucas Silveira, de 29 anos, vocalista da banda Fresno. [...] Seguido por quase 750 mil usuários na sua conta pessoal no Twitter, ele diz que precisa se submeter diariamente a um exercício de paciência para não responder às várias ofensas a seu corte de cabelo ou ao conteúdo romântico de suas letras.

[...]

"O agressor usa a internet para dar vazão a um lado da personalidade que não é mostrado na vida real. Isso se agrava quando ele encontra pares que pensam da mesma forma", afirma Luciana Ruffo, psicóloga do Núcleo de Pesquisas da Psicologia em Informática da PUC-SP. Com amigos incentivando o bullying e achando graça dos insultos, o comportamento agressivo ganha força. Se na sala de aula eram alguns colegas rindo dos mais fracos, na internet são milhões de pessoas causando mal-estar.

[...]

Ignorar as ofensas e rir dos comentários raivosos que se multiplicam na internet também pode ser uma solução. "A memória da internet é curta. Tanto para o bem quanto para o mal, as coisas duram no máximo dois dias. O hater se ocupa em odiar várias coisas e acaba esquecendo você", diz o músico Lucas Silveira. [...]

(Juliano Barreto. *Info*, n. 329.)

Estudo do texto

Compreensão e interpretação

Syda Productions/Shutterstock

1. Com base no texto lido, responda:
   a) Em que se assemelham o *bullying* e o *cyberbullying*?
   b) Em que o *bullying* e o *cyberbullying* se diferenciam?

2. Observe a profissão e a idade das pessoas citadas no texto.
   a) O *cyberbullying* é um fenômeno que ocorre exclusivamente com jovens que convivem na escola? Justifique.
   b) Os praticantes de *cyberbullying* procedem de diferentes formas: colocando apelidos, ofendendo, gozando, xingando, humilhando física ou moralmente, intimidando, amedrontando, etc. Que tipo de *cyberbullying* as pessoas citadas no texto sofrem?
   c) Nos três casos citados no texto, quais são os sentimentos experimentados pelas pessoas?

3. Considere agora os casos apresentados no boxe "Jovens são alvo".
   a) Em quais deles a consequência do *cyberbullying* foi trágica?
   b) Em um deles, a pessoa que se tornou alvo do *cyberbullying* atuava em benefício das outras pessoas com as quais convivia. Quem é essa pessoa? Como explicar a ocorrência de *bullying*, nesse caso?
   c) Às vezes, a intimidação vai além das ofensas, chegando a ameaças de agressão física e publicação de mentiras. Isso ocorre nos exemplos apresentados?
   d) Em um dos exemplos, é citada a intervenção da família. Na sua opinião, esse apoio é importante?

4. O texto distingue dois tipos de *cyberbullying*: o que ocorre nos portais e o que ocorre nas redes sociais.
   a) De acordo com o texto, em qual deles há mais possibilidade de controle? Que meios têm sido utilizados para isso?
   b) Nas redes sociais, às vezes ocorrem reações de apoio à pessoa atingida. Em qual caso citado houve esse tipo de reação?

5. Como as redes sociais têm agido em relação ao *cyberbullying*? Que dificuldades existem para lidar com esse tipo de agressão?

6. Alguns especialistas em comportamento humano apontam, no texto, possíveis causas do *cyberbullying*.
   a) Cite ao menos três dessas causas.
   b) Na sua opinião, qual delas é a principal? Por quê?
   c) Você acrescentaria mais alguma causa às apresentadas?

7. A tendência natural de quem sofre agressões por meio das redes sociais é responder à altura ou pedir compreensão. Que conselho é dado, no texto, a quem sofre esse tipo de agressão?

A linguagem do texto

1. A revista da qual foi retirado o texto lido publica normalmente reportagens relacionadas a certa área de atividades e do conhecimento.
   a) Qual é essa área?
   b) O vocabulário empregado no texto comprova a resposta ao item anterior? Faça uma lista de palavras que fazem parte desse vocabulário.
2. Observe que muitas palavras do texto, além de *bullying* e *cyberbullying*, não pertencem à língua portuguesa e, assim, são consideradas **empréstimos linguísticos**. Na sua opinião, qual é a razão desses empréstimos?

Trocando ideias

1. As redes sociais devem compartilhar informações, interesses e esforços em busca de objetivos comuns. No seu entendimento, esse compartilhamento tem ocorrido?
2. Que ações positivas as redes sociais têm promovido?
3. Dê sua opinião: O que uma pessoa vítima de *cyberbullying* deve fazer?

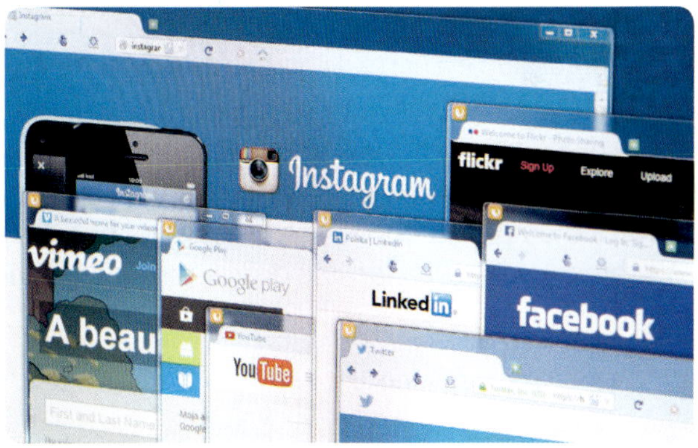

Redpixel.PL/Shutterstock

A língua em foco

Tipos de predicado

Construindo o conceito

Leia esta tira, de Jim Davis:

(*Folha de S. Paulo*, 22/8/2013.)

1 Na oração "Você é gordo", do último quadrinho:

a) Identifique o sujeito e o predicado.

b) Identifique o verbo e classifique-o quanto à predicação.

c) Qual é a função sintática da palavra **gordo**?

2 Na oração "Me dá uma pedra", também do último quadrinho:

a) Identifique o sujeito e o predicado.

b) O verbo **dar** é significativo ou de ligação?

c) Qual é a predicação desse verbo? Se houver objetos, identifique-os.

3 A tira estabelece uma relação de intertextualidade com um conhecido conto maravilhoso.

a) Qual é esse conto?

b) Qual é a situação surpreendente e, ao mesmo tempo, motivo de humor na tira?

Conceituando

O predicado é a parte da oração que geralmente apresenta um verbo e contém uma afirmação sobre o sujeito.

O predicado pode ter diferentes estruturas. Veja:

I. Em "Me dá uma pedra", a forma verbal **dá**, por ser de um verbo significativo (**dar**), é o **núcleo** do predicado, ou seja, é a palavra que contém a informação mais importante sobre o sujeito. Quando isso ocorre, temos o **predicado verbal**.

núcleo

(tu) Me dá uma pedra.

sujeito: (tu) — predicado verbal: Me dá uma pedra. (núcleo: dá)

II. Na oração "Você é gordo", a forma verbal **é**, por ser de um verbo de ligação (**ser**), tem apenas o papel de ligar o sujeito (**você**) ao predicativo (**gordo**). Nesse caso, o núcleo do predicado, isto é, o termo que contém a informação mais importante sobre o sujeito, é o **predicativo do sujeito**, e não o verbo. Temos, então, o **predicado nominal**.

VL núcleo

Você é gordo.

sujeito: Você — VL: é — núcleo: gordo (predicativo do sujeito) — predicado nominal: é gordo.

Predicado verbal é aquele que apresenta como núcleo um verbo significativo (VI, VTD, VTI ou VTDI).

Predicado nominal é aquele que apresenta como núcleo um predicativo do sujeito, que se liga ao sujeito por meio de um verbo de ligação.

Exercícios

Leia este poema, de Sylvia Orthof:

Um gnomo

Um gnomo
cuspiu pra cima,
rebolou
no faz de conta
plantou
uma bananeira,
xaxou
a noite inteira,
botou
a língua pra fora,
disse
um verso bem bonito
e virou
doce de abóbora.

(*A poesia é uma pulga*. São Paulo: Atual, 1991. p. 14.)

Thaís Circelli/Arquivo da editora

1 O poema remete ao universo mágico dos contos maravilhosos.

a) Que elementos do poema comprovam essa afirmação?

b) Em que conto maravilhoso uma carruagem se transforma em abóbora à meia-noite?

2 A personagem central do poema mostra-se bastante ativa e realiza muitas ações.

a) Que formas verbais do poema exprimem ação? Qual é a predicação verbal dessas formas?

b) Como se classificam os predicados dessas orações?

3 Entre todas as formas verbais do poema, apenas uma indica mudança de estado.

a) Qual é ela?

b) Qual é a predicação dessa forma verbal?

c) Classifique o predicado dessa oração.

Leia a tira abaixo e responda às questões 4 a 6.

Adão Iturrusgarai/Acervo do cartunista

(Adão Iturrusgarai. *Folha de S. Paulo*, 13/12/2005.)

4 Observe a estrutura das orações que compõem os balões dos dois últimos quadrinhos.

a) Como se classificam as locuções verbais quanto à predicação verbal?

b) Qual é a função sintática dos termos **quadrados** e **redondos**?

c) Como se classificam os predicados dessas orações?

5 As palavras **quadrados** e **redondos** foram empregadas com sentido figurado.

a) Normalmente, qual é o sentido da expressão **ser quadrado**? Na tira, esse sentido se mantém?

b) A expressão **ser redondo** não é normalmente usada na língua; no entanto, na tira, ela assume um sentido especial. Qual é esse sentido?

c) Conclua: Que tipo de julgamento ou avaliação faz a personagem a respeito da existência humana?

6 Discuta com os colegas e o professor e explique de que forma as partes verbal e não verbal do texto se complementam a fim de construir o sentido e o humor da tira.

O predicado na construção do texto

Leia este poema, de Elias José:

Autoapresentação

Sou o poeta João,
cheio de sonhos e pesadelos
e medos e coragem.
Tenho os olhos abertos, espertos
para olhar o céu, o mar, a montanha
e todas as cores que a vida tem.
Tanto me tocam as cores da natureza
como as dos olhos das garotas.

Tenho os ouvidos atentos
para a música, os ruídos todos
e a sonoridade dos sorrisos
e dos nomes de mulher.

Com os íntimos ou escrevendo,
sou falante, elétrico como um grilo.
Quando enfrento o desconhecido,
sou caracol encolhido em minha casca-casa.

Sou alegre e sou triste,
sou poeta em projeto.
Acho que o poeta é um cara de pau
que se joga todo sem redes,
sem máscaras e sem óculos escuros.
É um ser que bota fogo no gelo
e espera um incêndio amazônico.

Para isso vivo e me preparo...
Como só tenho quinze anos,
estou ainda atiçando chispas.
Se uma chamazinha explodir,
se um verde minúsculo brotar
do azul do meu poema, se o diálogo
quebrar a indiferença,
valeu.

(*Cantigas de adolescer*. 7. ed. São Paulo: Atual, p. 37-38.)

Julia Flohr/Arquivo da editora

1 No poema, intitulado "Autoapresentação", o eu lírico apresenta a si próprio. Como ele se apresenta?

2 Os poetas geralmente são pessoas com sensibilidade aguçada, capazes de notar em algumas coisas a beleza que outros não notam. Com base na 2ª e na 3ª estrofe, responda:

a) Diante de que coisas a sensibilidade do poeta João se manifesta?

b) É correto dizer que João, por ser poeta, se mostra desinteressado das coisas que atraem a maior parte das pessoas? Justifique sua resposta.

3 Observe estes versos:

> "Sou alegre e sou triste"
> "sou poeta em projeto"

a) De que tipo é o sujeito dessas orações?

b) Qual é a função sintática de **alegre**, **triste** e **poeta em projeto**?

c) Como se classifica o predicado dessas orações?

d) Considerando o título do poema e a intenção principal do eu lírico, explique por que há nele tantas orações com esse tipo de predicado.

4 Observe agora estes outros versos:

> "Tenho os olhos abertos, espertos"
> "Tenho os ouvidos atentos"
> "Como só tenho quinze anos"

a) Como se classifica o verbo **ter** quanto à predicação verbal? Em cada uma das orações acima, qual é o complemento de **tenho**?

b) De que tipo é o predicado dessas orações?

c) Apesar de **ter** ser um verbo significativo, seu papel, no contexto, é caracterizar o eu lírico ou informar as ações dele?

5 Com base na 4ª estrofe do poema, responda: Como o eu lírico se sente nessa etapa de sua vida?

6 Em um trecho da última estrofe, o eu lírico não fala de si especificamente, mas dos poetas em geral. E afirma:

> "Acho que o poeta é um cara de pau
> que se joga todo sem redes,
> sem máscaras e sem óculos escuros."

a) Dê uma interpretação a esses versos.

b) Na sua opinião, é preciso ter coragem para ser poeta? Por quê?

7 Releia os dois últimos versos do poema. Como é a poesia que o eu lírico pretende fazer?

Para que servem os predicados?

Na língua portuguesa, existem orações sem sujeito, mas não existem orações sem predicado. No predicado se situa o verbo, que é a base da linguagem verbal; logo, ele é a parte mais importante das orações.

O predicado é a expressão direta da existência humana no mundo, pois informa o que somos, como estamos (predicado nominal) e o que fazemos (predicado verbal).

8 Entre os itens a seguir, indique os que correspondem a afirmações verdadeiras quanto ao papel do predicado na construção do poema "Autoapresentação":

a) Há, no poema, o predomínio de predicados verbais, pois o eu lírico tem o objetivo de descrever como ele é a partir das coisas que faz, sem mostrar o que é ou o que tem.

b) No poema, há exclusivamente predicados nominais, uma vez que o eu lírico procura descrever como ele é, sem mostrar o que faz ou o que tem.

c) Para apresentar-se, o eu lírico emprega predicados nominais e verbais. Os predicados nominais organizam-se em torno do verbo **ser**, mostrando o que ele é; alguns dos predicados verbais organizam-se em torno do verbo **ter**, mostrando o que ele tem.

d) Apesar de ser, no poema, núcleo de vários predicados verbais, o verbo **ter** também serve para caracterizar o eu lírico, pois refere-se aos olhos, aos ouvidos e à idade dele.

Semântica e discurso

Leia estes textos:

Texto 1

A raposa e o tigre

Um tigre agarrou uma raposa na floresta e decidiu matá-la para comê-la no almoço. A raposa, muito esperta, disse ao tigre:

— Se eu fosse você, não me comeria. Sou uma enviada do Imperador do Céu para ser o rei dos animais. Ele vai ficar muito desgostoso ao saber que você me matou por causa de uma simples refeição.

O tigre exclamou:

— Ah, é?!

— Se duvida do que estou dizendo, vem atrás de mim, vamos passear na floresta. Vai notar que os animais ficarão aterrorizados ao me verem.

O tigre aceitou a proposta.

Os dois foram para a floresta, a raposa na frente, o tigre logo atrás. Em pânico, todos os animais fugiam. O tigre ficou espantado. Ele não percebeu que os animais fugiam dele, e não da raposa.

Julia Flohr/Arquivo da editora

(Sérgio Capparelli e Márcia Schmaltz. *Fábulas chinesas*. Porto Alegre: L&PM, 2012. p. 39.)

Texto 2

[...]

Os crepúsculos no verão são longos. Ainda não escurecera. Tom interrompeu seu assovio. Um estranho estava ali bem à sua frente; era um menino bem maior que ele. Um recém-chegado de qualquer idade ou sexo era sempre uma grande novidade na vila de São Petersburgo. O menino estava bem-vestido, bem demais até para um dia de semana. Era espantoso. O chapéu era caprichado, o paletó azul todo abotoado era novo e elegante, e as calças também. Além disso, estava calçado, e isso numa sexta-feira qualquer. Mas não era só, também usava uma gravata brilhante e listrada. Tinha aquele jeito de cidade que irritava Tom. Quanto mais reparava naquela elegância, mais Tom torcia o nariz para aquela pompa; e cada vez mais se achava roto e esfarrapado. Nenhum dos dois dizia nada, e, se um se mexia, o outro também – sempre para o lado, em círculo. Ficaram se encarando assim, o tempo inteiro. Finalmente, Tom disse:

— Se quiser, eu bato em você.

— Então tente pra ver.

[...]

Julia Flohr/Arquivo da editora

(Mark Twain. As *aventuras de Tom Sawyer*. São Paulo: Ática, 1995. p. 24.)

1 Em relação ao texto 1, indique:

a) as personagens;

b) o fato principal;

c) o lugar;

d) o tempo.

2 Observe os verbos empregados no texto 1.

a) Classifique quanto à predicação os verbos destacados nestes trechos:

- "Um tigre **agarrou** uma raposa na floresta"
- "A raposa, muito esperta, **disse** ao tigre"
- "vamos **passear** na floresta"
- "O tigre **aceitou** a proposta."
- "todos os animais **fugiam**"

b) Os verbos destacados nos trechos são de ligação ou significativos?

c) O que os verbos destacados indicam: ação ou estado?

3 Observe os verbos empregados no texto 2.

Classifique quanto à predicação os verbos destacados nestes trechos:

- "**era** um menino bem maior que ele"
- "Um recém-chegado de qualquer idade ou sexo **era** sempre uma grande novidade"
- "O menino **estava** bem-vestido"
- "O chapéu **era** caprichado, o paletó azul todo abotoado **era** novo e elegante"

4 A seleção de verbos e os tipos de predicado se relacionam com os tipos de texto e sua finalidade. Quanto aos textos lidos, responda:

a) Qual deles tem o objetivo de fazer uma descrição (de pessoa, lugar, coisa, etc.)?

b) Que tipo de predicado foi empregado predominantemente nesse texto?

c) Qual dos textos está mais voltado para a ação, para os fatos?

d) Que tipo de predicado foi empregado predominantemente nesse texto?

De olho na escrita

Pontuação (II)

No capítulo anterior, você estudou o emprego de vários sinais de pontuação. Neste capítulo, vai rever e aprofundar o emprego da vírgula no período simples.

A VÍRGULA ENTRE OS TERMOS DA ORAÇÃO

Emprega-se a vírgula:

- Para separar termos que exercem a mesma função sintática – núcleos do sujeito composto, complementos, adjuntos –, quando não vêm unidos por **e**, **ou** e **nem**:

Comprei CDs, livros, quadrinhos e jogos.
(CDs, livros, quadrinhos e jogos: objeto direto)

- Para isolar **adjuntos adverbiais** deslocados:

  - **Por toda a manhã**, conversamos sobre o passeio.
  - Conversamos, **por toda a manhã**, sobre o passeio.

- Para isolar o **aposto**:

Marcelo, **meu vizinho**, é cantor de *rock*.

- Para isolar o **vocativo**:

  Marcelo, quando será o seu próximo *show*?

- Para isolar expressões explicativas, como **isto é**, **por exemplo**, **ou melhor**, **a saber**, **ou seja**:

  Ele, **por exemplo**, deveria passear mais.

- Para isolar **nome de lugar** anteposto à data:

  Recife, 20 de janeiro de 2018.

- Para indicar a **supressão** de uma palavra (geralmente um verbo) ou de um grupo de palavras:

  Na sala, cadeiras e sofás vazios.

Observação

Quando o adjunto adverbial é de pequena extensão (um advérbio), costuma-se dispensar a vírgula. Mas, se a intenção for realçá-lo, a vírgula deve ser empregada. Assim:

Depois todos se calaram.
Depois, todos se calaram.

Há alguma restrição quanto ao emprego da vírgula?

O uso da vírgula obedece às seguintes restrições: não se deve empregá-la entre o sujeito e o predicado e entre o verbo e seus complementos. Assim, no anúncio abaixo, na frase "Excesso de velocidade deixa o trânsito mais perigoso", não se poderia separar o sujeito **Excesso de velocidade** do predicado **deixa o trânsito mais perigoso**. Também não poderia separar a forma verbal **deixa** de seu complemento **o trânsito**.

Reprodução/Slogan Propaganda

(Disponível em: http://fantasticomundopublicitario.files.wordpress.com/2010/10/watermark3.jpg. Acesso em: 20/2/2018.)

Exercícios

1 Da anedota a seguir, foram excluídos dois sinais de pontuação: a vírgula e o dois-pontos. Junte-se a um colega e reescreva o texto, pontuando onde for necessário.

O rapaz ia estudar numa faculdade do exterior e assim que subiu no ônibus o pai foi logo avisando

— Eu vou fazer o possível e o impossível para mantê-lo durante o ano inteiro mas saiba de uma coisa se você for reprovado eu vou matá-lo.

Lá o rapaz caiu na farra e no final do ano não deu outra foi reprovado. Desesperado mandou um telegrama para a mãe

"Mamãe prepare o papai! Fui reprovado!"

Dois dias depois a mãe lhe respondeu

"Papai preparado! Prepare-se você!"

(Donaldo Buchweitz (Org.). *Piadas para você morrer de rir*. Belo Horizonte: Leitura, 2001. p. 95.)

Thais Circelli/Arquivo da editora

2 Leia este poema, de Roseana Murray:

Teia

Entrelaçar água e fogo
num encontro impossível:
poesia

(*Poemas para ler na escola*. Rio de Janeiro: Objetiva, 2011. p. 65.)

Ricardo Dantas/Arquivo da editora

a) Reescreva os versos do poema, de maneira que a palavra **impossível** passe a ter vínculo com o verbo **entrelaçar**. Faça isso:

- apenas deslocando o termo **impossível**;
- apenas empregando vírgula no segundo verso.

b) Reescreva os versos do poema, empregando a palavra **impossível** de maneira que:

- ela indique uma característica da poesia;
- a palavra **poesia** torne-se o interlocutor do eu lírico.

Como surgiram os principais sinais de pontuação?

Surgiram no início do império Bizantino (330 a 1453). Mas sua função era diferente das atuais. O que hoje é ponto final servia para separar uma palavra da outra. Os espaços brancos entre palavras só apareceram no século VII, na Europa. Foi quando o ponto passou a finalizar a frase. O ponto de interrogação é uma invenção italiana, do século XIV. O de exclamação surgiu no século XIV. Os gráficos italianos também inventaram a vírgula e o ponto e vírgula no século XV (este último era usado pelos antigos gregos, muito antes disso, como sinal de interrogação). Os dois pontos surgiram no século XVI. O mais tardio foi a aspa, que surgiu no século XVII.

(*Superinteressante*, jun. 1997.)

3 Leia estes quadrinhos:

(*Folha de S. Paulo*, 20/3/2014.)

Os quadrinhos mostram que a personagem Garfield, ao abrir a porta de casa e ver a grama crescida, volta e comunica a Jon a chegada da primavera.

a) Sem mudar a ordem das palavras, reescreva a frase dita por Garfield, pontuando-a de acordo com as situações apresentadas a seguir.

- Ao voltar, Garfield faz uma indagação a Jon.
- Ao voltar, Garfield avisa Jon, com entusiasmo.
- Ao voltar, Garfield, entediado, comenta o fato com Jon.
- Ao voltar, Garfield responde à pergunta que Jon lhe faz sobre a primavera.

b) Reescreva a frase dita por Garfield, acrescentando a ela a palavra **perfumada** de modo que essa palavra represente:

- uma característica permanente da primavera;
- uma característica momentânea da primavera.

4 Leia esta frase:

> Uma senhora, numa cidadezinha do interior, dirigia seu automóvel com a filha ao lado.

Reescreva a frase, acrescentando a ela **tranquila** ou **tranquilamente** de modo que a palavra indique:

a) uma característica momentânea da senhora;

b) uma característica permanente da senhora;

c) uma característica da cidadezinha;

d) uma característica do modo como a senhora dirigia;

e) uma característica momentânea da filha.

Produção de texto

Carta aberta e abaixo-assinado

CARTA ABERTA

Você vai ler, a seguir, uma carta aberta. A autora da carta publicou o texto em seu *blog*. Antes do texto, fazia este comentário:

Hoje de madrugada eu fiquei em choque com a foto do cruzamento da Faria Lima com JK, aqui em SP. Uma cena estarrecedora, de motoristas fechando um cruzamento (por falta de luz nos semáforos), em que até a ciclovia ficou intransitável, porque não, ninguém respeitou. [...]

Enquanto todos riam, outros diziam que esta é uma ótima razão para não viver aqui. **Eu só conseguia ver o desastre humano e educativo que está atrás dos volantes desta metrópole.** Não há gestor que dê jeito nisso.

Hoje, ao caminhar para o supermercado, me veio esta carta.

Caros motoristas de SP (quiçá do Brasil)

Reprodução/Bandnews

Venho por meio desta pedir que você deixe o seu carro na garagem de vez em quando. Por favor, ande por sua cidade. Veja o estado de conservação das calçadas do seu bairro, das praças, onde dá para plantar uma árvore e ter mais sombra e conforto.

Ao andar a pé, veja como os motoristas furam sinais amarelos (e vermelhos também) prejudicando a travessia de pedestres. Como "esquecem" da seta — e fica difícil o pobre pedestre saber se tem segurança para atravessar a rua.

Veja o desrespeito — com a faixa de pedestres, com as poucas ciclovias. Perceba como nos falta sombra — que ajuda tanto a caminhar sob o sol. Veja que você, sem carro, não existe, não merece reconhecimento nem respeito.

Sinta a agressividade do motorista genérico — que num sábado sobe na calçada, quase atropela o pedestre a caminho do supermercado, não consegue esperar pelo próximo sinal verde.

Vá para uma grande avenida e perceba que o tempo do sinal de pedestres é pensado para não deixar os motoristas impacientes. A preferência, diz o Código Brasileiro de Trânsito, é sempre do pedestre, mas os gestores do trânsito de SP dão prioridade a quem está no carro.

Eu sei, motorista querido, que é difícil perceber o privilégio — e veja, nem estou aqui pedindo para você abrir mão dele. Só perceba que esta cidade sempre foi construída em torno da sua "necessidade".

Peço que você desfrute da sua cidade sem a sua armadura de ferro, vidro e motor. Ela é bonita? É boa de caminhar (ou pedalar)? O que existe perto da sua casa?

Você consegue ver as pessoas? Quem são? Perceba que estas pessoas compartilham da mesma cidade com você. O que você tem de igual? De diferente?

Repita o experimento. Se não der todo dia, tente uma vez por semana.

Eu imagino que, se muitos de nós percebermos que a cidade é habitada por pessoas, que todas têm o mesmo direito de viver e existir, que são iguais e merecem respeito, talvez a coexistência fique mais fácil.

Não importa o cinza. Não importa o trânsito. Importa mesmo é cada um descobrir que o outro também tem todo direito de existir e estar na rua. Com ou sem carro — a pé, de bicicleta, de moto e em todos os outros modais.

Lucia Freitas, blogueira e jornalista. O que você lê é o que descobri ser verdade.

(Disponível em: https://medium.com/@lufreitas/carta-aberta-aos-motoristas-de-sp-e982f3242b5. Acesso em: 10/2/2016.)

Reprodução/Acervo particular

A blogueira Lucia Freitas.

Código de Trânsito Brasileiro

Marivaldo Oliveira/Codigo19/Folhapress

O Código de Trânsito Brasileiro (CTB) é a lei n. 9.503, sancionada em 1997. Esse documento define as atribuições das autoridades de trânsito brasileiras e estabelece normas de conduta, infrações, crimes e penalidades para os usuários do sistema de trânsito.

O texto é constantemente atualizado para que as regras fiquem mais claras ou mais rigorosas.

Veja alguns artigos da lei que tratam das condutas dos motoristas em relação aos pedestres:

> Art. 29. [...] § 2º Respeitadas as normas de circulação e conduta estabelecidas neste artigo, em ordem decrescente, os veículos de maior porte serão sempre responsáveis pela segurança dos menores, os motorizados pelos não motorizados e, juntos, pela incolumidade dos pedestres. [...]
>
> Art. 44. Ao aproximar-se de qualquer tipo de cruzamento, o condutor do veículo deve demonstrar prudência especial, transitando em velocidade moderada, de forma que possa deter seu veículo com segurança para dar passagem a pedestre e a veículos que tenham o direito de preferência.

1 A carta aberta apresenta características próprias do gênero carta.

a) Quem é o remetente da carta lida?

b) Quem são os destinatários?

c) Que outra característica das cartas, sobretudo das cartas formais, está presente logo no início do texto?

2 A carta aberta é um gênero que pode ser escrito por uma pessoa, por um grupo de pessoas ou por uma entidade. Ela geralmente aborda um problema coletivo e pode ser utilizada como forma de protesto, de alerta ou ainda como meio de conscientização do(s) interlocutor(es).

a) Qual é o objetivo da carta lida?

b) O que levou a autora a escrever a carta?

3 A carta foi divulgada em um *blog* na Internet. Levante hipóteses: Em quais meios a carta aberta pode ser divulgada?

4 Em cartas abertas, é comum haver um título em que se menciona o assunto ou os interlocutores envolvidos na situação de comunicação em que elas circulam.

a) Na carta aberta lida, o que o título menciona?

b) Caso se optasse por um título que indicasse o assunto, qual poderia ser?

c) Não há data nessa carta. Tendo em vista que ela foi publicada em uma página da Internet, levante hipóteses: Por que isso acontece?

5 Apesar de o título indicar que a carta é direcionada a um grupo de pessoas, a autora trata o destinatário no singular.

a) Identifique no texto pronomes e verbos que se referem ao destinatário da carta.

b) Discuta com os colegas e o professor: Qual efeito é criado pela utilização do singular no tratamento do destinatário?

6 Ao longo da carta, o autor questiona certo comportamento dos motoristas.

a) Qual é esse comportamento?

b) Qual atitude a autora recomenda ao destinatário para perceber seu comportamento?

7 Para construir sua argumentação, a autora descreve o que aconteceria se o motorista deixasse seu carro em casa e saísse pela cidade como pedestre.

a) Cite alguns dos episódios descritos.

b) Qual é o efeito da descrição para a argumentação da carta?

8 A carta aberta é um gênero argumentativo e, como tal, deve apresentar diferentes tipos de argumento. Selecione abaixo e copie em seu caderno os tipos de argumento utilizados pela autora, dando um exemplo para cada um.

- Argumento de autoridade
- Dados numéricos e estatísticos
- Experiências e relatos pessoais
- Causa e consequência
- Exemplificação ou ilustração

9 A carta aberta é um gênero que tem uma estrutura relativamente livre. Geralmente, ela se inicia por uma **introdução**, que situa o problema a ser tratado na carta; em seguida, há o **desenvolvimento**, isto é, a análise do problema e a apresentação dos argumentos; e, por último, uma **conclusão**, em que é possível se pedir uma solução para o problema ou apresentar uma proposta.

a) Que parágrafos da carta correspondem a cada uma dessas três partes?

b) Na conclusão, a autora apresenta uma proposta ou solicita uma mudança aos destinatários?

10 O texto apresenta vários verbos empregados no modo imperativo.

a) Identifique pelo menos três formas verbais que estejam nesse modo.

b) Qual é o efeito de sentido do uso desse modo verbal na carta?

c) Ao final da descrição, a autora utiliza a expressão "Repita o experimento". De que gêneros o texto se aproxima ao usar os verbos no imperativo e essa expressão?

11 Observe a linguagem empregada na carta em estudo.

a) Em que pessoa está escrita a carta: na 1ª ou na 3ª pessoa? Justifique sua resposta com elementos do texto.

b) Que efeito de sentido tem o emprego dessa pessoa verbal na carta?

c) Em que tempo estão, predominantemente, as formas verbais do modo indicativo?

d) Em qual variedade linguística a carta foi escrita?

12 Reúna-se com os colegas e, juntos, concluam: Quais são as principais características da carta aberta?

Agora é a sua vez

Há, a seguir, duas propostas para a produção de cartas abertas. Com a orientação do professor, desenvolva as duas, se possível, individualmente ou em grupo. Após a produção, a turma pode escolher algumas para publicar na **Feira de cidadania** a ser organizada ao final desta unidade.

1. Retomem a discussão com o professor e com os colegas sobre *bullying* na escola. Levantem argumentos e pensem em possíveis soluções para o problema, relembrando as discussões e o debate realizados no capítulo anterior. Planejem para quem a carta deverá ser escrita. Escrevam uma carta aberta a ser divulgada para a comunidade escolar na **Feira de cidadania**. A carta também pode ser postada em um *blog* da turma ou nas redes sociais.

Dasha Rusanenko/Shutterstock

2. Discuta com o professor e com os colegas para, juntos, identificarem um problema que vem afligindo a escola, o bairro, a cidade, o Estado ou todo o país. Conversem sobre as possíveis soluções para o problema ou medidas que podem ser tomadas para atenuá-lo. Escolhido o tema, escrevam uma carta aberta a ser divulgada para a comunidade escolar na **Feira de cidadania**. A carta também pode ser postada em um *blog* da turma, no jornal comunitário ou da cidade, ou ainda nas redes sociais.

Planejamento do texto

- Deixe claro qual é o assunto da carta e quem é o destinatário.
- Justifique o uso da carta aberta, ou seja, deixe claro por que decidiu tornar público o conteúdo da carta.
- Decida o objetivo da carta. Deixe claro para os leitores que o assunto tem relação também com o bem comum.
- Selecione argumentos objetivos e concretos, mencionando fatos, situações do cotidiano e argumentos de autoridade.
- Caso você opte por trazer relatos de fatos de sua experiência pessoal como exemplos para fundamentar sua argumentação, mostre que a experiência é válida para pensar o bem comum.
- Procure adequar a linguagem ao assunto e aos interlocutores, empregando, conforme for conveniente, linguagem menos ou mais formal.
- Dê um título chamativo ao seu texto, relacionado aos interlocutores ou ao assunto da carta.

Revisão e reescrita

Antes de fazer a versão final do seu texto, releia-o, observando:

- se o assunto e o destinatário estão claros e são apresentados logo no início da carta;
- se há uma justificativa para tornar o assunto público em uma carta aberta;
- se o objetivo da carta é apresentado de maneira clara e objetiva;
- se os argumentos são convincentes e bem-fundamentados;
- se há o esclarecimento de que o interesse dos argumentos levantados é o bem comum;
- se a linguagem está adequada ao público que você pretende atingir;
- se o título é chamativo e adequado ao conteúdo e aos destinatários da carta.

ABAIXO-ASSINADO

O **abaixo-assinado**, assim como a carta aberta, é um gênero frequentemente utilizado em situações relacionadas com os direitos do cidadão.

Por exemplo, imagine que os caminhões que recolhem lixo em sua cidade não passem em seu bairro, o que torna as vias sujas e, além disso, causa enchentes em dias de chuva, devido ao acúmulo de entulhos nos bueiros. Será que, se você fizer a reclamação sozinho, o problema será resolvido? E se a maioria das pessoas do bairro fizerem a reclamação juntas? Provavelmente o problema receberia maior atenção das autoridades e teria mais chances de ser solucionado. É para situações desse tipo que serve o abaixo-assinado.

Leia o abaixo-assinado a seguir.

Especial:
PEC do Trabalho Escravo

Repórter Brasil

Notícias e Artigos
Banco de imagens
Clipping
Vídeos
Expediente

Em vídeos, artistas defendem PEC

Abaixo-assinado pela aprovação da PEC do Trabalho Escravo sem alterações na definição de escravidão

Ajude a divulgar a campanha: compartilhe esta página nas suas redes sociais

Tweetar
0
Recomendar
Compartilhar

Abaixo-assinado pela aprovação da PEC do Trabalho Escravo

O Congresso Nacional tem a oportunidade de promover a Segunda Abolição da Escravidão no Brasil. Para isso, é necessário confiscar a terra dos que utilizam trabalho escravo. A expropriação das terras onde for flagrada mão de obra escrava é medida justa e necessária e um dos principais meios para eliminar a impunidade.

A Constituição do Brasil afirma que toda propriedade rural deve cumprir função social. Portanto, não pode ser utilizada como instrumento de opressão ou submissão de qualquer pessoa. Porém, o que se vê pelo país, principalmente nas regiões de fronteira agrícola, são casos de fazendeiros que, em suas terras, reduzem trabalhadores à condição de escravos – crime previsto no artigo 149 do Código Penal. Desde 1995, mais de 31 mil pessoas foram libertadas dessas condições pelo governo federal.

Privação de liberdade e usurpação da dignidade caracterizam a escravidão contemporânea. O escravagista é aquele que rouba a dignidade e a liberdade de pessoas. Escravidão é violação dos direitos humanos e deve ser tratada como tal. Se um proprietário de terra a utiliza como instrumento de opressão, deve perdê-la, sem direito a indenização.

Por isso, nós, abaixo-assinados, exigimos a aprovação imediata da Proposta de Emenda Constitucional 438/2001, que prevê o confisco de terras onde trabalho escravo foi encontrado e as destina à reforma agrária. A proposta passou pelo Senado Federal, em 2003, e foi aprovada em primeiro turno na Câmara dos Deputados em 2004. Desde então, está parada, aguardando votação.

É hora de abolir de vez essa vergonha. Neste ano em que a Lei Áurea faz 120 anos, os senhores congressistas podem tornar-se parte da história, garantindo dignidade ao trabalhador brasileiro.

Pela aprovação imediata da PEC 438/2001!

Até o momento:

- 125223 pessoas aderiram ao Abaixo-assinado pela aprovação da PEC do Trabalho Escravo em sua versão em papel,que está circulando em todo o país
- Outros 55687 assinaram pela internet

Total até agora: 180910 assinaturas coletadas

Assine agora:

Nome completo:
RG/Órgão emissor:
Email:
Cidade:
UF: ---------
País:
Como soube deste abaixo-assinado:

Obs.: Seu e-mail e seu RG não serão publicados na Internet. Eles serão utilizados somente na versão impressa do abaixo-assinado, que será enviada ao Congresso. A pergunta "Como soube deste abaixo assinado?" servirá apenas para fins estatísticos, e a resposta não é obrigatória.

Assinar

Veja a lista de quem já assinou

(Disponível em: http://trabalhoescravo.org.br/abaixo-assinado/#. Acesso em: 19/2/2018.)

1 Qual é o objetivo do abaixo-assinado lido?

2 Os abaixo-assinados visam pressionar autoridades para tomarem providências acerca de algum problema.

a) A quem esse abaixo-assinado se dirige?

b) O abaixo-assinado pode ser assinado por qualquer brasileiro ou seus signatários são de um grupo específico?

3 Geralmente um abaixo-assinado apresenta as seguintes partes:

- **Vocativo** – Destinatário ou destinatários: pessoa(s) responsável (responsáveis) ou com poderes de tomar medidas em relação ao problema. Como é comum endereçar abaixo-assinados a autoridades, utilizam-se pronomes de tratamento formais, tais como: Senhor, Excelentíssimo, Vossa Senhoria.
- **Corpo do texto** – Desenvolve-se a solicitação do grupo, com o motivo para sua realização e os argumentos a seu favor. Também é possível apresentar quem são os abaixo-assinados e qual seu envolvimento com o problema.
- **Área de assinaturas** – Abaixo do corpo do texto, deverá haver espaços numerados para a assinatura das pessoas que desejam participar do abaixo-assinado. Geralmente, o nome vem acompanhado do número de algum documento pessoal do assinante.
- **Fim do texto** – No final do documento, devem constar o local e a data.

a) O abaixo-assinado virtual lido apresenta todas essas partes?

b) Identifique as partes que aparecem no abaixo-assinado lido.

Abaixo-assinados virtuais

É cada vez mais comum a mobilização de pessoas por uma causa por meio da Internet e das redes sociais virtuais, como o que você acabou de ler. Com isso, surgiram os *sites* em que você pode criar um abaixo-assinado e promovê-lo ou conhecer as causas já existentes e participar delas com sua assinatura. A Internet possibilita uma divulgação maior dos abaixo-assinados, o que resulta em mais assinaturas recolhidas.

Reprodução/http://peticaopublica.com.br/

4 O corpo do abaixo-assinado tem uma estrutura geralmente estável: a apresentação do problema, o pedido de solução e a justificativa. Identifique no texto os parágrafos que se referem a cada uma dessas partes.

prizela_ning/Shutterstock

5 O abaixo-assinado é um gênero argumentativo, que busca convencer o interlocutor a aderir a uma causa e tomar providências sobre ela.

a) Um dos argumentos se sustenta em um documento. Qual é esse documento e qual é o argumento utilizado?

b) O texto também apresenta dados numéricos para tornar a argumentação mais forte. Qual é o dado?

c) O texto apresenta um argumento de causa e consequência em relação à definição de escravidão e sua relação com os direitos humanos. Qual é o argumento?

d) Para finalizar o abaixo-assinado, os autores fazem um apelo baseado na história do país. Qual é o apelo?

6 Além dos argumentos do texto, o *site* apresenta na lateral esquerda um *link* que direciona para vídeos em que artistas defendem a PEC proposta.

a) Levante hipóteses: Que tipo de conteúdo os vídeos devem transmitir?

b) Qual efeito tem sobre o texto a chamada para os vídeos e o uso das imagens dos artistas ao lado do texto do abaixo-assinado?

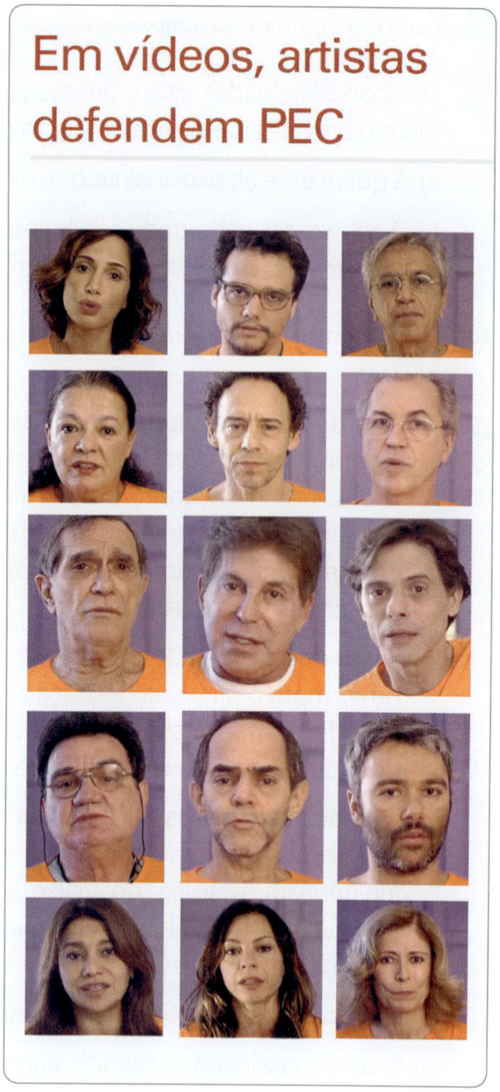

7 Acima do texto, o *site* apresenta algumas imagens.

a) Quais são elas?

b) Qual é a relação das imagens com a proposta do abaixo-assinado?

8 Geralmente, em abaixo-assinados impressos ou manuscritos, após o texto, apresenta-se a lista de assinaturas por ordem cronológica (quem assina primeiro e assim por diante), seguida de um número de documento. No caso do abaixo-assinado virtual:

a) Qual é o número de assinaturas já conquistadas pelo abaixo-assinado?

b) Por que apresentar esse número é importante?

c) Caso o leitor esteja na dúvida e deseje ver quem já assinou o documento, o que ele deverá fazer?

9 O abaixo-assinado lido foi divulgado por um *site*. Levante hipóteses: Em quais meios um abaixo-assinado pode ser divulgado?

10 Reúna-se com seus colegas de grupo e, juntos, concluam: Quais as principais características do abaixo-assinado?

Agora é a sua vez

Há, a seguir, duas propostas para a produção de abaixo-assinados. Com a orientação do professor, desenvolva as duas, se possível, individualmente ou em grupo. Após a produção, publique os abaixo-assinados e busque assinaturas na **Feira de cidadania** a ser organizada ao final desta unidade.

1 Retomem os problemas discutidos para a produção da carta aberta. Algum deles é propício à produção de um abaixo-assinado, ou seja, é um problema que, se solucionado, trará um bem para a coletividade e há uma ou algumas autoridades que podem solucioná-lo? Selecionem um problema e redijam, coletivamente, o abaixo-assinado. O texto deve ser exposto na **Feira de cidadania** para recolher assinaturas da comunidade.

2 Discutam questões atuais relacionadas à falta de solidariedade e respeito em sua cidade, no Estado, no país e no mundo. Selecionem uma delas para mobilizar o máximo de pessoas possível para cobrar medidas das autoridades competentes. O texto deve ser exposto na **Feira de cidadania** para recolher assinaturas da comunidade ou ser publicado num dos *sites* que promovem abaixo-assinados virtuais.

Planejamento do texto

- Certifique-se de que o(s) destinatário(s) pode(m) tomar providências acerca do problema selecionado.
- Deixe clara a demanda ou a solicitação realizada no abaixo-assinado.
- Deixe explícito quem são os assinantes, seu papel social, ou seja, sua relação com o problema tratado: estudantes, cidadãos, jovens, moradores de um bairro específico, etc.
- Justifique a solicitação com argumentos claros e bem-sustentados.
- Procure sugerir alguma medida ou solução ao problema.
- Deixe uma área de assinaturas suficiente para acolher o número previsto de assinaturas.
- Finalize o documento com local e data.

Revisão e reescrita

Antes de passar a limpo ou digitar o abaixo-assinado para recolher as assinaturas dos apoiadores, certifique-se de que:

- o(s) destinatário(s) está (estão) especificado(s) no texto, com pronome de tratamento adequado a seu cargo ou profissão;
- a demanda está clara logo no início do corpo do texto;
- o papel social dos assinantes e a relação deles com o problema estão anunciados no corpo do texto;
- há no corpo do texto uma justificativa para a demanda, com argumentos convincentes;
- há no corpo do texto uma sugestão para solucionar o problema ou amenizá-lo;
- há espaço garantido para as assinaturas;
- há local e data ao final do texto.

Divirta-se

Quino/Fotoarena

(Quino. *Mafalda 2*. São Paulo: Martins Fontes, 1998. v. 2, p. 60-61.)

Passando a limpo

No seguinte trecho de um *blog*, um adolescente conta seu encontro com uma garota. Leia-o e responda às questões 1 a 3.

Será que tudo isso pode ser real?

Quando cheguei à biblioteca eu estava muito nervoso. Não tinha dormido quase nada. Fiquei até tarde ensaiando o que ia dizer para ela. Como sou surdo, tive dificuldades para aprender a falar. Eu consigo, mas tenho que falar devagar para as pessoas me entenderem. Eu estava com medo de que isso fosse incomodá-la, que ela não gostasse da minha voz.

Assim que passei pela porta eu a vi. Estava linda como sempre e o seu lindo sorriso logo apareceu. Com flores nas mãos, fui me aproximando. Quando cheguei bem perto, antes de dizer qualquer coisa, ela me cumprimentou em LIBRAS (Língua Brasileira dos Sinais), a língua que uso com meus amigos surdos.

Primeiro eu me assustei. Até perguntei se ela também era surda, mas não, parece que ela decidiu aprender minha língua para a gente poder se comunicar.

[...]

(Vinicius Campos. *O amor nos tempos do blog*. São Paulo: Companhia das Letras, 2012. p. 75.)

Julia Flohr/Arquivo da editora

1. Além da dificuldade natural de um primeiro encontro, a personagem apresenta insegurança em relação:
   a) a sua voz como meio de comunicação.
   b) ao fato de ser deficiente auditivo.
   c) a ter dormido mal na noite anterior.
   d) ao que dizer à garota que ia encontrar.

2. A garota se preparou para receber o narrador. Só **não** é sinal claro dessa preparação:
   a) "o seu lindo sorriso logo apareceu".
   b) "Estava linda como sempre".
   c) "ela me cumprimentou em LIBRAS".
   d) "ela decidiu aprender minha língua para a gente poder se comunicar".

3. O termo em destaque nas frases abaixo se refere ao narrador, com exceção de:
   a) "**Eu** consigo, mas tenho que falar devagar".
   b) "para as pessoas **me** entenderem".
   c) "Assim que passei pela porta eu **a** vi".
   d) "para **a gente** poder se comunicar".

4 Observe o quadro abaixo, *Grupo de meninas* (1940), de Candido Portinari.

Candido Portinari. *Grupo de meninas*, 1940/Col. Museus Castro Maya, Brasil/Fundação Portinari

A ideia principal do quadro é:

a) apresentar a manifestação de alegria das figuras representadas.

b) mostrar o gestual comum de todas as crianças quando brincam.

c) indicar o contraste entre o ambiente festivo e a tristeza de algumas meninas.

d) destacar o gestual de uma das danças brasileiras.

Leia o fragmento abaixo, de Mario Sergio Cortella, e responda às questões 5 e 6.

[...]

Atualmente fala-se bastante, por exemplo, em bullying; penso, inclusive, que não necessitamos usar o termo em inglês, pois a existência do verbo "bulir" em português é suficiente, por ter o sentido de "mexer de forma incômoda com alguém". Tem-se a sensação de que o bulir é algo exclusivo da escola, mas a educação que recebemos em casa pode incentivar a violência ou ajudar a combatê-la, e não devemos ficar na "pura espera".

A temática foi agudizada nos últimos tempos por ter ganhado novas amplificações com o uso das redes sociais para disseminar também a discriminação e o preconceito; parte dos pais e educadores ainda não percebeu que, como dizem os bombeiros [...], "nenhum incêndio começa grande; todos principiam por uma fagulha, uma pequena chama, um disparo".

Assim, a família e a escola devem recusar qualquer expressão, mesmo que mínima, de intolerância e agressão.

(*Não se desespere!*. Petrópolis, RJ: Vozes, 2013. p. 61-62.)

5 A ideia geral do texto se refere:

a) à responsabilidade da família e da escola nos atos de *bullying*.

b) à possibilidade de permutar o termo em inglês pela forma em português.

c) ao emprego das redes sociais para intensificar o *bullying*.

d) ao emprego de uma linguagem que reflete a intolerância.

6 A citação entre aspas "nenhum incêndio começa grande; todos principiam por uma fagulha, uma pequena chama, um disparo" está adequadamente explicada em:

a) O uso das redes sociais ampliou os atos de intolerância.

b) Deve-se impedir qualquer manifestação de discriminação.

c) A educação que recebemos em casa pode incentivar a violência.

d) Parte dos pais e educadores considera o *bullying* uma moda passageira.

Leia a tira abaixo, de Fernando Gonsales, e responda às questões 7 e 8.

Fernando Gonsales/Acervo do cartunista

(*Folha de S. Paulo*, 15/9/2013.)

7 Do ponto de vista da tira, o modo feminino de ver o mundo é positivo e menos discriminatório, porque:

a) fixa-se no que é visível.

b) volta-se para o que é aparente e despreza o que está oculto.

c) preocupa-se mais com a essência do que com a aparência.

d) é incapaz de analisar a personalidade de outro ser.

8 Ao caracterizar zebras e cavalos e apresentar as diferenças entre eles, a personagem descreve:

a) seu estado transitório (sensíveis) e seu estado permanente (irritáveis).

b) suas ações (fazem, preferem) e, depois, seu modo de ser (irritáveis, sensíveis).

c) seu comportamento (preferem) e, como consequência, sua característica psicológica (sensíveis).

d) seu modo de ser (irritáveis, sensíveis) e seu comportamento (fazem, preferem).

Leia o texto e o gráfico abaixo e responda às questões 9 e 10.

[...]

O consumo de refrigerantes e sucos açucarados é uma das maiores fontes de calorias ingeridas por crianças e adolescentes. Um levantamento mostrou que os adolescentes americanos consomem em média 357 calorias por dia dessa fonte. É possível que os nossos não fiquem para trás.

Se para cada 9 mil calorias ingeridas em excesso o corpo acumula um quilo de gordura, um exagero de apenas 357 calorias por dia significa um quilo a mais por mês ou 12 kg a cada ano que passa.

[...]

As recomendações do Ministério da Saúde para que crianças e adultos evitem refrigerantes e sucos açucarados e, principalmente, aumentem os níveis de atividade física, devem ser levadas a sério.

(Drauzio Varella. Disponível em: https://drauziovarella.uol.com.br/drauzio/refrigerantes-acucarados. Acesso em: 9/6/2018.)

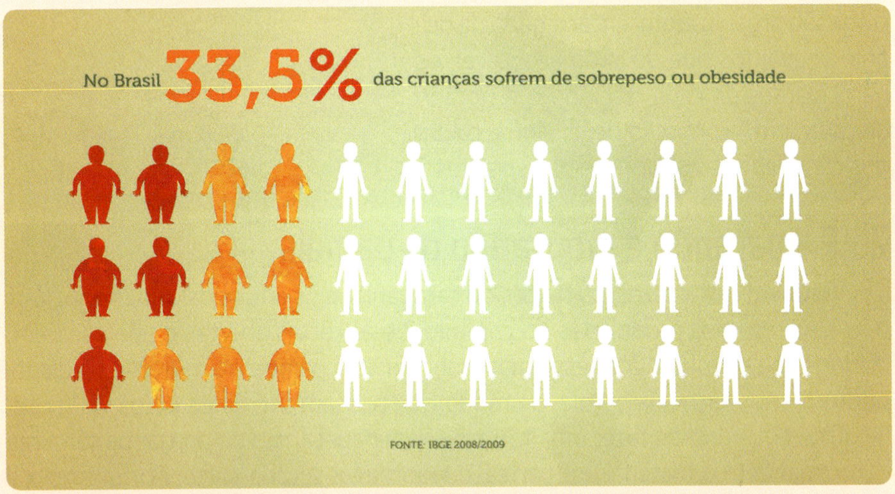

Muito além do peso, 2012/Instituto Alana/Estela Renner

(Disponível em: http://naovaledesistir.com.br/muito-alem-do-peso-documentario-sobre-obesidade-infantil/.)

9 A obesidade infantil é causadora de problemas de saúde e motivo de discriminação. No entanto, o texto e o gráfico mostram que:

a) com os devidos cuidados com a alimentação e com persistência, o peso pode ser controlado.

b) a obesidade tende a crescer, conforme ilustra a terceira fileira do gráfico.

c) a obesidade não pode ser eliminada.

d) somente força de vontade, sem mudança de hábitos alimentares, já permite eliminar o sobrepeso.

10 No texto, lê-se: "É possível que os **nossos** não fiquem para trás". O termo destacado retoma a expressão:

a) refrigerantes e sucos açucarados.

b) adolescentes.

c) fontes de calorias.

d) adolescentes americanos.

Intervalo

Você leu e produziu nesta unidade textos relacionados com os direitos dos cidadãos e com o direito de se manifestar e de interferir socialmente, a fim de melhorar o mundo em que vivemos. Agora, participe com os colegas da classe da montagem de uma ***Feira de cidadania****, para a qual vocês deverão convidar toda a comunidade escolar: alunos, professores, coordenadores, diretor, funcionários, pais e familiares.*

Projeto • Feira de cidadania

1. Organizando a feira

Em uma feira podem ocorrer várias atividades, como debates, palestras, exposições, esclarecimentos ao público, apresentação teatral, etc.

Para que a feira seja um sucesso, formem, com a orientação do professor, uma comissão organizadora, encarregada de definir os eventos que deverão acontecer, os participantes de cada trabalho e o horário de cada um. A comissão deve, ainda, cuidar dos convites aos visitantes e palestrantes.

Casa Locomotiva (NORTE)/ Arquivo da editora

2. Preparando e montando os painéis

Reúnam os cartazes, os textos de campanha e os anúncios que produziram no capítulo 1, os resumos produzidos no capítulo 2 e as cartas abertas e abaixo-assinados produzidos no capítulo 3. Com esse material, montem painéis ou murais e os disponham em pontos estratégicos da escola, de modo que possam ser vistos pelos visitantes da feira. Se quiserem, poderão fazer uma forração com papel antes de pregar os cartazes e textos.

Organizem o material em partes, dando títulos a cada parte. Por exemplo: **Anúncios cidadãos**, **Em defesa da vida**, **Por uma cidade melhor**, e assim por diante. Decorem os painéis com imagens (fotos, recortes, ilustrações) relacionadas com os temas abordados.

Casa Locomotiva (NORTE)/Arquivo da editora

3. Fazendo acontecer: medidas *antibullying*

Ponham em prática as deliberações de classe aprovadas no debate deliberativo sobre o *bullying*.

Dependendo das medidas aprovadas, é hora de:

- expor em cartolinas as medidas *antibullying* aprovadas pela classe;
- afixar cartazes em lugares estratégicos, esclarecendo o que é o *bullying* e as consequências dessa prática;
- distribuir textos de campanha *antibullying*, estimulando alunos, professores, funcionários e pais a agir contra o *bullying* de modo firme e consciente;
- expor em murais textos de opinião produzidos sobre o tema;
- colocar em prática outras decisões tomadas.

4. Apresentando trechos dos debates

Casa Locomotiva (NORTE)/Arquivo da editora

Editem a filmagem que foi feita do debate deliberativo sobre *bullying* e selecionem os melhores trechos.

Na feira, disponham em um local adequado, com ampla circulação de pessoas, um computador com monitor ou uma TV com DVD em que possa ser apresentado o vídeo editado. Ao lado do monitor, deixem cópias do resumo produzido pela classe a respeito do debate. Se tiverem fotografado o debate, deixem também algumas fotos do evento.

5. Colhendo assinaturas para o abaixo-assinado

Fernando Favoretto/ Criar Imagem

Aproveitem a presença dos convidados e colham assinaturas para os abaixo-assinados que produziram. Depois, providenciem para que os abaixo-assinados sejam efetivamente encaminhados aos seus destinatários. Assim que tiverem obtido respostas dos destinatários, divulguem os resultados para a comunidade escolar.

6. Falando com especialistas

Casa Locomotiva (NORTE)/Arquivo da editora

Convidem um profissional para dar uma palestra sobre o *bullying* ou sobre outro tema de interesse da escola ou da comunidade. Por exemplo, se o tema escolhido for o *bullying*, convidem um psicólogo ou um educador que tenha experiência nesse campo.

Unidade

4

© Patrick Foto/Getty Images

Internet: para o bem ou para o mal?

O silêncio

antes de existir computador existia tevê
antes de existir tevê existia luz elétrica
antes de existir luz elétrica existia bicicleta
antes de existir bicicleta existia enciclopédia
antes de existir enciclopédia existia alfabeto
antes de existir alfabeto existia a voz
antes de existir a voz existia o silêncio
[...]

(Arnaldo Antunes. Disponível em: www.arnaldoantunes.com.br/new/sec_discografia_sel.php?id=57. Acesso em: 5/3/2018.)

Fique ligado! Pesquise!

Guilherme Asthma/Arquivo da editora

Editora Ática/Arquivo da Editora

Steve Jobs – A biografia, de Walter Isaacson e Denise Bottmann (Richmond); ***Steve Jobs***, de Fiona Beddall (Richmond); ***Steve Jobs – Insanamente genial***, de Jessie Hartland (Richmond); ***O mestre dos games***, de Afonso Machado (Ática); ***Veneno digital***, de Walcyr Carrasco (Ática); ***E-mãe – A internet me aprontou uma!***, de Tânia Alexandre Martinelli (Ática); ***O blog da família***, de Giselda Laporta Nicolelis (Saraiva); ***Coração na rede***, de Thelma Guimarães Castro Andrade (Atual); ***A face oculta – Uma história de bullying e ciberbullying***, de Maria Tereza Maldonado (Saraiva).

Alamy/Fotoarena

Cena do filme *Jobs*, de Joshua Michael Stern.

O futuro da humanidade – Escravos da tecnologia, de Steve Cutts (animação, disponível no YouTube); ***Badgenius***, de Nattawut Poonpiriya; ***Jobs***, de Joshua Michael Stern; ***Steve Jobs***, de Danny Boyle; ***A rede social***, de David Fincher (classificação indicativa: 13 anos); ***O círculo***, de James Ponsoldt; ***Amor.com***, de Anita Barbosa.

- Ouça as canções "Kid Vinil" e "Mamãe no Face", de Zeca Baleiro; "Tribunal do Feicebuqui", de Tom Zé; "Blues via satélite", de Graveola e O Lixo Polifônico; "Pela internet", de Gilberto Gil.

Intervalo

Projeto:
Informações e opiniões em rede

Produção e montagem de um jornal com cartas de leitor, comentários, entrevistas e resenhas críticas.

- www.safernet.org.br
- http://eravirtual.org/
- https://museudoamanha.org.br/pt-br/content/tour-virtual
- http://internetsegura.br/adolescentes/

De olho na imagem

Leia este anúncio publicitário:

Internetsegura.br/Agência Talent

1 O anúncio apresenta dois planos. No primeiro plano, vemos uma garota e, no segundo, um homem.

a) Como é a garota? Descreva-a.

b) Como é o homem? Descreva-o.

c) Como é o ambiente em que a garota está?

d) E o ambiente em que o homem está?

2 No centro do anúncio, o braço do homem passa pela tela do computador dele e sai no computador da garota.

a) O que ele oferece à garota?

b) O que a expressão facial da adolescente revela?

c) O que a expressão facial do homem revela?

d) O que essa imagem representa na vida real dos internautas?

3 Na lateral direita, na parte inferior do anúncio, lemos: "Na Internet, nem tudo é o que parece. Fique atento e aproveite o que a rede tem de bom". Que relação existe entre esse enunciado verbal e o que a imagem do anúncio retrata?

4 O ponto de vista do anunciante a respeito do uso da Internet é positivo ou negativo? Justifique sua resposta.

5 Leia este texto da parte inferior do anúncio:

> **Todos os perigos que existem no mundo real**
> **também existem no mundo virtual.**
> **Aprenda a navegar com segurança e proteja sua família.**
> **Acesse Internetsegura.br e saiba mais.**

Internetsegura.br/Agência Talent

a) O texto faz um paralelo entre o mundo real e o mundo virtual. Que tipo de situação, retratada pela imagem do anúncio, é mais fácil ocorrer no mundo virtual do que no mundo real?

b) As formas verbais **aprenda** e **proteja**, empregadas no texto, pertencem ao imperativo afirmativo. O que justifica o emprego desse modo verbal no anúncio?

c) Levante hipóteses: Por que a família é incluída nas recomendações dadas ao leitor?

O que é o portal Internet Segura?

Idealizado pelo CGI.br (Comitê Gestor da Internet no Brasil), o portal Internet Segura reúne iniciativas de conscientização sobre segurança e uso responsável da Internet no Brasil. No portal, internautas são auxiliados a localizar com segurança informações de seu interesse.

6 Observe, ao lado, o logotipo da entidade responsável pelo anúncio:

a) Que relação existe entre a figura central do logotipo e o endereço eletrônico internetsegura.br?

b) Levante hipóteses: Qual é o objetivo dessa entidade?

c) A quem o anúncio se dirige, principalmente? Justifique sua resposta.

INTERNET SEGURA.BR

Internetsegura.br/Agência Talent

Capítulo 1

O flagelo da vida moderna

Imagine, por um minuto, como era a vida das pessoas antes da invenção do celular, da Internet, do WhatsApp e do Facebook. Como as pessoas faziam para se comunicar? Com as facilidades de hoje, a comunicação se tornou mais fácil e mais rápida, mas será que a tecnologia nos tornou mais felizes?

Fim de ano

De boas intenções, o inferno e os fins de ano estão cheios.

De minha parte, costumo tomar decisões radicais que tornarão meus dias mais tranquilos e me permitirão conviver mais tempo com a família e os amigos, fazer as refeições na hora certa, dormir pelo menos seis horas por noite, atender menos doentes, passar menos horas em aeroportos e em viagens de ida e volta no mesmo dia para cidades a milhares de quilômetros de distância.

Houve um tempo em que colocava minha mulher a par desses bons propósitos. Anos atrás deixei de fazê-lo, menos pelo receio de faltar com a palavra empenhada, do que pela vergonha diante do descrédito visível no sorriso dela.

Nos anos 1960, assisti a uma mesa-redonda na faculdade de medicina, em que um grupo de professores da USP discutiu um tema candente naquela época: "O trabalho no ano 2000".

Como os debatedores previam avanços tecnológicos e máquinas que fariam a maior parte do trabalho humano, a preocupação era o que fazer com o tempo ocioso dos trabalhadores do século 21, para combater a sensação de inutilidade que os levaria aos transtornos psiquiátricos e ao alcoolismo.

Não demorei para constatar o equívoco dessas e de outras previsões sobre o milênio que estamos vivendo. Aconteceu o oposto: a evolução da tecnologia só nos trouxe mais trabalho. Cada invenção incorporada tornou mais escassas nossas horas de lazer.

No fim dos anos 1980, durante um estágio hospitalar nos Estados Unidos, vi um aparelho de fax. Fiquei maravilhado. Um relatório médico enviado de Los Angeles chegava a Nova York num passe de mágica. Assim que pude, comprei um aparelho e instalei-o em casa.

Em poucas semanas, a sala foi invadida por rolos

de papel que jorravam da máquina feito cachoeira, com os resultados de exames encaminhados pelos laboratórios de análises. Fui obrigado a acordar mais cedo para dar conta deles.

Depois, vieram o computador, a internet e o e-mail, invenções inacreditáveis que aposentaram as máquinas de escrever, revolucionaram o acesso às informações e condenaram o fax à obsolescência. Mas, quem poderia imaginar que o e-mail se tornaria o flagelo estressante da vida atual?

Então, Lúcifer, o anjo decaído que a tudo assiste em sua tarefa cotidiana de atazanar mulheres e homens, inventou o celular.

Era do tamanho de um sapato 45, mas fiquei maravilhado outra vez. Adeus ao Bip e ao bolso cheio de moedas para ir atrás dos telefones públicos quando ele tocava.

O sucesso da invenção animou a indústria a produzir modelos cada vez mais compactos, de modo a facilitar o transporte para todos os cantos, junto ao corpo do usuário.

Então, Satanás, que a tudo continuava a assistir, criou uma armadilha mais maligna do que o próprio inferno: a tela do celular. Achei o máximo, agora tinha o mundo em minhas mãos: WhatsApp, Facebook, YouTube, Instagram e o diabo que o carregue.

Inadvertido, caí nas garras do Cão. A pessoa me manda um e-mail e transfere para mim o problema dela. Como não há necessidade de chegar até um computador para responder, em dez minutos ela me envia um WhatsApp: "Você não viu meu e-mail?". Inútil fingir que não recebi a mensagem, ela verá os dois risquinhos na tela.

Aí, um desocupado me inclui num grupo. Para não magoar os demais participantes, fico sem graça de sair. Resultado: meus dias são povoados por gatinhos cafonas dando bom dia, paisagens idílicas musicadas, [...], piadas cretinas, maledicências e boatos absurdos apregoados como verdade universal.

Essa balbúrdia cibernética acelera e estressa o dia a dia, mas aumenta a eficiência no trabalho. Por essa razão, é fácil prever que os próximos avanços tecnológicos servirão para nos fazer trabalhar mais, cada vez mais, numa espiral enlouquecida que nos roubará o resto do lazer que ainda desfrutamos.

Em compensação, dirá você, caríssimo leitor, hoje somos muito mais competentes. É verdade. Eu seria incapaz de cumprir a metade dos compromissos que assumi. Teria deixado de fazer trabalhos e vivido momentos que me trouxeram realização pessoal, alegria e felicidade. Apesar dos pesares, viva o futuro.

(Drauzio Varella. Disponível em: https://drauziovarella.uol.com.br/drauzio/artigos/fim-de-ano/. Acesso em: 6/3/2018.)

atazanar: incomodar, importunar.

bip: dispositivo que, fazendo uso de ondas de rádio, era utilizado nas décadas de 1980 e 1990 para enviar mensagens.

candente: que está ardendo em brasa.

flagelo: castigo, tortura, açoite.

obsolescência: processo de tornar-se obsoleto, isto é, ultrapassado.

Wandson Rocha/Arquivo da editora

Estudo do texto

Compreensão e interpretação

1 O texto, intitulado "Fim de ano", foi publicado no dia 23 de dezembro de 2017, isto é, em uma antevéspera de Natal. O primeiro parágrafo apresenta a seguinte afirmação: "De boas intenções, o inferno e os fins de ano estão cheios".

a) De que dito popular o autor partiu para construir a afirmação? Qual é o sentido desse dito?

b) Levando em conta o momento em que o texto foi publicado, explique por que o autor incluiu a expressão "e os fins de ano" no dito popular.

2 Considerando o 1º e o 2º parágrafo, responda:

a) Normalmente, a que as "boas intenções" do autor para o ano seguinte se referem?

b) Ao longo do ano seguinte, essas intenções acabam se concretizando? Por quê?

3 A referência ao fim do ano e às promessas de uma vida diferente é apenas um pretexto para o autor iniciar a abordagem do tema central do texto. Qual é esse tema?

4 No século XX, os médicos se preocupavam com o avanço da tecnologia e com o futuro do ser humano no século XXI.

a) Qual era, então, o motivo da preocupação dos médicos?

b) De acordo com o autor, a expectativa que havia se concretizou no novo milênio? Comprove sua resposta com um trecho do texto.

Quem é Drauzio Varella?

Drauzio Varella, médico cancerologista, nasceu em São Paulo, em 1943.

Foi um dos pioneiros no combate à aids no Brasil, nos anos 1980. Pela participação em vários programas na rádio, a fim de divulgar as formas de combater a doença, ganhou projeção nos meios de comunicação. Depois se tornou nacionalmente conhecido por orientar a população, na TV, sobre vários temas, como gravidez, combate ao tabagismo, planejamento familiar, obesidade, etc.

É autor de vários livros, alguns dos quais relacionados com a experiência que teve como médico voluntário em presídios de São Paulo. *Estação Carandiru*, um deles, serviu de base para o roteiro do filme *Carandiru*, de Hector Babenco. Mais recentemente, publicou *Prisioneiras*, que relata algumas histórias de mulheres encarceradas.

Como autor de literatura infantil, publicou *Nas ruas do Brás* e *De braços para o alto*.

É colunista do jornal *Folha de S. Paulo* e escreve no *site* https://drauziovarella.uol.com.br/.

Zé Carlos Barretta/Folhapress

5 O texto apresenta um pequeno histórico dos avanços tecnológicos ocorridos da década de 1980 até os dias atuais.

a) Que equipamentos eletrônicos foram inventados nesse período?

b) A que área de atividade humana estão ligados esses equipamentos?

c) Como o autor reagia a cada uma dessas invenções? Destaque algumas expressões do texto que justifiquem sua resposta.

6 No 9º parágrafo, o autor menciona a invenção do celular.

a) Que julgamento inicial ele fez a respeito desse aparelho?

b) Que outras tecnologias foram deixadas de lado quando o celular foi inventado?

c) Que nova invenção fez o autor mudar de opinião a respeito do papel e do significado do celular na vida dos usuários? Por quê?

7 Releia este trecho do texto:

> **"Achei o máximo, agora tinha o mundo em minhas mãos: WhatsApp, Facebook, YouTube, Instagram e o diabo que o carregue."**

pathdoc/Shutterstock

a) Considerando que Drauzio Varella é um médico bastante conhecido, sobretudo por sua participação em programas de televisão e pelos textos que publica em jornais, explique o sentimento do autor quando teve contato com as redes sociais.

b) Que razões levaram o autor a mudar de opinião a respeito do uso do celular e das redes sociais?

8 Nos dois últimos parágrafos do texto, o autor faz uma espécie de balanço final da relação entre tecnologia e trabalho, que se propôs a desenvolver no texto.

a) Qual é o balanço final que ele faz?

b) Que previsão ele faz para o futuro quanto à relação entre tecnologia, trabalho e lazer?

c) O que ele, pessoalmente, acha dessa previsão? Comprove sua resposta com uma frase do texto.

A linguagem do texto

1 Ao longo do texto, o autor associa os avanços tecnológicos, especialmente o representado pelo celular, como relacionados ao mal. Por isso, como traço de estilo, faz uso de uma seleção de palavras pertencentes ao campo semântico do mal.

a) Que palavras, relacionadas a esse campo semântico, são associadas às mais recentes invenções da tecnologia?

b) Na sua opinião, essas palavras têm, no texto, uma conotação religiosa ou foram empregadas como brincadeira?

c) No trecho "Achei o máximo, agora tinha o mundo em minhas mãos: WhatsApp, Facebook, YouTube, Instagram e o diabo que o carregue", que efeito de sentido tem a expressão **e o diabo que o carregue** no contexto?

2 Do ponto de vista do gênero do discurso, como o texto lido se classifica? Indique a resposta em seu caderno.

- reportagem
- notícia
- artigo de opinião
- texto de campanha comunitária

3 No gênero a que o texto pertence, é comum o autor utilizar fatos e opiniões para sustentar o ponto de vista que defende.

a) Em seu caderno, indique com **F** as frases que expressam um fato e com **O** aquelas que expressam uma opinião:

- "O sucesso da invenção animou a indústria a produzir modelos cada vez mais compactos"
- "Essa balbúrdia cibernética acelera e estressa o dia a dia, mas aumenta a eficiência no trabalho."
- "Cada invenção incorporada tornou mais escassas nossas horas de lazer."
- "Como os debatedores previam avanços tecnológicos e máquinas que fariam a maior parte do trabalho humano, a preocupação era o que fazer com o tempo ocioso dos trabalhadores do século 21"

b) Nas frases que você indicou como fatos no item anterior, identifique a(s) palavra(s) ou expressão(ões) que expressa(m) sutilmente o ponto de vista do autor.

4 Observe o emprego de dois-pontos nestas frases do texto:

> - "[...] um grupo de professores da USP discutiu um tema candente naquela época: 'O trabalho no ano 2000'."
> - "Aconteceu o oposto: a evolução da tecnologia só nos trouxe mais trabalho."
> - "[...] criou uma armadilha mais maligna do que o próprio inferno: a tela do celular."

a) Qual é o papel do sinal dois-pontos nessas situações?

b) Em qual das frases esse sinal de pontuação pode ser substituído por uma palavra como **pois** ou **porque**? Por que, na sua opinião, isso ocorre?

Trocando ideias

1 Segundo o texto, a tecnologia, que nasceu para libertar o ser humano da carga excessiva de trabalho, tem nos aprisionado e levado as pessoas a trabalhar mais. Você concorda com esse ponto de vista? Para você, que significado tem a tecnologia?

2 Releia este comentário de Drauzio Varella:

> "Aí, um desocupado me inclui num grupo. Para não magoar os demais participantes, fico sem graça de sair".

Você também se sente pressionado a participar de redes sociais e grupos da Internet mesmo quando não tem vontade? Se sim, o que pode ser feito contra a tirania da tecnologia?

De olho no infográfico

Os dois infográficos a seguir apresentam dados de uma pesquisa a respeito do acesso à Internet. Leia-os.

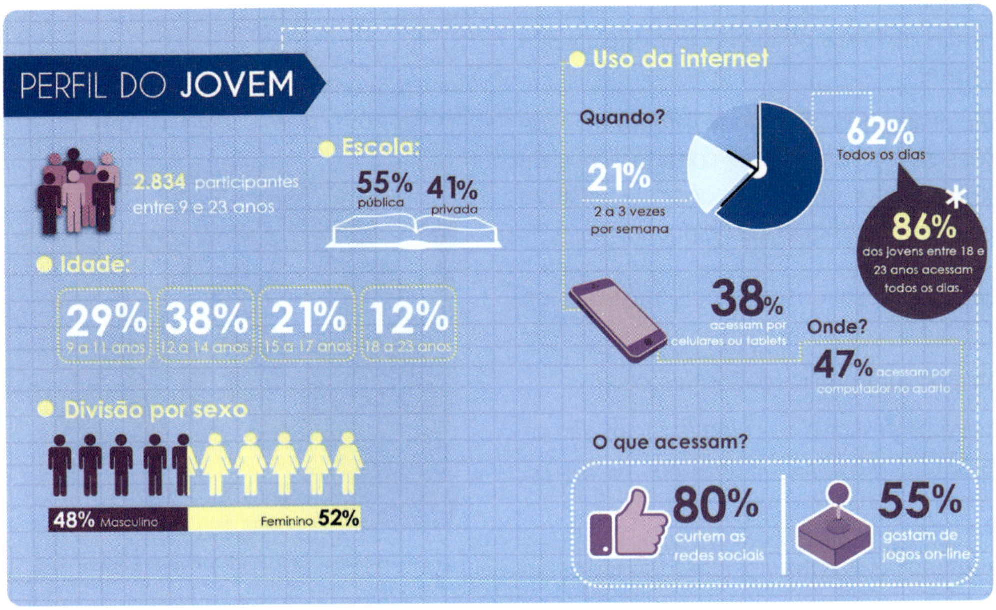

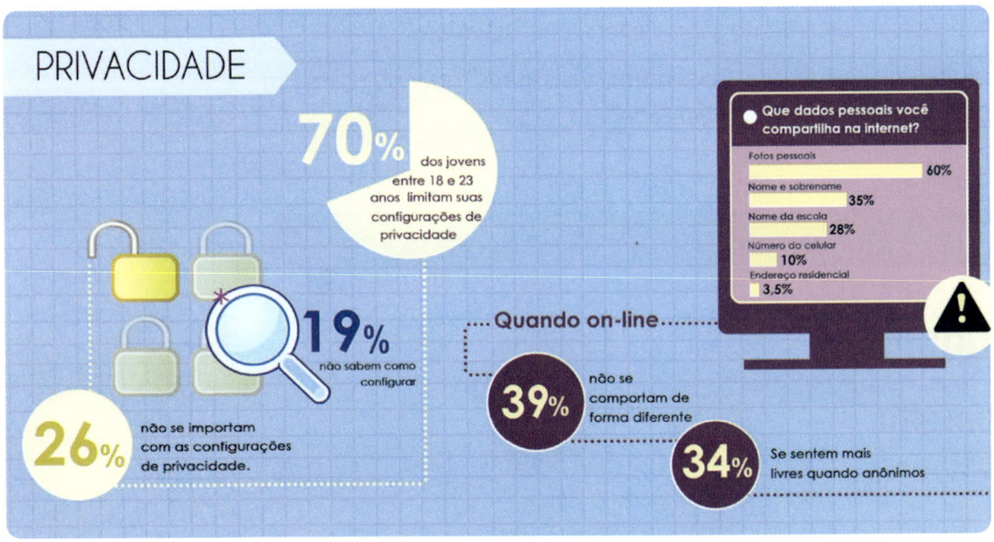

(Disponível em: www.ihu.unisinos.br/78-noticias/527104-ciberbullying-adolescentes-falam-do-suicidio-das-meninas-que-tiveram-imagens-intimas-expostas-na-internet. Acesso em: 7/3/2018.)

1 De acordo com o primeiro infográfico:

a) Quem respondeu à pesquisa: crianças, adolescentes ou adultos?

b) Os entrevistados eram estudantes. Eles estudavam em escolas da rede pública ou da rede privada?

c) A maior parte dos entrevistados eram meninos ou meninas? Justifique sua resposta.

d) Qual é a faixa etária dos entrevistados que mais acessam a Internet?

e) Qual é o motivo que leva a maioria dos entrevistados a acessar a Internet?

2 Em relação à privacidade na rede e às configurações de privacidade, responda:

a) Os entrevistados se importam com as configurações de privacidade? Justifique sua resposta.

b) A despreocupação com as configurações de privacidade é semelhante em todas as faixas de idade? Por que, na sua opinião, isso acontece?

c) É possível deduzir, analisando o segundo infográfico, que faltam informações sobre como fazer configurações de privacidade no computador ou utilizar outro dispositivo eletrônico com esse fim? Justifique sua resposta.

3 Em relação à publicação de dados pessoais na Internet, responda:

a) A maioria dos entrevistados publica dados pessoais?

b) Troque ideias com o professor e os colegas: Quais são os riscos de publicar dados pessoais, como nome da escola, telefone e endereço residencial?

4 Sobre o perfil apresentado pelos entrevistados, quando estão *on-line*, responda:

a) Os que não mudam de comportamento são a minoria ou a maioria?

b) Levante hipóteses: Por que as pessoas se sentem "mais livres" quando usam um perfil falso? O que elas fazem com essa liberdade?

Perigos na Internet

O filme *Trust – Perigo online*, dirigido por David Schwimmer, mostra a história de uma garota de 16 anos que se envolve pela Internet com um adulto. Esse homem usa um perfil falso, por meio do qual atrai adolescentes e as transforma em presas sexuais.

Alamy/Fotoarena

A língua em foco

O adjunto adnominal

Construindo o conceito

Leia este poema, de Flora Figueiredo:

Outono

A manhã de Outono amarelou a janela
como se em vez de minha, fosse dela.
Um céu azul insistente
veio compor a pintura
por entre galhos de ipê.
Agora, só faltava você
pra completar a cena da moldura.

(*O trem que traz a noite*. Barueri-SP: Novo Século Editora, 2010.)

Julia Flohr/Arquivo da editora

1 O eu lírico descreve uma manhã de outono.

a) Como era essa manhã?

b) A que é comparada a imagem da janela amarela e do céu azul?

c) A beleza da cena é suficiente para tornar o eu lírico feliz? Justifique sua resposta.

2 Na oração "A manhã de Outono amarelou a janela":

a) Qual é o sujeito?

b) Qual é o núcleo do sujeito?

c) Qual é a classe gramatical das palavras que acompanham o núcleo do sujeito?

3 Na oração a seguir, a palavra destacada é o núcleo do objeto direto do verbo **amarelar**. Veja:

> A manhã amarelou a minha **janela**.

Indique a classe gramatical das palavras que acompanham o núcleo do objeto direto.

4 Observe e compare:

> Um **céu** azul insistente veio compor a **pintura**.
> **Céu** veio compor **pintura**.
> A **manhã** de outono amarelou a minha **janela**.
> **Manhã** amarelou **janela**.

Que papel têm as palavras que acompanham os núcleos **céu**, **pintura**, **manhã**, **janela**?

Conceituando

Os termos da oração – sujeito, objeto direto, objeto indireto, predicativo do sujeito, etc. – sempre apresentam um núcleo. Quando é um substantivo, esse núcleo costuma se apresentar acompanhado por outras palavras. Por exemplo, na oração "Um céu azul compunha a pintura", o núcleo do sujeito é **céu**. As palavras **um** e **azul**, que acompanham o substantivo **céu**, são chamadas de **adjuntos adnominais**.

Veja outros exemplos:

pronome indefinido		loc. adjetiva		pronome demonst.	numeral		adjetivo
Cada	manhã	**de primavera**	coloria	**aquelas**	**duas**	janelas	**laterais**.
adj. adn.		adj. adn.		adj. adn.	adj. adn.		adj. adn.

Concluímos, então:

> **Adjunto adnominal** é o termo da oração que qualifica, especifica, determina ou indetermina um substantivo, qualquer que seja sua função sintática.

Morfossintaxe do adjunto adnominal

A função de adjunto adnominal pode ser desempenhada por adjetivos, locuções adjetivas, artigos (definidos e indefinidos), pronomes adjetivos (possessivos, demonstrativos, indefinidos, interrogativos) e numerais.

pronome demonst.	adjetivo			artigo		locução adjetiva	adjetivo
Esta	**pequena**	floricultura	vende	**uma**	violeta	**de duas cores,**	**perfumada**.
adj. adn.	adj. adn.	núcleo do sujeito		adj. adn.	núcleo do OD	adj. adn.	adj. adn.

Exercícios

Leia esta tira:

Fernando Gonsales/Acervo do cartunista

(*Folha de S. Paulo*, 29/5/2008.)

1 No 1º quadrinho, o menino faz ao Papai Noel um pedido que muitas crianças fazem.

a) Qual é o sentido da expressão **de verdade** na fala do menino?

b) Levante hipóteses: Por que o menino ressaltou em sua fala que queria um pônei **de verdade**? Qual outro tipo de pônei ele poderia ganhar?

c) Identifique a função sintática da expressão **de verdade** nessa oração.

2 Na resposta que dá ao menino, o Papai Noel faz uma reflexão que se estende até o 2º quadrinho.
Neste trecho da fala do Papai Noel:

"Este é **um pônei de brinquedo de verdade**!"

a) A qual termo da oração se refere a expressão **de brinquedo**?

b) A qual termo da oração se refere a expressão **de verdade**?

c) Qual é o sentido da expressão **de verdade** na fala do Papai Noel?

d) Qual é a classificação sintática do termo em destaque na oração? Identifique o núcleo e os adjuntos adnominais que o acompanham.

3 Releia a fala do menino do 2º quadrinho:

"Esse Papai Noel **de mentira** está me enrolando **de verdade**!"

a) Como o menino avalia a reflexão feita pelo Papai Noel?

b) Entre as expressões em destaque na oração, qual modifica um substantivo e, portanto, tem a função sintática de adjunto adnominal? Qual substantivo a expressão modifica?

c) Qual é o termo da oração que a outra expressão modifica? Qual é a classificação morfológica desse termo? Discuta com os colegas e o professor e deduza: Tendo em vista o termo que a expressão modifica, qual é a função sintática dela?

4 Leia uma sinopse do filme *Homem de Ferro 2*:

O mundo já sabe que **o inventor bilionário** Tony Stark é **o super-herói blindado** Homem de Ferro. Sofrendo pressão do governo, da mídia e do público para compartilhar sua tecnologia com **as forças armadas**, Tony reluta em divulgar os segredos por trás **da armadura do Homem de Ferro**, temendo que as informações caiam em mãos erradas. Tendo Pepper Potts e James "Rhodey" Rhodes a seu lado, Tony estabelece novas alianças e enfrenta **novas e poderosas forças**.

(Disponível em: www.portaldecinema.com.br/Filmes/homem_de_ferro_2.htm. Acesso em: 7/3/2018.)

Nos termos destacados no texto, identifique os adjuntos adnominais. Atenção: você deve, antes, identificar mentalmente o núcleo dos termos.

O adjunto adnominal na construção do texto

Leia este cartum, de Adão Iturrusgarai:

Adão Iturrusgarai/Acervo do cartunista

(*Folha de S. Paulo*, 17/8/2013.)

1 Observe as expressões que aparecem no alto de cada um dos quadros que compõem o cartum da página anterior. O que cada uma delas identifica?

2 Observe as palavras que compõem cada expressão.

a) Qual é o núcleo de cada uma das expressões?

b) Qual é a função sintática dos artigos, da locução adjetiva e do adjetivo que acompanham o núcleo de cada expressão?

3 Observe a imagem que se vê em cada quadro.

a) Ela tem relação com o núcleo da expressão verbal?

b) Qual é a relação entre a linguagem verbal e a linguagem visual em cada quadro?

c) As imagens reproduzem de maneira fiel a totalidade da vida humana nas diferentes etapas da vida ou apresentam apenas uma parte delas?

4 A invisibilidade pode ser uma característica de um herói que lhe permite, muitas vezes, realizar grandes feitos em nome da honra e da justiça. Ela pode também caracterizar o cidadão comum, que leva a vida sem chamar a atenção, passando despercebido.

a) Na representação feita no cartum, o fato de ser invisível traz algum benefício para a vida desse homem?

b) O homem invisível, conforme é representado no cartum, está mais próximo de ser um herói ou de ser um cidadão comum?

5 Entre os itens a seguir, identifique os que correspondem a afirmações verdadeiras quanto ao papel do adjunto adnominal no cartum lido.

a) Os adjuntos adnominais especificam a quem diz respeito cada fase da vida representada.

b) Caso o adjunto adnominal se reduzisse a **do homem**, o sentido do cartum sofreria grande alteração.

c) A relação entre os adjuntos adnominais e as imagens cria humor.

d) Os adjuntos adnominais, ao mesmo tempo que conferem humor ao cartum, ajudam o leitor a refletir sobre o significado da vida.

6 A exemplo do cartunista, crie ilustrações representativas das fases da vida de um homem invisível, porém pensando em um herói que tenha essa característica. Ao terminar, mostre sua criação aos colegas e depois exponha-a no mural da classe.

Para que servem os adjuntos adnominais?

Os seres e as coisas que nos cercam são reconhecidos por suas características: qualidades, defeitos, altura, tamanho, peso, tipo, matéria, etc. Sintaticamente, é o adjunto adnominal que cumpre o papel de identificá-las. Acompanhando sempre nomes (núcleos) ou palavras substantivadas, ele atribui-lhes características. O adjunto adnominal aparece, assim, em expressões que desempenham diferentes funções sintáticas: sujeito, objeto, complemento nominal, agente da passiva, etc.

O homem invisível na literatura e no cinema

Em 1897, H. G. Wells publicou *O homem invisível*, obra precursora da literatura fantástica. Em 1933, o livro foi adaptado para o cinema, em filme dirigido por James Whale. Em 2000, o tema foi retomado no filme *O homem sem sombra*, dirigido por Paul Verhoeven.

Na literatura ou no cinema, o tema da invisibilidade permite discutir questões éticas e morais relativas à vida do ser humano em sociedade.

Mais recentemente, a suposta existência de um ser invisível foi explorada de forma bem-humorada no cinema no filme brasileiro *A mulher invisível* (2009) e nas animações *Hotel Transilvânia* (2012) e *Hotel Transilvânia 2* (2015).

Reprodução/Warner Bros.

Cartaz do filme *A mulher invisível*.

Leia o texto:

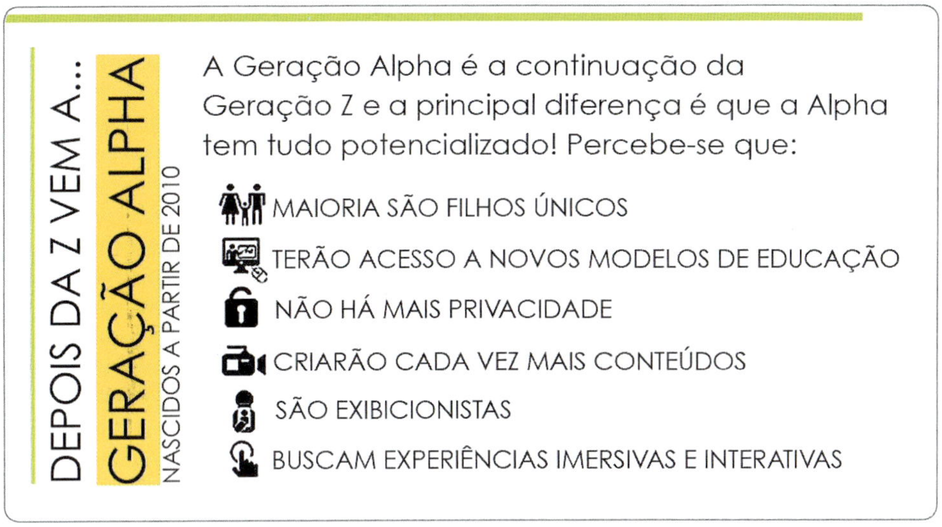

(Disponível em: http://ceudeborboletas.com.br/privacidade-e-algo-que-as-criancas-da-geracao-alpha-nao-conhecem-no-mundo-virtual/. Acesso em: 7/3/2018.)

1 Segundo o texto, a geração Alpha tem algumas características bem específicas.

a) Quem são as pessoas que compõem essa geração?

b) Com base nas informações do texto, deduza: De qual geração você faz parte? Justifique sua resposta.

c) Você se identifica com alguma das características da geração Alpha apresentadas no texto? Em caso afirmativo, indique qual ou quais e explique por quê.

2 Observe estas orações da parte central do texto:

- "Maioria são filhos únicos"
- "Terão acesso a novos modelos de educação"
- "São exibicionistas"
- "Buscam experiências imersivas e interativas"

a) Identifique as formas verbais empregadas em cada oração e classifique-as quanto à predicação.

b) Tendo em vista o contexto, deduza: A quem as formas verbais se referem?

c) Identifique os adjuntos adnominais presentes nas orações e os termos que cada adjunto adnominal modifica.

3 Sabendo que a palavra **mais**, dependendo do contexto, pode ser classificada como pronome ou como advérbio, discuta com os colegas e o professor:

Qual termo a palavra **mais** modifica na oração "Não há mais privacidade"? Justifique sua resposta.

Leia o cartum a seguir e responda às questões 4 a 6.

ENQUANTO ISSO, NA CASA DO VOVÔ...

(Disponível em: https://rogeriocarpi.wordpress.com/2011/02/23/destaques-palestra-geracao-e-as-mudancas-dos-consumidores-teens/. Acesso em: 8/3/2018.)

4 O cartum brinca com a percepção de diferentes gerações.

a) Sobre qual objeto as personagens estão conversando?

b) Você já viu ou utilizou esse objeto alguma vez? Conte para os colegas o que achou.

c) Quais personagens do cartum pertencem à mesma geração? Qual pertence a uma geração diferente? Identifique no cartum, além dos desenhos que representam as personagens, um elemento verbal e um elemento não verbal que também contribuem para marcar a oposição de gerações.

d) Qual é a relação entre as personagens? Justifique sua resposta com base no texto.

5 Releia a fala do homem de blusa listrada e discuta com os colegas e o professor: Ele está de fato descrevendo o funcionamento do objeto que está no centro do cartum? Justifique sua resposta com base no texto.

6 Leia as seguintes falas do cartum:

- "esse hardware funcionar sem cabo de força"
- "não usa nenhum sensor wi-fi ou antena 3G!"
- "ele é energizado por fusão termonuclear de urânio invertido!"
- "é feita por telepatia assimétrica neuroendócrina."

a) Identifique os adjuntos adnominais presentes em cada uma delas, bem como os núcleos que eles acompanham.

b) Conclua: De que forma esses termos contribuem para:

- a composição do perfil das personagens?
- a construção do humor do cartum?

Produção de texto

A carta de leitor e o comentário

A CARTA DE LEITOR

Os jornais e as revistas costumam manter uma seção destinada a cartas dos seus leitores. Na versão impressa, em que o espaço destinado à publicação dessas cartas é limitado, somente uma parte delas – com as informações mais relevantes – é publicada. Na versão digital, que não tem essa limitação, tais textos são publicados integralmente.

As cartas de leitor a seguir foram publicadas na versão impressa do jornal *Folha de S. Paulo*. Leia-as.

PAINEL DO LEITOR

A seção recebe mensagens pelo e-mail leitor@grupofolha.com.br, pelo fax (11) 3223-1644 e no endereço al. Barão de Limeira, 425, São Paulo, CEP 01202-900. A Folha se reserva o direito de publicar trechos.

Folha e Facebook

Apoio a decisão do jornal de parar de publicar conteúdo no Facebook ("**Folha** deixa de publicar conteúdo no Facebook", "Poder", 8/2). A importância do jornalismo profissional nunca foi prioridade na rede. Tornar-se refém de sua política, de seu algoritmo e das discussões e ataques infundados de usuários contribui pouco para a disseminação de informação de qualidade. Que a decisão de vocês sirva de alerta para o erro que é utilizar a rede de Zuckerberg como meio de busca de informação jornalística.

E. G. (São Paulo, SP)

É verdade que as redes sociais são fontes menos confiáveis de informação por não serem profissionais e tudo o mais. Entretanto, elas democratizaram a produção de conteúdo intelectual por pessoas comuns e o acesso à informação. Os jornalistas não são mais "deuses do Olimpo", entes com o monopólio absoluto da palavra, e seus leitores não são mais entes passivos que aceitam a informação sem possibilidade de resposta.

S. N. I. (São Paulo, SP)

Parabéns, **Folha**. Já faz um tempo que não busco mais notícias pelo Facebook. Os e-mails diários com as principais notícias que vocês e alguns blogs enviam são a minha principal fonte de informação. Até porque receber as notícias no e-mail me deixa livre das distrações do Facebook.

G. M. (Florianópolis, SC)

Sou leitora da versão impressa da **Folha**, indispensável para mim, mas sempre usufruí das publicações no Facebook, razão pela qual me mantinha na rede, pois é bom ter as notícias ao meu dispor o tempo todo. Entendo as razões da **Folha**, mas lamento muito. Fará muita falta.

T. L. O. (São José dos Campos, SP)

(*Folha de S. Paulo*, 9/2/2018.)

Oberon/Shutterstock

Leia agora a notícia a que as cartas se referem, publicada pelo jornal.

Folha deixa de publicar conteúdo no Facebook

Jornal decide parar de atualizar sua conta após diminuição da visibilidade do jornalismo profissional pela rede social

A decisão é reflexo de discussões internas sobre os melhores caminhos para fazer com que o conteúdo do jornal chegue aos seus leitores, preocupação que consta do novo Projeto Editorial da **Folha**, divulgado no ano passado.

As desvantagens em utilizar o Facebook como um caminho para essa distribuição ficaram mais evidentes após a decisão da rede social de diminuir a visibilidade do jornalismo profissional nas páginas de seus usuários.

O algoritmo da rede passou a privilegiar conteúdos de interação pessoal, em detrimento dos distribuídos por empresas, como as que produzem jornalismo profissional.

Isso reforça a tendência do usuário a consumir cada vez mais conteúdo com o qual tem afinidade, favorecendo a criação de bolhas de opiniões e convicções, e a propagação das "fake news".

Além disso, não há garantia de que o leitor que recebe o link com determinada acusação ou ponto de vista terá acesso também a uma posição contraditória a essa.

Esses problemas foram agravados nos últimos anos pela distribuição em massa de conteúdo deliberadamente mentiroso, as chamadas "fake news", como aconteceu na eleição presidencial dos EUA em 2016.

Sem conseguir resolver satisfatoriamente o problema de identificar o que é conteúdo relativo a jornalismo profissional e o que não é, a rede anunciou no mês passado que reduziria o alcance das páginas de veículos de comunicação, entre outros.

Em lugar desse tipo de link, passou a priorizar o conteúdo feito por amigos e familiares.

No caso da **Folha**, a importância do Facebook como canal de distribuição já vinha diminuindo significativamente antes mesmo da mudança do mês passado, tendência observada também em outros veículos.

Em janeiro, o volume total de interações (compartilhamentos, comentários e curtidas) obtido pelas 10 maiores páginas de jornais brasileiros no Facebook caiu 32% na comparação com o mesmo mês do ano passado, segundo dados compilados pela **Folha**.

[...] Em seu Projeto Editorial, em que periodicamente reafirma suas diretrizes jornalísticas, a **Folha** já falava dos aspectos mais problemáticos das redes sociais. "As redes sociais, que poderiam ser um ambiente sobretudo de convívio e intercâmbio, são programadas de tal modo que estimulam a reiteração estéril de hábitos e opiniões preexistentes", diz o texto.

"Em contraste com esse condomínio fechado das convicções autorreferentes, caberá ao conjunto dos veículos semelhantes à **Folha** enfatizar sua condição de praça pública, em que se contrapõem os pontos de vista mais variados e onde o diálogo em torno das diferenças é permanente."

(*Folha de S. Paulo*, 8/2/2018.)

1. A carta de leitor é um gênero que possibilita o diálogo dos leitores com o editor ou entre os leitores de uma revista ou jornal. Editor é a pessoa responsável pela publicação ou por setores dela. Por meio da carta de leitor, os leitores podem comentar, reclamar, solicitar, discutir, discordar, elogiar, etc. Nas cartas lidas, é emitida uma opinião sobre uma notícia publicada anteriormente no jornal. Como a notícia comentada é identificada nas cartas publicadas na seção "Painel do Leitor"?

2. Às vezes, um leitor envia uma carta a um jornal ou revista não apenas com a finalidade de comentar uma matéria publicada ou solicitar algo, mas com o propósito de fazer uma denúncia ou chamar a atenção para um assunto de interesse da sociedade. Com que finalidade os autores escreveram e enviaram suas cartas?

3 Duas das cartas elogiam e duas outras criticam uma decisão do jornal.

a) Quais são as cartas elogiosas?

b) Quais são as cartas com críticas?

c) Quais são os principais argumentos apresentados pelos leitores a favor da decisão do jornal?

d) E os principais argumentos contrários à decisão?

4 Entre as cartas lidas e as notícias que elas comentam, há uma relação direta, observada inclusive no emprego de termos e argumentos semelhantes. Releia a notícia e identifique nos seguintes trechos das cartas o diálogo estabelecido com trechos da notícia.

- "Tornar-se refém de sua política, de seu algoritmo e das discussões e ataques infundados de usuários contribui pouco para a disseminação de informação de qualidade."
- "Já faz um tempo que não busco mais notícias pelo Facebook."
- "É verdade que as redes sociais são fontes menos confiáveis de informação por não serem profissionais e tudo o mais."

5 Observe o cabeçalho da seção "Painel do Leitor". O jornal disponibiliza aos leitores diferentes maneiras de enviar as cartas.

a) De que maneiras os leitores podem enviar as cartas?

b) Em sua opinião, qual é a maneira mais adotada hoje em dia?

c) Qual função do *e-mail* é citada por um dos leitores?

6 A carta de leitor tem uma estrutura semelhante à da carta pessoal. Na versão original, ela geralmente contém local e data, vocativo, assunto, expressão cordial de despedida e assinatura e não apresenta título. Na versão publicada, ela tem outra estrutura.

a) Entre os elementos que provavelmente a versão original das cartas lidas continha – local e data, vocativo, assunto, expressão cordial de despedida e assinatura –, quais foram mantidos?

b) Na forma como foram publicadas, as cartas lidas têm a mesma estrutura da carta pessoal?

c) Levante hipóteses: Por que são feitas mudanças na estrutura original das cartas?

d) Caso a carta do leitor seja enviada por *e-mail*, quais dos elementos da carta pessoal precisam constar nela? Quais outros elementos são necessários nesse tipo de envio?

O que significa a palavra *e-mail*?

A palavra ***e-mail*** designa duas coisas: a mensagem enviada através da Internet e o endereço para onde enviamos essa mensagem. Geralmente um endereço eletrônico, no Brasil, tem a seguinte estrutura: **nome@provedor.com.br**. O **nome** designa o usuário. O símbolo **@** (arroba) informa ao computador que esse conjunto é um endereço de *e-mail*. O **provedor** é a empresa que possibilita o acesso à Internet, em alguns casos mediante o pagamento de uma taxa. O termo **com** significa comercial e **br** é a sigla do Brasil.

7 Observe a linguagem empregada pelos leitores nas cartas lidas.

a) Que variedade linguística predomina?

b) Levante hipóteses: Quais fatores determinam a linguagem de uma carta de leitor quanto ao aspecto formalidade ou informalidade?

8 As cartas de leitor são, em sua maioria, argumentativas.

a) Com qual finalidade os autores dessas cartas exercem a argumentação, em geral?

b) Na sua opinião, a carta de leitor é um exercício de cidadania? Justifique sua resposta com elementos das cartas.

9 Reúna-se com seus colegas de grupo e, juntos, concluam: Quais são as principais características da carta de leitor?

Agora é a sua vez

1 Leia esta reportagem:

11/11/2015 21h12 — Atualizado em 13/11/2015 20h52

Vício na vida digital afeta mais profundamente os jovens

Geração que não conheceu o mundo antes da internet criou forte vínculo com o universo virtual a ponto de virar problema de saúde pra alguns adolescentes.

Essa geração que não sabe o que era o mundo antes da internet acabou criando um vínculo fortíssimo com o universo virtual dos computadores e dos smartphones a ponto de isso virar problema de saúde pra alguns adolescentes.

A liberdade está logo ali, e elas no telefone. Mary e Savanna são amigas na corrida, na escola e no mundo virtual.

"Eu gosto de fazer vídeos", Mary conta.

"Eu adoro tirar fotos e seguir pessoas na rede", diz Savanna.

Mary pega o celular a cada dois minutos: "Às vezes estou entediada, vou jogar no celular, fico nas redes sociais e mando muitas mensagens de texto", comenta a jovem.

A ansiedade dos jovens com o celular foi detectada numa pesquisa com mais de 200 adolescentes de 13 anos nos Estados Unidos. Alguns disseram que preferiam passar uma semana sem comer a ficar sem o celular. Os mais conectados chegam a entrar nas redes sociais mais de 100 vezes por dia.

Um comportamento que muitas vezes está ligado à insegurança, necessidade de aceitação: 61% disseram que queriam ver se os amigos tinham curtido e comentado o que eles postaram, 36% queriam conferir se os amigos estavam fazendo um programa sem eles e 21% admitiram que a maior preocupação é saber se tem gente falando mal deles na rede.

Savanna diz que tem paranoia só de pensar nisso.

"Tive uma experiência ruim. Espalharam boatos na escola, disseram coisas horríveis, que eu sou esquisita. Passei por uma fase bem difícil e aprendi que nunca vou publicar uma coisa de que eu possa me arrepender", conta a menina.

O medo mudou o comportamento. Mary conta que não posta mais fotos dela para não correr o risco de ser ridicularizada.

"Só tiro fotos de flores, de coisas engraçadas. Eu ficaria triste se visse coisas ruins sobre mim", diz Mary.

A pesquisa mostrou que 94% dos pais não têm ideia dos problemas que os filhos enfrentam na rede. Os especialistas se surpreenderam com a quantidade de palavrões, pornografia e referências ao uso de drogas nas mensagens que os adolescentes de 13 anos publicam na internet.

[...]

(Disponível em: http://g1.globo.com/jornal-nacional/noticia/2015/11/pesquisa-revela-que-94-dos-pais-nao-sabem-o-que-filhos-fazem-na-internet.html. Acesso em: 10/3/2018.)

Converse com o professor e os colegas sobre a reportagem lida. O que chama mais a atenção nela? Você concorda com a maneira como o jornal trata o assunto? Na sua opinião, ele foi tendencioso, ou seja, apresentou explicitamente um ponto de vista? Que comentários você gostaria de fazer a respeito da reportagem?

Escreva uma carta ao jornal, dirigida ao editor responsável por ele ou pela seção em que a matéria foi publicada, e expresse-se a respeito do que leu. Manifeste-se em relação ao assunto, comentando-o, relatando experiências próprias, etc. E também em relação ao enfoque dado ao assunto, elogiando-o ou criticando-o.

2 Reúna-se com seus colegas de grupo e escolham uma revista ou um jornal para ser lido por vocês. Pode ser um jornal do bairro, da cidade ou do Estado, ou uma revista que trate de assuntos variados ou de música, esporte, cinema, etc. Selecionem nesse veículo de comunicação uma matéria que, segundo o ponto de vista do grupo, mereça ser comentada em uma carta de leitor. Escrevam então uma carta, dirigida à revista ou ao jornal, comentando a matéria. As cartas de leitor escritas pela classe poderão ser publicadas no jornal a ser criado no capítulo **Intervalo** desta unidade, juntamente com um relato breve sobre a experiência de escrever cartas de leitor para um veículo de comunicação. Se as cartas forem publicadas nos veículos para os quais vocês escreveram, divulguem também a carta-resposta. Vocês estarão, assim, mostrando para os convidados que a carta de leitor pode ser um recurso a serviço dos consumidores e um exercício legítimo de cidadania.

O COMENTÁRIO

Muitos *sites* e *blogs* disponibilizam um espaço e uma ferramenta para que seus leitores comentem os conteúdos ali publicados. As opiniões expressas nesse espaço são chamadas de **comentários**.

O comentário na Internet é um texto geralmente curto e com estrutura variável. Seu objetivo é adicionar informações, críticas, elogios, correções, ampliações ou sugestões ao texto comentado.

Dependendo do conteúdo do *site*, do *blog* ou da postagem em rede social, do tema abordado e das pessoas envolvidas, os comentários podem ser menos ou mais polêmicos e ter menor ou maior profundidade. Quando o tema abordado é polêmico, os comentários podem assumir um caráter nitidamente argumentativo.

Os comentários a seguir circularam no Facebook, em uma postagem do jornal *Folha de S. Paulo*, com um *link* para a notícia lida por você anteriormente. Leia-os.

André Horta/Fotoarena/Folhapress

zmicier kavabata/Shutterstock

LQ **L. Q. de L.** Por acaso vocês chegaram a pensar que a redução de visibilidade nas redes sociais pode ter se dado pelo fato de vocês dificultarem cada vez mais o acesso gratuito a artigos? Eu mesmo já estava de saco cheio da folha no Facebook, porque sempre que me interessava por alguma manchete era impedido de ler a matéria por questões de cobrança.

18

Curtir Responder 2 sem

AR **A. R. de P.** Com certeza é exatamente esse o motivo. Acontecia o mesmo comigo e com várias pessoas que conheço!

1

Curtir Responder 2 sem

LL **L. L. S.** Olá, Folha de S. Paulo, acompanho vocês há muito tempo aqui pelo Face, e também os jornais Gazeta do Povo, Folha de Londrina, Estadão e outros mais. Compreendo sobre essa nova resolução da rede social, mas acredito que apesar disso, é primordial que os meios de comunicação se unam dando continuidade às postagens. Muita gente fica feliz em ver um jornal simplesmente abandonar um local onde a interação sempre traz resultados de todos os tipos, porém o público que gosta de ver as notícias, independente de quais sejam, também é grande e com certeza vai se sentir abandonado. Espero que esse post sirva de incentivo pra vocês e que mudem de opinião. Quem não gosta do jornal, pode ir embora, mas quem gosta e quer ter acesso a informações diversificadas vai apoiar. Mencionei outros órgãos de imprensa acima porque todos tem seu jeito de trabalhar, mas com o mesmo objetivo, que é informar e formar opinião. Muito obrigado a Folha de S. Paulo e todos os demais jornais.

8

Curtir Responder 2 sem

PV **P. V.** o maior jornal brasileiro, se despede do Facebook, uma pena, ainda mais em tempos de fakes news, precisávamos de jornal que possamos confiar, mas, quem gosta do jornal, recomendo baixar o app deles no Android ou IOS, que é muito bom. Obrigado folha pelo seu serviços de jornalismo até aqui.

8

Curtir Responder 2 sem

AO **A. O.** Maior ódio nos comentários, penso diferente. É bastante evidente que o Facebook favorece quem ele quer. O algoritmo dele está longe de ser perfeito e esta bolha de opiniões que a folha situou é completamente real. Isso fica bastante evidente em páginas de público menor, como por exemplo a página Silvia Polito, onde trabalho. Acredito que nem 5% dos followers veem as publicações. Acho que nem 1%. E o mesmo acontece no feed pessoal também, o Face acha que sabe quem são meus melhores amigos e quem mais eu curto ler. Mas tem muita gente que amo e nem passa na minha timeline há anos. O Facebook só entrega o que ele acha relevante... e vai saber "o que ele acha relevante". Achei coerente e corajosa a decisão da Folha. Apoiada

3

Curtir Responder 2 sem

CT **C. T.** Tiro no próprio pé este de vocês. As grandes mídias neste momento tem de se render a esta nova era de interação social que chega, e vocês estão pulando fora. Creio que o sucesso permanecerá para aqueles que interagirem, aceitarem e souberem utilizar dessa poderosa arma que é a internet. Não foi teu caso, Folha.
Que pena!

12

Curtir Responder 2 sem

(Disponível em: www.facebook.com/folha.folhadespaulo. Acesso em: 8/2/2018.)

1 Em relação aos comentários, a propósito da notícia da interrupção de publicações do jornal *Folha de S. Paulo* no Facebook, responda:

a) Qual é a principal finalidade deles?

b) Algum internauta se manifestou a favor da decisão do jornal? Se sim, qual (quais)? Qual o principal argumento utilizado por ele(s)?

c) De modo geral, qual é o principal argumento utilizado pelos internautas para justificar o ponto de vista contrário à decisão do jornal?

2 O comentário de L. Q. L. é respondido por outro usuário. Tendo em vista essa possibilidade em rede social, quem são os interlocutores de um comentário?

3 O comentário de A. O. apresenta um argumento de autoridade.

a) Qual é esse argumento?

b) Por que ele recorre a esse argumento?

4 Indique em que o comentário de Internet se diferencia da carta de leitor quanto a:

a) forma de envio

b) momento da publicação

c) seleção dos textos para publicação

5 Observe a linguagem empregada pelos leitores nos comentários.

a) Há neles muitos termos em inglês, como *feed*, *post*, *fake news*, *followers*, *timeline*, incluindo o nome da própria rede social, *Facebook*. Você conhece o significado de todos eles? Converse com os colegas e o professor e, caso fique ainda com dúvida, pesquise seus significados.

b) Por que termos em inglês são tão utilizados no Facebook?

c) Releia o comentário de P. V., observando especialmente a pontuação, os conectores e os artigos empregados pelo internauta. Discuta com o professor e os colegas: O comentário está confuso? Como ele poderia ser reescrito a fim de apresentar maior clareza?

d) Que variedade linguística é utilizada pelos internautas?

6 Você acha que a empresa que publica a *Folha de S. Paulo* leu todos os comentários publicados no Facebook a propósito da interrupção da publicação de conteúdo na rede? Levante hipóteses: Esses comentários são importantes para ela? Por quê?

Sasha Ka/Shutterstock

Agora é a sua vez

Reúna-se com seus colegas de grupo e, seguindo indicações do professor, escolham um ou mais *blogs* ou *sites* que apresentem a ferramenta **comentários** e produzam um ou mais comentários a propósito de um assunto do interesse de todos. Depois acessem o(s) *blog(s)* ou *site(s)* e enviem o(s) comentário(s).

Planejamento do texto

- Discutam o texto do *blog* escolhido e o ponto de vista que ele apresenta sobre o assunto.
- Ao escrever, procurem manter uma relação direta com o texto original e situar com clareza o alvo do comentário.
- Fundamentem bem o ponto de vista do grupo, especialmente se ele for contrário ao ponto de vista apresentado no texto original.
- Expressem o ponto de vista de maneira resumida, uma vez que nesse gênero a síntese é desejável.

Revisão e reescrita

Antes de enviar o comentário, releiam-no, observando:

- Ele consiste em um texto curto?
- O ponto de vista do grupo está bem-fundamentado, ou seja, baseia-se em dados e referências consistentes?
- A linguagem utilizada está de acordo com o público-alvo do *site* escolhido?

Divirta-se

Caco Galhardo/Acervo do cartunista

(*Folha de S. Paulo*, 1/2/2018.)

Capítulo 2

Navegando no vício

Quanto tempo você consegue ficar sem olhar o celular? E sem acessar a Internet e ver as últimas mensagens e publicações de seus colegas? Você fica conectado muitas horas por dia? Cuidado, você pode estar passando por um problema mais sério do que pensa!

Texto 1

Exagero de tecnologia deixa crianças e adolescentes desconectados do mundo real

O Brasil já conta com 22 milhões dos chamados nativos digitais, nascidos e criados a partir da década 1980, na era dos games e da internet. Contrariando prognósticos de que a tecnologia apenas ajudaria a multiplicar informações e o círculo de amizades, muitas crianças e adolescentes nunca estiveram tão desconectados do mundo. Parecem hipnotizados por seus aparelhos móveis, perdendo a vontade de estudar, de brincar ao ar livre e até de conversar entre si e com os familiares, sem intermediação das telas. [...] Segundo estudiosos, muitos jovens já apresentam sintomas de vício em eletrônicos, como a queda no rendimento escolar, a insônia e o nervosismo sem causa aparente.

O uso patológico dos videogames já é mencionado na quinta edição do Manual Mentais, espécie de cartilha da psiquiatria, lançada em janeiro. A "dependência de internet" está a um passo de se tornar a mais nova classificação psiquiátrica do século 21. "Na China, tornou-se problema de saúde pública, com a abertura de 150 centros de tratamento para dependentes de games. No Brasil, muita gente não sabe que a dependência virtual é um problema", alerta Cristiano Nabuco, coordenador do Grupo de Dependências Tecnológicas do Programa Integrado dos Transtornos do Impulso (Pro-Amiti) do Instituto de Psiquiatria do Hospital das Clínicas da Faculdade de Medicina da Universidade de São Paulo (USP).

Syda Productions/Shutterstock

Apesar de ainda não ter status de doença, o termo *net adicction* foi cunhado pela professora norte-americana de psicologia Kimberly Young, em 1996, para designar usuários que abusam da rede mundial de informações. Ela e outros especialistas renomados tentam estabelecer o padrão a partir do qual os usuários começariam a desenvolver a dependência. A média de uso semanal daqueles que preencheram os critérios para dependência foi de 38 horas semanais, algo em torno de quatro a 10 horas por dia, aumentando para 10 a 14 horas nos fins de semana.

Calcula-se que a cada cinco crianças e adolescentes, um sofre de um transtorno que necessita de tratamento especializado por se tornar antissocial, sofrer de insônia e apresentar queda no rendimento escolar. Por mês, quatro novos casos de compulsão por games batem à porta do consultório do psiquiatra José Belisário Filho, em Belo Horizonte. "É preciso entrar com medicação em alguns casos. Mas, felizmente, em outros é só uma questão de reorganizar o sono e melhorar a atividade física", diz o médico.

patológico: relativo a algum tipo de patologia (doença); doentio, mórbido.

J. P., de 14 anos, passou por quatro psicólogos e chegou a ser expulso de seis colégios de BH até receber o diagnóstico. "Sou prova de que existe o vício. Não conseguia me controlar, discutia muito e deixava de fazer tarefas para mexer no computador", reconhece o garoto, que se sente aliviado com o monitoramento familiar. Há um ano e meio, ele foi medicado contra ansiedade e, com ajuda da mãe, reduziu a frequência de acesso aos eletrônicos.

[...]

Na última semana, um pool de cientistas das universidades de Harvard (EUA), Oxford, Cambridge e Manchester (Reino Unido) informou que as novas gerações estão dormindo duas horas a menos, em média, na comparação com a década de 1960. Um dos motivos é o efeito da luz azul (blue light), emitida de forma quase imperceptível pela maioria dos aparelhos de tela, que "impede" o usuário de desligar os equipamentos.

Segundo a explicação dos cientistas, ao chegar na retina, a blue light dá um sinal para o cérebro interromper a produção de melatonina, que faria essa pessoa começar a ter sono. Na verdade, essa substância é um comando para o corpo de que está na hora de descansar. "Nenhuma criança ou adolescente deveria ir para a cama depois das 22h", alerta o psiquiatra José Belisário Filho.

Diferentemente da maioria dos jovens europeus, que dormem por volta das 21h30, adolescentes e crianças brasileiras retardam cada vez mais o momento de ir para a cama, em função da fixação em novelas, futebol, games e redes sociais. "O cérebro obedece a um ciclo de sono de três horas depois que escurece, por volta das 21h30, e se desliga mais profundamente depois da meia-noite. Quem dorme após as 23h está mais exposto ao vício, tem insônia e não dá tempo ao cérebro para se reciclar", completa o psiquiatra, que tem vários pacientes adolescentes que conversam com os colegas pelo aplicativo WhatsApp até as 4h da madrugada.

(Disponível em: www.em.com.br/app/noticia/gerais/2014/05/25/interna_gerais,532336/exagero-de-tecnologia-deixa-criancas-e-adolescentes-desconectados-do-mundo-real.shtml. Acesso em: 10/3/2018.)

Texto 2

Viciados em redes sociais

Todas as terças-feiras, por volta das 21h30, um grupo de oito paulistanos se reúne em um bar de Moema, bairro nobre da zona sul da capital, para colocar o papo em dia. É um compromisso que não falha há sete anos. Tudo tem espaço na roda de conversa, em que participam empresários, publicitários, advogados e administradores de empresas na casa dos 30 anos. Mas, de uns tempos para cá, alguns dos membros do pequeno clube estavam ficando dispersos. Plugados em seus smartphones, eles se distanciavam dos amigos presentes para dar conta de um fluxo infinito e impessoal de piadinhas, notícias e conversas picotadas geradas por redes sociais como o Facebook e o

bernhardlang/Getty Images

Twitter. "Começou a virar um problema de uns dois meses para cá", diz o advogado André Martini, 26 anos. "Reconheci que, como alguns dos meus amigos, não conseguia desligar e aproveitar aquele momento no bar. Estava viciado." A saída foi adotar o "phone stacking", uma espécie de jogo em que o grupo é obrigado a empilhar os celulares. Quem não resistir e checar o aparelho paga a conta". A medida funcionou para a turma de Martini.

O vício em redes sociais é uma realidade e tem impactos impossíveis de ignorar, como mostra o exemplo acima. Um dos primeiros estudos a revelar a força dessa nova dependência de forma inconteste foi apresentado em fevereiro pela Universidade de Chicago. Depois de acompanhar a rotina de checagem de atualizações em redes sociais de 205 pessoas por sete dias, os pesquisadores concluíram, para espanto geral, que resistir às tentações do Facebook e do Twitter é mais difícil do que dizer não ao álcool e ao cigarro. Uma consulta aos números do programa de dependência de internet do Instituto de Psiquiatria do Hospital das Clínicas da Universidade de São Paulo (IPq-HCUSP) dá contornos brasileiros ao argumento posto pelos americanos de Chicago.

Hoje, 25% dos pacientes que buscam ajuda no programa do IPq o fazem atrás de tratamento para o vício em redes sociais. "E esse percentual deve aumentar", afirma Dora Góes, psicóloga do programa. [...] O vício em redes sociais é forte como o da dependência química. Como o viciado em drogas, que com o tempo precisa de doses cada vez maiores de uma substância para ter o efeito entorpecente parecido com o obtido no primeiro contato, o viciado em Facebook também necessita se expor e ler as confissões de amigos com cada vez mais frequência para saciar sua curiosidade e narcisismo. Sintomas de crise de abstinência, como ansiedade, acessos de raiva, suores e até depressão quando há afastamento da rede, também são comuns. "É como um alcoólatra", afirma Dora. "Se para ele o bar é o objetivo, para o viciado estar sempre conectado às redes sociais é a meta."

[...]

(Disponível em: https://istoe.com.br/204040_VICIADOS+EM+REDES+SOCIAIS/. Acesso em: 28/2/2018.)

Estudo dos textos

Compreensão e interpretação

1. Os dois textos abordam o mesmo tema. Qual é ele?

2. O uso excessivo da tecnologia é um fenômeno relativamente novo e está em vias de ser considerado oficialmente uma doença pela Organização Mundial da Saúde (OMS). De acordo com os textos:
   a) Quando ocorreu pela primeira vez o registro desse tipo de problema?
   b) Que critérios os especialistas têm utilizado para identificar uma pessoa viciada em eletrônicos?
   c) Com base nesses critérios e no relato do estudante mineiro J. P., é possível dizer que a doença dele foi diagnosticada corretamente? Por quê?

3. Os dois textos fazem uso de dados de pesquisas feitas nos Estados Unidos e na Inglaterra. Além disso, há também citações de entrevistas feitas com especialistas.
   a) Que papel cumpre, no texto, o uso de dados de pesquisas feitas nos Estados Unidos e na Inglaterra?
   b) De acordo com o texto 1, qual é o percentual estimado de crianças e jovens viciados em Internet?
   c) Que papel cumpre nos textos a reprodução de trechos de entrevistas com especialistas? De que modo esses trechos são reproduzidos nos textos?

4. De acordo com o texto 1, o uso constante de aparelhos de tela – entre eles, o computador, o *smartphone* e o *tablet* – estimula os usuários a se manterem conectados.
   a) Por que esse estímulo acontece?
   b) Que consequências negativas decorrem desse fato?
   c) Como as crianças e os adolescentes brasileiros ocupam as horas que deixam de dormir no período noturno?

5. Segundo alguns especialistas, entre as drogas que causam dependência, o cigarro e o álcool são as que mais viciam, apesar de serem drogas lícitas.
   a) De acordo com o texto 2 e considerando-se esse dado, qual é o poder da tecnologia como "droga"? Justifique sua resposta.
   b) Quais efeitos pode sofrer uma pessoa que se torna dependente da tecnologia e de outros tipos de droga?

6. Os dois textos são partes de reportagens. Compare os títulos deles.
   a) Qual deles chama mais a atenção do leitor?
   b) Troque ideias com a classe e responda: Que estratégias foram utilizadas para conseguir esse efeito? Justifique sua resposta.
   c) Algum dos títulos chega a ser sensacionalista? Por quê?

7. Compare os parágrafos iniciais dos dois textos. Neles, também se notam estratégias para atrair a atenção do leitor e garantir que ele chegue ao final da leitura dos textos.
   a) Que estratégia o parágrafo inicial do texto 1 utiliza para atrair a atenção do leitor?
   b) E o parágrafo inicial do texto 2?
   c) Observe a linguagem dos parágrafos iniciais dos dois textos. Que variedade linguística foi empregada? Ela também pode ser considerada um recurso para atrair a atenção dos leitores? Por quê?
   d) Na sua opinião, qual dos dois parágrafos é mais atraente para a leitura?

A linguagem dos textos

1 Observe a grafia da palavra **antissocial**, empregada no texto 1, e compare-a à grafia destas outras palavras:

antiácido	antioxidante
antidemocrático	antirreligioso
anti-herói	antissubmarino
anti-infeccioso	antivírus

a) O que a palavra **antissocial** tem em comum com as demais palavras?

b) Observe as palavras nas quais foi empregado o hífen. Qual é a letra inicial do segundo elemento dessas palavras?

c) O que ocorre em palavras como **antissocial**, **antirreligioso** e **antissubmarino**? Levante hipóteses: Por que isso ocorre?

d) Pesquise e escreva no seu caderno outras palavras em que ocorre a duplicação da letra **r** ou da letra **s**.

2 Releia este trecho do texto 1:

> Um dos motivos é o efeito da luz azul (blue light), emitida de forma quase imperceptível pela maioria dos aparelhos de tela, que "impede" o usuário de desligar os equipamentos.

a) Por que a palavra **impede** foi empregada entre aspas?

b) Que palavra poderia substituir a palavra **impede**, sem alteração de sentido? Nesse caso, essa outra palavra também deveria ser empregada entre aspas?

3 No trecho "Hoje, 25% dos pacientes que buscam ajuda no programa do IPq o fazem atrás de tratamento para o vício em redes sociais", do texto 2, o pronome **o** atua como um importante elemento de coesão, retomando elementos enunciados anteriormente.

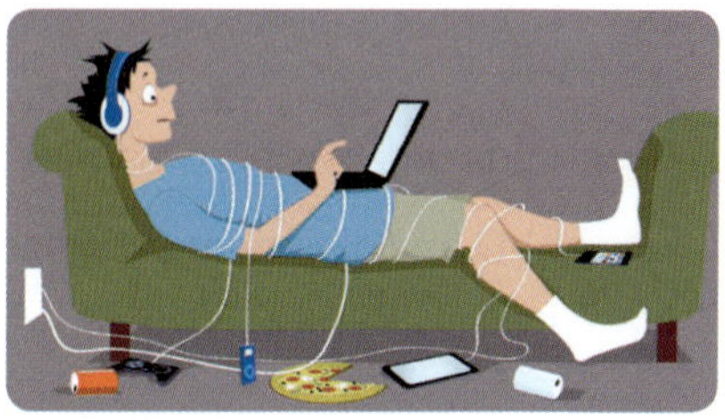

Aleutie/Shutterstock

a) A que se refere o pronome **o**?

b) No contexto, o pronome **o** atua como pronome pessoal oblíquo ou como pronome demonstrativo? Justifique sua resposta.

4 Observe o emprego do pronome **ele** neste trecho do texto 2:

> [...] o viciado em Facebook também necessita se expor e ler as confissões de amigos com cada vez mais frequência para saciar sua curiosidade e narcisismo. [...] "É como um alcoólatra", afirma Dora. "Se para **ele** o bar é o objetivo, para o viciado estar sempre conectado às redes sociais é a meta".

a) Que elemento expresso anteriormente o pronome **ele** retoma?

b) Que termo é retomado pelo substantivo **viciado**?

Cruzando linguagens

Observe esta fotografia:

Corbis RM Stills/Getty Images

1. A foto mostra uma situação cotidiana, em um ambiente familiar. Responda oralmente:
   a) Onde as personagens estão?
   b) Que vínculo pode haver entre elas?

2. Cada uma das personagens faz uma atividade diferente.
   a) O que o homem está fazendo? O que sua expressão facial revela?
   b) O que a criança faz? O que sua expressão facial revela?
   c) Qual delas interage diretamente com o mundo por meio de objetos concretos? Qual interage com o mundo por meio da tecnologia?
   d) Em quais situações a tecnologia pode afastar as pessoas do mundo real? Em quais situações ela auxilia o contato entre as pessoas?

3. Observe o cão.
   a) Como ele está?
   b) Levante hipóteses: O que sua expressão revela? Por que ele não está interagindo com a criança e o homem?

4. Comparando o comportamento das três personagens, é possível afirmar que o comportamento de uma pode ser resultado do comportamento da outra? Justifique sua resposta.

5 O anúncio a seguir faz parte do programa "Dedica", lançado pelo governo do Paraná. Compare a foto em estudo com o anúncio.

Reprodução/Dedica

a) Que semelhanças há entre a foto e o anúncio?

b) Considerando o contexto, explique a ambiguidade do enunciado "Ele só quer a sua curtida".

c) Levante hipóteses: Qual é o objetivo da campanha "Dedica"?

d) Em relação à frase "Conecte-se ao que importa", explique a ambiguidade do verbo **conectar-se** no contexto e interprete: Do ponto de vista da campanha, o que realmente importa?

De olho na oralidade

Roda de discussão sobre vício digital

Reúna-se com os colegas da classe e discutam as questões propostas a seguir. Se quiserem, incluam outras questões relacionadas ao vício digital.

1 Você é um viciado digital? Por que você tem essa opinião? Conhece alguém que seja viciado? Comente com a classe.

2 Quando está com amigos, ou na sala de aula, ou no cinema, ou em um restaurante, ou em almoços de família, você tem o hábito de ficar teclando ou vendo as publicações das redes sociais? Você acha que isso é falta de educação ou de respeito para com as pessoas que estão com você? Por quê?

3 Na sua opinião, a falta de atenção de pais internautas pode afetar a educação dos filhos e o relacionamento familiar? Por quê?

4 O grupo de amigos mencionado no texto 2 adotou o *phone stacking* como meio de controlar o acesso à Internet enquanto estão reunidos. O que você acha dessa estratégia? Que outras estratégias você sugeriria para controlar o impulso de acessar a Internet para jogar ou para checar as redes sociais?

Ler é reflexão

Quer saber se você é um(a) viciado(a) digital? Faça o teste a seguir para conhecer o seu IMV (índice de massa virtual). Se o resultado for muito alto, pense na possibilidade de conversar com seus pais e consultar um especialista.

Isto é/Editora Três

QUAL O SEU ÍNDICE DE MASSA VIRTUAL (IMV)?

Descubra se o uso que você faz da internet e das redes sociais ultrapassou os limites saudáveis

Responda a cada pergunta com um número e o multiplique pelo valor indicado

1. Quantos smartphones você tem? (X 3)
2. De quantas redes sociais você faz parte? (X 4)
3. Quantos laptops você tem? (X 1)
4. Quantos dispositivos tipo tablet você possui? (X 2)
5. Quantos endereços de e-mail você tem? (X 2)
6. Quantos serviços de mensagem de texto e/ou chat você usa? (X 5)
7. De quantos jogos do tipo RPG (jogo de interpretação de personagem) você participa? (X 7)
8. Quantos computadores de mesa você tem? (X 1)
9. Quantas câmeras digitais você possui? (X 1)
10. Quantos outros eletrônicos que precisam de um carregador você usa? (X 1)
11. Em quantos blogs você escreve ou comenta com frequência? (X 2)

Some os pontose identifique seu índice de massa virtual:

RESULTADOS

Veja em que intervalo você se encaixa e o que isso significa

25 pontos ou menos
Você está dentro da média. O uso que você faz da internet e das redes sociais só lhe traz benefícios

25 a 35 pontos
Fique atento. Ser mais comedido no uso das ferramentas virtuais pode ajudá-lo.

36 pontos ou mais
Você precisa de uma dieta virtual. Controlar o uso da internet e das redes sociais mudará a sua vida para melhor.

Fonte: Daniel Sieberg, autor de "The Digital Diet"(Random House, 2011)

(Disponível em: https://istoe.com.br/204040_VICIADOS+EM+REDES +SOCIAIS/. Acesso em: 13/3/2018.)

O adjunto adverbial

Construindo o conceito

Leia a tira a seguir, de Nik, quadrinista argentino.

(*Gaturro 7*. 3. ed. Buenos Aires: Ediciones de la Flor, 2007. p. 73. Tradução dos autores.)

1 A tira narra uma pequena história.

a) Levante hipóteses: Em que lugar ela ocorre?

b) Quanto tempo dura a história? Onde é dada essa informação?

2 Gaturro é um gato que tem comportamentos parecidos com os dos seres humanos. Qual das características humanas a seguir é a causa do comportamento de Gaturro na tira? Escreva a resposta em seu caderno.

- bondade
- controle
- ansiedade
- interesse

3 Observe o dono de Gaturro no 1º e no último quadrinho.

a) O que revela o gesto do homem no 1º quadrinho?

b) E a expressão do homem no último quadrinho?

4 No último quadrinho, Gaturro não aguenta mais esperar e abre os presentes. Quais das palavras abaixo traduzem melhor o modo como Gaturro fez isso? Escreva a resposta em seu caderno.

- maliciosamente
- sorrateiramente
- sofregamente
- disfarçadamente
- avidamente
- indiferentemente

5 Agora, vamos contar com palavras a história narrada na tira. Em seu caderno, escreva as palavras ou expressões que completam o texto a seguir, de acordo com os elementos da tira e com as indicações de sentido apresentadas entre parênteses. Procure utilizar palavras que deem coerência à história.

> Gaturro e seu dono estavam ☐ (lugar). O dono de Gaturro pede ao gato que não abra os presentes de Natal ☐ (tempo). O gato consegue se controlar ☐ (modo) ☐ (tempo). Mas, ☐ (tempo), começa a suar. ☐ (tempo), parece que vai explodir. Finalmente, ☐ (causa), não resiste e abre os presentes ☐ (modo).

Conceituando

Na última questão, para completar o texto, você empregou palavras e expressões que indicam lugar, tempo, modo e causa. Essas palavras e expressões desempenham a função sintática de **adjuntos adverbiais**. Veja:

adj. adv. de tempo (**Na noite de Natal**), adj. adv. de lugar (**em casa**)

Na noite de Natal, **em casa**, o dono de Gaturro pede-lhe que não abra os presentes.

Cinco minutos depois, Gaturro abre os presentes **desesperadamente**.

adj. adv. de tempo (**Cinco minutos depois**); adj. adv. de modo (**desesperadamente**)

Gaturro abriu os presentes **por causa da ansiedade**.

adj. adv. de causa (**por causa da ansiedade**)

> **Adjunto adverbial** é o termo que indica as circunstâncias em que se dá a ação verbal.

Além de **tempo**, **lugar**, **modo** e **causa**, os adjuntos adverbiais podem expressar outras circunstâncias.

Veja algumas delas:

- **intensidade**: O homem se locomovia **muito** rápido.
- **instrumento**: Ele cortava a carne **com os dentes**.
- **afirmação**: **Sim**, ele era insensível.
- **negação**: **Não** devo abrir os presentinhos.
- **fim ou finalidade**: Ele veio **para o almoço**.
- **meio**: Ele viajava **de trem**.
- **companhia**: A mulher não almoçou **com ele**.
- **assunto**: Ela não disse nada **sobre a atitude do homem**.

Morfossintaxe do adjunto adverbial

O adjunto adverbial é a função sintática própria dos advérbios e das locuções adverbiais. Sua classificação é a mesma dos advérbios. Observe:

O homem saiu **cedo**.
classe morfológica: advérbio de tempo
função sintática: adjunto adverbial de tempo

O homem se locomove **com rapidez**.
classe morfológica: locução adverbial de modo
função sintática: adjunto adverbial de modo

Exercícios

1 Nos provérbios a seguir, indique a circunstância expressa pelos advérbios destacados.

a) Cão que ladra **não** morde.

b) Quem chega **na frente** bebe água limpa.

c) Quem **com ferro** fere **com ferro** será ferido.

d) **Nunca** diga desta água **não** beberei.

e) Quem anda **em terra alheia** pisa **no chão devagar**.

f) Quem tem telhado de vidro **não** joga pedra **no telhado do vizinho**.

g) A verdade é como o azeite: **sempre** vem **à tona**.

Leia a anedota a seguir para responder às questões 2 a 5.

Depois de horas flertando com a garota em um bar, o camarada finalmente parte para o ataque:

— Eu estive observando-a... você sabia que sua boca foi feita especialmente para mim?

— Não diga! Mas como você é romântico!...

— Não! Eu sou dentista.

(Donaldo Buchweitz, Org. *Piadas para você morrer de rir*. Belo Horizonte: Leitura, 2001. p. 33.)

Thais Circelli/Arquivo da editora

2 Na oração "Depois de horas flertando com a garota em um bar", identifique os adjuntos adverbiais e indique a circunstância que cada um deles expressa.

3 De modo geral, os advérbios terminados em **-mente** indicam circunstância de modo. No contexto da anedota, porém, um deles indica tempo. Identifique-o.

4 Na frase "Mas como você é romântico!...", **como** é um adjunto adverbial.

a) Que circunstância ele expressa nesse contexto?

b) Reescreva essa frase, substituindo o adjunto adverbial por outro de igual valor semântico. Faça adaptações, se necessário.

5 Numa das falas do dentista da anedota, há um adjunto adverbial de finalidade. Identifique-o.

6 Observe o emprego da palavra **claro** nestas frases:

Hoje o dia está muito claro.

Você precisa falar mais claro.

Na primeira frase, a palavra **claro** significa "luminoso" e modifica o substantivo **dia**; por isso, é um adjetivo e, sintaticamente, um predicativo do sujeito. Na segunda frase, essa palavra tem o sentido de "claramente" e acompanha o verbo, indicando o modo como se espera que a pessoa fale; é, portanto, um advérbio de modo e, sintaticamente, um adjunto adverbial de modo.

Nos pares de frases a seguir, indique o sentido das palavras destacadas e a classe gramatical a que pertence cada uma delas.

a) Ele parece **forte**, mas não é.
   O telefone tilintou **forte** na madrugada silenciosa.

b) Almoçou **rápido** porque estava atrasado.
   Ele é o atleta mais **rápido** da turma.

c) O relógio da torre bateu **lento** as doze badaladas.
   Você tem um jeito muito **lento** de fazer as coisas.

d) Paula canta **alegre** como um pássaro.
   Ela é uma garota muito **alegre**.

7 A palavra **somente** indica exclusão. Compare as frases a seguir quanto ao sentido.

Somente minha irmã toca piano. Minha irmã toca **somente** piano.

a) O que a palavra **somente** exclui na primeira frase?

b) E na segunda?

O adjunto adverbial na construção do texto

Leia este poema, de Mário Quintana:

Veranico

Está marcando meio-dia nos olhos dos gatos.
As sombras esconderam-se debaixo da barriga dos cavalos.
A cidadezinha modorreia... A tarde
Avança, lentamente, com o casco coberto de poeira
Como uma tartaruga...
O poema empaca. O poeta adormece
De chatice...
A vida continua, indiferente.

(*Preparativos de viagem*. 4. ed. São Paulo: Globo, 1997. p. 127.)

Julia Flohr/Arquivo da editora

1 O poema descreve um momento na vida de uma cidade.

a) Qual é esse momento?

b) Por que o poema se intitula "Veranico"?

c) Como você imagina que seja essa cidade? Justifique sua resposta com elementos do texto.

2 De acordo com o poema, "As sombras esconderam-se debaixo da barriga dos cavalos". Explique a relação que existe entre a posição das sombras e o momento retratado.

3 O verbo **modorrear**, empregado no poema, não está registrado nos dicionários. O poeta criou essa palavra a partir de **modorra**, que significa "forte sonolência". Qual é o sentido da expressão "A cidadezinha modorreia", no contexto?

4 No poema foram empregados alguns adjuntos adverbiais.

a) Indique o valor semântico destes adjuntos:
- nos olhos dos gatos
- de chatice
- debaixo da barriga dos cavalos
- lentamente

b) Considerando-se que o poema se ocupa em descrever a cidade ao meio-dia, por que esses tipos de adjunto são importantes para a construção do texto?

Para que servem os adjuntos adverbiais?

A linguagem verbal é complexa. Em geral, não dizemos apenas que as coisas são isso ou aquilo, ou que alguém fez alguma coisa. As situações de comunicação exigem informações mais completas. Por exemplo, onde ocorreu determinado fato, quando, por que, de que modo, quanto tempo durou, etc.

Os **adjuntos adverbiais** cumprem esse papel: informar com precisão as circunstâncias em que se dá a ação humana.

5 Releia o último verso.

a) A que palavra se refere o termo **indiferente**?

b) Logo, que função sintática ela desempenha?

c) Que modificação na palavra **indiferente** a levaria a assumir a função sintática de adjunto adverbial?

6 A modorra do meio-dia também atinge o poeta.

a) O que ele fazia no início da tarde? O que o levou a empacar?

b) Qual é o adjunto adverbial utilizado para indicar a **causa** de o poeta ter adormecido?

c) Com base no poema lido, responda: De que tipo de coisas pode nascer a poesia?

Semântica e discurso

Observe o anúncio abaixo.

Reprodução/Latinstock

1 O anúncio divulga um banco de imagens, isto é, um acervo de fotografias disponíveis para seus usuários. Levante hipóteses: Em que situações um banco de imagens pode ser útil? Quem utiliza esse recurso e com que finalidade?

2 No centro do anúncio, em letras miúdas, há o texto que segue. Leia-o e classifique sintaticamente os termos em destaque.

> "**Daqui a 12 minutos, sem ninguém esperar**, uma bomba de napalm vai explodir **a 130 metros daqui**. Crianças correrão desesperadas, uma delas **completamente** despida, gritando **menos de pavor** do que de dor. Soldados nada farão. Enquanto um fotógrafo vai captar esse momento, imortalizando-o **para sempre**."

3 Observe este trecho do texto situado no centro do anúncio:

> "Crianças correrão **desesperadas**"

a) A que se refere a palavra **desesperadas**, isto é, com qual outro termo ela concorda em gênero e número?

b) Que função sintática ela desempenha no trecho?

c) Com certa modificação, a palavra **desesperadas** assumiria a função sintática de adjunto adverbial. Que forma a palavra teria, nesse caso?

d) Na forma em que seria adjunto adverbial, que circunstância a palavra expressaria?

Uma foto histórica

Em 8 de junho de 1972, um avião sul-vietnamita bombardeou um pequeno povoado próximo de Saigon. A temperatura resultante da explosão das bombas de napalm chegava a 1200 graus.

Entre as pessoas que corriam em desespero, estava a menina Kim Phuc, de apenas 9 anos. Sem as roupas, destruídas pelo calor, chorava muito e tinha o corpo todo queimado. Foi fotografada e socorrida por Nick Ut, fotógrafo que cobria a Guerra do Vietnã.

Divulgada em todo o mundo, a foto contribuiu para que a guerra chegasse ao fim.

Nick Ut/AP Photo/Glow Images

4 O texto situado no centro do anúncio termina com a frase: "Grandes fotos acontecem sem briefing". *Briefing* é um conjunto de informações, instruções ou normas que orientam a execução de certos trabalhos.

a) Leia o boxe "Uma foto histórica" e depois responda: A qual "grande foto" a frase se refere?

b) No contexto do anúncio, o que seria o *briefing*?

5 Levando em consideração o significado da palavra ***briefing*** utilizada no texto do anúncio, levante hipóteses: Na elaboração de um *briefing*, qual é a importância dos adjuntos adverbiais?

Produção de texto

A entrevista oral e a entrevista escrita

A ENTREVISTA ORAL

Você já deve ter lido muitas entrevistas. E também deve ter ouvido entrevistas e assistido a muitas delas. Afinal, a entrevista é um gênero oral ou escrito?

A entrevista é, por natureza, um gênero oral, pois nasce da interação verbal entre um entrevistador e um entrevistado, um na presença do outro. Quando veiculada no rádio, na televisão ou na Internet, costuma ser reproduzida tal como foi dada, algumas vezes integralmente, outras vezes com cortes.

Quando, entretanto, é publicada em suportes impressos, geralmente sofre algumas modificações em relação ao texto original.

Com a orientação do professor, assista no **Plurall** a uma entrevista que Laerte – desenhista, quadrinista e cartunista, autora de vários livros e de tiras em jornais – concedeu especialmente para esta coleção.

Depois de assistir ao vídeo, leia o seguinte trecho da entrevista, reproduzido tal qual foi gravado, com todas as marcas da oralidade, para que você possa observá-las.

Entrevistador: *Pra começar nosso bate-papo, acho que vou fazer uma pergunta que todo mundo que gosta do seu trabalho quer fazer, né? Como foi que você se tornou um criador de histórias em quadrinhos? Você sempre gostou de desenhar?*

Laerte: Eu sempre gostei de desenhar, eu sempre desenhei; como toda criança, eu sempre desenhei. Quer dizer, todo mundo desenha. O... O... A diferença é que, para algumas pessoas, como eu, o desenho se tornou um... uma parte importante no modo de se expressar. No modo de expressar sentimentos, ideias e de... de refletir o que o mundo propõe, quer dizer, pra mim o desenho sempre foi uma linguagem a serviço de... daquilo que eu gostava. Eu gostava de um filme, gostava de um livro, gostava de uma cena ou de uma coisa que eu tinha visto na televisão ou numa rua, e o desenho era... é um meio privilegiado para eu... ahn... trabalhar esses sentimentos, essas ideias, né? E é... e é um meio privilegiado mesmo porque só depende da gente. A gente consegue fazer uma coi... uma obra bastante complexa, sozinho, sabe? É uma coisa que poucas... poucas... poucas mídias (risos) oferecem, né?

Nelson Toledo/Arquivo da editora

Laerte, quando concedeu a entrevista.

Entrevistador: *E pra criar essas personagens? Você... como você faz pra inventar uma história nova? A Suriá, por exemplo, você se inspirou em alguma menina que você conhece, alguém da sua família? Como é que você criou a Suriá?*

Laerte: Bom, a gente sempre se inspira... em... em... em detalhes da vida... Suriá, por exemplo, Suriá é o nome de uma sobrinha... mesmo, de quem eu gosto muito, mas ela não é o núcleo da personagem. Nessa mesma época, ahn... a minha filha tava com uma idade também de 6, 7 anos e... e... e eu também, observando ela, como ela era uma menininha que... moderna (risos), também usei pra... pra construir a personagem, mas a Suriá foi encomendada pela editora da...

Laerte/Arquivo da cartunista

da *Folhinha* naquela época, a Mônica, e eu fiz... Fiz assim... Procurei pensar numa personagem que fosse boa pras crianças ler, lerem e... e que tivesse a ver com o que eu gosto também, né? Eu gosto de circo... gosto de... então eu pensei numa garotinha, filha de circenses e... e... e... que tem uns tios que são os palhaços, e que tem uns amigos que são os bichos, tal... e eu comecei a fazer as histórias da Suriá (risos).

Entrevistador: *Durante muito tempo a escola, ela considera as histórias em quadrinhos um gênero menor, né? Enfim, professores... achavam que as histórias em quadrinhos não formavam novos leitores. Agora, que que você acha? Isso está mudando, mas o que que você acha? Que as histórias em quadrinhos são cultura também? É cultura a história em quadrinho?*

Laerte: Acho que é cultura sim. Acho que muitas coisas... devem... Acho que quase todas as linguagens podem entrar no... no universo da preocupação da escola, quer dizer, podem ser analisadas... a música popular... as manifestações de... de... a TV... Os quadrinhos também têm uma importância grande, é um modo bom de... de desenvolver a leitura também. Ao contrário do que se pensava, que inibiria a leitura, que afastaria as crianças da literatura, é... ao contrário disso, o quadrinho se provou ser um auxiliar, um... bastante... bastante útil pra quem começa a ler, tudo.

Entrevistador: *Quem conhece seu trabalho sabe que você publica em livros, jornais diários... Como é que você faz pra ter uma ideia nova todo dia pra publicar uma tira no jornal?*

Laerte: (risos) Bom, todo mundo tem uma ideia nova todo dia. As pessoas costumam pensar assim que artistas são pessoas especiais porque têm ideias novas e originais, enquanto o resto da população não, só tem... não tem ideias, né? Acorda, toma café, vai pro trabalho, volta pra casa, vê televisão e dorme. Não é assim. O dia é recheado de pequenas descobertas, pequenos pensamentos... Se as pessoas, todas elas, tivessem como hábito o expressar-se, elas iam ver a quantidade absurda de ideias novas que acontecem não todo dia, mas todo minuto, a todo segundo. A toda hora você tá notando coisas, descobrindo coisas. A maior parte das vezes você repara que a gente se disciplina para que isso não atrapalhe o bom andamento do nosso dia a dia, né? Mas as ideias estão aí. Não, não é um problema não. A gente acaba deixando pra... pra artistas ou pra autores usarem essas ideias de forma que elas pareçam ideias, mas elas fazem parte do cotidiano de todo mundo. Assim como todas as crianças desenham, todas as pessoas têm ideias também.

Laerte/Arquivo da cartunista

Entrevistas e a Internet

Cada vez se tornam mais comuns a realização e a divulgação de entrevistas orais na Internet, em *sites*, em *blogs*, em canais do YouTube ou em outras redes sociais, inclusive ao vivo. O médico Drauzio Varella, por exemplo, tem um canal no YouTube no qual publica, entre outros vídeos, entrevistas. Uma delas, registrada na foto ao lado, foi realizada com Laerte.

Reprodução/https://www.youtube.com/watch?v=fR6srs1iunU

1 Em linguagem jornalística, **entrevista** é o texto resultante de um encontro previamente marcado entre duas pessoas no qual uma interroga a outra sobre sua profissão, suas ações, suas ideias. O entrevistado é quase sempre uma figura de destaque em um determinado campo da vida social e é quem autoriza ou não a publicação de suas declarações. Na entrevista em estudo:

a) Quem é o entrevistador?

b) Em que tipo de atividade se destaca a pessoa entrevistada?

2 Para efeito de estudo, a entrevista foi transcrita. O que nos permite, visualmente, fazer a distinção entre a fala do entrevistador e a fala da entrevistada?

3 A entrevista lida foi concedida especialmente para esta coleção. Contudo, as entrevistas, em sua maioria, circulam em suportes diferentes do livro didático.

a) Em que veículos podemos encontrar entrevistas orais?

b) Geralmente, quem é o público das entrevistas?

4 Observe as perguntas feitas à entrevistada.

a) Qual é o assunto principal da entrevista?

b) As perguntas demonstram que o entrevistador preparou as questões? Justifique sua resposta.

5 Geralmente o entrevistador prepara um roteiro básico de perguntas. Porém, dependendo das respostas, ele pode improvisar e fazer perguntas que não estão no roteiro. Você acha que isso aconteceu na entrevista lida? Se sim, em que parte?

6 Nas entrevistas, geralmente predomina a norma-padrão da língua, mas isso depende da situação e do perfil do entrevistado. Leia o boxe "Na fala, o controle é menor" e depois identifique na resposta de Laerte às duas primeiras perguntas do entrevistador:

a) um exemplo de repetição;

b) um exemplo de pausa;

c) um exemplo de hesitação e reformulação.

Na fala, o controle é menor

O controle que temos sobre nossa fala geralmente é menor do que o que temos sobre nossa escrita. Apesar disso, a fala também pode ser menos ou mais controlada, dependendo da situação em que ocorre a interação verbal. Por exemplo, quando um profissional fala com seus superiores, na empresa, certamente controla mais sua fala do que quando se comunica em casa com os filhos. E, se esse mesmo profissional der uma entrevista num programa de televisão, provavelmente vai controlar ainda mais sua fala do que quando está na empresa.

De qualquer modo, a linguagem oral tende a apresentar, em maior ou menor grau, certas marcas próprias, que servem para construirmos sentidos, como repetições, pausas, hesitações e reformulações, palavras e frases cortadas, palavras e expressões que mantêm e confirmam a interação verbal, como *né?*, *tá?*, *tipo* e *então*.

Digital Vision/Getty Images

7 A entrevista aborda um tema polêmico: se a leitura de histórias em quadrinhos aproxima ou afasta crianças e jovens da leitura.

a) Qual é a posição da entrevistada a respeito do assunto? Que argumento ela apresenta para justificar seu ponto de vista?

b) E qual é a sua posição?

8 Laerte afirma que todas as pessoas têm ideias a todo instante, mas nem todas as utilizam criativamente. Você concorda com a opinião dela? Por quê?

9 Reúna-se com seus colegas de grupo e, juntos, concluam: Quais são as principais características da entrevista oral? Respondam, levando em conta critérios como: finalidade do gênero, perfil dos interlocutores, suporte/veículo, tema, estrutura, linguagem.

Agora é a sua vez

Reúna-se com seus colegas de grupo para, juntos, produzirem uma entrevista oral. Depois de pronta, a entrevista deverá ser exibida aos colegas e posteriormente passada para a forma escrita e publicada no jornal que a classe produzirá no capítulo **Intervalo** desta unidade.

Planejamento da entrevista

No capítulo **Intervalo**, a classe produzirá um jornal voltado para a temática da Internet. Entrevistem, então, uma pessoa ligada a esse assunto, como um(a) *youtuber*, um(a) blogueiro(a), um(a) jornalista que trabalha para portais de notícia da Internet, um(a) comerciante que trabalha com *e-commerce* (o comércio *on-line*), um(a) psicólogo(a) que trabalhe com jovens, uma pessoa que gosta da Internet e a usa muito em diferentes atividades do dia a dia. Para produzirem uma boa entrevista, procedam da seguinte maneira:

- Procurem conhecer o(a) entrevistado(a) e decidir qual vai ser o foco da entrevista.
- Preparem um roteiro, levando em conta o perfil do(a) entrevistado(a). Primeiro, perguntem: nome, idade, cidade onde nasceu, etc. Depois, se o entrevistado for, por exemplo, um(a) jornalista, procurem informar-se sobre: os cursos que fez, os jornais ou outras empresas em que trabalhou, se mantém outra atividade em paralelo, etc. Caso seja um(a) *youtuber*, perguntem: como começou a produzir vídeos e postar na Internet, o que o(a) motivou a começar, qual é seu público, de que assuntos trata, etc. Se for um(a) psicólogo(a), perguntem como chegou a essa profissão, quais questões os jovens levam hoje ao consultório, se a Internet representa um problema na vida dos jovens ou se é um espaço positivo para eles, qual é o comportamento dos jovens em relação às redes sociais, etc.
- Façam perguntas curtas e objetivas. Prevejam possíveis respostas e preparem novas perguntas, relacionadas a essas respostas.
- Escolham entre os integrantes do grupo quem vai fazer as perguntas ao entrevistado. A pessoa poderá ler o roteiro de perguntas, mas é importante que tenha as perguntas em mente para não se perder na hora da entrevista.
- Escolham os integrantes do grupo que ficarão responsáveis pela gravação, pelo som e pela iluminação.

Entrevistando

- Não confiem na memória; gravem a entrevista ou façam a anotação das respostas. Se possível, fotografem o entrevistado para, posteriormente, juntar algumas fotos dele ao texto da entrevista.

Revisão da entrevista oral

Como forma de avaliar se a entrevista realizada ficou boa ou se convém refazê-la ou até mesmo entrevistar outra pessoa, vejam-na, observando:

- se ela apresenta um bom ritmo, alternando perguntas e respostas;
- se o entrevistador mostra-se simpático e revela ter conhecimento sobre a pessoa entrevistada ou sobre o assunto abordado;
- se as perguntas são claras;
- se a linguagem do entrevistador é adequada ao perfil do entrevistado e do público;
- se o entrevistador conseguiu formular novas perguntas a partir das respostas dadas pelo entrevistado;
- se a entrevista é agradável de ouvir ou de assistir e se contém revelações interessantes para o público;
- se o som e a imagem estão com boa qualidade.

Apresentando a entrevista oral à classe

Apresentem a entrevista à classe e assistam às dos outros grupos. Ao final de cada vídeo, façam uma avaliação coletiva, usando os critérios de revisão apresentados acima.

A ENTREVISTA ESCRITA

Depois de saber o que é uma entrevista oral, você vai agora aprender como se produz uma entrevista escrita. Ao comparar uma a outra, você irá observar as diferenças entre elas, decorrentes da mudança de modalidade da linguagem e do suporte.

Leia a entrevista a seguir, concedida pela escritora Tatiana Belinky, autora de livros infantis.

Tantas palavras, tantas histórias...

Como foi sua chegada ao Brasil?

Tatiana – Nasci em Petrogrado, atual São Petersburgo, na Rússia, em 18 de março de 1919. Meus pais eram da Letônia, filhos de gente abastada. Meus avôs eram madeireiros, exportavam pinho-de-riga, madeira vendida para o mundo inteiro. Mas, em 1929, as dificuldades econômicas e políticas se agravaram e a minha família resolveu emigrar. Viemos para o Brasil sem nada. Minha mãe era cirurgiã-dentista e veio com seus instrumentos para trabalhar. Eu trazia um livro e uma correntinha de ouro com uma medalhinha de Moisés barbudo, que eu pensava ser meu avô. O livro era de contos do grande escritor [Ivan] Turgueniev. Tenho esse livro até hoje, está se desmanchando.

A primeira paixão, no Brasil, veio antes de o navio entrar no porto. Foi a visão panorâmica do Rio de Janeiro: Copacabana, Pão de Açúcar, não havia a estátua [do Cristo Redentor]. Tudo natural, lindo! Eu conhecia o mar Báltico [na Letônia], bonito, com suas dunas e pinheirais. Mas o Rio de Janeiro era completamente diferente, de cair o queixo. Ficamos uma semana, depois voltamos para o navio, que seguiu até Santos, onde pegamos o trem montanha acima, passando por túneis, que eu nunca tinha visto. Chegamos a São Paulo.

Victor Moriyama/Folhapress

Tatiana Belinky.

[...]

Como nascem suas histórias?

Tatiana – As crianças perguntam de onde tiro inspiração para tantas histórias e versinhos. Eu digo:

"Olha, inspiração eu tiro do ar [Tatiana inspira e solta o ar pelo nariz]. Porém, as ideias para escrever e contar alguma coisa, eu tiro só olhando para vocês." Eu já tenho várias histórias na cabeça. Eu tenho um livro chamado *Diversidade*, que as crianças gostam muito, é todo em versinhos: "Um, preguiçoso/ Outro, animado/ Um é falante/ Outro é calado/ Olho redondo/ Olho puxado/ Nariz pontudo/ Ou arrebitado". Fala das diferenças, cabelo loiro, cabelo escuro, cabelo crespo, cabelo liso, nariz arrebitado, nariz achatado. Enfim, todas as diferenças. E no final eu dou a moral da história: tudo é bonito e diferente.

Eu invento algumas coisas, mas, principalmente, eu observo muito. Em noventa anos acumulei muito assunto e tenho boa memória. Qualquer coisa me lembra outra. Então, não fico aí procurando palavras no bolso. Estão prontas, rápidas. Eu funciono assim. Eu penso depressa, falo depressa, leio depressa, reajo depressa.

[...]

Como os livros podem concorrer com a TV, a internet, o videogame?

Tatiana – Tudo concorre e não concorre. É preciso dar oportunidade para as crianças porque tem lugar para tudo. Sempre chegam coisas novas, porque coisas boas não acontecem somente hoje. Eu li um artigo que dizia que a televisão atrapalhava um pouco, mas a internet não, já que lá as crianças escrevem e leem. Podem até escrever errado, mas escrevem e leem. Também vale lembrar que nem todos são iguais e gostam das mesmas coisas. Na mesma casa nós éramos três irmãos muito diferentes um do outro. Aliás, um dos meus filhos, quando tinha 8 anos, perguntou: "Você acha justo e democrático" — com essas palavras — "tratar de modo igual filhos que não são iguais?".

Quando cria suas histórias a senhora reescreve muito o texto?

Tatiana – Eu escrevo espontaneamente. Quando tenho uma ideia, escrevo como se escrevesse uma carta, um conto. Falo, as coisas vêm fluindo sozinhas e a mão escreve. Aí guardo o texto na gaveta para pegar dali a uma semana. Então leio o que escrevi, vejo se acho bom, faço mudanças. Como diz o escritor russo Tchekhov, o texto, o teatro não se escreve, se reescreve. Sempre pode melhorar ou cortar. Eu guardo e releio. Ao reler, posso dizer isso com menos palavras, de um jeito melhor, mais compreensivo. Assim faço a minha apreciação. Então vou ao meu primeiro crítico, antigamente era o meu marido e ele não dava mole. Se não gostava, dizia: "Eu não gostei disso, está demais, mas isso não está certo, não concordo". Eu dizia: "Se você não concorda, vamos discutir". Hoje, meu crítico número 1 é meu filho Ricardo. Ele é escritor, tradutor e editor. Ele também não brinca em serviço. Se gosta, gosta; se não gosta, fala, corrige. Quando eu acho que está mais ou menos no ponto, maduro, mando para meu editor e espero.

Nossos leitores são professores de escolas públicas. Trabalham com crianças e jovens o ensino da leitura e da escrita. Que recomendações a senhora pode dar a esses educadores?

Luana Fisher/Folhapress

Tatiana – Diria: quer escrever? Isso eu falo também para as crianças que me perguntam como fazer para ser um escritor. Para começar, tem que aprender a escrever fluente. O importante é abrir os olhos, os ouvidos; sentir cheiro, prestar atenção em tudo. Não olhar para as coisas sem enxergá-las. Porque é isso que acontece com as pessoas: ouvem alguma coisa e não escutam nada. Ouvir e escutar, ver e enxergar são coisas diferentes. Tem que saber a diferença no sentido das palavras e absorver tudo em volta. Absorver e observar. Olha como dá para brincar com palavras, estou sempre brincando. É preciso prestar muita atenção, ser curioso, pensar no que você viu. A vida é tão instigante, o cotidiano, o que acontece à sua volta todos os dias. Tudo é interessante! Se você prestar atenção, usar a sua cabeça, ouvidos, olhos, dá até para um dia abrir a boca e botar no trombone, se for preciso. Escrever é falar por escrito. Desenvolver o estilo vem mais tarde. De tanto ler você aprende quanta coisa pode fazer com sua majestade a palavra; sem ela, a gente não é gente.

(Revista *Na ponta do lápis*, n. 12. Disponível em: www.escrevendoofuturo.org.br/conteudo/biblioteca/nossas-publicacoes/revista/entrevistas/artigo/496/entrevista-tatiana-belinky. Acesso em: 28/2/2018.)

1. A fim de estabelecer uma comparação entre a entrevista oral e a entrevista escrita, responda:

   a) Em que área profissional se destaca a pessoa entrevistada?

   b) O entrevistador demonstra ter preparado previamente um roteiro de perguntas? Justifique sua resposta.

   c) De que modo a revista diferencia a fala do jornalista e a fala de Tatiana Belinky?

2. Observe as perguntas feitas à entrevistada. Qual é o assunto principal da entrevista?

3. Uma entrevista sempre está relacionada ao perfil do público a que se destina. A entrevista de Tatiana Belinky foi publicada em uma revista chamada *Na ponta do lápis*, cujo público é formado principalmente por educadores que trabalham a leitura e a escrita com crianças e jovens.

   a) Observe o título da entrevista e levante hipóteses. Por que a revista teria escolhido esse título?

   b) Considerando-se o público da revista, qual o interesse dela em entrevistar Tatiana Belinky?

   c) Qual o interesse de Tatiana Belinky em conceder a entrevista?

4. Observe a linguagem de Tatiana Belinky e compare-a com a de Laerte empregada na entrevista lida anteriormente.

   a) Que variedade linguística predomina na entrevista dada pela escritora?

   b) A fala de Tatiana Belinky apresenta, como a de Laerte, marcas de oralidade, como repetições, hesitações, reformulações e pausas? Justifique sua resposta.

5. Reúna-se com seus colegas de grupo e, juntos, concluam: Quais são as principais características da entrevista escrita?

Entrevistas não presenciais

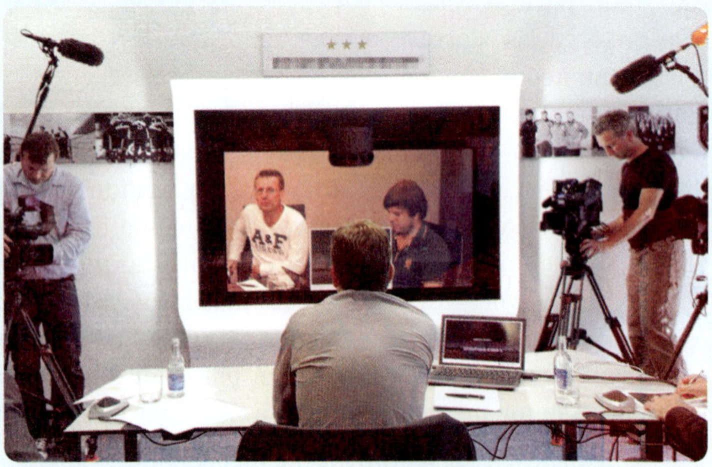

Markus Gilliar/DPA/ZUMA PRESS/Glow Images

A falta de tempo das pessoas e o avanço das tecnologias têm contribuído para que o gênero **entrevista** sofra transformações.

Se antes uma entrevista sempre pressupunha um encontro presencial entre entrevistador e entrevistado, hoje é possível que uma pessoa dê uma entrevista para a televisão, ao vivo, mesmo estando em outro continente e, às vezes, com uma grande diferença de horários.

É comum ainda um jornal ou revista encaminhar as perguntas por *e-mail* ao entrevistado, que responde por escrito e encaminha as respostas também por *e-mail*. Nesse caso, o entrevistado tem, ele próprio, condições de oferecer o texto já mais apropriado para a forma escrita. Se com isso o texto ganha em profundidade, ele perde, porém, em espontaneidade.

Exercício

Reúna-se com seus colegas de grupo e, juntos, transcrevam para a modalidade escrita, suprimindo as marcas de oralidade, a resposta de Laerte a seguir. Imaginem que a entrevista será publicada na revista *Língua Portuguesa* e façam os cortes e as adaptações que julgarem necessários. Depois comparem a redação final dos grupos e identifiquem as melhores soluções encontradas para cada situação.

Entrevistador: *E pra criar essas personagens? Você... como você faz pra inventar uma história nova? A Suriá, por exemplo, você se inspirou em alguma menina que você conhece, alguém da sua família? Como é que você criou a Suriá?*

Laerte/Acervo da cartunista

Laerte: Bom, a gente sempre se inspira... em... em... em detalhes da vida... Suriá, por exemplo, Suriá é o nome de uma sobrinha... mesmo, de quem eu gosto muito, mas ela não é o núcleo da personagem. Nessa mesma época, ahn... a minha filha tava com uma idade também de 6, 7 anos e... e... e eu também, observando ela, como ela era uma menininha que... moderna (risos), também usei pra... pra construir a personagem, mas a Suriá foi encomendada pela editora da... da *Folhinha* naquela época, a Mônica, e eu fiz... Fiz assim... Procurei pensar numa personagem que fosse boa pras crianças ler, lerem e... e que tivesse a ver com o que eu gosto também, né? Eu gosto de circo... gosto de... então eu pensei numa garotinha, filha de circenses e... e... e... que tem uns tios que são os palhaços, e que tem uns amigos que são os bichos, tal... e eu comecei a fazer as histórias da Suriá (risos).

Agora é a sua vez

Junto com os colegas de grupo, adaptem para a forma escrita a entrevista que realizaram anteriormente.

Passando a entrevista da forma oral para a forma escrita

- Escolham uma frase significativa do entrevistado para servir de título para a entrevista ou criem um título com base no assunto abordado.
- Escrevam uma introdução breve, fazendo uma apresentação do entrevistado e do assunto tratado.
- Coloquem o nome do grupo antes das perguntas e o nome do entrevistado antes das respostas.
- Transcrevam o diálogo, mantendo marcas de uma eventual informalidade da linguagem do entrevistado, mas evitando excesso de marcas de oralidade.
- Façam um rascunho e só passem a entrevista a limpo depois de realizar uma revisão cuidadosa.
- Se possível, digitem o texto e diagramem-no em colunas, como costumam ser apresentadas as entrevistas escritas. Insiram algumas fotos do entrevistado e deixem o texto preparado para integrar o jornal que o grupo irá montar no capítulo **Intervalo** da unidade.

Para ler e escrever com coerência

O papel dos *hiperlinks* em textos noticiosos publicados na *Web*

Leia a notícia a seguir, publicada em um portal de notícias da Internet.

UOL notícias Tecnologia

ÚLTIMAS · CIÊNCIA E SAÚDE · ECONOMIA · INTER · JORNAIS · POLÍTICA · ELEIÇÕES 2018 · UOL CONFERE · TECNOLOGIA · LOTERIAS · + CANAIS

Dicas de Tecnologia

VEJA MAIS DICAS · UOL TESTA: CELULARES · WHATSAPP · DE OLHO NA SEGURANÇA · GADGETS QUE QUEREMOS

Morte após selfie na banheira reacende riscos de usar celular no banheiro

Bruna Souza Cruz
Do UOL, em São Paulo

19/02/2018 17h03

Os perigos de se usar o celular enquanto toma banho já não são novidades. Além da possibilidade de estragar o aparelho, os danos podem ser ainda maiores para quem está usando. Destacar isso nunca é demais.

Nesta segunda-feira (19), a imprensa internacional publicou que uma mulher se eletrocutou na banheira de sua casa em Moscou, na Rússia. O motivo? Ela teria tentado tirar uma **selfie enquanto o celular estava carregando na tomada**.

Ainda não há detalhes sobre a morte, mas tudo indica que o aparelho escorregou das mãos da usuária e caiu na água em algum momento. Este já é o terceiro caso registrado em Moscou em situações parecidas.

Vapor do chuveiro também pode danificar celular.

VEJA TAMBÉM

- **Você deixa o celular no banheiro enquanto toma banho? Pare**

[...]

O caso é grave e acende o alerta para os perigos reais de um hábito tido por muitos como comum. Afinal, que atire a primeira pedra quem nunca foi tomar banho e levou o celular junto!

Danos irreversíveis

Seguindo as leis da física, a água (não pura) funciona como um bom condutor de eletricidade. Por isso, é importante ficar longe dela enquanto usamos dispositivos eletrônicos. Já ouviu aquele conselho para tomar cuidado com enchentes e raios em dias de chuva forte?

Simplificando, a corrente elétrica funciona com base em elétrons se movimentando de um ponto a outro. Para isso dar certo, é importante ter um meio de propagação e a água da banheira ou do chuveiro funciona como um desses caminhos.

Quando estamos molhados, os **sais existentes em nossa pele propiciam esse caminho de propagação** (são chamados de eletrólitos) necessário para a corrente elétrica. Por isso, a chance de choque é bem maior do que se estivéssemos secos.

[...]

(Disponível em: https://tecnologia.uol.com.br/noticias/redacao/2018/02/19/morte-apos-selfie-na-banheira-reacende-riscos-de-usar-celular-no-banheiro.htm. Acesso em: 13/3/2018.)

1. Qual é o fato ou assunto abordado na notícia lida?

2. Alguns trechos do corpo da notícia estão destacados. Esses destaques são chamados de *hiperlinks* e cumprem uma função na navegação.
   a) Quais são os trechos destacados?
   b) Quais recursos foram utilizados para dar destaque aos trechos?
   c) Qual é a função dos *hiperlinks*?
   d) Que outros recursos – cores, formatação, tipo de letra – usados em páginas da Internet com a mesma função você conhece?

3. Para saber mais detalhes sobre a história da mulher que se eletrocutou na banheira, o que você deve fazer?

Shutterstock

4. O que aconteceria se você clicasse no trecho "sais existentes em nossa pele propiciam esse caminho de propagação"? Que tipo de texto você esperaria ler?

5. Qual é a função dos *hiperlinks* em notícias? Entre os itens a seguir, escreva em seu caderno o(s) que corresponde(m) à(s) resposta(s) correta(s).
   - Disponibilizar notícias relacionadas ao texto que a pessoa está lendo.
   - Facilitar a busca por informações relacionadas ao texto que a pessoa está lendo.
   - Distrair o leitor, possibilitando que ele interrompa a leitura de um texto para acessar outros.
   - Procurar manter o leitor conectado ao portal de notícias.
   - Possibilitar ao leitor a ampliação do conhecimento relativo ao assunto ou fato sobre o qual ele está lendo.

6. Você considera que, na notícia lida, os *hiperlinks* são importantes? Por quê? Se estivesse conectado(a), você teria clicado em algum deles?

7. Na página da Internet em que a notícia lida foi disponibilizada, há, além dos *hiperlinks* situados no corpo da própria notícia, outros *hiperlinks*.
   a) Onde se localizam esses outros *hiperlinks*?
   b) Quais recursos – expressões, formatação, cor, localização – são utilizados para que o leitor reconheça os *hiperlinks*?
   c) Qual é a função dos *hiperlinks* situados fora do corpo da notícia?

No capítulo **Intervalo**, você e os colegas produzirão um jornal que será divulgado em toda a escola. Nesse jornal, além de publicar notícias, cartas de leitor, entrevistas e outros textos jornalísticos, vocês podem *linkar* textos escritos ou selecionados por vocês. Vejam como proceder para isso:

- Identifiquem possíveis diálogos e complementações entre textos produzidos e lidos – por exemplo, cartas de leitor que comentam uma mesma reportagem.
- Caso o jornal seja escrito ou impresso, planejem uma maneira de fazer os *hiperlinks*. Vocês podem utilizar a expressão **Veja também** e informar a(s) página(s), o título do(s) texto(s) relacionado(s) e a seção em que ele(s) se encontra(m).
- Caso o jornal seja publicado como um grande cartaz ou tenha a forma de jornal mural, os textos podem ser ligados por meio de setas, cores e símbolos.

- Se a opção for pela produção de um jornal digital, em um *blog*, por exemplo, façam *hiperlinks* no corpo dos textos ou no final deles. Observem estas instruções:

Para adicionar um *link* a um texto de *blog*:

1. Abra o editor de *posts* do *blog*.
2. Marque o texto que você gostaria de *linkar*.
3. Clique no ícone de *link*: 🔗.
4. Selecione o tipo de *link*.
5. Insira os detalhes do *link*.
6. Clique em OK.

Divirta-se

Renato Machado

Renato Machado/Folhapress

(*Folha de S. Paulo*, 3/3/2018.)

Mark Elliot Zuckerberg: programador e empresário norte-americano que ficou conhecido internacionalmente por ser um dos fundadores do Facebook, a rede social mais acessada no mundo.

Capítulo 3

A tecnologia e o cérebro humano

Computadores, smartphones, Internet, redes sociais, videogames...
Quase sempre ouvimos críticas de pais, professores, médicos e psicólogos a respeito do uso excessivo da tecnologia... Afinal, além da rapidez na troca de informações, o que mais a tecnologia pode trazer de positivo ao ser humano?

Videogames para a atenção

Muita gente fala mal da tecnologia e levanta até a possibilidade de o deficit de atenção de tantas crianças e jovens adultos ser causado pelo uso dos aparelhos modernos, que permitem (ou exigem) que a atenção seja dividida entre várias tarefas ao mesmo tempo. Eu discordo e, continuando minha campanha em prol da tecnologia (e contra, isso sim, seu mau uso), digo o porquê: a melhor coisa que pode acontecer para melhorar a capacidade de atenção do cérebro é justamente exigir dela.

A melhor coisa que pode acontecer para melhorar a capacidade de atenção do cérebro é exigir dela

A neurociência aprendeu isso com uma das invenções tecnológicas mais execradas nos círculos pseudocientíficos: o videogame. Primeiro, descobriu-se que ficar horas a fio na frente do monitor não faz mal algum à visão. Pelo contrário, a acuidade visual até melhora em alguns jogadores.

Segundo, jogadores de videogames de ação, como Grand Theft Auto, Medal of Honor ou Call of Duty, têm uma capacidade maior do que não jogadores de não se deixar distrair por objetos fora do foco de atenção, ao mesmo tempo em que conseguem detectar objetos interessantes na periferia do campo de visão. Ou seja: têm maior capacidade de atenção.

Há que ser cético, contudo, e lembrar que talvez seja justamente uma maior capacidade prévia de atenção de alguns jovens que faça com que eles se dediquem muito mais do que os outros aos videogames de ação — atividade que seria naturalmente mais fácil para eles, nesse caso. Mas é fácil tirar a dúvida: basta treinar jovens não jogadores e medir sua capacidade de atenção antes e depois da prática.

Andrey_Popov/Shutterstock

Resultado: tanto moças quanto rapazes que passam a jogar Medal of Honor diariamente, por exemplo, demonstram melhora na coordenação visuomotora, na capacidade de detectar objetos e na atenção, com apenas dez dias de treino. Jogar o bem-comportado Tetris, em comparação, não adianta nada. A atenção melhora... quando se presta atenção — assim como a memória melhora quanto mais recorremos a ela.

É claro que jogar videogames pode trazer problemas. Assim como beber água em excesso faz mal (sabia?), jogar demais pode ser nocivo, principalmente para jovens e crianças com predisposição a comportamento impulsivo — e, antes de mais nada, por tomar o tempo em que eles poderiam estar aprendendo outras coisas. Mas, de novo, o problema não é da tecnologia: é do mau uso que fazemos dela.

(Suzana Herculano-Houzel. Disponível em: www1.folha.uol.com.br/colunas/suzanaherculanohouzel/2013/11/1376584-videogames-para-a-atencao.shtml. Acesso em: 1º/3/2018.)

acuidade: grande capacidade de atenção; agudeza.
cético: aquele que não confia, que duvida.
execrar: ter aversão, detestar.

Estudo do texto

Compreensão e interpretação

1 A neurocientista Suzana Herculano-Houzel aborda um tema polêmico em seu texto.

a) Qual é o tema?

b) Qual é a posição da autora a respeito do tema?

c) Levando em conta o tema e a finalidade do texto, indique em seu caderno a resposta a esta pergunta: Do ponto de vista do gênero discursivo, como o texto lido se caracteriza?

- reportagem
- notícia
- comentário
- artigo de opinião

2 No 1º parágrafo, a autora apresenta a ideia principal do texto, isto é, a tese que pretende defender e desenvolver.

a) Identifique o trecho do texto que expressa a tese desenvolvida pela autora.

b) Para construir essa tese, a neurociência partiu da observação de quê?

3 A autora afirma que o *videogame* é uma das invenções tecnológicas mais execradas nos "círculos pseudocientíficos".

a) Levante hipóteses: Por que os "pseudocientistas" execram os *videogames*?

b) Sabendo que a partícula ***pseudo-*** significa "falso", levante hipóteses: Por que a autora emprega o adjetivo **pseudocientífico** para caracterizar parte da comunidade científica?

Quem é Suzana Herculano-Houzel?

A pesquisadora nasceu no Rio de Janeiro, em 1972. Formou-se em Biologia pela Universidade Federal do Rio de Janeiro e especializou-se em neurociência nos Estados Unidos e na Alemanha. Em 1999, lançou o *site Cérebro nosso de cada dia* e em 2008 apresentou na TV, no programa Fantástico, o quadro "Neurológica". É autora de livros de divulgação científica para jovens, como *Fique de bem com seu cérebro* e *Pílulas de neurociência para uma vida melhor*, entre outros. Publica artigos científicos no jornal *Folha de S. Paulo* e atualmente leciona na Universidade Vanderbilt, nos Estados Unidos.

Reprodução/Editora Sextante

4 Para fundamentar seu ponto de vista sobre o tema, a autora apresenta alguns dados de pesquisas feitas com jogadores e não jogadores de *videogames*.

a) Que diferença há entre os dois grupos de pessoas pesquisadas?

b) O texto não apresenta os dados da pesquisa que compara os dois grupos. Caso apresentasse esses dados, isso poderia ter algum efeito sobre o texto? Comente.

c) Observe este trecho:

> "descobriu-se que ficar horas a fio na frente do monitor não faz mal algum à visão."

Que recurso linguístico a autora utilizou nessa frase para impessoalizar a pesquisa?

Iryna Tiumentseva/Shutterstock

5 No 4º parágrafo, a autora levanta uma dúvida sobre a relação entre jogar *videogames* e ter capacidade de atenção.

a) Qual é a dúvida? Essa dúvida põe em risco a tese defendida? Justifique sua resposta.

b) Segundo a autora, de que forma é possível sanar essa dúvida?

6 Apesar de a autora ter uma visão positiva dos *videogames*, ela reconhece, no final do texto, que eles podem trazer problemas.

a) Quando é que eles trazem problemas?

b) Segundo o texto, a que tipo de pessoas os *videogames* são nocivos? Por quê?

c) O texto é finalizado assim: "de novo, o problema não é da tecnologia: é do mau uso que fazemos dela". Infira: Para a autora, o que é o mau uso da tecnologia?

A linguagem do texto

1 Observe o emprego das palavras **mal** e **mau** nestes trechos do texto:

> - "Muita gente fala **mal** da tecnologia"
> - "(e contra, isso sim, seu **mau** uso)"
> - "é do **mau** uso que fazemos dela"

a) Substitua as palavras destacadas por seus antônimos, **bem** e **bom**.

b) Classifique morfologicamente as palavras **mal**, **mau**, **bem** e **bom** empregadas nessas situações.

c) Conclua: Quando é que empregamos as formas **mal** e **mau**?

2 Observe o emprego da palavra **porque** neste trecho do texto:

> "continuando minha campanha em prol da tecnologia [...], digo o **porquê**:"

a) Nesse trecho, que palavra poderia substituir **porquê** nesse contexto?

b) Qual é a classe gramatical da palavra **porquê**?

c) Nesse contexto, qual é a classe gramatical da palavra **porquê**?

d) Por que a palavra é acentuada?

3 Releia o seguinte trecho do texto, observando o papel das palavras destacadas.

"A neurociência aprendeu isso com uma das invenções tecnológicas mais execradas nos círculos pseudocientíficos: o videogame. **Primeiro**, descobriu-se que ficar horas a fio na frente do monitor não faz mal algum à visão. Pelo contrário, a acuidade visual até melhora em alguns jogadores.

Segundo, jogadores de videogames de ação, como Grand Theft Auto, Medal of Honor ou Call of Duty, têm uma capacidade maior do que não jogadores de não se deixar distrair por objetos fora do foco de atenção [...]."

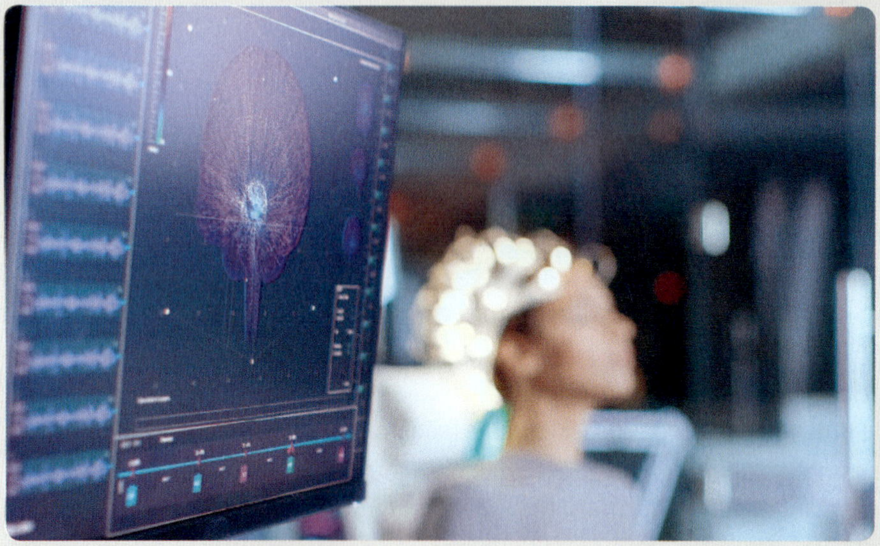

Gorodenkoff/Shutterstock

As palavras **primeiro** e **segundo** cumprem um papel importante na coesão do texto, pois, introduzindo argumentos, garantem o desenvolvimento e a articulação de ideias.

a) Que ideia, anteriormente expressa, é desenvolvida a partir desses articuladores?

b) Que argumento cada um desses articuladores introduz?

Trocando ideias

1 A neurocientista Suzana Herculano-Houzel acredita que os *videogames* contribuem para desenvolver a capacidade de atenção de crianças e adolescentes. Qual é a sua experiência com *videogames*? Com base nela ou na observação de seus colegas, você concorda com a opinião da cientista? Por quê?

2 A pesquisadora levanta no texto uma dúvida: As pessoas que jogam *videogames* já têm uma capacidade prévia de atenção, ou têm uma boa capacidade de atenção porque, jogando, exercitaram a mente? Qual é o seu ponto de vista sobre essa questão? Justifique-o.

3 Você considera que os *videogames* prejudicam os adolescentes, dificultando a concentração nos estudos e até o relacionamento com as pessoas? Se sim, o que pode ser feito para evitar isso?

Análise linguística: recursos linguístico-discursivos em textos prescritivos

Na unidade anterior e nos capítulos anteriores desta unidade, você leu e produziu textos argumentativos, como carta de leitor, carta aberta, debate deliberativo. Ao realizar tais estudos, percebeu que determinados recursos linguísticos contribuem para construir e sustentar as ideias do autor de um texto. Você também leu uma adaptação do Estatuto da Criança e do Adolescente, um texto prescritivo, isto é, que busca orientar e reger o comportamento dos cidadãos. Neste capítulo, vamos analisar os recursos linguístico-discursivos utilizados em textos com caráter prescritivo.

Leia, a seguir, o infográfico "Com moderação", que acompanha uma reportagem sobre o uso da Internet por crianças.

Valdo Virgo/Dapress

(Disponível em: www.uai.com.br/app/noticia/saude/2016/10/27/noticias-saude,195991/especialistas-dizem-quanto-tempo-as-criancas-podem-ficar-no-computador.shtml. Acesso em: 16/3/2018.)

1 Relacione as partes verbal e não verbal do infográfico.

a) A pessoa retratada no desenho representa quem? O que ela está fazendo? Qual particularidade há em sua fisionomia?

b) Explique a relação entre o modo como a pessoa foi desenhada e o conteúdo do texto verbal.

c) Deduza: Qual é o público-alvo desse quadro? Justifique sua resposta com trechos do texto.

2 Leia o título e o subtítulo da reportagem que o infográfico em estudo acompanha:

Especialistas dizem quanto tempo as crianças podem ficar no computador

Academia Americana de Pediatras lança recomendações para garantir o bem-estar físico e psicológico de jovens que acessam a internet; dos 2 aos 5 anos, por exemplo, o uso de dispositivos eletrônicos deve se limitar a uma hora por dia

Thanasis Zovoilis/Getty Images

a) Quem são os especialistas que fazem as recomendações que constam no infográfico? Discuta com os colegas e o professor e levante hipóteses: Qual é a importância da menção aos responsáveis pelas recomendações?

b) Qual é a principal finalidade da divulgação dessas recomendações, segundo o que é afirmado no subtítulo?

3 O título do infográfico é "Com moderação".

a) Qual é a função sintática dessa expressão em cada uma das frases a seguir?

- O segredo é usar a Internet com moderação.
- O segredo é um uso com moderação da Internet.

b) De acordo com a função da expressão **com moderação** nas frases do item anterior, reescreva cada uma, empregando no lugar da expressão, conforme for conveniente:

- um advérbio equivalente
- um adjetivo equivalente

4 Há, no infográfico, uma divisão das recomendações.

a) Identifique o critério utilizado nessa divisão.

b) Em qual das partes há um número maior de recomendações? Discuta com os colegas e o professor e levante hipóteses: Por que há mais recomendações nessa parte?

c) Considerando a faixa etária em que você se encontra, responda: O uso que você faz das mídias digitais segue as recomendações relativas à sua idade? Que opinião você tem sobre essas recomendações?

5 Em um dos itens do infográfico é explicitada uma justificativa para a recomendação feita.

a) Identifique esse item e a justificativa apresentada.

b) Relacione as justificativas a seguir com outras recomendações do infográfico. Depois, explique o motivo das escolhas feitas.

- A qualidade dos conteúdos é determinante para que o uso possa ser benéfico e não prejudicial ao desenvolvimento da criança.
- Manter os dispositivos digitais em cômodos da casa de uso comum naturalmente diminui o tempo que as crianças ficam envolvidas com seu uso.
- A exposição a telas pode deixar a criança agitada e dificultar que ela relaxe, diminuindo a qualidade do seu sono.

c) Dê justificativas para as seguintes recomendações:

- "Limite o tempo de uso de telas a uma hora por dia"
- "Evite o uso de mídias durante o estudo ou dever de casa"

6 No texto verbal do infográfico sobressai o uso de um modo verbal específico.

a) Qual é esse modo? Indique ao menos quatro formas verbais diferentes que foram empregadas nesse modo.

b) Qual aspecto do texto em estudo está relacionado ao uso desse modo verbal?

Ao realizar o estudo do texto "Com moderação", você pôde perceber que o uso de determinados recursos linguístico-discursivos, como a presença de vozes de autoridade, o título, o critério de organização das informações, a estruturação das informações, a escolha de modos e tempos verbais, bem como de expressões adjetivas e adverbiais, contribui para a construção das recomendações feitas nele. Todos esses recursos e também outros, que veremos a seguir, podem e devem ser utilizados a nosso favor quando pretendemos produzir um texto, seja ele prescritivo, seja expositivo, seja argumentativo, etc. Para o uso adequado desses recursos, porém, é essencial compreender a situação de produção e recepção do texto que vamos produzir: A quem ele se destina? Em que meio(s) irá circular? Que objetivo(s) queremos atingir com ele? Qual é o gênero mais adequado para alcançar nosso objetivo? Qual é a variedade linguística adequada?

Neste capítulo, trataremos especialmente de recursos linguístico-discursivos empregados em textos prescritivos.

Exercícios

O texto a seguir foi publicado na sequência de um teste que propunha a avaliação do IMV (índice de massa virtual) de leitores de um *site* (veja a seção **Ler é reflexão**, no capítulo anterior, na página 316. Após concluir se o uso do mundo virtual era ou não exagerado (acima de 35 pontos no teste), quem estivesse exagerando nesse uso poderia, então, se submeter ao que foi denominado "dieta virtual". Leia o texto e responda às questões 1 a 3.

Isto é/Editora Três

AS DEZ REGRAS DE OURO DA DIETA VIRTUAL

Está com o IMV acima de 35? Saiba como administrar os excessos para ter uma vida virtual que não comprometa a real

1 Se você já questionou seus hábitos virtuais e acha que pode estar exagerando no uso das redes sociais, as chances de que você esteja certo em sua autoavaliação são enormes. Confie nos seus instintos e aja para mudar o seu comportamento

2 Organize o seu dia virtual como você organiza o seu dia real. Estabeleça horários para checar seus e-mails, fazer atualizações em redes sociais e compartilhar imagens. Cumpra o cronograma e desfrute de todas as tarefas, reais ou virtuais, de forma plena e sem misturar uma com a outra

3 Estabeleça e siga, à risca, um calendário que inclua pelo menos um dia de desintoxicação tecnológica por mês. Nesse dia, abandone todos os dispositivos eletrônicos e organize atividades a céu aberto e com amigos. Lembre-se: a vida também acontece longe da internet

4 Deixe para usar os dispositivos eletrônicos quando você está sozinho. Se você tem companhia, seja de amigos, filhos ou namorados, privilegie o real. Lembre-se que o virtual sempre pode esperar

5 Entenda que os momentos dos quais você abre mão na vida real são bem mais difíceis de reproduzir que os virtuais. E que, ao abrir mão, sistematicamente, do real pelo virtual, você está fazendo uma troca pouco inteligente e difícil de compensar

6 Você realmente precisa de mais um computador? Ou de um celular mais potente? De um novo tablet? Resista ao apelo das novidades tecnológicas. Elas sempre serão mais legais e mais modernas que as que você já tem. Acostume-se

7 Pense bem antes de postar algum detalhe de sua vida pessoal nas redes sociais. Só tuíte, blogue ou compartilhe informações que você divulgaria, sem impedimentos, a qualquer um pessoalmente

8 Quando fizer uma refeição, evite deixar o smartphone na mesa. Se deixar o aparelho à vista for imprescindível, dê-se ao trabalho de justificar essa necessidade a quem estiver com você. Isso ajudará a avaliar a verdadeira necessidade de ter o dispositivo à mão

9 Não carregue seus aparelhos eletrônicos no mesmo ambiente em que você dorme e jamais leve esses aparelhos para a cama

10 Busque ajuda se você sentir que seu uso da internet e das redes sociais está fora de controle. Converse com amigos e peça que eles policiem seu vício. Se isso não funcionar, busque ajuda com profissionais que trabalham com dependências

Fonte: Daniel Sieberg, autor de "The Digital Diet" (Random House, 2011)

(Disponível em: https://istoe.com.br/204040_VICIADOS+EM+REDES+SOCIAIS/. Acesso em: 13/3/2018.)

1 O título e o subtítulo funcionam como uma introdução do texto.

a) Identifique neles uma palavra e uma expressão que indicam tratar-se de um texto prescritivo.

b) Qual é, segundo essa introdução, o problema vivido pelo leitor? Que solução é sugerida para esse problema?

2 O quadro 1 apresenta um rápido perfil do leitor a quem o texto se destina.

a) Qual é esse perfil?

b) Quais são as ações a serem realizadas pelo leitor, segundo essa regra? Discuta com os colegas e o professor e explique: Por que essas ações estão situadas no quadro 1?

c) Há, no texto, outro quadro com uma estrutura semelhante, isto é, em vez de apresentar diretamente a regra, apresenta uma introdução seguida da regra. Identifique-o, justificando sua resposta.

3 A maioria dos quadros é estruturada por uma regra e uma explicação sobre ela.

a) Identifique o modo verbal utilizado para introduzir as regras em todos os quadros.

b) Utilizando a numeração 1 a 10 dos quadros, indique o número correspondente a cada uma destas regras:

- Não leve o *smartphone* para a mesa de refeição.
- Organize o seu dia virtual.
- Estabeleça um calendário.
- Entenda que os momentos da vida real são mais difíceis de reproduzir do que os momentos virtuais.
- Não carregue os aparelhos no ambiente em que você dorme.
- Só compartilhe virtualmente informações que você compartilharia pessoalmente.
- Aja para mudar o seu comportamento.
- Use os dispositivos eletrônicos quando estiver sozinho.
- Resista às novidades tecnológicas.
- Busque ajuda.

c) Discuta com os colegas e o professor e conclua: Qual é a importância, nesse texto, da explicação sobre as regras que ele apresenta?

O texto a seguir é trecho de um artigo com dicas de uso da Internet. Leia-o e responda às questões 4 a 6.

Tecnologia: reflexões e dicas de uso da internet por adolescentes

Mário Volpi explica que, diferentemente dos adultos que entram, navegam e pesquisam na internet, os adolescentes 'estão na internet'.

beboy/Shutterstock

1 – Diferentemente dos adultos que "entram na internet", "navegam na internet", "pesquisam informações na internet", os adolescentes "estão na internet". Este "estar na internet" gera para o adolescente uma necessidade de conciliar uma diversidade de atividades, pois a internet é vivenciada por muitos como uma espécie de extensão do próprio corpo. As interações com seus pares, as descobertas, as emoções acontecem também na internet. [...]

No dia a dia este "estar na internet" pode gerar tensões e conflitos no ambiente familiar, pois, se os amigos estão jogando, o/a adolescente quer participar do jogo naquele exato momento, mesmo que seja na alta madrugada, na hora das refeições ou mesmo na única hora que os pais têm para assistir a um filme juntos, conversar ou sair para um programa em família. [...]

A primeira dica é: educar os adolescentes a darem mais importância às pessoas de sua convivência cotidiana e também às atividades de interação que não precisam ser mediadas pela tecnologia. A interação, o jogo, as redes sociais não podem estar acima dos horários, rotinas e da convivência familiar. Para isso ajuda muito estabelecer um horário de atividades diárias que contribua para assegurar que o/a adolescente tenha tempo para viver experiências reais de interação para além da internet. Dialogue com seu filho para que o tempo que ele passa na internet não seja sem limites.

2 – Adolescentes vivem testando seus limites, por isso têm necessidade de correr risco. É importante ajudá-los a calcular riscos. Uma forma de fazê-lo é perguntar se a consequência pode ser desfeita. Por exemplo: numa hora de raiva você ofendeu seu amigo/a, depois você pede perdão e reconstrói a sua amizade. Agora se você compartilhar na internet uma ofensa, imagem ou qualquer conteúdo que ofenda seu amigo/a vai ser muito difícil de apagar.

A segunda dica é: ajude seu filho/a a entender as consequências do seu ato. A internet não é um mundo sem lei. Tudo o que você faz na internet tem consequência.

[...]

O especialista Mário Volpi é coordenador do Programa Cidadania dos Adolescentes do Unicef no Brasil.

(Disponível em: http://g1.globo.com/como-sera/quadros/adolescentes/noticia/2017/03/tecnologia-reflexoes-e-dicas-de-uso-da-internet-por-adolescentes.amp. Acesso em: 16/3/2018.)

4 Além do título e do subtítulo, o texto traz duas dicas.

a) Quem é o autor do texto? Qual é a importância de sua identificação nesse contexto?

b) Deduza: Qual é a finalidade do texto?

c) Como as dicas estão estruturadas no texto: após uma introdução ou seguidas de uma explicação?

d) Discuta com os colegas e o professor e conclua: De que maneira essa estrutura contribui para que o texto atinja seu objetivo?

5 Observe o emprego dos pronomes pessoais ao longo do texto. É possível perceber que há partes nas quais os pronomes são todos de 3ª pessoa, tendo, assim, um sentido genérico, e há partes nas quais o autor se dirige diretamente a um leitor específico.

a) A quem são dirigidas as dicas dadas pelo autor? Justifique sua resposta com base no uso dos pronomes pessoais no texto.

b) Releia os seguintes trechos do texto e identifique a quem o pronome **você** se refere nesse contexto. Volte ao texto, se necessário.

- "numa hora de raiva você ofendeu seu amigo/a, depois você pede perdão e reconstrói a sua amizade. Agora se você compartilhar na internet uma ofensa, imagem ou qualquer conteúdo que ofenda seu amigo/a vai ser muito difícil de apagar."
- "Tudo o que você faz na internet tem consequência."

6 Há, no texto, uma diferenciação quanto ao uso das redes sociais e da Internet. Segundo o autor, os adultos "entram na internet", "navegam na internet" e "pesquisam informações na internet", enquanto os adolescentes "estão na internet".

a) Segundo o texto, que diferença existe entre o modo como os adolescentes utilizam a Internet e o modo como os adultos usam a Internet?

b) Identifique a transitividade dos verbos utilizados pelo autor nas expressões referentes aos comportamentos de adultos e adolescentes no uso da Internet. Identifique também seus complementos e classifique-os.

De olho na escrita

Há ou a?

Leia esta tira:

(Laerte. *Hugo para principiantes*. São Paulo: Devir, 2005. p. 62.)

1 Hugo, a personagem da tira, faz referências ao tempo.

a) Que expressão ele usa para se referir ao tempo passado?

b) Que elementos do contexto, no 1º quadrinho, confirmam que Hugo se refere ao tempo passado?

c) Que expressão ele emprega para se referir ao tempo futuro?

d) Que elementos do contexto, no 3º quadrinho, confirmam que Hugo se refere ao tempo futuro?

e) Conclua: Em relação aos tempos passado e futuro, quando empregamos o verbo **haver** e quando empregamos a preposição **a**?

2 Na expressão "há vinte anos", o verbo **haver** pode ser substituído pelo verbo **fazer**. Com a substituição de **haver** por **fazer**, como fica a expressão?

3 Leia o boxe ao lado. Em seguida, de acordo com a norma-padrão e levando em conta as duas formas comentadas no boxe, reescreva a frase "Eu, há vinte anos atrás".

Veja outros exemplos de emprego de **há** e **a**:

- Emprega-se **há** quando se trata de uma forma do verbo **haver** (equivalente a **existe** ou **existem**):

> **Há** apenas um litro de leite na geladeira.
> **Há** flores de várias cores no jardim da praça.

- Emprega-se **a** com referência a **distância**:

> A casa de meus avós fica **a** duas quadras daqui.

"Há vinte anos" e "vinte anos atrás"

Com referência a tempo decorrido, **há** equivale a **atrás**, embora seja recorrente no cotidiano o uso das duas formas em uma mesma frase, tal como se observa na tira do alto da página. Pode-se considerar que esse tipo de construção tem um caráter enfático, com o fim de reforçar a ideia de que se trata de um fato passado que já se encerrou.

A gramática normativa, entretanto, considera que esse uso seja redundante e, por isso, recomenda empregar apenas uma ou outra destas formas:

> Há vinte anos eu era assim.
> Eu era assim vinte anos atrás.

Exercícios

Leia a tira a seguir, de Dik Browne, e responda às questões 1 e 2.

(*Folha de S. Paulo*, 18/8/2013.)

1 Observe a fala da personagem Hagar no 2º quadrinho da tira.

a) Reescreva a fala da personagem, empregando no lugar do verbo **haver** o verbo **fazer**. Faça as adaptações necessárias.

b) Qual é a intencionalidade existente na pergunta de Hagar?

c) Imagine que o vendedor dissesse que entrou no ramo de vendas havia dois meses. Que resposta ele daria, caso empregasse o verbo **haver**? E se empregasse o verbo **fazer**?

2 Levando em conta o que recomenda a norma-padrão quanto às formas "**Há** sete anos" e "sete anos **atrás**", reescreva, sem alteração de sentido, a frase "Entrei no ramo de vendas há dois meses".

3 Em seu caderno, complete adequadamente as frases com **a** ou **há**:

a) Fred, venha cá. Quero lhe apresentar uma amiga historiadora que chegou □ pouco da França.

b) Vocês gostariam de fazer um passeio até a cachoeira? Ela fica □ quinhentos metros daqui.

c) Daqui □ uma semana, faremos uma grandiosa festa de confraternização de funcionários e clientes, como □ tempos não fazemos.

d) Pai, me espere um pouco mais! Só estarei pronta daqui □ vinte minutos!

e) Estamos □ vinte dias do início das aulas e a pintura das salas nem foi iniciada.

f) Oi, Ana! Como vai? □ dias deixei um recado no seu celular, mas você não retornou. E aí, tudo bem?

g) Desisto! Acho que nosso informante se enganou quando nos disse que a reserva florestal ficava □ dois quilômetros do pedágio.

h) □ tempos não vejo a Maria.

i) □ poucos minutos do fim do jogo, ele fez o gol.

Produção de texto

Resenha crítica

O texto a seguir é uma **crítica**, ou **resenha crítica**, e se refere a um filme de animação chamado *Com amor, Van Gogh*. Leia-o.

Crítica: 'Com amor, Van Gogh'

Um filme que merece ser visto no cinema

POR **MARCELO JANOT**
30/11/2017 6:00 / atualizado 23/01/2018 13:25

Indicado ao Oscar na categoria: Melhor animação.

Talvez não esteja longe o dia em que será possível selecionar cenas de um filme com atores e, com um simples clique no smartphone, transformá-las instantaneamente em uma animação no estilo de seu pintor favorito. Enquanto a tecnologia não chega lá, a equipe dos diretores Dorota Kobiela e Hugh Welchman, composta por 100 pintores, pintou em estúdios poloneses, utilizando as mesmas técnicas do artista holandês, cada um dos 65 mil frames do filme "Com amor, Van Gogh", depois da filmagem com atores de verdade. O resultado de seis anos de trabalho insano pode ser visto nos cinemas a partir de hoje.

É algo parecido com o que Richard Linklater fez na animação "Waking Life", em 2001: reconhece-se a feição e os movimentos dos atores, só que aqui eles parecem imersos em quadros de Van Gogh. Uma fascinante viagem pelo universo do mestre pós-impressionista que não se esgota em si mesmo, ou seja, a técnica é o meio para contar uma história e transmitir algo que vai além da experiência sensorial.

Reprodução/Museu de Arte Moderna (MOMA), Nova Iorque

A noite estrelada (1889), de Van Gogh.

Vincent Van Gogh foi um dos mais notórios artistas a não ter o reconhecimento de sua genialidade em vida. Ele só começou a pintar em 1881, aos 28 anos de idade, e sua personalidade conturbada fez com que fosse encarado como louco, o que não o impediu de ter uma produção prolífica, especialmente as célebres pinturas a óleo que realizou pouco antes de morrer, aos 37 anos.

Sua biografia já foi parar nas telas de cinema em diversas ocasiões. A mais famosa talvez seja "Sede de viver" (1956), de Vincente Minnelli, em que era interpretado por Kirk Douglas. Robert Altman direcionou seu foco para a relação entre Van Gogh e o irmão Theo no filme "Vincent & Theo" (1990). Mas a versão mais ambiciosa artisticamente ainda é "Van Gogh" (1991), escrita e dirigida pelo francês Maurice Pialat.

No caso de "Com amor, Van Gogh", a trama se inicia um ano após a morte do pintor. O protagonista é Armand Roulin (Douglas Booth), filho do carteiro Joseph Roulin (Chris O'Dowd), de quem Van Gogh se tornou grande amigo ao se mudar para Arles, no sul da França. Os retratos que ele pintou de Joseph e de toda a família Roulin estão entre os mais conhecidos de sua obra. No filme, Armand é visto usando o mesmo figurino, composto por jaqueta amarela e chapéu, do retratado por Van Gogh, e isso vai se repetir com diversos outros personagens e cenários contemplados pelo artista, deixando no espectador a sensação de que sua obra ganha vida e movimento.

O resultado disso é tão incrível que pouco importa que a estrutura do roteiro seja um pouco engessada. Usando como pretexto a incumbência que seu pai lhe deu de entregar uma carta deixada por Van Gogh para o irmão, após descobrir que Theo está morto Armand vira uma espécie de detetive, indo atrás das pessoas que conviveram com o pintor em seus últimos dias. Praticamente cada conversa rende um flashback em que a trajetória de Van Gogh (Robert Gulaczyk) é relembrada de forma bem didática, até o momento em que Armand decide investigar o que teria levado o pintor a se suicidar numa fase em que ele teoricamente se encontrava feliz. Acaba questionando se de fato ele se suicidou com um tiro na barriga ou foi morto e teria dito, antes de morrer, que foi ele mesmo quem deu o tiro, com o intuito de acobertar o assassino. O principal "suspeito" é o seu médico, Paul Gachet (Jerome Flynn), ele mesmo um artista frustrado. A reconstituição ficcional não oferece conclusões, apenas a certeza de que este é um filme que merece ser visto no cinema.

Com amor, Van Gogh (Loving Vincent)
Animação
98 minutos

Sinopse: Com uma técnica de animação que imita o estilo de pintura de Vincent Van Gogh, o filme recria os últimos dias de vida do artista holandês a partir de cenários e personagens de suas obras. Indicado ao Oscar na categoria melhor animação.

Direção: Dorota Kobiela, Hugh Welchman

Elenco: Douglas Booth, Saoirse Ronan, Aidan Turner

País de Produção: Reino Unido/Polônia

(Disponível em: https://oglobo.globo.com/rioshow/critica-com-amor-van-gogh-22129134. Acesso em: 16/3/2018.)

1 A crítica é um gênero textual que tem como finalidade orientar o leitor de um jornal, revista ou *site*, estimulando-o ou desestimulando-o a consumir um objeto cultural, isto é, um livro, um filme, uma peça de teatro, um concerto de música clássica, um *show* de *rock* ou de outro tipo de música, uma exposição de artes plásticas, etc. Qual é o objeto cultural em exame na crítica lida?

Alamy/Fotoarena

2 A crítica apresenta uma estrutura relativamente livre, que varia muito, dependendo do autor, do público e do veículo em que é publicada. Apesar disso, apresenta alguns elementos essenciais, como a descrição do objeto cultural em exame, sua situação no conjunto das obras do autor, diretor ou músico, ou das obras de mesma característica, a opinião sobre a qualidade da obra, etc. Em relação à crítica em estudo, responda:

a) O filme foi indicado ao prêmio de Melhor Animação no Oscar. Animação, em cinema, é uma técnica que permite produzir imagens em movimento a partir de uma série de imagens fixas (*frames*). No caso do filme comentado, a resenha lida dá destaque a uma inovação nessa técnica. Qual é a inovação?

b) Na introdução do texto, o autor da resenha imagina uma possibilidade técnica ainda impossível. Qual é ela?

c) Como o autor caracteriza o trabalho realizado pela equipe que fez o filme? Por que o trabalho foi caracterizado dessa maneira?

3 Em que parágrafo, especificamente, é apresentado um resumo do enredo do filme?

4 Antes de apresentar o resumo do filme, o autor da resenha comenta quem foi o pintor Van Gogh. Em que parágrafo ele fala do pintor? Por que contar a história do pintor é importante nessa resenha?

5 Na descrição do objeto cultural em avaliação nas resenhas, é comum serem destacadas as qualidades e apresentados os possíveis defeitos dele.

a) Em *Com amor, Van Gogh*, qual é, segundo o crítico, o ponto alto da animação? Por quê?

b) O que o crítico aponta como negativo do filme?

6 Uma crítica costuma também contextualizar o objeto cultural em avaliação, situando-o no conjunto das obras do autor ou em relação a outras obras. A crítica lida faz isso quanto à produção dos diretores Dorota Kobiela e Hugh Welchman? Justifique.

7 Observe a linguagem empregada no texto lido.

a) Em que tempo estão as formas verbais, predominantemente?

b) Que tipo de variedade linguística foi empregada?

c) Que recursos empregados pelo autor da resenha mostram a empolgação dele com o lançamento do filme?

8 A que tipo de público se destina a crítica lida?

9 Uma crítica expressa a opinião do crítico que avalia o objeto cultural. Assim, esse gênero pode ser mais pessoal, o que ocorre quando seu autor se coloca no texto de forma explícita, empregando expressões como **A meu ver**, **Eu acho que**, **Eu penso que**, etc., ou pode ser impessoal, o que acontece quando o autor se coloca de forma indireta, empregando a 3ª pessoa. A crítica em estudo é pessoal ou impessoal?

10 A finalidade de uma crítica é avaliar um objeto cultural e orientar a escolha do leitor, estimulando-o a consumir ou não esse objeto. Pelos argumentos apresentados na resenha lida, você assistiria à animação criticada? Por quê?

Everett - Art/Shutterstock

O pintor Van Gogh.

11 Ao final da resenha, o autor apresenta uma ficha técnica do filme.

a) Que informações constam nessa ficha?

b) Na sua opinião, por que é comum haver nas resenhas críticas tais informações?

12 Troque ideias com seus colegas de grupo e o professor e, juntos, concluam: Quais são as principais características da crítica? Respondam, levando em conta critérios como: finalidade de gênero, perfil dos interlocutores, suporte/veículo, tema, estrutura, linguagem.

Agora é a sua vez

Reúna-se com seus colegas de grupo e façam a crítica de um objeto cultural da preferência de todos: uma peça de teatro em cartaz na cidade, um livro, um filme, um jogo, um CD, um *show* musical, um programa de TV, uma exposição de arte. O texto será depois publicado no jornal que vocês produzirão no capítulo **Intervalo**.

Planejamento do texto

- Pensem no público para o qual vão escrever, ou seja, outros colegas da escola, professores e familiares que vão ter acesso ao jornal do grupo.
- Antes de iniciarem a produção do texto, procurem conhecer bem o objeto cultural que será alvo da crítica. Para isso, assistam à peça, ao filme, ao *show*, ao programa de TV, leiam o livro, ouçam o CD, joguem o jogo no computador, visitem a exposição.
- Anotem os dados técnicos do objeto cultural: título, autor(es), diretor(es), atores e outros dados que julgarem importantes.
- Façam também outras anotações que possam ajudar na descrição do objeto cultural. Por exemplo, caso se trate de livro, anotem trechos interessantes, pensando na possibilidade de citá-los na crítica. Caso seja um filme, observem a atuação de um ou outro ator e estendam sua crítica a esse aspecto. Às vezes, um filme medíocre é salvo pela atuação excepcional de determinado ator.
- Com base nos dados coletados e sem perder de vista o público-alvo, escrevam uma crítica que estimule o leitor a conhecer ou consumir o objeto analisado.
- Procurem ajustar a linguagem de seu texto ao suporte, ao perfil dos interlocutores e à situação.
- Agreguem ao texto imagens (fotografias, ilustrações, reproduções) que o enriqueçam, identifiquem cada uma com legenda e mencionem referências relativas à sua autoria e à obra ou ao *site* de onde ela foi extraída.

Revisão e reescrita

Antes de finalizarem a crítica e passá-la para o suporte final, releiam-na, observando:

- se o texto apresenta uma descrição do objeto cultural analisado e se destaca seus pontos positivos e negativos;
- se estimula o leitor a conhecer ou consumir o objeto analisado;
- se os verbos estão predominantemente no presente do indicativo;
- se a linguagem está adequada ao gênero, ao veículo e ao público em vista;
- se as imagens estão identificadas e acompanhadas por legendas;
- se as imagens contribuem para enriquecer o conteúdo da crítica.

Façam as alterações necessárias e guardem a crítica para a publicação no jornal do grupo.

A RESENHA NAS MÍDIAS DIGITAIS

Que tal divulgar para públicos maiores o objeto cultural sobre o qual seu grupo fez a resenha? Com a orientação do professor, escolha para isso, junto com os colegas do grupo, o formato de *fanclip* ou de *vlog*.

FANCLIP

O *fanclip* é um vídeo produzido por fãs de um objeto cultural. Nesse vídeo, geralmente os fãs combinam partes do objeto cultural com cenas gravadas por eles próprios ou também com cenas e trechos de músicas de filmes, clipes, séries. O *fanclip* pode ser semelhante a um *trailer* (não oficial) de um filme ou a um videoclipe de bandas e artistas.

Retomem o objeto cultural que vocês escolheram para fazer a resenha crítica e o transformem em um *fanclip*. Caso tenha sido um filme, por exemplo, vocês podem misturar cenas do *trailer* do filme com cenas gravadas por vocês, combinando-as com trechos de uma música relacionada ao filme e às cenas selecionadas. Caso tenha sido um livro, vocês podem transformar algumas passagens dele em cenas, gravá-las e combiná-las com uma música.

Escolham inicialmente um tom para dar ao *fanclip*: cômico, romântico, sério, misterioso. A partir dessa escolha, elaborem um roteiro, anotando as cenas a serem selecionadas para a edição.

Fanclips

Para ter uma ideia do que é um *fanclip*, conheça *fanclips* criados a partir de sucessos de bandas e cantores. Acesse: http://rollingstone.uol.com.br/galeria/10-clipes-feitos-por-fas/#imagem1.

Reprodução/http://rollingstone.uol.com.br

VLOG, VÍDEO DE *YOUTUBER* OU *BOOKTUBER*

O *vlog* é um *blog* em formato de vídeo. Os vídeos produzidos são hospedados em *sites*, como o youtube.com. A flexibilidade de temas e a liberdade de criação são alguns dos aspectos que atraem os fãs de *vlogs*. Os autores, chamados *vloggers* ou *youtubers*, podem tratar de vários temas, desde aqueles mais específicos, relacionados a uma área – ciências, arte, esporte –, até temas do cotidiano. As postagens costumam ser feitas com uma periodicidade fixa, podendo ser semanais, quinzenais ou mensais.

O que é um(a) *booktuber*?

Um(a) *booktuber* produz e disponibiliza em um canal no YouTube vídeos voltados especialmente à literatura. Nesses vídeos, podem constar resenhas e lançamentos de livros, promoções e feiras literárias, além de discussões relacionadas à literatura.

Conheça o que é um *vlog*, acessando alguns dos canais do YouTube.

A produção geralmente é bem simples, o que torna a possibilidade de criação mais acessível. Basta um tema, uma opinião, uma câmera e uma conta no YouTube, ou algum *site* similar, para a hospedagem de vídeos. Há, porém, produtoras e empresas jornalísticas e artísticas profissionais que criam vídeos bem-elaborados e têm retorno financeiro com isso, uma vez que vídeos com muitos acessos acabam por atrair anunciantes e, consequentemente, pagamento por anúncios.

O que move o mundo dos *vlogs* – e o YouTube, no geral – é o interesse. Ao acompanhar um canal que trata de certo tema, é possível descobrir outros canais relacionados ao tema.

Transformem em uma resenha audiovisual a resenha que vocês produziram neste capítulo. Um ou mais integrantes do grupo devem falar a resenha crítica, transformando o texto escrito em um texto oral. Adaptem o texto, se necessário.

Escolham um tom para dar ao vídeo: mais cômico e engraçado, mais sério ou mais irônico. Escolham um cenário que se relacione com o objeto cultural da resenha: uma biblioteca caso seja um livro, um ambiente com computadores e *tablets* caso seja um jogo digital, um local com CDs e discos ao fundo caso seja um *show*, uma banda ou uma música.

O importante é adaptar para o formato audiovisual a resenha escrita, e não simplesmente ler o que está escrito e gravar. Lembrem-se de saudar e cumprimentar os espectadores, mostrar elementos relacionados ao objeto cultural (o livro, o CD, o cartaz do filme, etc.), ler um trecho, caso seja um livro, mostrar um trecho da música ou do *trailer* do filme, etc., e encerrar o vídeo dirigindo-se ao público novamente. Para isso, é importante preparar um roteiro do vídeo. Lembre-se de não dar *spoiler*, ou seja, não contem todo o conteúdo do objeto selecionado e criem certo suspense para aumentar o interesse do público pelo objeto na íntegra. A linguagem pode ser mais informal e descontraída.

Para ter dicas de filmagem e edição, retomem as orientações dadas no capítulo 3 da unidade 1, página 95, referentes à produção de *vid*.

Divirta-se

André Dahmer/ Arquivo do cartunista

(Disponível em: www.malvados.com.br. Acesso em: 19/3/2018.)

Passando a limpo

Leia a notícia abaixo e responda às questões 1 a 3.

Estudante americano acha fóssil de bebê dinossauro superconservado

GIULIANA MIRANDA
DE SÃO PAULO

Um estudante de ensino médio dos Estados Unidos encontrou por acaso o fóssil de um bebê dinossauro superconservado, que se tornou nesta semana o exemplar mais completo já registrado de um parassaurolofo — um gigante herbívoro conhecido por ter uma chamativa crista.

Ironicamente, dois paleontólogos profissionais haviam passado dias antes a poucos metros do local em que o menino Kevin Terris encontrou o bicho, no sul do Estado de Utah. A dupla aparentemente não deu muita importância para os fragmentos aparentes do fóssil.

"No começo eu estava interessado em ver o que era aquela parte inicial de osso saltando para fora da pedra", disse o estudante. "Quando nós expusemos o crânio, eu fiquei em êxtase", completou Terris.

[...]

O bicho

O fóssil, datado de aproximadamente 75 milhões de anos atrás, tem uma série de peculiaridades que o tornaram um feito paleontológico importante. Além de estar praticamente completo, o esqueleto tinha ainda tecidos moles, o que permitiu analisar em ainda mais detalhes o animal.

Quando adulto, o réptil grandalhão passava dos 7,5 metros. O exemplar encontrado, no entanto, tinha cerca de 1,8 metro. Segundo os cientistas, ele morreu antes de completar um ano de idade. [...]

(Disponível em: www1.folha.uol.com.br/ciencia/2013/10/1361021/shtml. Acesso em: 28/3/2014.)

1 A notícia trata da descoberta de um fóssil de dinossauro. Segundo o texto, essa descoberta é importante porque o fóssil:

a) é o exemplar mais completo de sua espécie.
b) apresenta uma crista.
c) foi encontrado casualmente.
d) data de aproximadamente 75 milhões de anos.

2 A palavra **bebê** é geralmente empregada para designar crianças pequenas. No título da notícia, no entanto, o emprego dessa palavra ganha um sentido diferente porque:

a) o dinossauro tinha pouco tempo de vida.
b) há um contraste entre o sentido do termo e as grandes dimensões do animal.
c) quando pequeno, assemelha-se às crianças.
d) a idade do fóssil conta-se em milhões de anos.

3 Sobre a frase que compõe o título da notícia, pode-se afirmar que:

I. Apresenta o fato: "acha fóssil de bebê dinossauro".
II. Descreve o estado do ser encontrado: "[está] superconservado".
III. Diz algo sobre quem faz a ação ("estudante americano") e sobre o paciente da ação ("fóssil de bebê dinossauro").
IV. Apenas informa sobre o agente da ação noticiada.

Está correto o que se afirma:

a) em todos os itens.

b) apenas nos itens I e II.

c) nos itens I, II e III.

d) apenas nos itens III e IV.

4 Leia a tira abaixo, de Fernando Gonsales, com a personagem Níquel Náusea.

Fernando Gonsales/Acervo do cartunista

Níquel identifica o lugar de onde as personagens fugiram. Isso foi possível porque as personagens:

a) estão completas, mas constituídas de partes.

b) são animais de espécie diferente da de Níquel.

c) são formadas de linhas retas e curvas.

d) estão incompletas e marcadas com fórmulas e esquemas de um projeto.

Leia a crônica abaixo, de Matthew Shirts, e responda às questões 5 e 6.

Meu robô particular

Sempre achei que haveria mais robôs no século XXI. Não era esse o combinado? Na família Jetson, à qual assistia na televisão, em formato de desenho animado, nos anos 60, tinha a Rosie, por exemplo. Ela se dedicava ao serviço doméstico. Mas era tão avançada que até namorava. Rosie chamava o George Jetson, o patriarca do futuro, de "Mr. J", ou, imagino, "Senhor J", em português. Depois, na década de 70, aparecem o R2D2 e o seu amigo C-3PO, no filme *Guerra nas Estrelas*, que virou um clássico do cinema. Você já conhece esses dois últimos, imagino, independentemente da sua idade. Convivo com eles desde o colégio.

Mas, na vida real, nada. Não há robô algum. Já estamos na segunda década do século. Está mais do que na hora, convenhamos. Não quero reclamar. [...]

Faz falta, no entanto, um robozinho particular, individual, ou, como se diria em português, um personal robô. [...]

Na minha cabeça, ele tem uns 30 centímetros de altura e pesa pouco. Traz uma semelhança física, confesso, com o R2D2. Mas isso não é o mais importante. Com o tempo, aprenderia a torcer para o meu time e saberia por que, em certas disputas, o gol fora vale mais. A condição de corintiano lhe permitiria gravar os jogos, recomendando os melhores e me desviando dos piores. Encomendaria as compras do supermercado para minha casa pela internet.

Senhor J, como eu talvez o chamasse, passaria a preencher todo tipo de papelada. Poria minha documentação e minhas finanças em ordem. Declararia anualmente e quase sem esforço o imposto de renda. Chamaria advogados em caso de necessidade. Pediria vistos e autorizações de viagem para meu filho caçula. Na medida do possível, evitaria me envolver nessas questões. Bronca, então, só em última instância.

Com o passar dos anos, Senhor J poderia aprender a ler livros e a me indicar os melhores títulos. Correria eu o perigo, tão somente, de ser dispensado um dia, como desnecessário.

(*Veja São Paulo*, 4/12/2013.)

5 O narrador do texto deseja um robô para:

a) realizar e facilitar as tarefas que considera maçantes.

b) fazer-lhe companhia.

c) realizar um sonho da juventude.

d) resolver seus problemas com os filhos.

6 As frases abaixo foram retiradas do texto. Assinale aquela em que a supressão do termo em destaque muda totalmente seu sentido, de acordo com o contexto em que se encontra.

a) Na minha cabeça, **ele** tem uns 30 centímetros de altura [...].

b) Correria **eu** o perigo, tão somente, de ser dispensado um dia, como desnecessário.

c) Senhor J, como **eu** talvez o chamasse [...].

d) **Ela** se dedicava ao serviço doméstico.

Leia o poema a seguir, de José Paulo Paes, e responda às questões 7 e 8.

Ficção científica

Depois de uma viagem
pelo espaço sideral,
o astronauta chegou ao seu destino final:

Um planeta diferente
cujo em-cima estava em-baixo
e o atrás ficava na frente.

Um planeta tão estranho
que a sujeira era limpa
e a água tomava banho

Um planeta mesmo louco
onde o muito era nada
e o tudo muito pouco.

Um planeta dos mais raros:
o seu ouro era de graça,
o lixo custava caro.

O astronauta não gostou
e foi-se embora. Quando
pensou estar muito longe,
Viu-se outra vez chegando

num planeta onde, aliás,
o em-baixo ficava em-cima
e a frente estava por trás...

(Disponível em: www.antoniomiranda.com.br/poesia_ infantil/jose_paulo_paes.html. Acesso em: 2/4/2018.)

7 O texto é construído com a gradativa caracterização de um planeta. Essa caracterização revela um planeta:

a) comum. b) habitual. c) costumeiro. d) inusitado.

8 Sobre o poema, é possível afirmar que:

I. É construído por oposições, como "ouro"/"de graça"; "lixo"/"caro"; "sujeira"/"limpa"; "muito"/"nada"; "tudo"/"pouco".

II. Apresenta inversão das circunstâncias de lugar, como "atrás"/"frente".

III. Como nas narrativas em geral, diz quando e aonde o astronauta chegou: "Depois de uma viagem", "pelo espaço sideral", "ao seu destino final".

IV. Destaca os pontos opostos "cima"/"baixo", mudando a grafia de **em cima** e **embaixo**.

Está correto o que se afirma:

a) em todos os itens.

b) apenas nos itens I, II e III.

c) apenas nos itens III e IV.

d) apenas nos itens II e III.

9 Leia o cartum abaixo, de Laerte.

(*Folha de S. Paulo*, 30/11/2013. Folhinha.)

Os termos **enorme** e **pequenininho**, no cartum:

a) condizem com as dimensões, respectivamente, de céu e cidade.

b) traduzem uma apreciação afetiva do observador.

c) dependem do ponto de vista assumido pelo observador.

d) expressam um erro de julgamento do observador.

10 Leia a tira abaixo, de Fernando Gonsales.

Levando em conta o contexto da tira, entende-se que o termo **indução**, que provoca o protesto da personagem, significa:

a) negação de um fato.

b) estímulo para determinar o desejo do outro.

c) traição da vontade do outro.

d) conclusão parcial.

Intervalo

Em grupo, participe da montagem de um jornal em que serão publicadas as cartas de leitor, as entrevistas, as resenhas produzidas na unidade. Depois, participe com a classe da montagem de um blog *com conteúdos jornalísticos digitais para internautas, assim como fazem os jornais e revistas atuais, que têm* sites *para a postagem de conteúdos extras.*

Fernando Favoretto/Criar Imagem

Deem um título ao blog*, escolhido pela classe, e divulguem o endereço eletrônico aos colegas de outras classes, aos professores e funcionários da escola, aos amigos e familiares.*

Projeto • Informação e opiniões em rede

1. Reunindo notícias e outros textos jornalísticos

Reúna-se com os colegas de grupo e pesquisem possíveis fatos importantes para a escola, para o bairro, para a cidade ou para o Brasil ou o mundo. Busquem notícias ou reportagens recentes em diferentes fontes: jornais impressos, jornais digitais, revistas, programas de rádio e televisão. Pensem em acontecimentos que possam gerar interesse no público leitor: a comunidade escolar em geral. Selecionem as notícias ou reportagens, sempre registrando a fonte: de que jornal ou revista foi retirada, quando foi publicada, em que caderno (no caso dos jornais) e em que página. Vocês podem produzir novas cartas de leitor com base nos textos pesquisados e divulgá-las no jornal do grupo.

2. Produzindo o jornal

- Primeiramente decidam como vão produzir o jornal: se com o auxílio de um programa de edição de textos e imagens, ou manualmente, de modo artesanal (veja o boxe a seguir). Decidam também o formato do jornal: imitando papiro, como cartazes, em folhas de sulfite, em tamanho grande ou nanico, etc.

Evelson de Freitas/Folhapress

- Decidam o nome do jornal.
- Analisem diferentes jornais impressos a fim de terem ideias para a organização do jornal.
- Reúnam todo o material produzido na unidade: as cartas de leitor, as entrevistas e as resenhas. É interessante reproduzir e divulgar para o público as notícias que serviram de base para as cartas de leitor.
- Com todo o material reunido, planejem a diagramação do jornal e, a seguir, façam sua montagem.
- Distribuam os textos de forma a facilitar sua leitura e procurando imitar os jornais de grande circulação. Montem a primeira página com o título do jornal, a manchete do dia e chamadas para os principais assuntos que serão tratados nas páginas internas. Se possível, disponham próximo das manchetes e das chamadas imagens relativas aos assuntos.

- Criem uma seção para as cartas de leitor.
- Criem um caderno ou uma seção cultural para a publicação das resenhas.
- Após a montagem do jornal, promovam a circulação dele na escola. Pode ser combinado que ele fique certo tempo em cada classe para a leitura e, depois, passe para a outra classe.

Dicas para a montagem do jornal

- **Montagem manual**: Prepare uma colagem com os textos e as imagens. O jornal pode ser apresentado dessa forma ou passar por um tratamento digital. Nesse caso, escaneie a colagem ou tire uma foto dela com uma boa câmera. Depois, utilize um programa de tratamento de imagem (como o GIMP e o Photoshop) para fazer o acabamento, tirando as sombras produzidas pela colagem e melhorando os contrastes.
- **Montagem com diagramação em LibreOffice**: Computadores com Linux dispõem do programa LibreOffice. Há na Internet tutoriais que ensinam como utilizar o programa para montar, passo a passo, seu jornal.
- **Montagem com diagramação em Publisher**: O programa Publisher está disponível no pacote do Microsoft Office. Há na Internet tutoriais que ensinam como utilizar o programa.

3. Reunindo material para o *blog*

O *blog* nasceu com a função de ser uma espécie de diário virtual, ou seja, um espaço que alguns internautas, principalmente adolescentes e jovens, utilizavam para relatar fatos do cotidiano, pensamentos, opiniões, etc. Com o tempo, ele foi se transformando e se tornou um espaço virtual mais complexo e diversificado, no qual podem ser encontrados desde relatos e fotos pessoais até notícias, opiniões, artigos, letras de música, curiosidades enciclopédicas, etc. em diferentes formatos combinados: textos escritos, vídeos, imagens estáticas e em movimento. Enquanto montar um *site* exige conhecimentos de programação de computadores ou pagar por essa assessoria, criar uma página de *blog* na rede é simples, rápido e com a possibilidade de ser gratuito.

- Reúnam as entrevistas orais, as resenhas audiovisuais, os *fanclips* e outros conteúdos produzidos na unidade com o fim de ser publicados no *blog*.
- Planejem como organizar os textos no *blog*: por gênero, por tema, por data.
- Identifiquem quais são os textos que se relacionam e façam *hiperlinks* entre eles dentro do *blog* ou disponibilizem *links* para outras páginas relacionadas aos temas tratados no *blog*.

4. Criação, montagem e divulgação do *blog*

Existem vários *sites* e provedores da Internet que orientam, passo a passo, como montar um *blog*. Eis duas sugestões:

- blogger.com
- www.blog.com.br

Após a criação do *blog*, revejam a organização interna que querem dar ao material, a ordem e os critérios de publicação, o uso de imagens, etc. Por fim, publiquem os textos que reuniram com esse fim.

Divulguem o *blog* na escola. Se a escola já tiver uma página, o *link* para o *blog* pode ser divulgado também nela.

Rawpixel.com/Shutterstock

Bibliografia

BAGNO, Marcos. *O preconceito linguístico*. 2. ed. São Paulo: Loyola, 1999.

________. *Nada na língua é por acaso:* por uma pedagogia da variação linguística. São Paulo: Parábola, 2007.

BAKHTIN, Mikhail. *Marxismo e filosofia da linguagem*. São Paulo: Hucitec, 1979.

________. Os gêneros do discurso. In: ________. *Estética da criação verbal*. 2. ed. São Paulo: Martins Fontes, 1997.

BATISTA, Antônio Augusto G. *Aula de português*. São Paulo: Martins Fontes, 2001.

BECHARA, Evanildo. *Moderna gramática portuguesa*. 37. ed. Rio de Janeiro: Lucerna, 2004.

BRAIT, Beth (Org.). *Bakhtin:* conceitos-chave. São Paulo: Contexto, 2005.

BRANDÃO, Helena Nagamine (Org.). *Gêneros do discurso na escola*. São Paulo: Cortez, 2000. v. 5.

BRASIL. Secretaria de Educação Fundamental. *Parâmetros curriculares nacionais:* língua portuguesa. Brasília: MEC/SEF, 1997.

BRONCKART, Jean-Paul. *Atividade de linguagem, textos e discursos*. São Paulo: Educ, 1999.

BUNZEN, Clecio; MENDONÇA, Márcia (Org.). *Português no ensino médio e formação do professor*. São Paulo: Parábola, 2006.

COSCARELLI, Carla V. (Org.). *Tecnologias para aprender*. São Paulo: Parábola, 2016.

DIONISIO, Angela P.; MACHADO, Anna R.; BEZERRA, Maria A. *Gêneros textuais & Ensino*. Rio de Janeiro: Lucerna, 2002.

FÁVERO, Leonor; KOCH, Ingedore. *Linguística textual*. 2. ed. São Paulo: Cortez, 1988.

ILARI, Rodolfo. *Introdução ao estudo do léxico:* brincando com as palavras. São Paulo: Contexto, 2002.

________. *Introdução à semântica:* brincando com a gramática. São Paulo: Contexto, 2001.

________; GERALDI, J. W. *Semântica*. 3. ed. São Paulo: Ática, 1987.

________; BASSO, Renato. *O português da gente:* a língua que estudamos, a língua que falamos. São Paulo: Contexto, 2006.

KLEIMAN, Angela B.; SEPULVEDA, C. *Oficina de gramática:* metalinguagem para principiantes. Campinas: Pontes, 2012.

________; MORAES, Silvia E. *Leitura e interdisciplinaridade*. Campinas: Mercado de Letras, 1999.

KOCH, Ingedore Villaça. *O texto e a construção dos sentidos*. 9. ed. São Paulo: Contexto, 2008.

________; TRAVAGLIA, Luiz C. *A coerência textual*. São Paulo: Contexto, 1991.

________. *Texto e coerência*. 4. ed. São Paulo: Cortez, 1995.

MAINGUENAU. *Análise de textos de comunicação*. São Paulo: Cortez, 2001.

MARCUSCHI, Luiz Antônio; XAVIER, Antônio Carlos. *Hipertexto e gêneros digitais:* novas formas de construção do sentido. Rio de Janeiro: Lucerna, 2004.

MORAIS, Artur Gomes de. *Ortografia:* ensinar e aprender. 4. ed. São Paulo: Ática, 2003.

NEVES, Maria Helena Moura. *Guia de uso do português:* confrontando regras e usos. São Paulo: Ed. da Unesp, 2003.

________. *Gramática de usos do português*. São Paulo: Ed. da Unesp, 2000.

PERINI, Mário. *A gramática descritiva do português*. 2. ed. São Paulo: Ática, 1996.

PERRENOUD, Philippe. *Construir as competências desde a escola*. Porto Alegre: Artmed, 1999.

ROJO, Roxane (Org.). *A prática de linguagem em sala de aula. Praticando os PCNs*. São Paulo/Campinas: Educ/Mercado de Letras, 2000.

SCHNEUWLY, Bernard; DOLZ, Joaquim. *Gêneros orais e escritos na escola*. Tradução de Roxane Rojo e Glaís Sales Cordeiro. Campinas: Mercado de Letras, 2004.

SOLÉ, Isabel. *Estratégias de leitura*. 6. ed. Porto Alegre: Artmed, 1998.

TRAVAGLIA, Luiz Carlos. *Gramática e interação:* uma proposta para o ensino de gramática no 1º e 2º graus. São Paulo: Cortez, 1996.

________. *Gramática:* ensino plural. São Paulo: Cortez, 2003.

VYGOTSKY, L. S. *Pensamento e linguagem*. São Paulo: Martins Fontes, 1993.